Beck'sche Reihe
BsR 1072

D1705572

Lippitz
Gießen 95

„Ausländer", „Aussiedler" und „Asyl" bleiben auch weiterhin entscheidende Stichworte der gesellschaftspolitischen Debatte in Deutschland. Klaus J. Bade behandelt in diesem Buch alle wichtigen Fakten zum Thema. Er rekapituliert die historischen Entwicklungslinien, analysiert detailliert die aktuelle Situation und erörtert die Kernfragen einer künftigen Migrationspolitik. Auf knappem Raum bietet sein Buch eine umfassende Einführung in eines der wichtigsten politischen Themen unserer Zeit.

Klaus J. Bade, geb. 1944, ist o. Professor für Neueste Geschichte und Direktor des Instituts für Migrationsforschung und Interkulturelle Studien (IMIS) der Universität Osnabrück. Er hat bei C. H. Beck das Standardwerk „Deutsche im Ausland – Fremde in Deutschland" (1992) und das vielbeachtete „Manifest der 60. Deutschland und die Einwanderung" (1994) herausgegeben.

KLAUS J. BADE

Ausländer
Aussiedler
Asyl

Eine Bestandsaufnahme

VERLAG C. H. BECK MÜNCHEN

Die Deutsche Bibliothek – CIP-Einheitsaufnahme

Bade, Klaus J.:
Ausländer – Aussiedler – Asyl: eine Bestandsaufnahme /
Klaus J. Bade. – Orig.-Ausg. – München: Beck, 1994
  (Beck'sche Reihe; 1072)
  ISBN 3 406 37462 X
NE: GT

Originalausgabe
ISBN 3 406 37462 X

Umschlagentwurf: Uwe Göbel, München
© C. H. Beck'sche Verlagsbuchhandlung (Oscar Beck), München 1994
Gesamtherstellung: C. H. Beck'sche Buchdruckerei, Nördlingen
Gedruckt auf säurefreiem, aus chlorfrei gebleichtem
Zellstoff hergestelltem Papier
Printed in Germany

Inhalt

Vorwort

Die Dokumentation ‚Ausländer – Aussiedler – Asyl in der Bundesrepublik Deutschland' wurde erstmals 1990 von der Niedersächsischen Landeszentrale für politische Bildung veröffentlicht. Sie bot eine Einführung in die drei großen Problembereiche von Zuwanderung und Eingliederung mit ausgewählten Beiträgen aus der publizistischen Diskussion. Sie war rasch vergriffen, was zeigte, daß sie nötig war. Zwei weitere, überarbeitete Ausgaben folgten und wurden auch von anderen Landeszentralen und der Bundeszentrale für politische Bildung übernommen. Dennoch riß die Nachfrage nicht ab, zumal die Bildungszentralen des Bundes und der Länder nur einen bestimmten Leserkreis erreichen, von der krisenbedingten Begrenzung der Haushaltsmittel und damit auch der Auflagen ganz zu schweigen. Von vielen Seiten dazu ermuntert, habe ich die Einführung der Dokumentation zu einer selbständigen Veröffentlichung umgearbeitet, dabei erweitert, aktualisiert und pointiert.

Das Buch verbindet historische Entwicklungslinien, aktuelle Situationsanalysen und die Diskussion von Fragen zur Gestaltung der Zukunft. Es geht darum, zu verfolgen, wie und warum in den gesellschaftlichen Problemfeldern von Migration, Integration und Minderheiten in Deutschland alles so kam, wie es kam. Gezeigt werden soll aber auch, daß nicht alles so kommen mußte, und wo Versäumnisse von gestern zu Problemen von heute geworden sind. Dabei geht es nicht um Anklagen oder Schuldsprüche. Erkennbare Versäumnisse aber müssen benannt werden, wenn aus folgenreichen Problemen der Vergangenheit für die Gestaltung der Zukunft gelernt werden soll. Dieser Lernprozeß muß beschleunigt werden. Wenn wir so weitermachen wie bisher, laufen die Probleme ihrer Gestaltung davon. Dieses Buch will davor warnen.

Für Rat und Kritik danke ich Prof. Dr. Günter Behrmann, Prof. Dr. Roland Eckert, Dr. Alfred Eisfeld, Gabriele Erpenbeck, Bernhard Hallermann, Dr. Peter Hilkes, Elmar Hönekopp, Pfarrer Herbert Leuninger, Priv. Doz. Dr. Klaus Manfraß, Prof. Dr. Karl-Heinz Meier-Braun, Dr. Susanne Meyer, Dr. Panikos Panayi, Rechtsanwalt Victor Pfaff, Richter Günter Renner, Prof. Dr. Helmut Rittstieg, Prof. Dr. Günter Schoedl, Dr. Dietmar Storch, Hermann Uihlein, Dr. Beate Winkler, Prof. Dr. Michael Wollenschläger und vielen anderen. Meinem Mitarbeiter am Institut für Migrationsforschung und Interkulturelle Studien (IMIS) der Universität Osnabrück, Jochen Oltmer, danke ich für seine Unterstützung bei der Redaktion des Manuskripts.

Osnabrück, im März 1994   Klaus J. Bade

1. Einführung: Die Leitbegriffe ‚Ausländer‘, ‚Aussiedler‘ und ‚Asyl‘

Diese Bestandsaufnahme strebt nicht nach enzyklopädischer Vollständigkeit. Sie konzentriert sich auf die im Titel genannten Schwerpunktbereiche. Die Berichtszeit reicht bis Anfang 1994. Der Beobachtungsraum ist Deutschland. Europäische und globale Perspektiven werden als Rahmenbezüge berücksichtigt. In die Geschichte wird zurückgegriffen, soweit dies nötig erscheint zum Verständnis der Gegenwart und zur Einschätzung absehbarer Entwicklungstendenzen.[1]

Die kontroverse öffentliche Debatte und besonders die Alltagsdiskussion zu den Themen ‚Ausländer‘, ‚Aussiedler‘ und ‚Asyl‘ gleicht seit Jahren einem argumentativen Gemischtwarenladen mit falsch aufgeklebten Etiketten: Begriffe verschwimmen, werden als Worthülsen mit unterschiedlichen Inhalten gefüllt, als politische Hieb- und Stichworte gebraucht und mißbraucht. Unklare Begriffe aber fördern unklare Vorstellungen. Sie mehren Mißverständnisse und Fehldeutungen, die es in diesen Konfliktfeldern ohnehin schon überreichlich gibt. Auf der Suche nach einem geeigneten Titel habe ich die verschiedensten Entwürfe erwogen und wieder verworfen. In der Spannung zwischen kritischem Wortgebrauch und rascher Verständlichkeit fiel die Entscheidung schließlich zugunsten der in der öffentlichen Diskussion gebräuchlich gewordenen Formel ‚Ausländer – Aussiedler – Asyl‘. Um so mehr bedarf es vorab einer Klärung dieser drei Leitbegriffe.

Problematisch ist im Grunde schon die geläufige Verwendung der Begriffe ‚Ausländer‘ und ‚Asyl‘ im gleichen Zusammenhang; denn auch asylsuchende Flüchtlinge sind Ausländer. Der Begriff ‚Ausländer‘ selbst wird nicht minder oft unreflektiert gebraucht: In der ‚Ausländerdiskussion‘ sind damit in aller Regel z.B. Mitglieder von in der Bundesrepublik stationierten

NATO-Einheiten und Diplomaten ebensowenig gemeint wie ausländische Angestellte ausländischer Filialbetriebe, Ausländer mit arbeitslosem Kapitaleinkommen oder gar Kurgäste und Touristen. Gemeint ist in erster Linie die aus den ehemaligen ‚Anwerbeländern‘ zugewanderte bzw. die aus dieser früheren ‚Gastarbeiterbevölkerung‘ hervorgegangene, nach wie vor ‚ausländische‘ Minderheit in der Bundesrepublik.

Gerade hier aber sagt der Begriff ‚Ausländer‘ immer weniger aus: Menschen anderer Staatsangehörigkeit, die seit Jahrzehnten dauerhaft in der Bundesrepublik leben (erste Generation), ihre hier geborenen und aufgewachsenen Kinder (zweite Generation) oder sogar schon Enkel (dritte Generation) sind im engeren rechtlichen Sinne zwar zumeist nach wie vor ‚Ausländer‘. In einem weiteren, Lebensformen, Mentalitäten und Selbstverständnis einschließenden Sinne aber sind die meisten längst so etwas wie einheimische Ausländer, ausländische Inländer, Bindestrich-Deutsche, Paß-Ausländer oder Deutsche mit einem fremden Paß. Begriffe ‚greifen‘ nur, wenn sie ihrem Gegenstand entsprechen. Deswegen entlarven paradoxe Begriffe eine paradoxe Situation – in diesem Falle eine Einwanderungssituation ohne Einwanderungsland. Davon wird noch zu reden sein.

Zur ‚Ausländerbevölkerung‘ gezählt werden hier auch die nach bilateralen Vereinbarungen bis zu bestimmten Höchstgrenzen zugelassenen ‚Werkvertragsarbeitnehmer‘ mit befristeten Arbeitsverträgen aus osteuropäischen Ländern. Hinzu kommt der große Bereich der Flüchtlingsbevölkerung: Das gilt z.B. für die als ‚Kontingentflüchtlinge‘ seit Ende der 1970er Jahre aufgenommenen ‚boat-people‘ aus Indochina. Es gilt auch für aus politischen Gründen Verfolgte im Sinne des Grundgesetzes, deren Asylanträge anerkannt wurden und solche, deren Asylverfahren noch schweben. Hinzu kommen Flüchtlinge, deren Asylbegehren zwar abgelehnt wurde, die aber dennoch aus humanitären (‚humanitäre Flüchtlinge‘), aus politischen, rechtlichen bzw. ‚faktischen‘ Gründen (z.B. Staatenlosigkeit) nicht in ihre Herkunftsländer abzuschieben sind und als ‚De-facto-Flüchtlinge‘ auf Zeit ‚geduldet‘ werden. Immer wichtiger wurde, besonders seit dem blutigen Zerfall des früheren Jugoslawien in Krieg und Bürgerkrieg, die Gruppe der Kriegs- und Bürgerkriegsflüchtlinge, von denen das vereinte Deutschland mehr aufnahm als alle anderen Staaten der Europäischen Union zusammen. Kriegs- und Bürgerkriegsflüchtlinge hatten – weil in der Regel nicht im Sinne des Grundgesetzes individuell politisch verfolgt – im Asylverfahren kaum Chancen. Sie wurden dennoch unter verschiedenen Bedingungen in Deutschland amtlich toleriert, in großer Zahl auch privat aufgenommen.

Dazwischen liegen die verschiedensten anderen Problemzonen: Das gilt z.B. für die vollkommen schutzlosen, illegal zugewanderten bzw. (ohne Verlängerung der Aufenthaltsgenehmigung) im Inland illegal gewordenen, in ‚Schwarzarbeit‘ ausgebeuteten Arbeitskräfte und für aus Angst vor Ausweisung untergetauchte Flüchtlinge. Ein Minderheitenproblem besonderer Art spricht aus der Lage der vorwiegend aus Rumänien zugewanderten Roma (‚Zigeuner‘), deren Asylanträge – zumal seit der restriktiven Reform des deutschen Asylrechts von 1993 – in aller Regel keine Chance haben.

Zu nennen sind hier aber auch von ihren Eltern allein nach Deutschland geschickte, zuweilen auch auf eigene Faust zugewanderte, im Amtsdeutsch ‚unbegleitete minderjährige Flüchtlinge‘ genannte jugendliche Asylsuchende, von denen derzeit rund 5000 in Deutschland gemeldet sind. Die Meldedaten liegen sicher zu niedrig. Für Hamburg allein ermittelte E. Petersen: „Hier waren am 31. Dezember 1992 1059 Kinder unter 16 Jahren und 1919 Jugendliche über 16 Jahren registriert. Nach einer Erhebung vom März 1992 lebten 420 dieser unbegleiteten Kinderflüchtlinge in Einrichtungen der Jugendhilfe (Heime und bezirkliche Jugendwohnungen), und 652 (123 dieser Kinder waren jünger als 16) waren in Hotels untergebracht. Zum gleichen Zeitpunkt wurden 229 minderjährige Flüchtlinge als ‚nicht versorgt‘ registriert, was bedeutet, daß sie ohne festen Wohnsitz, also obdachlos waren. Vierzig dieser ‚nicht versorgten‘ Kinderflüchtlinge waren noch keine 16 Jahre alt.“[2] Lebenswege und Alltagsprobleme all dieser Zuwanderer- und Flüchtlingsgruppen unterscheiden sich deutlich von denen der auf die früheren ‚Gastarbeiterfamilien‘ zurückgehenden ‚Ausländerbevölkerung‘.[3]

Mißverständnisse gibt es auch um den Begriff ‚Aussiedler‘ (‚Spätaussiedler‘): Zu verstehen sind darunter nach amtlicher Definition „deutsche Staatsangehörige oder Volkszugehörige, die vor dem 8. Mai 1945 ihren Wohnsitz in den ehemals unter fremder Verwaltung stehenden deutschen Ostgebieten, bzw. in Polen, der ehemaligen Sowjetunion, der Tschechoslowakei, Ungarn, Rumänien, Jugoslawien, Danzig, Estland, Lettland, Litauen, Bulgarien, Albanien oder China gehabt und diese Länder nach Abschluß der allgemeinen Vertreibungsmaßnahmen verlassen haben oder verlassen“.[4] Es handelt sich hier um ein heute politisch umstrittenes Kriegsfolgenrecht. Es gilt für Gebiete, in denen von einem auf deutsche Minderheiten wirkenden, auch über das Ende von Vertreibungen bzw. Zwangsumsiedlungen hinaus andauernden ‚Vertreibungsdruck‘ ausgegangen wird. Grundgesetz, Bundesvertriebenen- und Flüchtlingsgesetz sowie Kriegsfolgenbereinigungsgesetz garantieren Deutschstämmigen aus diesen Gebieten nach wie vor den Rechtsanspruch auf die deutsche Staatsangehörigkeit, wenn auch bei neuerdings jährlich beschränktem Gesamtumfang der Zuwanderung. Auch davon wird noch zu handeln sein.

Zuweilen werden sogar alle drei Gruppen – ausländische Erwerbsbevölkerung, Flüchtlinge und Aussiedler – miteinander verwechselt. Das hat seinen Grund auch darin, daß mitunter aus den gleichen Ländern stammende Zugehörige zweier oder sogar aller Gruppen in Deutschland leben bzw. dorthin streben: Aus dem NATO-Land Türkei, in dem noch gefoltert wird, stammen z. B. asylsuchende Flüchtlinge ebenso wie ehemalige ‚Gastarbeiter‘ mit ihren Familienangehörigen. Nehmen wir ein fiktives, noch Ende der 1980er Jahre durchaus nicht so weit hergeholtes Beispiel aus Polen, das eine noch größere Bandbreite zeigt:

Einer deutsch-polnischen Aussiedlerfamilie folgten möglicherweise mit Touristenvisa drei ihr bekannte oder weitläufig verwandte Polen ohne Chance auf Anerkennung als Aussiedler. Der erste lebte illegal oder als politischer Flüchtling informell toleriert im Westen. Er stellte keinen Asylantrag, weil er seinen Aufenthalt nur als Exil auf Zeit verstand und sich nicht auf diese Weise demonstrativ von seiner Heimat distanzieren wollte. Das war z. B. in Berlin in großem Umfang der Fall. Der zweite Pole beantragte Asyl und fiel deswegen sogleich unter das Ende der 1980er Jahre noch gültige generelle Arbeitsverbot für Asylsuchende. Er konnte aber bis zur Entscheidung über seinen – aller Wahrscheinlichkeit nach aussichtslosen – Asylantrag in dem engmaschigen polnischen Selbsthilfe-Netzwerk in der Bundesrepublik leben und wurde, vor Ende des Kalten Kriegs, vielleicht auch nach Ablehnung seines Gesuchs aus politischen Gründen nicht abgeschoben, sondern als ‚De-facto-Flüchtling‘ weiterhin geduldet. Der dritte ‚Tourist‘ aus Polen arbeitete während seines Aufenthalts in der Bundesrepublik legal (z. B. als Erntehelfer) oder auch illegal und kehrte nach Ablauf seines Visums mit vom Verdienst erworbenem und vollbepacktem Gebrauchtwagen zurück, um bei passender Gelegenheit erneut als ‚Tourist‘ einzureisen. Hinzu kamen über die Grenze pendelnde polnische Händler mit oder ohne Lizenz, die den ‚Polenmarkt‘ nicht nur in Berlin zum festen Begriff werden ließen.

Spätestens seit der Jahrzehntwende hat sich in diesem Bereich gegenüber nicht zur Gruppe der Aussiedler zählenden Zuwanderern aus Osteuropa und damit auch aus Polen manches geändert: Von politischer Verfolgung kann z. B. in Polen nicht mehr die Rede sein. Asylanträge bieten im Prinzip keine Perspektive mehr. Es gibt aber, mit unterschiedlichen Höchstgrenzen, für Arbeitswanderer aus Ost- und Südosteuropa die Möglichkeit zu befristeter Erwerbstätigkeit im ‚Werkvertrag‘ zwischen deutschen und ausländischen Unternehmen. Im Oktober 1992 waren in Deutschland insgesamt 115 967 ‚Werkvertragsarbeitnehmer‘ beschäftigt, vor allem im Baugewerbe. Polen (61 591) stellten das bei weitem stärkste Kontingent.

Die Erinnerung an die Überschneidung von Flucht- und Arbeitswanderungen ist im öffentlichen Bewußtsein manifest geblieben. Sie wird wachgehalten durch die illegale Zuwanderung über den ‚europäischen Rio Grande‘ – die ‚grüne‘, genauer gesagt nasse Oder-Neiße-Grenze, die seit 1992/93 durch verstärkte Kontrollen und modernste Technologie überwacht wird, vom Spähhubschrauber bis zu den nach den Körpern illegaler Grenzgänger tastenden Wärmebild- und Nachtsichtgeräten des Bundesgrenzschutzes. Was bis zum Ende des Kalten Krieges als ‚Flucht aus dem kommunistischen Machtbereich‘ eine politische Abstimmung mit den Füßen zwischen den konkurrierenden Systemen und ihres Bekenntnischarakters wegen im Westens als politisch-ideologische Selbstbestätigung durchaus willkommen war, wird heute als wirtschaftlich belastende und gesellschaftlich destabilisierende Armutswanderung aus Osteuropa gefürchtet. Deshalb wuchs, wo der vom Osten errichtete ‚Eiserne Vorhang‘ fiel, ein vom Westen gebauter elektronischer Vorhang, steht an der Stelle der früheren Gefängnismauer des Ostens heute die Festungsmauer des Westens.

Von den Aussiedlern zu unterscheiden waren bis zur deutschen Vereinigung die Flüchtlinge, ‚Sperrbrecher‘ und legalen ‚Übersiedler‘ aus der ehemaligen DDR. Sie bilden zusammen einen besonderen Problembereich, der zwar nicht zum engeren Themenfeld dieser Bestandsaufnahme zählt, aber doch immer wieder einbezogen wird. Sie teilten eine Grunderfahrung aller auf Dauer zugewanderten Gruppen – die mehr oder minder spannungsreiche Einwanderungs- bzw. Eingliederungssituation. Dabei geht es sozial, kulturell und mental um weit mehr als um den Rechtsakt der Einbürgerung allein – der für Flüchtlinge und Übersiedler aus dem zweiten deutschen Staat ohnehin nur eine Formalität war.

Spannungen im Einwanderungsprozeß können in der Aufnahmegesellschaft irritieren, ängstigen und provozieren, auch dort, wo sie nur vom Hörensagen bekannt sind. Sie werden nicht selten verstärkt durch eine sensationell aufgemachte Berichterstattung, die unter der Flagge ‚objektiver‘ Information selbst auf der einträglichen Woge der Fremdenangst schwimmt. Solche Fremdenangst wird dabei oft voreilig mit Fremdenfeindlichkeit gleichgesetzt. Angst macht noch keine Feinde. Sicherheitsbedürfnis ist nicht gleichbedeutend mit Angriffsbereitschaft. Spannungen zwischen Einheimischen und zugewanderten Fremden, die sich nach langem Inlandsaufenthalt oft längst

einheimisch, aber durch solche Ängste erneut ausgegrenzt fühlen, wirken in der öffentlichen Diskussion zuweilen bedrohlich
und bieten deshalb den Nährboden für Abwehrhaltungen im
Alltag und für Protestverhalten an den Wahlurnen. Dabei gerät
oft aus dem Blick, worum es bei dieser Begegnung von Mehrheit und zugewanderten Minderheiten in Wirklichkeit geht: um
gesellschaftlich zwar möglicherweise brisante, aber durchaus
nicht ungewöhnliche und durch vernünftige, pragmatische und
flexible Gestaltung in ihren Folgen begrenzbare Übergangserscheinungen im Einwanderungsprozeß.

2. Irritationen und Definitionen: Einwanderungssituation ohne Einwanderungsland

Einwanderungsprozesse haben in der Gegenwart oft ein anderes Gesicht als in der Geschichte: *Auswanderung* war zur Zeit der ‚klassischen‘, vorwiegend transatlantischen Massenwanderungen des 19. Jahrhunderts, und vordem erst recht, meist das definitive Verlassen des Herkunftslandes ohne die feste Absicht, jemals wieder auf Dauer dorthin zurückzukehren – obgleich es auch seinerzeit schon eine beträchtliche Rückwanderung gab. *Einwanderung* war, vice versa, die in der Regel dauerhafte Eingliederung im Bestreben, auch Staatsbürger des Einwanderungslandes zu werden. Zwischen diesen aus der Geschichte bekannten Eckpositionen von definitiven Aus- und Einwanderungsentscheidungen liegt im Wanderungsverhalten heute oft eine große Bandbreite von Zwischenstufen und Übergangszonen. Einwanderungsfragen der Gegenwart sind deshalb auch nicht mit den vorwiegend um die Einbürgerung kreisenden Antworten des 19. Jahrhunderts zu bewältigen. Neue Probleme verlangen neue Konzepte.

Arbeitswanderung (auf Zeit) und *Einwanderung* (auf Dauer) lassen sich abstrakt gut auseinanderheben. In der vielgestaltigen Wirklichkeit haben sie heute oft fließende Grenzen: Am Anfang mag vielleicht nur der Entschluß zu einer mehr oder minder befristeten Arbeitswanderung gestanden haben. Bei zunehmender Aufenthaltsdauer und immer wieder zurückgestelltem Rückwanderungsentschluß wechselte die Zeitperspektive: Aufenthalte im Herkunftsland wurden nurmehr als Unterbrechung des Auslandsaufenthalts, als eine Art Urlaub in der Heimat verstanden. Der dauerhafte Auslandsaufenthalt selbst mündete unterdessen schrittweise in eine echte Einwanderungssituation. Einwanderer geraten dabei oft in eine durch Orientierungslosigkeit bzw. Doppelorientierung bestimmte Schwebezone zwischen alter und neuer Welt, bis der Sog des Alltäglichen ihnen schließlich die neue Welt auf Kosten der alten Welt immer vertrauter werden läßt. Im günstigsten Falle wird dem ehemaligen Arbeitswanderer und seiner Familie dieser Übergangsprozeß in all seinen Stufen gar nicht zureichend deutlich – sofern er nicht von außen her in Frage gestellt wird („rein oder raus!‘). Im Regelfall aber ist dieser Übergangsprozeß belastet durch eine unterschiedlich ausgeprägte Identitätskrise.

Von reinen *Zwangswanderungen* (Deportation, Ausweisung u.a.) und von der durch schieren Kampf ums nackte Überleben bestimmten *Flucht* vor akuter Bedrohung bzw. Verfolgung abgesehen, gibt es fließende Grenzen auch zwischen Fluchtwanderung, Arbeits- und Einwanderung: Zu den verschiedensten materiellen (ökonomischen, ökologischen, sozialen u.a.) und immateriellen (politischen, religiös-weltanschaulichen, ethnokulturellen u.a.) wanderungsbestimmenden Schubkräften in den Ausgangsräumen („Push‘-Faktoren) treten richtunggebende, nicht minder vielfältige materielle und immaterielle Anziehungskräfte in den verschiedenen Zielgebieten („Pull‘-Faktoren). Bei auf das Wissen von ‚Helfern‘ angewiesenen Fernwanderungen in eine völlig fremde Welt und dort, wo legal unüberwindliche Wanderungsbarrieren illegal zu umgehen sind, werden Flüchtlinge zuweilen Opfer von ‚Fluchthilfeorganisationen‘ und einem weitverzweigten Netz von Schleppern und Schleusern mit fließender Grenze zur international organisierten Kriminalität. Fluchthilfe, illegale Schleusung und Menschenhandel liegen oft nahe beieinander.

Neben dem Begriff Einwanderung, der trotz aller politischen Tabuisierung eine bemerkenswerte Karriere gemacht hat, rückt in der öffentlichen und politischen Diskussion bereichsweise der Begriff *Zuwanderung* auf, bei dem ein engeres und ein weiteres Bedeutungsfeld zu unterscheiden ist: Im engeren Sinne der Migrationsforschung gibt es im Kontext der Binnenwanderungen den Begriff der (internen, d.h. regionalen oder lokalen) ‚Zuwanderung‘ im Gegensatz zur (grenzüberschreitenden) Einwanderung. Im weiteren Sinne umschließt der Begriff ‚Zuwanderung' die gesamte Vielfalt zielgerichteter (interner und grenz-überschreitender) Mobilität. Er ist hilfreich als übergeordneter Sammelbegriff, für sich selbst aber eine leere Hülse. Er stiftet deshalb Verwirrung, wenn er auf der falschen Ebene, nämlich auf derjenigen der einzelnen Wanderungsbewegungen (Einwanderung, transnationale Arbeitswanderung, Zwangs-, Fluchtwanderung u.a.) verwendet wird. In seinem weiteren, in der politischen Diskussion gängig werdenden Sprachgebrauch schillert der Begriff ‚Zuwanderung' mißverständlich und wird im Versteckspiel mit der Wirklichkeit nicht selten als terminologische Tarnkappe benutzt, um politische Festlegungen dort zu vermeiden, wo ‚Einwanderung' nur als ‚Einbürgerung' im rechtlichen Sinne verstanden und deshalb als ‚Zuwanderung' umnebelt wird.

Der Alltag der Einwanderungssituation wird in der Sache überhaupt nicht, emotional aber um so mehr berührt von der oft aller historischen Erfahrung mit Einwanderungsprozessen fernen, inzwischen schon betagten politischen Debatte um die Frage, ob die Bundesrepublik ein *Einwanderungsland* sei oder nicht. Sofern dabei an die in regierungsamtlichen Erklärungen des Jahres 1983 angesprochenen „Erfahrungen der klassischen Einwanderungsländer"[5] gedacht wurde, war und ist diese Debatte ein Streit um des Kaisers Bart: Ein Einwanderungsland im Sinne jener vorwiegend überseeischen ‚klassischen' Einwanderungsländer der Geschichte, in denen, oft nach der Verdrängung und/oder Vernichtung der Ureinwohner, große Flächen zu besiedeln, Städte zu gründen, Wirtschaftsstrukturen zu entwickeln waren, und deren Gesellschaften auf diese Weise durch den Einwanderungsprozeß selbst erst geformt oder doch noch entscheidend geprägt wurden – ein solches ‚Einwanderungsland' kann Deutschland ohnehin nicht sein oder auf absehbare Zeit werden.

„Die Bundesrepublik ist kein Einwanderungsland", so lautete jedenfalls seit vielen Legislaturperioden bis Anfang der 1990er Jahre der kleinste gemeinsame Nenner aller regierungsamtlichen Initiativen im Bereich dessen, was folgerichtig ‚Ausländerpolitik' und nicht etwa ‚Einwanderungspolitik' hieß. Und das in einem Land, das seit den späten 1980er Jahren jährlich mehr Zuwanderer aufnimmt als die beiden klassischen Einwanderungsländer Kanada und Australien zusammen. In der amtlichen Information des Bundesinnenministeriums über den Stand von Ausländerrecht und Ausländerpolitik vom Januar 1991 wurde die Fortschreibung der seit rund einem Jahrzehnt gültigen ‚Grundsätze der Ausländerpolitik‘ mit ihrem Defensiv-Dreieck von Integration, Zuzugsbegrenzung (aus Nicht-EG-Staaten) und Rückkehrförderung aufs neue u.a. mit Beschlüssen der Bundesregierung vom November 1981 und Februar 1982 bekräftigt: „Es besteht Einigkeit, daß die Bundesrepublik Deutschland kein Einwanderungsland ist und auch nicht werden soll."[6]

Erst auf dem Dresdener Parteitag der CDU im Dezember 1991 wurde, nach harten Auseinandersetzungen im Vorfeld, diese mehr als ein Jahrzehnt lang – auch von anderen Parteien – wiederholte Beschwörungsformel zwar verbal getilgt, die damit verbundene, folgenschwere Tabuisierung des Themas ‚Einwanderung‘ aber in der Sache nicht aufgehoben. Der auch im Entwurf des ‚Dresdener Manifests‘ noch vorgesehene Satz „Deutschland ist kein Einwanderungsland" wurde ersetzt durch einen ganzen Abschnitt: „Deutschland ist ein weltoffenes Land. Wir wissen, daß in Zukunft nicht weniger, sondern mehr Ausländer nach Deutschland kommen und mehr Deutsche ins Ausland gehen. Vor allem in einem wirtschaftlich und politisch zusammenwachsenden Europa, aber auch angesichts einer internationalen Verflechtung werden die Menschen mobiler werden. Diese Entwicklung muß so gestaltet werden, daß sie den Interessen und Bedürfnissen unseres Landes entspricht." Drei auf entsprechende Gestaltung zielende Anträge hingegen, in denen die Begriffe ‚Einwanderungsland‘, ‚Einwanderungsgesetz‘ und ‚Einwanderungspolitik‘ standen, wurden auf dem Parteitag prompt abgelehnt.[7]

Das Dementi war von Anbeginn an klar, sein Gegenstand nicht: Auf die Frage, was ein ‚Einwanderungsland‘ eigentlich sei, gibt es in der öffentlichen Diskussion nach wie vor keine gemeinverbindliche Antwort. Wie sich in Diskussionen immer wieder zeigte, wußten viele Politiker jahrelang gar nicht, was sie so kraftvoll ‚dementierten', obschon es doch nicht viel Logik für sich hatte, etwas zu dementieren, das man nicht definieren konnte. Woher auch: Nachschlagewerke enthalten, wenn überhaupt, vorwiegend vom Rechtsakt der Einbürgerung ausgehende Definitionen, historisierende Umschreibungen oder gar den wenig lichtvollen Querverweis ‚Einwanderung siehe Auswanderung' und umgekehrt. Erst Anfang der 1990er Jahre gab es in der politischen Debatte Raum für die seit rund einem Jahrzehnt überfällige Diskussion um Einwanderungsgesetzgebung und Einwanderungspolitik. Neu entdeckt wurde dabei im Kern freilich nur, was Sachkenner schon in den frühen 1980er Jahren vergeblich begründet und gefordert hatten.[8]

Auf der Suche nach definitorischen Ausgangskriterien könnte man sich z.B. an der Politischen Ökonomie von Karl Marx orientieren, der seinerzeit zwischen Klassen ‚an sich' und ‚für sich' unterschied – ‚an sich' aus Gründen der Klassenlage, ‚für sich' aus Gründen des Klassenbewußtseins. Ein Einwanderungsland ‚an sich', also im rein statistischen Sinne, wäre demnach ein Land, in dem die Einwanderung die Auswanderung übersteigt oder auch nur Einwanderung stattfindet, sei es auf Zeit oder auf Dauer. Ein Einwanderungsland ‚für sich' wäre ein Land, das sich selbst als solches versteht und diesem Selbstverständnis Rechnung trägt in Gestalt von Einwanderungsgesetzgebung und Einwanderungspolitik.

Man kann auch von unterschiedlichen Bedingungen im Völker- und Staatsangehörigkeitsrecht ausgehen. Grob vereinfacht und von verschiedenen Mischsystemen (z.B. Frankreich) abgesehen, gibt es zwei große Gruppen: In Ländern des *‚jus sanguinis'* (von lat. ‚Recht des Blutes': *Abstammungsprinzip*) wird die Staatsangehörigkeit über die Eltern vererbt. Das gilt für die Bundesrepublik Deutschland in besonders reiner Form, aber in unterschiedlicher Strenge auch für einen Großteil der anderen kontinentaleuropäischen Staaten. In Ländern des *‚jus soli'* (von lat. ‚Recht des Bodens': *Territorialprinzip*) kann die Staatsangehörigkeit auch durch Geburt im Staatsgebiet erworben werden. Das gilt z.B. für die Vereinigten Staaten und die meisten anderen ‚klassischen' Einwanderungsländer in Übersee. Ein Kind von Eltern aus einem ‚jus sanguinis'-Land, das in einem ‚jus soli'-Land geboren wird, kann dadurch zum ‚Doppelstaater', gegebenenfalls auch zum ‚Mehrstaater' werden, sofern das ‚jus sanguinis'-Land neben der ererbten eine erworbene andere Staatsangehörigkeit oder sogar mehrere davon duldet. Das ‚jus soli' allein indes macht ein Land noch nicht zum Einwanderungsland.[9]

Die Problemdimension ‚Einwanderung' wird aber unzulässig verkürzt, wenn man sie nur als Angelegenheit der Statistik, des staatlichen Selbstverständnisses oder im engeren Sinne als Rechtsakt, also im Sinne von Einbürgerung, betrachtet. *Einwanderung* ist auch zu verstehen als ein umfassender *Kultur- und Sozialprozeß*. Sie ist, so betrachtet, kein Ereignis, sondern ein langfristiger, stufenweiser Prozeß. Er beginnt im Grunde schon mit seiner Voraussetzung, der schrittweisen Lösung aus den Bindungen an das Auswanderungsland und der faktischen Auswanderung. Er hat in aller Regel einen fließenden Eingang (ökonomische und soziale Integration) und einen lebensgeschichtlich offenen Abschluß (Akkulturation/Assimilation). Er kann, je nach Definition und Bestimmungskriterien, sogar Generationen übergreifen. Daher kommt die aus der Einwanderungsforschung bzw. Einwanderungsdiskussion stammende und bemerkenswerterweise inzwischen auch im angeblichen Nicht-Einwanderungsland Deutschland selbst in regierungsamtlichen Stellungnahmen gängige Rede von der ersten, der zweiten oder sogar schon der dritten (Einwanderer-)Generation.

Die *Einbürgerung* bildet nicht das Ende, sondern nur eine feste äußere Wegmarke innerhalb eines solchen lebensgeschichtlichen Einwanderungsprozesses. Sein ‚Abschluß' kann mithin schwerlich, wie in der politischen Debatte hierzulande häufig geschehen, als Vorleistung für die Einbürgerung eingefordert werden. Es gibt sogar echte Einwanderungsprozesse mit allen einschlägigen kulturellen, sozialen oder mentalen Problemen ohne Wechsel der Staatsangehörigkeit: Das galt z.B. für die ‚Ruhrpolen' des späten 19. und frühen 20. Jahrhunderts.

Polnischer Nationalkultur und Muttersprache, aber preußisch-deutscher Staatsangehörigkeit, waren sie aus dem preußischen Osten ins montanindustrielle Ruhr- und Emscherrevier zugewandert. Sie lebten dort zwar nicht im rechtlichen, aber im kulturellen und sozialen Sinne in einer echten Einwanderungssituation, ohne doch Ausländer zu sein. (Wären sie Ausländer gewesen, dann hätte es sie im kaiserlichen Deutschland gar nicht gegeben; denn die Beschäftigung von Auslandspolen außerhalb der Landwirtschaft war in den mittleren und westlichen preußischen Provinzen zu dieser Zeit untersagt, gerade um ihre Begegnung mit den in den Westen abgewanderten ‚Ruhrpolen‘ und damit eine Stärkung der beargwöhnten polnischen Minderheit im Westen zu verhindern.) Ähnliches gilt heute z.B. für viele Aussiedler aus Ost- und Südosteuropa, die sich am Ziel ihres Traumes vom Leben als ‚Deutsche unter Deutschen‘ zwar als deutsche Staatsbürger, aber doch als fremde Deutsche wiederfinden – in einer echten Einwanderungssituation mit all ihren Problemen.

Einwanderungsprozeß und Einwanderungsland sind auch nicht notwendig zwei Seiten der gleichen Medaille: Menschen können, auch in großer Zahl, nach längerem Aufenthalt in einer echten Einwanderungssituation leben und sich selbst als Einwandererminorität verstehen – in einem Aufnahmeland, das zwar für sie Einwanderungsland ist, sich selbst aber durchaus nicht als ein solches versteht. So betrachtet, ergibt sich als seit mehr als einem Jahrzehnt gültige und nach wie vor aktuelle Bestandsaufnahme für die Lage großer Teile der Ausländerbevölkerung in der Bundesrepublik ein Paradoxon: Einwanderungssituation ohne Einwanderungsland.

Zu anderen Definitionen führt die Frage nach Unterschieden zwischen ‚klassischen‘ Einwanderungsländern der Geschichte und (‚modernen‘) *Einwanderungsländern neuen Typs* in der Gegenwart: In den klassischen, vorwiegend überseeischen Einwanderungsländern, die sich als solche verstanden und – mit großen Unterschieden oder Wechseln in Zielsetzungen, Reichweite bzw. Intensität – Einwanderungsgesetzgebung und Einwanderungspolitik praktizierten, wurden, wie erwähnt, die Gesellschaften noch durch den Einwanderungsprozeß wesentlich geformt, wenn auch der ‚Schmelztiegel‘ in den USA lange überschätzt worden ist.[10]

Das trennt die klassischen von den Einwanderungsländern neuen Typs in der Gegenwart, innerhalb derer wiederum zwei Gruppen unterschieden werden können: *Formelle Einwanderungsländer* neuen Typs zeichnen sich durch Wanderungsgeschehen, Selbstverständnis, Gesetzgebung und politische Praxis als Einwanderungsländer aus. *Informelle Einwanderungsländer* neuen Typs verstehen sich nur als Aufnahmeländer für bestimmte Zuwanderergruppen, z. B. für ausländische Arbeitnehmer und deren Familien. Sie tolerieren dabei aber in großem Umfang Daueraufenthalte mit fließenden Grenzen zur Einwanderungssituation, die als solche meist durchaus erkannt und als Gestaltungsaufgabe verstanden wird. Und sie tragen den lebensgeschichtlichen Schwebezonen der informellen Einwanderungssituation Rechnung durch entsprechend offene Einbürgerungsbestimmungen, z. B. durch am ‚jus soli‘ orientierte Einbürgerungserleichterungen für die Nachkommen von dauerhaft im Lande lebenden Ausländern.

Ganz auf die Frage nach der rechtlichen Akzeptanz und Umsetzung abstellen würde eine Unterscheidung zwischen *De-jure-* und *De-facto-Einwanderungsländern neuen Typs*, wobei im letzteren Falle freilich jeweils zu klären wäre, ob die ‚De-facto-Situation‘ anerkannt bzw. informell toleriert oder aber im Grunde nur statistisch bestätigt, politisch aber negiert bzw. ‚dementiert‘ wird.

In der heftigen öffentlichen Diskussion im Vorfeld der Reform des Ausländerrechts wurden 1990 und erneut 1993 drastische Einbürgerungserleichterungen für die zweite und dritte Ausländergeneration bzw. die Einführung des Territorialprinzips (‚jus soli‘) für die dritte Generation gefordert. Eine Realisierung dieser Forderungen hätte für die Bundesrepublik den Weg vom Paradoxon der Einwanderungssituation ohne Einwanderungsland zu einem informellen Einwanderungsland neuen Typs eröffnen können bzw. von einem im Ausländerrecht erstarrten Einwanderungsprozeß zu einer Einwande-

23

rungssituation wie in Frankreich, wo heute jeder dritte Staatsbürger mindestens einen ausländischen Großelternteil hat. Dazu kam es bislang nicht. Änderungen des Staatsangehörigkeitsrechts allein – wie sie in der Reform des Ausländerrechts von
1991 (§ 85, 86 AuslG 91) sogar in gewissem Umfang enthalten
waren (Regelanspruch auf Einbürgerung bei eingeschränkten
Ermessensspielräumen der Behörden) und im Änderungsgesetz
zur Verwirklichung des ‚Asylkompromisses‘ noch verstärkt
wurden (Rechtsanspruch auf Einbürgerung unter bestimmten
Bedingungen) – konnten dafür ohnehin nicht genügen; denn die
komplexen gesellschaftlichen und kulturellen Probleme der
Einwanderungssituation sind durch die Einbürgerung allein
nicht zu bewältigen – will sagen: Einwanderer bleibt man auch
mit neuem Paß.

All das könnten heute längst Binsenweisheiten der allgemeinen Migrationsdiskussion auch in der Bundesrepublik sein.
Aber eskapistische Selbsttäuschungen entwickeln mitunter eine
defensive Eigendynamik mit überlebenstechnischen Qualitäten,
gegen die logische Argumente machtlos sind. Im März 1994
erklärte der Chef des Bundeskanzleramtes Friedrich Bohl
(CDU) aufs neue: „Deutschland ist kein Einwanderungsland
und soll auch kein Einwanderungsland werden." Die gleiche
Botschaft enthielt der am 9. 12. 1993 im Kabinett beschlossene
Bericht der Bundesregierung für die Internationale Konferenz
für Bevölkerung und Entwicklung (‚Weltbevölkerungskonferenz‘) in Kairo 1994 (vgl. Kap. 9).[11]

Im Kontext des schon in den frühen 1980er Jahren von
der historischen Wirklichkeit überholten, mithin wirklichkeits-
fremden Dementis, daß die Bundesrepublik ‚kein Einwanderungsland‘ sei, machen sich mittlerweile Lesefrüchte geltend –
hinzugefügt wird: ‚im Sinne der klassischen Einwanderungsländer‘. Das freilich stand nie zur Debatte; denn daß in Deutschland keine Prärien zu besiedeln sind, bedarf eines eingehenden
Nachweises nicht. Neuerdings wird die Dementi-These mit
dem Hinweis gestützt, daß die Bundesrepublik keine „aktive
Zuwanderungspolitik" (F. Bohl) betreibe. Doppeltes Mißver-
ständnis: Würde ‚aktive Zuwanderungspolitik‘ ein ‚Einwande-

rungsland' kennzeichnen, dann wäre die Bundesrepublik schon seit 1955 ein ‚Einwanderungsland' gewesen – denn von 1955 bis 1973 betrieb sie in der Tat ‚aktive Zuwanderungspolitik' – nämlich in Gestalt der Anwerbung ausländischer Arbeitnehmer (‚Gastarbeiter'), die bekanntlich zwar ‚Einwanderer' nicht werden sollten, aber zweifelsohne doch ‚Zuwanderer' waren (Kap. 4). Ein solches Dementi, das sich in der eigenen Falle fängt, ist aber sicher nicht intendiert.

Wenn hingegen von ‚Zuwanderungspolitik' nur gesprochen würde, um das Teufelswort ‚Einwanderung' zu umreden, dann wäre die Botschaft ebenso schief: Würde nämlich unter ‚aktiver Einwanderungspolitik' schiere Einwandererwerbung verstanden, die in Deutschland in der Tat nicht betrieben wird, dann wäre das Argument zwar richtig, aber der Begriff nicht minder falsch; denn ‚aktive Einwanderungspolitik' bedeutet nur, daß aktiv steuernd in das Wanderungsgeschehen selbst eingegriffen, daß es mithin nicht nur reaktiv bzw. ‚passiv' in seinen Folgen verwaltet wird (Aufenthalts-, Arbeitsrecht u. a. m.). Übergeordnete Ziele und konkrete Zwecke von Einwanderungspolitik im Blick auf Umfang, Struktur und langfristige Entwicklung der Einwanderung hingegen sind mit dem Begriff selbst nicht vorgegeben, zumal Einwanderungspolitik als neutrales Steuerungsinstrumentarium z. B. unter Krisendruck bis zur Null-Option der totalen Einwanderungssperre reichen kann.

Im übrigen treibt die Bundesrepublik jedenfalls in einer Dimension des transnationalen Wanderungsgeschehens de facto durchaus aktive Einwanderungspolitik, ohne sich de jure dazu zu bekennen – in der Aussiedlerpolitik (Kap. 7). Das wiederum wird geläufigerweise dementiert unter Hinweis darauf, daß die Aussiedler ja Deutsche seien, was rechtlich zweifelsohne richtig ist. Dabei geht es aber nicht nur um die deutsche jus sanguinis-Tradition, sondern auch um ein lebensgeschichtlich nachweisbares ‚Bekenntnis zum Deutschtum'; denn andernfalls wären die Nachfahren aller ehemals ausgewanderten Deutschen als ‚Deutschstämmige' zu einer Art ‚Rückwanderung' über Generationen hinweg in die Heimat der Vorväter bzw. Vormütter berechtigt. Dafür gäbe es in vielen früheren überseeischen Einwanderungsländern der Deutschen massenhaft potentielle Kandidaten – in den Vereinigten Staaten bei weitem mehr, als im gesamten osteuropäischen Raum zusammen, glaubt doch, Umfragen zufolge, mehr als ein Viertel aller befragten US-Amerikaner, die Spuren ihrer Vorfahren zumindest teilweise nach Deutschland zurückverfolgen zu können. Niemand – am wenigsten die Amerikaner deutscher Abstammung selbst – dächte daran, die ‚Ausreise' der Nachfahren von ‚Amerika-Deutschen' des 18. und vor allem 19. Jahrhunderts zu betreiben, die es im Gegensatz zu den ‚Rußlanddeutschen' als kulturelle Gruppe auch nicht mehr gibt; denn aus den Millionen von deutsch-amerikanischen ‚Bindestrich-Amerikanern' waren schon zu Beginn des 20. Jahrhunderts und spätestens mit dem Ersten Weltkrieg Amerikaner deutscher Herkunft geworden, deren ‚Bekenntnis zum Deutschtum' heute nurmehr nostalgisch-familienkundlicher Art ist (‚routes to the roots').

In den zum Teil krisengeschüttelten früheren Einwanderungsländern der Deutschen in Südamerika aber gibt es in der Tat eine nicht unbeträchtliche Zahl von ihrer Herkunft durchaus bewußteren Deutschstämmigen, die sich in den späten 1980er Jahren denn auch gelegentlich in Bonn mit der irritierten Frage meldeten, wieso Deutsche aus Rußland, nicht aber z.B. aus Argentinien oder Brasilien ‚heimkehren' dürften, um als ‚Deutsche unter Deutschen' zu leben – in dem Land, in dem es den Nachfahren derer, die blieben, heute oft besser geht als den Nachkommen derer, die die Not seinerzeit über den Atlantik trieb. Das war die falsche Frage; denn auch deutsche Abstammung und ‚Bekenntnis zum Deutschtum' allein berechtigen Nachfahren deutscher Auswanderer noch nicht zur ‚Rückwanderung' in die Heimat der Vorfahren: Die Anerkennung als Aussiedler hat über ethnokulturelle Kriterien hinaus eben auch mit dem Kriegsfolgeschicksal und mit der durch das Kriegsfolgenbereinigungsgesetz erneut bestätigten rechtlichen Fiktion des seit dem Zweiten Weltkrieg anhaltenden Vertreibungsdrucks in den als ‚Vertreibungsgebiete' definierten Siedlungs- bzw. Deportationsgebieten der Deutschen im Osten zu tun (Kap. 7).

Fazit: In den Rechtsgrundlagen der Aussiedlerpolitik stehen mithin ethnokulturelle Kriterien und fiktiver Vertreibungsdruck vornan. Die Aussiedlerzuwanderung ist, wie ebenfalls noch zu zeigen sein wird, seit 1992 auf das durchschnittliche Maximum der Jahre 1991/92 begrenzt. Es handelt sich also um eine nach bestimmten ethnokulturellen (Deutschstämmigkeit, Deutschtum) und regionalen Kriterien (Vertreibungsgebiete) zugelassene und kontingentierte (Jahresmittel von 1991/92) Einwanderung (dauerhafte Niederlassung mit Erwerb der Staatsangehörigkeit) – die in Osteuropa überdies noch als eine Art friedlicher deutscher Beitrag zur ‚ethnischen Säuberung'[12] der Herkunftsgebiete wirkt. Allen Sachkennern ist ferner zur Genüge bekannt, daß die Aussiedler – nicht im rechtlichen, aber im soziokulturellen und mentalen Sinne – Einwanderer par excellence sind: Abgesehen von der Einbürgerung haben sie mit allen in einem Einwanderungsprozeß zu meisternden Problemen und Krisen zu schaffen. Dabei wird dieser Prozeß sogar noch zusätzlich gerade dadurch belastet, daß man ihn auf deutscher Seite so häufig unterschätzt (‚Das sind doch Deutsche!'). Nicht minder bekannt ist, daß diesen Problemen mit einer sehr erfolgreichen Einwanderungskonzeption entsprochen wird – die aus naheliegenden Gründen als ‚Eingliederungs-' bzw. ‚Integrationshilfe' usw. umschrieben zu werden pflegt. Quod erat demonstrandum: Es gibt in der Praxis ganz reguläre und recht erfolgreiche qualitative (ethnokulturelle und regionale Kriterien) und quantitative (Jahreskontingent), also nach Kriterien und Kontingenten betriebene Einwanderungspolitik im Nicht-Einwanderungsland – die aber ihrerseits dementiert wird, hier wiederum unter Hinweis auf den besonderen Charakter der Aussiedlerproblematik als Kriegsfolgerecht.

In Einwanderungsfragen herrscht in Deutschland mithin nicht nur im Dementi, sondern selbst in den dazu verwendeten Begriffen ein Versteckspiel mit der Wirklichkeit unter Hinweis auf Ausnahmen und Sonderfälle. Die gesellschaftliche Wirklichkeit aber besteht hierzulande in Sachen Migration, rechtspolitisch betrachtet, fast nur aus Ausnahmen und Sonderfällen, deren transparente Verschränkung zu einem einwanderungs- und gesellschaftspolitischen Regelsystem nach wie vor unerwünscht ist, allen normativen Fakten zum Trotz.

3. Deutsche im Ausland – Ausländer in Deutschland

Im internationalen Wanderungsgeschehen haben sich für Deutschland im Verlaufe eines Jahrhunderts nicht nur die Bewegungen, sondern auch die damit verbundenen Probleme geradewegs umgekehrt. Überblickt man im Spiegel der Statistik den Weg vom 19. Jahrhundert bis zur Gegenwart, so zeichnet sich ein Wandel ab von Bevölkerungswachstum und transatlantischer Auswanderung zu Bevölkerungsstagnation bzw. -abnahme und vorwiegend kontinentaler Zuwanderung: Rund 5 Mio. Deutsche kamen im 19. Jahrhundert in die Neue Welt der Vereinigten Staaten, die etwa 90% der deutschen Auswanderer aufnahm. Fast ebenso groß war Anfang der 1980er Jahre die in nur zweieinhalb Jahrzehnten entstandene, schon drei Generationen umfassende Ausländerbevölkerung in der im Vergleich zu den Vereinigten Staaten des 19. Jahrhunderts nicht nur viel kleineren, sondern auch viel dichter besiedelten ‚alten‘ Bundesrepublik. Die erste Generation war, vom Familiennachzug abgesehen, in weniger als zwei Jahrzehnten (1955–1973) zugewandert.

Im späten 19. Jahrhundert zeigte die Bevölkerungsentwicklung das Gegenbild dessen, was uns im Spiegel prospektiver Modellrechnungen bevorzustehen scheint: Obgleich in der letzten Auswanderungswelle des 19. Jahrhunderts (1880–1893) noch rund 1,8 Mio. Deutsche auswanderten, stieg die Reichsbevölkerung in der ‚industriellen Bevölkerungsexplosion‘ um fast 25%, von rund 45 Mio. im Jahr 1880 auf rund 56 Mio. um 1900 und weiter auf rund 65 Mio. im Jahr 1911. Im späten 19. Jahrhundert ging es im Dreieck von Bevölkerung, Wirtschaft und Gesellschaft um starkes natürliches Bevölkerungswachstum, gesellschaftliche Krisenangst und Auswanderung als ‚sozialpolitisches Sicherheitsventil‘. Heute geht es, umgekehrt, langfristig um natürliche Bevölkerungsabnahme, Krise der sozialen

Leistungssysteme, Zuwanderungsdruck und Einwanderungsfragen.

Insgesamt betrachtet haben Deutsche im Ausland und Ausländer in Deutschland allein im 19. und 20. Jahrhundert in großer Zahl die verschiedensten Formen des grenzüberschreitenden Wanderungsgeschehens[13] erlebt. Beispiele:

1. Auswanderungen: Im 19. Jahrhundert gab es noch den nach Hunderttausenden zählenden Strom der kontinentalen Auswanderung nach Ost- und Südosteuropa. Er fand, zusammen mit historisch älteren Ost-Auswanderungen, erst durch die ,Rückwanderung' der Aussiedler wieder einen Platz im Geschichtsbewußtsein einer weiteren Öffentlichkeit. Der Oststrom trat erst im frühen 19. Jahrhundert zurück hinter den bald millionenstarken, bis Anfang der 1890er Jahre anhaltenden Weststrom der transatlantischen Massenauswanderung, bei der es, besonders am Jahrhundertende, auch erhebliche Rückwanderungsbewegungen gab. Im Umfang geringer als die großen Wanderungsströme ins überseeische Ausland und nach Osteuropa waren die deutschen Wanderungen in mittel- und westeuropäische Länder. Nach dem Zweiten Weltkrieg gab es noch bis Mitte der 1950er Jahre beträchtliche überseeische Auswanderungen mit starken Anteilen von Vertriebenen und Flüchtlingen, die im Westen nicht Fuß fassen konnten oder wollten, und für deren Aufnahme es mit überseeischen Einwanderungsländern besondere Vereinbarungen gab. Am Ende stand die ,neue Auswanderung' aus der Bundesrepublik der späten 1970er und frühen 1980er Jahre, bestimmt von Kulturpessimismus und Zivilisationskritik, politischer Krisenangst und Träumen von fernen heilen Nischen. Sie blieb mehr ein Problem verstärkter ,Auswanderungsneigung', die sich zwar in der Statistik der Auswandererberatungen niederschlug, kaum aber in der Wanderungsstatistik selbst, weil viele Träume in den Beratungsgesprächen desillusioniert werden mußten. Aber auch Auswanderungsneigungen, gerade unter jüngeren Menschen, dürfen in ihrer ideellen und sozialen Botschaft nicht unterschätzt werden; denn daraus spricht immer auch ein Stück persönlicher Abrechnung mit dem Auswanderungsland. Die ,neue Auswanderung' könnte wieder größere Dimensionen annehmen, wenn es, wie in den 1950er Jahren unter den Flüchtlingen und Vertriebenen, in stärkerem Umfang zur Weiterwanderung von in der Bundesrepublik heimatlos gebliebenen Aussiedlern und Übersiedlern käme – vorausgesetzt, daß sich ihnen überhaupt Einwanderungschancen bieten: Die Möglichkeiten dazu sind heute auch in den ‚klassischen‘ Einwanderungsländern, von den Vereinigten Staaten über Kanada bis nach Australien und Neuseeland, sehr begrenzt.

2. *Flucht aus Deutschland*: In den Bereich der Auswanderungsbewegungen führen auch Spuren der Flucht von Verfolgten aus Deutschland. Zu nennen sind hier die ‚Demagogenverfolgungen‘ nach den Karlsbader Beschlüssen von 1819, verfolgte Revolutionäre von 1848/49, die man in den USA und in Australien ‚Forty Eighters‘ nannte, aber auch deutsche Sozialisten zur Zeit von Bismarcks Anti-Sozialistengesetz (1878–90). All das trat im 20. Jahrhundert zurück hinter die Emigration aus dem nationalsozialistischen Deutschland: Das Inferno der nationalsozialistischen Barbarei führte zu einer Massenflucht aus dem deutschsprachigen Kulturraum. Ihr Umfang kann nach wie vor nur geschätzt werden; denn viele waren genötigt, illegal oder doch als ‚Reisende‘ getarnt die Grenzen zu überschreiten, jenseits derer sich viele Spuren verloren; denn auch illegale Migration und das Leben in der Illegalität zählten zu den Grunderfahrungen der deutschen Wanderungsgeschichte. Die Gesamtzahl der Emigranten muß auf weit mehr als eine halbe Million veranschlagt werden, zumal allein die Zahl derjenigen mit im weitesten Sinne jüdischer Herkunft schon über 500 000 lag. Als Fluchtmotive vornan standen Verfolgung aus rassischen, religiös-weltanschaulichen und politischen Gründen, Berufsverbote für kritische Publizisten, Wissenschaftler und Künstler. Hinzu traten der Zusammenbruch deutscher Kulturtraditionen, geistige Enge, persönliche Entmündigung und Erniedrigung unter einem totalitären Regime, das viele vertrieb, auch wenn sie nicht unmittelbar, direkt und persönlich politisch verfolgt wurden. Die Spuren der Emigranten führten nach neuestem Erkenntnisstand weltweit in rund 80 Länder. Die

meisten waren in der Hoffnung, nur auf absehbare Zeit gehen zu müssen, zunächst in europäische Nachbarländer ausgewichen und verharrten dort ‚mit dem Gesicht nach Deutschland' (O. Wels). Als die Bedrohung durch die deutsche militärische Expansion wuchs, floh ein Großteil aus diesen ‚Transitländern' weiter nach Übersee, vor allem in die Vereinigten Staaten. Für viele, vor allem für die jüdischen Emigranten, war die Flucht ins Exil Rettung aus tödlicher Bedrohung. Die meisten gingen zunächst nur auf Zeit und blieben doch für immer. Aus der Flucht ins Exil wurde definitive Auswanderung.

3. *Transitwanderungen*: Als der säkulare transatlantische Massenexodus aus dem Deutschland des 19. Jahrhunderts Anfang der 1890er Jahre zum Rinnsal schrumpfte, füllten sich die deutschen Transatlantik-Liner mit der millionenfachen Menschenfracht der zeitgleich aufsteigenden ost- und südosteuropäischen Transitwanderung, die man ‚Durchwanderung' nannte. Bis zum Ausbruch des Ersten Weltkriegs passierten mehr als 5 Mio. Auswanderer aus Rußland (besonders Juden und Polen) und aus Österreich-Ungarn das Reichsgebiet auf dem Weg zu den deutschen Seehäfen, sorgsam abgeschirmt in Sonderzügen oder gesonderten Zugabteilen. Die meisten schifften sich in Hamburg und Bremen nach den Vereinigten Staaten ein. Bei der scharfen preußischen ‚Durchwandererkontrolle' ging es um die Abwehr nicht nur von Seuchen, sondern auch von illegaler Einwanderung aus dem Osten.

4. *Deutsche Arbeitswanderungen ins europäische Ausland*: Sie führten nach Großbritannien, in die Niederlande und nach Belgien ebenso wie nach Frankreich und in die Schweiz, oft eingebunden in verschiedene und über die Jahrhunderte wechselnde ‚Wanderungssysteme'. Das galt z.B. für das den gesamten Nordseeküstenraum umschließende ‚Nordsee-System', dessen Wanderungsgeschehen, einem Magnetfeld gleich, auf die Niederlande gerichtet war: Darin gab es auf nord- und westdeutscher Seite beispielsweise die ‚Grönlandfahrer' genannten ‚maritimen Wanderarbeiter' an Bord der holländischen, aber auch der ostfriesischen Herings- und Walfangschiffe. Im gleichen Wanderungssystem bewegten sich die vom 17. bis 19. Jahrhun-

dert vorwiegend im Groninger Land und in Ostfriesland beschäftigten, später auch nach Skandinavien, Polen und Rußland ziehenden ‚Lippischen Ziegler‘ und die vorwiegend in die Niederlande wandernden ‚Oldenburger Stukkateure‘, vor allem aber die Grasmäher- und Torfstecherkolonnen der ‚Hollandgänger‘. Die in Land- und Moorwirtschaft unter härtesten Arbeitsbedingungen beschäftigten ‚Hollandgänger‘ waren durchweg Saisonwanderer. In Nordwestfalen stammten sie zuweilen aus den gleichen Dörfern wie die dort ‚Tödden‘ genannten Wanderhändler. Die ‚Tödden‘ aus dem nördlichen Münsterland betrieben Fernhandel im gesamten europäischen Norden und Nordwesten. Ihr Handelsnetz reichte von Flandern bis Riga. Wanderhandel konnte aber auch übergehen in Auswanderung oder definitive Abwanderung – durch Niederlassung der Wanderhändler in ihren fernab gelegenen Absatzgebieten. Die meisten Wanderhändler blieben kleine Packenträger. Einige ‚Tödden‘ aber stiegen vom ursprünglich aus der Armut geborenen Wanderhandel zu bedeutenden Großkaufleuten auf. Die Namen Hettlage und Brenninkmeyer sind lebendige Zeugnisse dieser historischen Tradition, die einen Bogen spannt vom Wanderhandelsnetz der ‚Tödden‘ zum Filialnetz der großen Kaufhausketten. Anders stand es um die Arbeitswanderungen nach Frankreich und besonders nach Paris im 19. Jahrhundert. Sie mündeten dort in ein seit der Restaurationszeit für einige Generationen stabiles unterbürgerliches Sozialmilieu. Es unterschied sich deutlich von demjenigen der in der französischen Metropole gebliebenen Nachfahren der berühmten Pariser Kolonien deutscher Möbeltischler des 18. Jahrhunderts und erst recht von dem der Deutschen im früher höfischen und später bürgerlichen Milieu: Hessisch-darmstädtische Gassenkehrer, pfälzische Fabrik- bzw. Erdarbeiter und Lumpensammler, deutsche und elsässische Dienstmägde lebten hier in einer Art ‚Gastarbeitermilieu‘ mit allen Funktionen und Problemen eines ausländischen Subproletariats auf Zeit. Das galt für niedrige Löhne ebenso wie für schlechte Arbeits- und Lebensbedingungen. Und es galt schließlich für ihre Rolle als Krisenpuffer auf dem Arbeitsmarkt, die zum Teil auch ihr Ende als Arbeitswanderer bestimmte: In den 1880er Jahren kehrten die meisten deutschen Gassenkehrer unfreiwillig aus Paris zurück. Hintergrund war eine Wirtschaftskrise, in der Ausländer in den städtischen Reinigungsdiensten keine Beschäftigung mehr fanden.

5. *Arbeits-, Zwangs- und Fluchtwanderungen nach Deutschland*: Die Geschichte der Arbeitswanderungen als Massenbewegungen reicht von den ‚ausländischen Wanderarbeitern‘ im kaiserlichen Deutschland und in der Weimarer Republik bis zu den ‚Gastarbeitern‘ in der Bundesrepublik. In die Geschichte der Zwangswanderungen gehört der dazwischen liegende ‚Arbeitseinsatz‘ von Millionen vorwiegend aus Osteuropa deportierten ‚Fremdarbeitern‘, die, neben KZ-Häftlingen und Kriegsgefangenen, die Arbeitssklaven der nationalsozialistischen Kriegswirtschaft waren. Nach dem Kriegsende folgte die (im Falle der sowjetischen Staatsangehörigen zwangsweise) ‚Repatriierung‘ oder Auswanderung von Millionen ‚Displaced Persons‘ (DPs), von denen die meisten ‚Fremdarbeiter‘ gewesen waren. Am Beginn der größeren Fluchtwanderungen nach Deutschland stand in der Frühen Neuzeit die Aufnahme von verfolgten Glaubensflüchtlingen (Hugenotten, Waldenser, Salzburger) im Reich. Das jüngste Kapitel in der Geschichte der Fluchtwanderungen nach Deutschland umschließt die Schicksale der ausländischen Flüchtlinge, die heute in der Bundesrepublik leben – als Asylsuchende anerkannt, noch auf das Ende ihres Verfahrens wartend oder abgelehnt und doch aus humanitären Gründen geduldet.

Die ausländische Wohnbevölkerung in den Grenzen der ‚alten‘ Bundesrepublik wuchs von 1960, dem Jahr vor dem Mauerbau, bis zum Jahr der deutschen Vereinigung 1990 von 686 100 auf 5 241 801 an und zählte am 31. 12. 1992 insgesamt 6 495 792 Menschen, von denen 4 015 310 (62%) aus den ehemaligen ‚Anwerbeländern‘ stammten. Dem entsprach ein Wachstum des Ausländeranteils an der gesamten Wohnbevölkerung von 1,2% (1960) auf 8,2% (1990). 1992 lag er, einschließlich der neuen Bundesländer mit ihren niedrigen Ausländeranteilen, bei 8,1%. Wanderungsstatistik aber ist geronnene Bevölkerungsgeschichte. Hinter den Zahlen über das Wachstum der ausländischen Wohnbevölkerung stehen gewaltige Wanderungsbewegungen. Sie umfassen nicht nur die in der politischen Diskussion allzu oft einseitig betonten Zuwanderungen, sondern auch die Abwanderungen von Ausländern aus dem Bundesgebiet. Statistisch erfaßt werden dabei freilich nicht Individuen, sondern ‚Wanderungsfälle‘, die in gewissem Umfang auch Mehrfachzuwanderungen einschließen. Die Differenz ergibt die Wanderungsbilanz. 1990 etwa sind rund 842 000 Ausländer zugewandert, 466 000 haben Deutschland im gleichen Jahr wieder verlassen. 1991 standen ca. 920 000 Zuzügen ca. 497 000 Wegzüge von Ausländern gegenüber. Von 1960 bis 1990 sind in der ‚alten‘ Bundesrepublik ca. 16 Mio. Ausländer zugezogen und ca. 12 Mio. fortgezogen. Das ergibt eine positive Wanderungsbilanz mit einem Wanderungsgewinn (Zuwanderungsüberschuß) von insgesamt ca. 4,2 Mio., im Jahresdurchschnitt also ca. 120 000.

Gesamtzahlen indes verschleiern den historischen Wanderungsverlauf über drei Jahrzehnte, in dem es dramatische Wechsel gab, so daß in der deutschen Wanderungsbilanz nicht

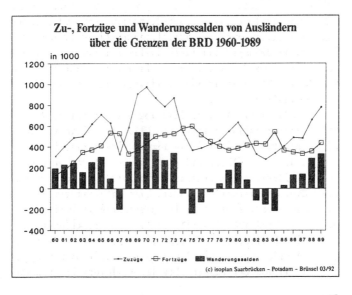

Zu-, Fortzüge und Wanderungssalden von Ausländern über die Grenzen der BRD 1960-1989

(c) isoplan Saarbrücken - Potsdam - Brüssel 03/92

nur ‚schwarze‘, sondern immer wieder auch ‚rote Zahlen‘ geschrieben wurden. Das galt, wie das Schaubild über ‚Zu-, Fortzüge und Wanderungssalden‘ 1960–89 zeigt, für die Jahre 1967
(Wirtschaftskrise), 1974–77 (Anwerbestop/Wirtschaftskrise)
und 1982–84 (steigende strukturelle Arbeitslosigkeit, deutsche
Rückwandererwerbung, Ausländerfeindlichkeit, Rückkehrhil-
fegesetz). Wirtschafts- und im engeren Sinne konjunkturge-
schichtlich kann man zwar sagen, diese Wanderungsbewegungen seien wesentlich „Spiegelbild der Konjunkturzyklen, wobei
die Kurve der Fortzüge mit einer Phasenverschiebung zwischen
zwei und vier Jahren der Kurve der Zuzüge folgt".[14] Solche auf
arbeitsmarktbezogene Wanderungen zielende Interpretationen
haben aber in der historischen Entwicklung aus zwei Gründen
abnehmende Erklärungskraft: Einerseits ging die Pufferfunktion der Ausländerbeschäftigung im Wechsel von Krise und
Aufschwung und damit von Arbeitslosigkeit und Arbeitskräftemangel mit dem zunehmenden Wandel von der Gastarbeiter-
zur Einwandererexistenz ständig zurück (Kap. 4, 5). Andererseits handelt es sich bei den Zuwanderungen von Ausländern
seit den späten 1980er Jahren – abgesehen von der trotz des seit
1973 gültigen Anwerbestops zugelassenen befristeten Beschäftigung von ‚Saisonarbeitnehmern‘, ‚Werkvertragsarbeitnehmern‘
und ‚Gastarbeitnehmern‘ (1992 insgesamt ca. 312000) – in zu-
nehmendem Maße um Flüchtlinge und Asylbewerber (Kap. 6).
Deren Wanderungsverhalten aber ist nicht mit Hilfe von Kon-
junkturmodellen zu interpretieren. Das gleiche gilt für die –
hier nicht mitgezählte – Aussiedlerzuwanderung (Kap. 7).

Jenseits der Arbeits-, Zwangs- und Fluchtwanderungen von
Ausländern nach Deutschland gab es die millionenfache Ein-
gliederung derjenigen, die im Sinne des Grundgesetzes gar kei-
ne Ausländer waren und deren Integration doch oft in einen
echten und nur lebensgeschichtlich zu bewältigenden Einwan-
derungsprozeß innerhalb des gleichen National-, Sprach- oder
Kulturverbandes mündete: Das galt für die Millionenflut von
Flüchtlingen und Vertriebenen am Kriegsende und in der
Nachkriegszeit, für den Zustrom aus SBZ und DDR bis zum
Mauerbau 1961, aber auch für die Aussiedlerzuwanderung seit

Mitte der 1950er Jahre. Es galt für die im SED-Jargon ‚Republikflüchtige‘ genannten Flüchtlinge aus dem eingemauerten
zweiten deutschen Staat ebenso wie für die vom letzten Drittel
der 1980er Jahre bis zur deutschen Vereinigung stark anwach-
sende legale Zuwanderung von Übersiedlern aus der DDR.
Und es gilt besonders für den seit Ende der 1980er Jahre ebenfalls stark angeschwollenen und auch Anfang der 1990er Jahre
noch anhaltenden Aussiedlerzustrom aus Polen, Rumänien und
vor allem aus dem Raum der zerfallenen Sowjetunion.

4. ‚Gastarbeiter' – Dauergäste – Einwanderer

Die Frage, ob Deutschland ein ‚Einwanderungsland' sei, blieb lange nur statistisch von Belang: Im 19. Jahrhundert war Deutschland ein klassisches Auswanderungsland. Ursache der Massenauswanderung war das lange anhaltende Mißverhältnis im Wachstum von Bevölkerung und Erwerbsangebot. Im hochindustrialisierten Kaiserreich wuchs zum Jahrhundertende hin schließlich die Wirtschaft und damit das Erwerbsangebot noch schneller als die erwerbsfähige Bevölkerung. Arbeitskräftemangel trat deshalb an die Stelle des früheren Überangebots an Arbeitskraft. Die transatlantische Massenauswanderung lief Anfang der 1890er Jahre aus, und die kontinentale Zuwanderung ausländischer Arbeitskräfte (vor allem aus dem russischen Zentralpolen, aus Italien und dem österreichischen Galizien) stieg seit den 1890er Jahren zur Massenbewegung auf: Waren in der dritten und letzten Auswanderungswelle des 19. Jahrhunderts (1880–93) noch ca. 1,8 Mio. Deutsche allein in die Vereinigten Staaten ausgewandert, oft mehr als 200 000 Menschen im Jahr, so gab es am Vorabend des Ersten Weltkriegs im Reich schon rund 1,2 Mio. ‚ausländische Wanderarbeiter'. Von ihnen war, trotz aller Werbung in deutschsprachigen Siedlungsgebieten Südosteuropas, nur ein verschwindend geringer Teil ‚deutschstämmig'.[15]

Vom Aus- zum Einwanderungsland indes wandelte sich Deutschland in diesem gewaltigen Umbruch um die Jahrhundertwende nur im Sinne der Wanderungsstatistik. Über allen Konflikten um das Für und Wider der Ausländerbeschäftigung und um Fragen von Einwanderung und Einbürgerung stand der Grundkonsens, daß die jährlich neu angeworbenen ausländischen Arbeitskräfte nicht Einwanderer werden, sondern bleiben sollten, was sie von Anbeginn waren: ‚ausländische Wanderarbeiter'. Kurz vor dem Ersten Weltkrieg immerhin wurden im Kampf um das im Kern bis heute gültige Reichs- und Staatsangehörigkeitsgesetz von 1913 von den Sozialdemokraten – vergeblich – weitreichende Einbürgerungserleichterungen vorgeschlagen, z.B. der Einbürgerungsanspruch für Ausländer mit mehrjährigem Inlandsaufenthalt und für im Reich geborene Kinder von Ausländern nach Erreichen der Volljährigkeit. Wären sie rechtswirksam geworden und geblieben, dann gäbe es heute in Deutschland wahrscheinlich sehr viel weniger einheimische Ausländer bzw. ausländische Inländer und sehr viel mehr Bindestrich-Deutsche bzw. Deutsche italienischer, griechischer, türkischer, oder anderer Herkunft – im Ergebnis, trotz ganz unterschiedlicher Bedingungen, der Lage in Frankreich verwandt, wo Millionen von eingewanderten Ausländern schlicht deswegen nicht mehr in der Statistik erscheinen, weil sie längst eingebürgert worden sind. Es sollte anders kommen und bleiben.

In Preußen und in den Bundesstaaten, die das preußische Modell der Ausländerkontrolle übernahmen, zwang ein restriktives Verordnungssystem den aus dem östlichen Ausland stammenden Arbeitskräftezustrom in die Bahnen einer jährlich fluktuierenden Saisonwanderung: Die ‚preußische Abwehrpolitik‘ richtete sich in Preußen zwar ‚nur‘ gegen das polnische, aus dem russischen ‚Kongreßpolen‘ und dem österreichischen Galizien kommende, aus sicherheitspolitischen Gründen (‚Polonisierung des Ostens‘) beargwöhnte Hauptkontingent der ‚Preußengänger‘. Das Kontrollsystem bezog aber auch die aus anderen Ländern stammenden ‚ausländischen Wanderarbeiter‘ in das Beobachtungsfeld ein, unter ihnen, als nächststärkste Gruppen, auch die Niederländer und Italiener, deren Wanderungsbewegungen in Preußen und im übrigen kaiserlichen Deutschland keinen Einschränkungen unterlagen.

Den auslandspolnischen ‚Wanderarbeitern‘ verordnet wurden Zwangsrotation in Gestalt von ‚Rückkehrpflicht‘ und Zuwanderungsverbot in der winterlichen Sperrfrist (‚Karenzzeit‘) sowie Beschäftigungsverbote außerhalb der Landwirtschaft in den mittleren und westlichen preußischen Provinzen (‚Polonisierung des Westens‘). Damit sollte, wie erwähnt, insbesondere ein Zusammentreffen der auslandspolnischen mit nach Westen abgewanderten preußisch-polnischen Arbeitskräften (‚Ruhrpolen‘) verhindert werden. Von diesen steuernden antipolnischen Restriktionen abgesehen aber gab es wegen des extremen Arbeitskräftebedarfs auch in Preußen keinerlei Zuwanderungsbeschränkungen für ausländische Arbeitskräfte, außerhalb der winterlichen Sperrfrist auch nicht für Polen. Deshalb konnte es sowohl in der Landwirtschaft des preußischen Ostens als auch bei Kriseneinbrüchen in konjunkturabhängigen industriellen und gewerblichen Beschäftigungsbereichen (z. B. 1900/02, 1907/08) zu Lohn- und Verdrängungskonkurrenz zwischen ausländischen und einheimischen Arbeitskräften kommen.

Die restriktive Kontrolle der Ausländerbeschäftigung im Kaiserreich entsprang der antipolnischen Ratio der ‚preußischen Abwehrpolitik‘. Die Steuerung der – wesentlich niedriger liegenden – Ausländerbeschäftigung in der Weimarer Republik hingegen folgte der Ratio der Arbeitsmarktpolitik und war eingebunden in das neue, seit dem Weltkrieg geschaffene System der öffentlichen Arbeitsverwaltung. Deutschland blieb aber auch zur Zeit der Weimarer Republik nur ‚Arbeitseinfuhrland‘. Mehr noch: Die Ausländerbeschäftigung sollte nun insgesamt beschränkt werden auf Pufferfunktionen zur Balancierung der Angebot-Nachfrage-Spannung am Arbeitsmarkt. Visa für ausländische Arbeitskräfte wurden deshalb an den Nachweis vergeblicher Bemühungen des Arbeitgebers um entsprechende einheimische Kräfte gebunden (‚Genehmigungspflicht‘). Zur Zeit von Weltwirtschaftskrise und Massenarbeitslosigkeit Anfang der 1930er Jahre lag die Ausländerbeschäftigung entsprechend niedrig. Die insgesamt rund 110 000 ausländischen Arbeitskräfte des Jahres 1932 waren in der Landwirtschaft zu etwa einem Drittel, in der Industrie fast durchweg deutschstämmig, seit Jahren im Reich ansässig, deshalb zumeist durch den begehrten ‚Befreiungsschein‘ der jährlichen ‚Genehmigungspflicht‘ enthoben und deutschen Arbeitern gleichgestellt.[16]

Infolge der nationalsozialistischen Kriegsvorbereitung gab es in den Jahren vor dem Zweiten Weltkrieg aufs neue Arbeitskräftemangel in Landwirtschaft und Industrie. Im Gegensatz zu der hohen Ausländerbeschäftigung von 1914 (1,2 Mio.) aber waren in den Jahren vor dem Zweiten Weltkrieg nur 300 000–500 000 ‚Fremdarbeiter‘ in Deutschland beschäftigt. Das hatte seinen Grund u. a. in der restriktiven Devisenbewirtschaftung, die den Lohngeldtransfer ins Ausland behinderte. Im ‚Ausländer-Einsatz‘ der nationalsozialistischen Kriegswirtschaft mündete die Ausländerbeschäftigung in Arbeitssklaverei und ‚Vernichtung durch Arbeit‘. Im Sommer 1944 schließlich standen ca. 7,6 Mio. vorwiegend aus Osteuropa zwangsdeportierte ‚Fremdarbeiter‘, Kriegsgefangene und meist ausländische KZ-Häftlinge im ‚Arbeitseinsatz‘. Das entsprach knapp einem Drittel aller Beschäftigten im Reich.[17] Deportation und Zwangsarbeit endeten für die Überlebenden nach Kriegsende im millionenfachen Lagerelend der ‚Displaced Persons‘ (DPs).[18]

An die arbeitsmarktpolitischen Steuerungsinstrumentarien der Weimarer Republik wurde wieder angeknüpft in der ‚Gastarbeiterperiode‘ der Bundesrepublik, die von 1955 bis 1973 dauerte: vom ersten (deutsch-italienischen) ‚Anwerbevertrag‘ (1955) bis zum ‚Anwerbestop‘ (1973). Die seit Mitte der 1950er Jahre auf der Grundlage bilateraler Abkommen (Kap. 5) unter Vermittlung der Bundesanstalt für Arbeit in den ‚Anwerbeländern‘ befristet, aber mit Verlängerungsmöglichkeit angeworbenen Arbeitskräfte wurden ‚Gastarbeiter‘ genannt – im Gegensatz zu den ‚ausländischen Wanderarbeitern‘ in Kaiserreich und Weimarer Republik und in bewußter Abgrenzung von den ‚Fremdarbeitern‘ im nationalsozialistischen Deutschland.[19] Der Begriff entstammte der Umgangssprache und wurde nie amtlich bestätigt. Die einschlägige amtliche Bezeichnung war und blieb ‚ausländische Arbeitnehmer‘ oder ‚Arbeitnehmer aus den Anwerbeländern‘. Obgleich es keine amtliche Akzeptanz oder Definition des Begriffs ‚Gastarbeiter‘ gab, schwang in seinem öffentlichen Gebrauch doch die Vorstellung mit, daß die ‚Gastarbeiterbeschäftigung‘ keine Dauererscheinung werden würde – denn Gast ist nur, wer nicht auf Dauer bleibt.

Was Mitte der 1950er Jahre als amtlich organisierte Arbeitswanderung auf Zeit begann, mündete spätestens Ende der 1970er Jahre mit fließenden Übergängen in eine echte Einwanderungssituation. Dafür gab es klare, seinerzeit schon erkannte und benannte Kriterien:

Arbeitswanderer gehen, wenn nicht schiere Not sie zwingt, vor allem deshalb ins Ausland, weil sie mit den hier unter besseren Lohnbedingungen gemachten Ersparnissen ihre Existenzgrundlage im Herkunftsland verbessern oder eine andere aufbauen wollen. Die mit fester Rückkehrabsicht begonnene Arbeitnahme im Ausland wird meist beendet, wenn das angesparte Kapital zur Realisierung der im Herkunftsland erstrebten Zwecke ausreicht. Um ein möglichst hohes Lohnniveau zu erreichen, akzeptieren Arbeitswanderer häufig auch härteste Arbeitsbedingungen. Sie leisten Konsumverzicht, um den Lohngeldtransfer ins Herkunftsland möglichst hoch zu halten. Wegen der höheren Lebenshaltungskosten im Aufnahmeland kommen in der Regel nicht Arbeiterfamilien, sondern vorwiegend männliche Einzelwanderer im besten Erwerbsalter von 20–40 Jahren. Deshalb liegt die Erwerbsquote der Arbeitswanderer (Anteil der Erwerbstätigen an der zugewanderten Bevölkerung) im Vergleich zu derjenigen der Aufnahmegesellschaft extrem hoch.

Konsumverzicht spricht bei den Arbeitswanderern auch aus Siedlungsweise und Wohnkultur: Sie ziehen meist billige Gemeinschaftsunterkünfte den teureren Einzelwohnungen vor. Sie leben nicht im Familienverband in den aus der Einwanderungsgeschichte amerikanischer Großstädte (z.B. ‚Little Italy‘, früher auch ‚Little Germany‘), aber auch aus der Geschichte von Minderheiten in Deutschland (‚Ruhrpolen‘) bekannten Siedlungskolonien und ethnischen Gemeinschaften (‚ethnic communities‘). Sie bleiben mithin eine im besten Sinne des Wortes ‚fremdbestimmte‘ Gruppe in der Aufnahmegesellschaft, an die sie nur das Arbeitsverhältnis bindet, das Mittel für Zwecke im Herkunftsland erbringen soll, und beendet wird, wenn es diese Zwecke erfüllt hat.

Was einmal für die ‚Gastarbeiter‘ zutraf, die seit Mitte der 1950er Jahre und auch in den 1960er Jahren noch vorwiegend als Einzelwanderer in die Bundesrepublik kamen, galt für die Ausländerbevölkerung schon Ende der 1970er Jahre nur noch bedingt.[20] Das zeigt ein Blick auf den Entwicklungsstand in einigen besonders wichtigen Bereichen zu jener Zeit:

1. *Arbeitsnorm und Konsumverhalten*: Die ‚Gastarbeiter‘ hielten zwar, trotz sozialen Aufstiegs in Facharbeiterberufe, vielfach nach wie vor besonders unbeliebte Arbeitsplätze mit vergleichsweise harten Arbeitsbedingungen. Sie leisteten auch noch immer erheblich mehr Überstunden als deutsche Arbeitskräfte. Ihre Konsumnorm aber war auf Kosten der einseitigen Sparorientierung schon deutlich gestiegen. Der Hauptgrund lag darin, daß sich durch Familiennachzug die Relation von Arbeitskräften zu nichterwerbstätigen Familienangehörigen innerhalb der ‚Gastarbeiterbevölkerung‘ merklich verschoben hatte.

2. *Bevölkerungsstruktur und Erwerbsquote*: In Geschlechts-, Altersstruktur und Erwerbsquote näherte sich die ‚Gastarbeiterbevölkerung‘ tendenziell der Aufnahmegesellschaft an. Auch das hatte seinen Grund im verstärkten Nachzug nichterwerbstätiger Familienmitglieder (Ehefrauen, im Ausland geborene Kinder und Jugendliche) und im Zuwachs an in der Bundesrepublik geborenen ‚Gastarbeiterkindern‘. Aber nicht nur die Familienzusammenführung selbst war ein Indiz für den Übergang zum Einwanderungsprozeß. Auch die inneren Spannungslagen, in denen sich viele dieser ‚Gastarbeiterfamilien‘ befanden, zeugten von einer echten Einwanderungssituation.

3. *Familienspannung im Einwanderungsprozeß*: Die Familien sind Ausgangspositionen und Rückzugsnischen in der Einwanderungssituation und in dieser Doppelfunktion oft großen Belastungen ausgesetzt. Viele ‚Gastarbeiterfamilien‘ standen Ende der 1970er Jahre bereits vor einem für die Einwanderungssituation geradezu klassischen Kulturkonflikt zwischen der noch stark durch Normengefüge, Wertvorstellungen und Lebensformen der Herkunftsgesellschaft bestimmten ersten Generation (Eltern) und der zweiten Generation der ‚Gastarbeiterkinder‘. Sie waren in der Bundesrepublik geboren oder doch aufgewachsen, kannten das Herkunftsland ihrer Eltern (‚Pionierwanderer‘) nur als ‚Touristen‘, suchten ihren Ort zwischen alter und neuer Welt und standen dabei dem Aufnahmeland oft mental schon wesentlich näher als dem Herkunftsland der ersten Gene-

ration. Es war die Gruppe der in und zugleich zwischen beiden Kulturen lebenden Einwandererkinder, die man in den USA treffend ‚Go-betweens‘ nennt, wobei ein gefährlicher Unterschied nicht übersehen werden darf: Im Nicht-Einwanderungsland Deutschland wurde diese lebensgeschichtliche Identitätskrise der jungen einheimischen Ausländer lange nicht nur nicht rechtspolitisch erleichtert (Einbürgerungserleichterungen / doppelte Staatsangehörigkeit), sondern sogar zementiert und erschwert (‚soziale Integration auf Zeit‘, ‚Rückkehrförderung‘, ‚Rückkehrprämien‘). Die Folgen wirken bis heute fort. Rückkehrabsichten der Eltern verdichteten den intergenerativen Kulturkonflikt zur familiären Zerreißprobe, zumal dann, wenn die im Aufnahmeland aufgewachsenen ‚Gastarbeiterkinder‘ schon fast erwachsen waren. Kirchliche Notdienste, psychiatrische Betreuungsstellen und die Suizidraten dieser Gruppe berichteten davon. Dennoch zeigten die Ausländerfamilien unter diesen extremen, vor allem von den Frauen zu bewältigenden Belastungen eine viel höhere Flexibilität und Anpassungsfähigkeit, als dies von der Forschung erwartet wurde, die lange zu stark auf ‚Kulturschock‘ und ‚Kulturkonflikt‘ fixiert und zu wenig an Erfahrungen mit abgeschlossenen – und das heißt immer historischen – Einwanderungsprozessen orientiert war. Im Licht des Beobachtungsfeldes standen dabei freilich meist die Familien, denen der Eingliederungsprozeß gelang, und im Schatten jene, die, nicht selten zerrüttet, in die ‚Entsendeländer‘ zurückkehrten.

4. *Siedlungsweise in der Einwanderungssituation*: Auch die billigen Massenquartiere der ‚Gastarbeiter‘ gehörten schon Ende der 1970er Jahre meist der Vergangenheit an. In Städten mit starker Ausländerbevölkerung hatten sich Siedlungskolonien und ethnische Gemeinschaften herausgebildet. Die Ausländerfamilien lebten darin teils konzentriert, teils über einzelne Häuser oder Wohnungen verstreut. Sie wurden zusammengehalten durch festgefügte Kommunikationskreise, die sie von der deutschen Umwelt abgrenzten und, bei anhaltendem Zuzug ausländischer und Fortzug einheimischer Wohnbevölkerung, zur räumlichen Verdichtung der Kolonie beitrugen. Die Kolonie

aber ist nicht eine bloße Verpflanzung heimatlicher Lebensformen, sondern als ‚Einwanderergesellschaft‘ (F. Heckmann) eine Art Druckkammer bzw. Kulturschleuse zwischen Herkunfts- und Aufnahmegesellschaft. Je größer die soziokulturelle Diskrepanz zwischen alter und neuer Welt, desto wichtiger ist die Übergangszone dieser bikulturellen Zwischenwelt. Die Kolonie wird, auch das ist eine klassische Konfliktkonstellation im Einwanderungsprozeß, von der Aufnahmegesellschaft in der Regel als ein sich bewußt abkapselnder Fremdkörper beargwöhnt und nicht als das verstanden, was sie ihrer Funktion nach für die ‚Einwanderergesellschaft‘ ist: Selbsthilfegemeinschaft und Zuflucht in der Identitätskrise unter dem Anpassungsdruck im Einwanderungsprozeß. Sperrt sich aber die Aufnahmegesellschaft mißtrauisch, abweisend oder gar feindlich gegenüber den Fremden ab, dann zieht sich die Kolonie nur um so mehr auf sich selbst zurück. Der Einwanderungsprozeß wird dann durch Gettobildung erschwert. Das gilt aber auch für diejenigen, die zu lange im Bannkreis der Kolonie mit ihren ungeschriebenen Gesetzen bleiben; denn Eingliederung in die Aufnahmegesellschaft bedeutet schrittweise, nicht selten spannungsreiche Ausgliederung aus der Kolonie. Als Durchgangsstadium im Einwanderungsprozeß ist die Koloniebildung mithin nicht ein Zeichen für mangelnde Integrationsbereitschaft, sondern im Gegenteil gerade ein Indiz für das Vorliegen eines echten Einwanderungsprozesses – bei dem sich die Einwanderer häufig zuerst in die Kolonie und erst von dort aus in die umschließende Aufnahmegesellschaft eingliedern. Das war seinerzeit auch in den deutsch-amerikanischen ‚Little Germanies‘ nicht anders.

5. *Aufenthaltsdauer und Bleibeabsicht:* Eine frühe Umfrage der Bundesanstalt für Arbeit unter ausländischen Arbeitnehmern im Jahr des Anwerbestops 1973 zeigte, daß von den ‚Gastarbeitern‘, die seit 11 Jahren in der Bundesrepublik waren, schon fast die Hälfte, von denen mit mehr als 15 Jahren Aufenthalt sogar 83% auf Dauer in der Bundesrepublik bleiben wollten. Damals waren Ausländer mit so langen Aufenthaltszeiten noch eine Minderheit. Das änderte sich seit dem Anwerbestop von 1973, der mit seinen flankierenden Maßnahmen zu einem

Bumerang in der Ausländerpolitik wurde: Er blockierte zwar den weiteren Arbeitskräftezustrom. Bei der schon ansässigen Ausländerbevölkerung aber beendete er die ohnehin abnehmende Fluktuation von ‚Gastarbeitern' zwischen Bundesrepublik und Herkunftsländern; denn nun konnte aus freiwilliger Rückkehr auf Zeit ein unfreiwilliger Abschied für immer werden. Viele blieben auch aus diesem Grund und zogen ihre Familien nach. Ergebnis: Mittelfristig schrumpfte die Ausländerbevölkerung nicht nur nicht gegenüber 1973 (3,97 Mio.: 6,4% der Wohnbevölkerung), sondern stieg, nach einigen Schwankungen während der nächsten Jahre, ab 1978 (3,98 Mio.: 6,5%) sogar relativ kontinuierlich weiter an. Die ausländische Erwerbsquote (Anteil der ausländischen an der Gesamtzahl der Beschäftigten) hingegen sank durch Familiennachzug von 11,9% im Jahr 1973 (2,6 Mio.) auf 9,1% im Jahr 1978 (1,86 Mio.) und lag 1981–85 bei 8,3% und 1986–90 bei 7,7%. Nach einer Umfrage im Auftrage des Bundesinnenministeriums hatten 1989 nur noch 11% der befragten Ausländer konkrete Rückkehrabsichten.

Der Anwerbestop forcierte mithin entscheidend die in der Ausländerbevölkerung ohnehin wachsende Tendenz zur Verlagerung des Lebensmittelpunktes in die Bundesrepublik. Mehr noch, die restriktive Maßnahme trug unversehens auch dazu bei, aus der ‚Gastarbeiterbevölkerung' eine stabile Einwandererminorität zu formen. Seit dem Anwerbestop von 1973 stiegen die Aufenthaltszeiten der ausländischen Wohnbevölkerung kontinuierlich an: 66,2% waren 1980 schon länger als 6 Jahre, 37,8% sogar länger als 10 Jahre in der Bundesrepublik. Von den in der Regel zuerst gekommenen männlichen Arbeitswanderern waren 1980 schon 67,8% länger als 6 und 40,8% sogar länger als 10 Jahre in der Bundesrepublik. Am 31. 12. 1991 schließlich hatten 31,4% der gesamten ausländischen Wohnbevölkerung 10 bis 20 Jahre und 25,3% mehr als 20 Jahre, also insgesamt 56,7% mehr als 10 Jahre in der Bundesrepublik gelebt. ‚Gastarbeitern' mit langem und ununterbrochen fortgesetztem Arbeitsaufenthalt aber boten die Zeitstufen im Aufenthaltsrecht eine wachsende Absicherung gegen die Unwägbarkeiten der ‚Gastarbeiterexistenz' (‚Verfestigung des Aufenthaltsstatus'). Das gilt längst auch für die am spätesten und zugleich am stärksten angewachsene Gruppe, die Türken, die in ihrem Herkunftsland ‚Deutschländer‘ genannt werden und 1992 noch knapp ein Drittel (ca. 29%) der auf 6,5 Mio. Menschen angewachsenen Ausländerbevölkerung stellten: „Fast 70% der hier lebenden Türken sind schon mehr als 10 Jahre in Deutschland, fast 20% sogar länger als 20 Jahre", hieß es in der vor dem Hintergrund der Solinger Morde abgegebenen Regierungserklärung des Bundeskanzlers vom 16. 6. 1993. „Mehr als eine halbe Million Türken verfügen über eine Aufenthaltsberechtigung, 370 000 haben eine unbefristete Aufenthaltserlaubnis."[21]

In der Beschäftigungs- und Sozialstruktur haben sich die schon Ende der 1970er Jahre erkennbaren Trends fortgesetzt, aber auch weiter ausdifferenziert. Die Einwandererbevölkerung näherte sich strukturell zwar weiter der deutschen Aufnahmebevölkerung an, blieb aber bis heute durch aus dem ehemaligen ‚Gastarbeitermilieu‘ stammende wirtschaftliche und soziale Benachteiligungen geprägt, die als soziale Startpositionen auch an die nächste Generation vererbt wurden: Innerhalb der ausländischen Erwerbsbevölkerung, die 1991 zu 93,3% abhängig beschäftigt war, stieg 1987–91 zwar der Anteil der Angestellten von 18,5% auf 21,4%, während der Arbeiteranteil von 70,7% auf 66,3% sank. In anderem Licht erscheinen diese Daten aber, wenn man sie mit denen der deutschen Erwerbsbevölkerung vergleicht: 1992 waren nur 23,5% der ausländischen, aber 45,8% der deutschen Arbeiter als Facharbeiter beschäftigt. Zur gleichen Zeit waren unter den abhängig Beschäftigten auf der deutschen Seite 53,5%, auf der ausländischen aber nur 23,2% als Angestellte tätig. Der im Dezember 1993 erstmals vorgelegte Bericht der Bonner Ausländerbeauftragten zur Lage der Ausländer in der Bundesrepublik Deutschland zeigt, daß ausländische Arbeitskräfte nach wie vor in besonderem Maße in Zentralbereichen der Produktion und in Dienstleistungsbereichen beschäftigt sind, die wegen ihrer oft ungewöhnlich harten und gefährlichen Arbeitsbedingungen trotz zum Teil relativ günstiger Verdienstmöglichkeiten bei deutschen Arbeitskräften wenig geschätzt sind:

„Mitte 1992 arbeiteten 57,9% der 2 036 154 sozialversiche-
rungspflichtig beschäftigten Ausländerinnen und Ausländer in
der Bundesrepublik Deutschland im verarbeitenden Gewerbe
und in der Industrie (sekundärer Sektor), 41% im Dienstleistungsbereich (tertiärer Sektor) und nur 1,1% in der Landwirtschaft. Im Vergleich zu den deutschen Arbeitnehmern (44%)
waren sie im sekundären Sektor gemäß der Ursachen ihrer Zuwanderung überrepräsentiert, bei den Dienstleistungen (Deutsche 55,1%) entsprechend unterrepräsentiert. Mehr als ein
Viertel der Beschäftigten in folgenden Wirtschaftsklassen waren
Ausländer: Fischverarbeitung (34,5%), Wollspinnerei (34,5%),
Baumwollzwirnerei (32,4%), Baumwollspinnerei (31,7%), Le-
dergerberei (30,0%), Wollwäscherei (29,8%), Gebäudereini-
gung (29,5%), Gastwirtschaften (28,8%), NE-Metallgießerei
(27,4%), Herstellung von Krafträdern und Kraftradmotoren
(26,8%). Eine Betrachtung nach Berufsordnungen unterstreicht
die Aussage, daß überproportional solche Berufe von Migrantinnen und Migranten ausgeübt werden, die körperlich oder
gesundheitlich besonders belastend sind: Fischverarbeiter (Aus-
länderanteil 45,9%), Halbzeugputzer (43,6%), Spinner
(41,1%), Spuler/Seiler (38,1%), Emaillierer (34,8%), Form-
gießer (33,1%), Gummihersteller (31,1%), Metallerzeuger
(29,1%), Bergleute (28,2%), Galvaniseure (28,1%), Metallver-
arbeiter (26,1%), Gebäudereiniger (26,1%). An vielen hochbe-
lasteten Arbeitsplätzen, insbesondere in der Industrie, werden
ausländische Arbeitskräfte, mehrheitlich An- und Ungelernte,
beschäftigt. [...] 38% der befragten ausländischen Arbeitnehmer haben mehr als 20 kg an Lasten zu heben oder zu tragen,
49% haben unter Lärm zu arbeiten, 37% sind Rauch, Staub,
Gasen und Dämpfen, 36% Öl, Fett, Schmutz und Dreck ausgesetzt, ebenfalls 36% haben in körperlichen Zwangshaltungen zu
arbeiten, 15% haben Nachtarbeit zwischen 23.00 Uhr und 5.00
Uhr und 33% Wechselschicht zu leisten."
Die trotz der noch immer deutlichen Spuren des ‚Gastarbeitermilieus' ständig fortschreitende Ausdifferenzierung der
Beschäftigungs- und Sozialstruktur der Ausländerbevölkerung
läßt sich auch innerhalb der am spätesten in großer Zahl zuge-

wanderten und nach wie vor stärksten ethnischen Gruppe erkennen: An die Stelle des ‚Gastarbeitermilieus' – das es in der in Vorstellungen der Aufnahmegesellschaft gängigen, starren Struktur ohnehin nie gab – ist auch im türkischen Bevölkerungsteil eine differenzierte Sozialstruktur getreten mit einer noch schmalen Oberschicht, einem wachsenden Mittelstand und einer noch immer breiten Arbeiterbevölkerung, durch die eine Schichtgrenze läuft: im oberen Bereich diejenigen, die schon in der ersten oder doch in der zweiten Generation den Aufstieg in die Ebene der Facharbeiterberufe fanden und ihre Kinder oder Enkel auf weiterführende Schulen schicken können; im unteren Bereich diejenigen, die ohne zureichende schulische und berufliche Qualifikation im Bereich der An- und Ungelernten blieben und dort eine ethnosoziale Unterschicht bilden, wie es sie seit dem späten 19. und frühen 20. Jahrhundert in Deutschland nicht mehr gab.

1991 aber waren unter den 169 100 ausländischen Selbständigen (ohne 13 000 mithelfende Familienangehörige) 76 900 EU-Ausländer und 22 700 türkische Staatsangehörige, die – wie Italiener und Jugoslawen in den 1960er, Griechen in den 1970er Jahren – in den 1980er Jahren verstärkt mit Betriebsgründungen hervortraten. Dabei führte der Weg im Bereich des ‚ethnic business', zum Teil aber auch schon weit darüber hinaus, von der Nischen-Ökonomie des Flickschneidermilieus zügig weiter in innovative Wirtschaftsbereiche hinein. Im selbständigen Mittelstand boten türkische Unternehmer 1992 bei einem Jahresumsatz von 28 Mrd. DM etwa 150 000 Arbeitsplätze, von denen ein Drittel mit Deutschen besetzt war. 45 000 waren Haus- oder Wohnungseigentümer, 135 000 der 400 000 türkischen Haushalte hatten einen Bausparvertrag. Die auf 17 Mrd. DM geschätzten türkischen Spareinlagen bei deutschen Banken dienten, bei insgesamt rückläufiger Sparquote, immer weniger für Lebensziele in der fremdgewordenen alten und immer mehr für Zwekke in der durch Daueraufenthalt zur zweiten Heimat gewordenen neuen Welt der Bundesrepublik. Vier Fünftel der türkischen ‚Deutschländer' wollen auf Dauer bleiben, die hier geborenen fast ausnahmslos.[22]

Seit der Einführung des bis heute gültigen Anwerbestops von 1973 wurden aus Gästen am Arbeitsmarkt Dauergäste und aus solchen eine feste, ethnokulturell vielgestaltige Minderheit in einer echten Einwanderungssituation. Das gilt besonders für das Selbstverständnis der einheimischen Ausländer bzw. ausländischen Inländer der zweiten Generation. Und es gilt erst recht für die heranwachsende dritte Generation, deren Zugehörige längst nicht mehr Fremde mit deutscher Aufenthaltsgenehmigung sind, sondern Deutsche mit einem fremden Paß. Es gilt zweifelsohne weniger für die zunehmend ins Rentenalter tretende erste Generation: 1961 gab es erst ca. 64000, 1988 bereits ca. 350000 und 1991 ca. 529000 Ausländer im Alter von über 55 Jahren; im Jahr 2010 dürfte ihre Zahl die Millionengrenze überschritten haben. Bedrückende Alterserfahrung vieler ‚Pionierwanderer‘ der ersten Generation ist die soziale Vereinsamung, weil die Kontakte mit der Aufnahmegesellschaft wesentlich auf die Arbeitswelt beschränkt waren und deshalb im Alter entfallen.[23]

Im Auftrag der Ausländerbeauftragten des Berliner Senats, Barbara John, wurde in Berlin im August/September 1988 eine Repräsentativumfrage unter türkischen und jugoslawischen Jugendlichen im Alter von 16 bis 25 Jahren durchgeführt. Die Ergebnisse konnten unter der Schlagzeile zusammengefaßt werden: „Viele ausländische Jugendliche fühlen sich schon als Deutsche. Bereitschaft zur Einbürgerung hat sich mehr als verdreifacht". Über 90% gaben an, sich in Berlin „sehr wohl" oder doch „einigermaßen wohl" zu fühlen. Nur noch ein Drittel der Befragten bekannte sich vorbehaltlos zu den tradierten Vorstellungen der Eltern. In Fragen der geschlechtsspezifischen Rollenzuweisung hatten 54%, bei der Beurteilung von Erziehungsfragen 75% der jungen Frauen andere Auffassungen als die Elterngeneration. Die Bereitschaft, einen deutschen Ehepartner zu wählen, war auf 55% gestiegen. Den Wunsch, die deutsche Staatsbürgerschaft zu erwerben, hatten 60% der Türken und über 70% der Jugoslawen, wenngleich sie die ursprüngliche Staatsbürgerschaft – deren Aufgabe in beiden Fällen mit schweren Einbußen (Erbrecht u. a. m.) verbunden sein konnte – vorerst noch beibehalten wollten. 37% der Türken und 52% der Jugoslawen fühlten sich schon als Deutsche, weil sie in der Bundesrepublik aufgewachsen waren. Wirtschaftliche Erwägungen spielten dabei eine untergeordnete Rolle. Ihren Wehrdienst würden, wenn sie die Wahl hätten, nur noch 41% (Türken 43%, Jugoslawen 32%) in der fremder gewordenen ausländischen ‚Heimat' ableisten. Beim Wahlrecht entschieden sich nur noch 32% für die Türkei und 16% für Jugoslawien.

Als die Berliner Ausländerbeauftragte Ende 1991 erneut in Berlin lebende Türken im Alter von 16 bis 25 Jahre befragen ließ, hatten die Erfahrungen der ausländerfeindlichen Exzesse seit der deutschen Vereinigung tiefe Spuren im Meinungsbild hinterlassen: 34% der Befragten fühlten sich 1991 „etwas oder ganz unwohl", 93% nannten „Ausländerfeindlichkeit" als Grund. Dennoch waren „drei Viertel für eine Einbürgerung, würden aber gerne ihre bisherige Staatsangehörigkeit beibehalten".[24] Fazit: Auch die stark angewachsene Erfahrung ‚Ausländerfeindlichkeit' hatte das Interesse der jungen Türken an der deutschen Staatsbürgerschaft nicht erschüttert, aber das ausdrückliche Votum für die doppelte Staatsbürgerschaft gefestigt. Darauf wird noch zurückzukommen sein.

Diese Ergebnisse aus den späten 1980er Jahren bestätigten nur aufs neue den schon ein Jahrzehnt zuvor klar erkennbaren und in Untersuchungen unabweisbar belegten Weg zu einer echten Einwanderungssituation mit all ihren Licht- und Schattenseiten. Die Verdrängung und Tabuisierung dieses Sachverhalts in der Politik unter der gesellschaftspolitischen Bannformel ‚Die Bundesrepublik ist kein Einwanderungsland' hat in diesem Übergangsprozeß schwere und für das Verhältnis zum Aufnahmeland folgenreiche kollektivmentale und sozialpsychologische Schäden angerichtet, die Anfang der 1990er Jahre die Schattenseiten dieses Prozesses ganz in den Vordergrund treten ließen.

Die Politik reagierte auf die von Wissenschaftlern und Praktikern der Ausländerarbeit seit Beginn der 1980er Jahre immer wieder vorgelegten Bestandsaufnahmen, Entwicklungsperspektiven und eindringlichen Warnungen von Anbeginn und z. T.

noch bis in die 1990er Jahre hinein mit defensiver Erkenntnisverweigerung nach dem Motto, daß nicht sein kann, was nicht sein darf. Das zeigt ein Überblick über die Entwicklung der Ausländerpolitik seit Mitte der 1950er Jahre, die man in fünf Phasen gliedern kann.

5. Öffnung und Abwehr: Phasen der Ausländerpolitik

In der *ersten Phase der Ausländerpolitik von 1955 bis 1973*, die wir ‚Anwerbephase' oder ‚Gastarbeiterperiode' nennen wollen, wurden von den Kommissionen der Bundesanstalt für Arbeit im Ausland Millionen von Arbeitskräften angeworben: Am Anfang stand 1955 die erwähnte erste, deutsch-italienische Vereinbarung über die Anwerbung und Vermittlung von ausländischen Arbeitskräften. Es folgten weitere ‚Anwerbeverträge' mit Spanien und Griechenland (1960), mit der Türkei (1961), Portugal (1964), Tunesien, Marokko (1965) und Jugoslawien (1968). Nur die Verträge mit Tunesien und Marokko blieben im Ergebnis relativ unbedeutend. Annähernd der Abfolge der Verträge entsprach eine deutliche Verschiebung in der nationalen Zusammensetzung der Ausländerbevölkerung in der Bundesrepublik: Hatten zunächst Arbeitskräfte aus Italien und Griechenland im Vordergrund gestanden, so dominierten z.B. im Dezember 1988 mit weitem, seither leicht rückläufigem Abstand die Türken mit 1 523 678 bzw. 33,9% (Dez. 1992: 1 854 945 bzw. 28,6%). Es folgten Jugoslawen mit 579 073 bzw. 12,9% (Dez. 1992: 915 636 bzw. 14,1%), Italiener mit 508 656 bzw. 11,3% (Dez. 1992: 557 709 bzw. 8,6%) und Griechen mit 274 793 bzw. 6,1% (Dez. 1992: 345 902 bzw. 5,3%).

Die Ausländerbeschäftigung wurde in den 1950er und 1960er Jahren, als vermeintlich kurz- bis mittelfristige Übergangserscheinung, ausschließlich unter arbeitsmarktpolitischen Gesichtspunkten betrachtet. Es gab keinerlei langfristige Konzepte einer ‚Gastarbeiterpolitik' unter Einbeziehung der sozialen Folgen von längeren Arbeitsaufenthalten. ‚Ausländerpolitik' war aber auch über die 1950er und 1960er Jahre hinaus kaum mehr als Arbeitsmarktpolitik, angewendet auf Ausländer. An längeren Arbeitsaufenthalten indes hatten von Anbeginn nicht nur viele ausländische Arbeitnehmer, sondern auch viele deutsche

Arbeitgeber Interesse, weil ein häufiger Wechsel von ausländischen Arbeitskräften (Rotationsprinzip) mit immer wieder neuen und kostspieligen Einarbeitungszeiten verbunden war.

Anfang der 1970er Jahre gab es in der breiter werdenden Diskussion um das Für und Wider der Ausländerbeschäftigung und um das Problemfeld ‚Gastarbeiterfrage‘ schon deutlichere Hinweise auf soziale Folgeprobleme. Trotz insgesamt noch starker Rotation verlagerten viele ausländische Arbeitnehmer ihren Lebensmittelpunkt in die Bundesrepublik und zogen ihre Familien nach. Die Anwerbephase der Ausländerpolitik endete 1973 – wie 1973/74 allgemein in den europäischen Zuwanderungsländern – im Zeichen von ‚Ölpreisschock‘ und Wirtschaftsrezession mit dem ‚Anwerbestop‘ (23.11.1973). Rund 14 Mio. Ausländer waren 1955–1973 ins Bundesgebiet gekommen, rund 11 Mio. (ca. 80%) davon wieder zurückgekehrt. Der zunächst dominierende Anteil der Italiener war auf ca. 15% (1974) gesunken, derjenige der Türken auf ca. 30% gestiegen.[25]

Bestimmend für die *zweite Phase der Ausländerpolitik von 1973 bis 1979* wurde die Formel ‚Konsolidierung der Ausländerbeschäftigung‘, zu der es politische Entwürfe schon vor dem Anwerbestop gab. Im Mittelpunkt standen drei Grundgedanken: Zuwanderungsbegrenzung, Rückkehrförderung und Überlegungen zur sozialen Integration auf Zeit für die in der Bundesrepublik lebenden ausländischen Arbeitnehmer und ihre Familien. Von 1975 bis 1977 wurde in großstädtischen Ballungsräumen mit hoher (12% übersteigender) Ausländerkonzentration außerdem vergeblich mit Zuzugssperren experimentiert. Familiennachzug und natürlicher Bevölkerungszuwachs aber ließen die Ausländerbevölkerung langfristig auch ohne Zuwanderung neuer Arbeitskräfte weiter wachsen, während, wie erwähnt, der gerade seit dem Anwerbestop zunehmende Daueraufenthalt zu einer fortschreitenden Verfestigung des aufenthaltsrechtlichen Status führen konnte: nach 5 Jahren zur unbefristeten Aufenthaltserlaubnis, nach 8 Jahren zur Aufenthaltsberechtigung, soweit die anderen Voraussetzungen (wie z.B. ausreichender Wohnraum) erfüllbar waren.

Im Jahr der deutschen Vereinigung 1990, anderthalb Jahrzehnte nach der Diskussion um die Zuzugssperren Mitte der 1970er Jahre, lebten in West-Berlin 312 000, in München 259 000, in Hamburg 194 500, in Köln 159 400, in Frankfurt a. M. 150 900 und in Stuttgart 115 600 Ausländer. An der Spitze der Großstädte mit einer ausländischen Wohnbevölkerung von mehr als 10% standen Offenbach (23,5%), Frankfurt a. M. (23,4%), München (21,0%) und Stuttgart (20,0%), mit einigem Abstand gefolgt von Mannheim (17,4%), Köln (16,7%) und, auf dem 11. Platz, West-Berlin (14,5%). Die bei den Zuzugssperren Mitte der 1970er Jahre diskutierten, scheinbar magischen, weil angeblich an den Belastungsgrenzen von Infrastruktur und Sozialverträglichkeit liegenden Höchstanteile von ca. 12% wurden bald in vielen Stadtvierteln weit, in den dortigen Grund- und Hauptschulen zuweilen sogar um ein Mehrfaches überschritten.[26] Daß sich das Verhältnis von Mehrheit und zugewanderten Minderheiten in großstädtischen Zuwanderungsdistrikten mit ausländischen Siedlungskolonien teilweise sogar umkehrte, war eine in den europäischen Zuwanderungsländern durchaus verbreitete Erscheinung. Sie konnte in Deutschland als dramatische Nationalitätenstatistik in kommunalem Raum auch deswegen erscheinen, weil die auf Dauer im Lande lebende Ausländerbevölkerung in der Bundesrepublik (im Gegensatz z. B. zu Frankreich) wegen des ganz am ,jus sanguinis' orientierten Staatsbürgerrechts und der Ablehnung der doppelten Staatsangehörigkeit nur in verschwindend geringem, erst in den frühen 1990er Jahren langsam steigenden Umfange eingebürgert wurde.

In der kürzeren *dritten Phase der Ausländerpolitik 1979/80* standen in der Diskussion um das magische Dreieck von Anwerbestop, Rückkehrförderung und sozialer Integration konkurrierende Integrationsentwürfe im Vordergrund. Deshalb kann in der Tat von einer „Phase der Integrationskonzepte" gesprochen werden, obgleich Integrationsförderung als solche schon Teil des in der zweiten Phase entwickelten Gesamtkonzepts der „Konsolidierung" war. In den weiteren Kontext dieser Integrationsdiskussion gehörte Ende 1978 die Berufung des ersten ,Beauftragten der Bundesregierung für die Integration der ausländischen Arbeitnehmer und ihrer Familienangehörigen'. Sein kleines, ehrenamtlich geführtes Amt wurde organisatorisch dem Bundesarbeitsministerium zugeordnet. Der erste ‚Ausländerbeauftragte', der frühere Ministerpräsident von Nordrhein-Westfalen, Heinz Kühn (SPD), legte im September 1979 eine Denkschrift über ‚Stand und Weiterentwicklung der Integration der ausländischen Arbeitnehmer und ihrer Familien in der Bundesrepublik Deutschland' vor. Das aufsehenerregende ‚Kühn-Memorandum' ging davon aus, daß „eine nicht mehr umkehrbare Entwicklung eingetreten ist, und die Mehrzahl der Betroffenen nicht mehr einfach ‚Gastarbeiter', sondern ‚Einwanderer' sind, für die eine Rückkehr in ihre Herkunftsländer aus den verschiedensten Gründen nicht wieder in Betracht kommt". Das gelte besonders für die in der Bundesrepublik geborene und aufgewachsene bzw. im Kindesalter eingereiste zweite Generation. „Die unvermeidliche Anerkennung der faktischen Einwanderungssituation macht eine Abkehr von den Konzepten der Integration ‚auf Zeit' erforderlich. An ihre Stelle muß ein Maßnahmenbündel treten, das den Bleibewilligen die Chance zu einer vorbehaltlosen und dauerhaften Eingliederung eröffnet."[27]

Das Memorandum enthielt zahlreiche Integrationsvorschläge - bis hin zum Optionsrecht auf Einbürgerung für in der Bundesrepublik geborene und aufgewachsene Jugendliche und zum kommunalen Wahlrecht für Ausländer, das nach langer publizistischer und politischer Diskussion während der 1980er Jahre schließlich Ende 1990 vom Bundesverfassungsgericht für grundgesetzwidrig erklärt wurde.[28] Zündfunken im stets explosiver werdenden Pulvergemisch der ‚Ausländerdiskussion' wurden umlaufende Schreckbilder von der ‚Einbürgerung per Postkarte', vom schnauzbärtigen türkischen Bürgermeister im verträumt-verschlafenen deutschen Kleinstadtmilieu und vom Import kommunistischer oder faschistischer Strömungen in den kommunalen Wahlkampf. In seinen Vorschlägen zur ‚Integration der Zweiten Ausländergeneration' weit hinter dem ‚Kühn-Memorandum' zurück und herkömmlichen arbeitsmarktpolitischen Vorstellungen verhaftet blieb ein konkurrierendes Konzept des ‚Koordinierungskreises ausländische Arbeitnehmer‘ beim Bundesarbeitsministerium. Mit ihren Beschlüssen zur Ausländerpolitik vom März 1980 verharrte die SPD/FDP-Bundesregierung im Grunde bei einer durch Integrationskonzepte ergänzten Arbeitsmarktpolitik. Eine Bestandsaufnahme der Ausländerpolitik in der Bundesrepublik führte Ende 1980 zu dem prekären Ergebnis: „Die primär einer arbeitsmarktorientierten Grundhaltung verhaftete Ausländerpolitik war bisher außerstande, die sozial- und gesellschaftspolitische Herausforderung und Aufgabe, zu der sich die Gastarbeiterfrage als ohnehin schon nicht mehr nur arbeitsmarktpolitische Größe inzwischen endgültig wandelte, angemessen aufzunehmen und zu bewältigen.“[29]

Im Januar 1981 trat die frühere Wirtschaftsministerin von Nordrhein-Westfalen, Liselotte Funcke (FDP), die Nachfolge von Kühn an. Das Jahr 1981 bildete eine neue Zäsur und leitete die bis heute nachwirkende ‚Wende in der Ausländerpolitik‘ ein, die K.-H. Meier-Braun als Wechsel vom „Wettlauf um Integrationskonzepte“ zum „Wettlauf um eine Begrenzungspolitik“ charakterisiert hat.[30]

Damit begann die *vierte Phase der Ausländerpolitik von 1981 bis 1990*, in deren Verlauf sich die Diskussionsspektren von Ausländer- und Asylpolitik immer gefährlicher überschnitten. Das Eröffnungsszenario dazu boten die Entdeckung der Einwanderungssituation bei wachsendem öffentlichen Unbehagen an der Konzeptionslosigkeit in der Ausländerpolitik, anhaltende Wirtschaftskrise, hohe, weiter steigende Arbeitslosigkeit, ein starker Anstieg der Zahl von asylsuchenden Flüchtlingen und eine zu Horrorvisionen verzerrte Asyldiskussion 1980/81 (Kap. 6). Vor diesem brisanten Hintergrund von mangelnder Transparenz und Irritation über die Entwicklung der in der Öffentlichkeit immer mehr beachteten Probleme von Zuwanderung, Eingliederung und Minderheiten, von Angst ‚unten‘ und Konzeptionsmangel ‚oben‘, wuchsen Besorgnis, Empörung und Abwehrhaltungen, die die Parteien wiederum in ihr Interessenkalkül einzubeziehen suchten. Ein gefährlicher Kreislauf kam in Gang.

Die ‚Wende in der Ausländerpolitik' begann noch unter der SPD/FDP-Bundesregierung: Auch, aber nicht etwa nur unter dem wachsenden Druck der CDU/CSU-Opposition und der unionsregierten Bundesländer entwickelte die sozial-liberale Koalition im Dezember 1981 Empfehlungen an die Bundesländer für eine Begrenzungspolitik. Es ging vor allem um die Verringerung des Familiennachzugs, konkret um Beschränkung des Ehegattennachzugs und Senkung des Nachzugsalters für Kinder. Das führte zu heftigen Auseinandersetzungen zwischen den Regierungsparteien SPD und FDP, die die Koalition schließlich auf diesem Gebiet von innen lähmten. Von außen geriet sie immer mehr unter den Druck der CDU/CSU-Opposition, deren öffentliche Kritik sich besonders auf den Nachweis ausländerpolitischer Handlungsunfähigkeit konzentrierte.

Im Juli 1982 noch beschloß das sozial-liberale Kabinett Maßnahmen zur Rückkehrförderung. Einiges deutet dabei darauf hin, daß hier nur noch zeichenhaft Handlungsbereitschaft demonstriert werden sollte: Im Entscheidungsprozeß war es zu – von der Opposition angeprangerten – Verzögerungen deswegen gekommen, weil man schließlich immer weniger an eine Wirksamkeit finanzieller Rückkehranreize glaubte und im Grunde nurmehr mit bloßen ‚Mitnahmeeffekten' bei denen rechnete, die ohnehin schon zur Rückkehr entschlossen waren. Was dann nach dem Regierungswechsel in der CDU/CSU-FDP-Koalition weiter diskutiert, aber erst nach der Bundestagswahl vom März 1983 schließlich im Juni 1983 als ‚Gesetzentwurf zur befristeten Förderung der Rückkehrbereitschaft von Ausländern' beschlossen wurde, ging auf jenes vom sozial-liberalen Kabinett bereits verabschiedete Maßnahmenbündel zurück. Seine Geschichte wurde zu einem Musterbeispiel für die Verselbständigung einer längst als ineffektiv erkannten, aber nicht mehr rückholbaren Initiative.

Hintergrund: Die öffentliche Diskussion um die Rückkehrförderung, in der ursprünglich die Opposition die sozial-liberale Koalition attackierte und sie der Handlungsunfähigkeit bezichtigte, war außer Kontrolle geraten. Sie hatte über die Medien Eigendynamik entfaltet und zu höchst unerwünschten politischen Handlungszwängen geführt. In der Öffentlichkeit waren Entscheidungserwartungen stimuliert worden, die zu enttäuschen mit erheblichem politischen Prestigeverlust verbunden gewesen wäre. Unübersehbar zeichnete sich zugleich ein Rückwanderungsstau ab, weil ohnehin zur Rückwanderung Entschlossene ihre Entscheidung in der Hoffnung aufschoben, dabei noch in Wunschträumen überhöhte ‚Rückkehrprämien‘ mitnehmen zu können. Mit diesem kontraproduktiven Effekt der öffentlichen Diskussion wurde das Gesetz im Grunde schon vor seiner Verabschiedung ad absurdum geführt. Hinzu kam, daß inzwischen auch hinreichend überprüfbare Erfahrungen aus dem Ausland, insbesondere aus Frankreich, zeigten, daß Rückkehrförderungsprogramme in der Regel nur zu solchen Mitnahmeeffekten führten.

Es ging jetzt geradewegs um die Quadratur des Zirkels: Um die öffentliche Diskussion über finanzielle Rückkehrförderungsmaßnahmen zu beenden, den Rückwanderungsstau abzubauen und zugleich den finanziellen Aufwand für die wenig erfolgversprechende, aber unausweichlich gewordene Gesetzesinitiative gering zu halten, wurde ein Gesetz verabschiedet, das sehr eng gefaßt war, um Mitnahmeeffekte möglichst zu begrenzen. Im Mittelpunkt standen Rückkehrhilfen (‚Rückkehrprämie‘) und die vorzeitige Erstattung von Arbeitnehmerbeiträgen aus der Rentenversicherung ohne Wartezeit sowie Beratungsangebote für rückkehrwillige Arbeitnehmer. Diese, nur für ein halbes Jahr gültigen Maßnahmen, bei denen überdies die angekündigte Beratung bis zum Schluß fast ganz ausblieb, wurden zwar als großer Erfolg in der Rückkehrförderung vorgestellt, bewirkten konkret aber wohl kaum mehr als die vordem befürchteten Mitnahmeeffekte. In der politischen Werbung weniger betont wurden der von den zurückkehrenden ausländischen Arbeitnehmern auf diese Weise erbrachte, auf 3–4 Mrd. DM veranschlagte Beitrag zur Stabilisierung der Rentenversicherung (der Arbeitgeberanteil wurde nicht ausgezahlt) und die nicht minder großen Einsparungen an Arbeitslosen- und Kurzarbeitergeld durch den Export von Arbeitslosigkeit.

Zweck der Übung war die Beruhigung einer durch Konzeptions- und Perspektivlosigkeit in der Ausländerpolitik irritierten und zunehmend – nicht nur gegen die politisch Handelnden bzw. Nichthandelnden auf deutscher, sondern auch gegen die Betroffenen auf ausländischer Seite – aufgebrachten Öffentlichkeit durch eine jener politischen Ersatzhandlungen, die als „Symbolpolitik" (K.-H. Meier-Braun) zu einem besonderen Genre der Ausländerpolitik wurden. Hierher gehört, jedenfalls im Ergebnis, auch die aufsehenerregende Aufnahme der Ausländerpolitik als gleichgewichtigem Gestaltungsbereich neben Wirtschafts-, Sozial- und Außenpolitik in das nur vier Punkte umfassende Dringlichkeitsprogramm der Bundesregierung vom Oktober 1982. Von Ausländerpolitik indes war dann schon bald immer weniger bzw. nur noch in Ankündigungen die Rede, besonders im Blick auf das bis zum Ende des Jahrzehnts unerfüllte, dringendste Gebot, die Novellierung des Ausländerrechts.

Die Ausländerpolitik der neuen Bundesregierung war und blieb an drei Eckpositionen orientiert: Ankündigung von vermehrten Integrationsangeboten für die anwesende Ausländerbevölkerung, Aufrechterhaltung des Anwerbestops und Förderung der Rückkehrbereitschaft. Hinzu trat, in gefährlicher Gemengelage mit anderen Bereichen der ‚Ausländerdiskussion‘, der Kampf gegen den ‚Mißbrauch des Asylrechts‘. Schon Ende 1982 begann auch in der neuen Bundesregierung – die sich die Verwirklichung einer ‚menschlichen Ausländerpolitik‘ in ihrem Dringlichkeitsprogramm vom Oktober 1982 zu einer Hauptaufgabe gemacht hatte – der Streit um die Ausländerpolitik, vor allem zwischen CSU und FDP. Einen Höhepunkt der Auseinandersetzungen besonders um die Begrenzung des Familiennachzugs bildete 1983 der Konflikt um die Senkung des Nachzugsalters für ausländische Kinder zwischen dem unnachgiebig restriktiven Bundesinnenminister Friedrich Zimmermann (CSU) und der Ausländerbeauftragten Liselotte Funcke (FDP).

Insgesamt ließ die Ausländerpolitik seit der ‚ausländerpolitischen Wende‘ und besonders seit dem Regierungswechsel zur CDU/CSU-FDP-Koalition mehrere Entwicklungstendenzen erkennen: 1. eine mit dem Wandel von vorwiegend arbeitsmarktpolitischen zu im weitesten Sinne innen- bzw. ordnungspolitischen Maßnahmen einhergehende „Kompetenzverlagerung in der Ausländerpolitik vom Bundesarbeits- zum Bundesinnenministerium"; 2. eine Tendenz zur Einbeziehung und Instrumentalisierung der ganz anders gelagerten Asylthematik bei wachsender Abwehrhaltung gegenüber dem Zuwanderungsdruck und Ausbleiben der seit langem angekündigten Verbesserung der Integrationsangebote durch eine Reform des Ausländerrechts; 3. die schon im Vorfeld des Regierungswechsels betriebene allgemeine Politisierung der Ausländerthematik. Es ging dabei nicht nur um das Problem sachfremder, aber ‚öffentlichkeitswirksamer‘, z.B. wahltaktischer Instrumentalisierung und die damit verbundenen Gefahren. Es gab auch ein wachsendes öffentliches Interesse an diesem stark politisierten Thema, das einer anhaltenden Vertagung rechtspolitischer Gestaltungsaufgaben Grenzen setzen mußte, wenn die Arena der Ausländerpolitik nicht noch mehr zum Tummelplatz rechtsradikaler Demagogie werden sollte. Kaum verändert aber hatte sich bis zum Ende der 1980er Jahre das Gesamtbild, das 1988 zu dem scharfen Urteil führen konnte: „Die Ausländerpolitik in der Bundesrepublik ist nach wie vor weder klar noch berechenbar, obwohl gerade die neue Bundesregierung nach dem Machtwechsel 1982 eine solche Politik angekündigt hatte."[31]

Hierher gehörte vor allem das lange Ausbleiben des immer wieder angekündigten Gesetzentwurfs zur Novellierung des Ausländerrechts. 1987/88 rückte dieses Thema neben dem neuerlichen Streit um das Für und Wider des Kommunalwahlrechts für Ausländer ins Zentrum der politischen Diskussion: Im Frühjahr 1988 gelangte ein rund zweihundert Seiten starker, zweiteiliger Gesetzentwurf aus dem Bundesinnenministerium an die Öffentlichkeit. Sein erster Teil (‚Ausländerintegrationsgesetz‘) enthielt Integrationsangebote, der zweite (‚Ausländeraufenthaltsgesetz‘) umfaßte vor allem Abwehrinstrumentarien mit weiten Ermessensspielräumen. Ergebnis war ein für das Bundesinnenministerium peinliches und das Ansehen der Institution in der Öffentlichkeit schädigendes Spektakel: Zunächst wurde die Existenz eines solchen Entwurfs schlichtweg bestritten; dann wurde seine Existenz bestätigt, aber seine Bedeutung („Referentenentwurf') heruntergespielt; schließlich wurde er nach schärfsten Protesten aus der Öffentlichkeit ganz zurückgezogen. Das hatte wesentlich damit zu tun, daß sich in der Öffentlichkeit erstmals eine geschlossene Front gegen die Ausländerpolitik des Bundesinnenministeriums gebildet hatte – von den Kirchen, den Wohlfahrtsverbänden und den Ausländerbeauftragten über die Gewerkschaften, die Bundesvereinigung der Arbeitgeberverbände, die Initiativgruppen, die Medien und die parlamentarische Opposition bis hinein in die Regierungsparteien, nämlich zur FDP und zum linken Flügel der CDU. Nach der Kabinettsumbildung spielte das hochpolitisierte Thema der Ausländerpolitik dann abermals eine unübersehbare Rolle beim Wechsel an der Spitze des Bundesinnenministeriums von Dr. Friedrich Zimmermann (CSU) zu Dr. Wolfgang Schäuble (CDU), der vordem Chef des Bundeskanzleramtes war.

Bundesweit wie ein Schock wirkten die zwar schon in einer längeren Trendlinie stehenden, aber in ihren Größenordnungen doch überraschenden Erfolge rechtsradikaler Parteien bei den Wahlen zum Berliner Senat (29. 1. 1989) und in einigen Städten bzw. Gemeinden bei den Kommunalwahlen in Hessen (12. 3. 1989). Vor dem Hintergrund wachsender Abwehrhaltungen hatten sie ihre Wahlkämpfe um die Jahreswende 1988/89 wesentlich mit ausländer- bzw. fremdenfeindlichen Parolen geführt. Die Wahlergebnisse bestätigten nur die lange überhörten Warnungen vor den Folgen einer Vertagung oder Verdrängung der in diesem gesellschaftspolitischen Feld anstehenden Aufgaben. Für die Neugestaltung rechtspolitischer Handlungsspielräume durch die Novellierung des Ausländerrechts gründeten sich Hoffnungen auf den neuen Bundesinnenminister. Der von ihm geradezu rasant vorbereitete Gesetzentwurf galt auch deshalb als besonders eilbedürftig, weil man das „Ausländerthema" im Wettlauf gegen die Zeit „aus den bevorstehenden Wahlkämpfen heraushalten" wollte – deren Ergebnisse überdies die absolute Mehrheit der Union im Bundesrat in Frage stellen konnten (was dann mit der Niedersachsenwahl am 13. 5. 1990 auch geschah).[32]

Das gelang nur bedingt: Zunächst verständigten sich Mitglieder aus den Fraktionen von CDU/CSU und FDP im Sommer 1989 auf ausländerpolitische ‚Eckwerte' als Ausgangsbasis rechtspolitischer Gestaltung. Blieben die offenen Fragen des Ausländerrechts länger ungeklärt, warnte die Ausländerbeauftragte Liselotte Funcke noch im September 1989, dann könnten gefährliche Emotionen geweckt und geschürt werden, die rechtsradikalen Parteien nützten, „nur weil es noch keine Gesetzesnovelle gibt." Ende September wurde ein erster Referentenentwurf zur Novellierung des Ausländerrechts vorgestellt.[33]

In der öffentlichen Diskussion über den Gesetzentwurf gab es vor allem zwei Lager. Auf der einen Seite standen drei Gruppen: diejenigen, die den Gesetzentwurf als längst überfällige Einlösung jahrelanger Ankündigungen insgesamt begrüßten; diejenigen, denen er – wie besonders dem damaligen bayerischen Innenminister Edmund Stoiber (CSU) – zwar geeignet erschien, aber in seinen restriktiven Bestimmungen nicht weit genug ging; und schließlich diejenigen, die ihn trotz mancherlei Bedenken in Einzelfragen grundsätzlich akzeptierten, um das Thema aus den Wahlen herauszuhalten und insbesondere den ‚Republikanern' keine ausländerpolitischen Angriffsflächen zu bieten, in der Erwartung, daß einiges während der Ausschußberatungen noch ergänzt und korrigiert werden könne. Auf der anderen Seite schloß sich nach einer kurzen Denk- und Kampfpause erneut jener große Ring der Kritiker, der schon den Entwurf aus der Amtszeit von Bundesinnenminister Zimmermann abgewiesen hatte. Diesen Kritikern erschien der neue Entwurf geradewegs als eine durch wenige Zugeständnisse geschönte ‚Verschlimmbesserung' des geltenden Ausländerrechts. Sie könne trotz aller Dringlichkeit nicht hingenommen werden, weil damit auf weite Sicht unumstößliche Rechtstatbestände geschaffen würden, die, so fürchtete die Ausländerbeauftragte, „in der Praxis mehr abwehrend als integrierend" wirken dürften.[34]

Auf Grund der Stellungnahmen der beteiligten Bundesressorts und der angesprochenen Verbände wurde der Entwurf im

Bundesinnenministerium seit Ende September 1989 mehrfach überarbeitet. Es war ein strategischer Geniestreich des neuen Bundesinnenministers, dabei die außerparlamentarischen Kritiker durch die Versendung von Entwürfen noch vor der Vorlage im Kabinett direkt einzubeziehen und bei der Überarbeitung des Entwurfs unter Berücksichtigung der kritischen Stellungnahmen zugleich ein so unglaubliches Tempo vorzulegen, daß viele Kritiker schließlich nicht mehr ‚zielen' konnten, weil sich das Objekt der Kritik ständig veränderte. Mitte Dezember wurde der Entwurf dem Kabinett vorgelegt. Während die CSU inzwischen durch einen Kompromiß eingebunden worden war, hatte das Lager der Kritiker vor allem aus dem Bereich der Kirchen, Gewerkschaften, Wohlfahrtsverbände, Initiativen, aber auch des Vertreter des Hohen Flüchtlingskommissars der Vereinten Nationen in Deutschland nach wie vor schwere Bedenken. Sie wurden noch einmal zusammengefaßt in den Stellungnahmen für die Anhörung im Innenausschuß des Bundestages nach der Plenardebatte am 6. und 7. Februar 1990. Besonders umstrittene Problembereiche waren Familiennachzug und Aufenthaltsverfestigung, Ausweisung und Rückkehrrecht, Einbürgerungserleichterungen und doppelte Staatsangehörigkeit, Verfahrens- und Härtefallregelungen, Ermessensspielräume und komplizierte Gesetzestechnik. Schließlich ging es um die Berücksichtigung vergleichbarer europäischer und internationaler Bestrebungen und endlich um eine grundsätzliche Frage: Konnten Ausländerrecht und Ausländerpolitik als solche überhaupt noch geeignete Gestaltungsmittel sein gegenüber einer stabilen Minderheit von einheimischen Ausländern bzw. ausländischen Inländern in Deutschland, gegenüber dem Wanderungsgeschehen im europäischen Binnenmarkt und gegenüber dem Süd-Nord- und Ost-West-Zuwanderungsdruck an seinen Grenzen? Hinzu kamen insbesondere von der Ausländerbeauftragten der DDR-Regierung, Almuth Berger, vorgetragene Warnungen, am Vorabend der deutschen Vereinigung in der ‚alten' Bundesrepublik noch ein Gesetz von erheblicher Tragweite auch für die späteren ‚neuen' Bundesländer – in denen z.B. bei der letzten Kommunalwahl am 6. Mai 1990 auch die

Ausländer wählen durften – ohne deren Mitgestaltung zu verabschieden.

Die Gesetzesvorlage wurde, so eine kritische Bewertung, „mit einer unnötigen Hektik im wahrsten Sinne des Wortes noch in der zu Ende gehenden Legislaturperiode durchgepeitscht".[35] Ergebnis des langen Kampfes um die Rechtsreform war das am 26. April 1990 vom Bundestag (Bundesrat: 11. 5. 1990) beschlossene neue Ausländergesetz, das am 1. Januar 1991 in Kraft trat. Das Gesetz blieb umstritten. Die schärfste Kritik sprach aus der im November 1990 von der Bundestagsfraktion der Grünen (heute: Bündnis 90/Grüne) vorgetragenen, auf ein Gutachten des früheren Berliner OVG-Richters Dr. Fritz Franz gestützten Einschätzung, das neue Ausländerrecht verstoße gegen Grundgesetz (Vertrauensschutz, Verhältnismäßigkeit, Rechtsweggarantie) und Völkerrecht.[36]

Gerade in den die Einwanderungssituation betreffenden Bestimmungen sei das neue Ausländerrecht durchaus „besser als sein Ruf", urteilte dagegen der Hamburger Rechtswissenschaftler Helmut Rittstieg: Seine Bestimmungen über Aufenthaltsverfestigung und Familiennachzug, über Rechtsansprüche der zweiten Generation und Einbürgerung böten den ehemaligen „Gastarbeitern", ihren Familien und anderen „Inländern fremder Staatsangehörigkeit" erstmals auf gesetzlicher Ebene den „Einwandererstatus". Das neue Ausländergesetz behandele seine Adressaten allerdings nach wie vor als „potentielle Gefahr für die Gesellschaft". Es unterstelle sie (in §§ 75, 76) „behördlichen Mitteilungs- und Überwachungsvorschriften, die von einem totalitären Überwachungswahn getragen sind." Überdies gab es auch Verschlechterungen in der Lage der Ausländer: von der Verschärfung der nach wie vor relativ unbestimmten Ausweisungsbefugnisse über die (in Zeiten extremer Wohnungsnot besonders problematische) Abhängigkeit der unbefristeten Aufenthaltserlaubnis und der Aufenthaltsberechtigung vom Nachweis ausreichenden Wohnraums bis hin zu den weiten Ermessensspielräumen bei der Verlängerung befristeter Aufenthaltserlaubnisse. Für ausländische Jugendliche ist es durch das neue Ausländergesetz im Grunde leichter geworden, sich einbürgern zu lassen, als unter Beibehaltung einer anderen Staatsangehörigkeit eine Aufenthaltsberechtigung zu erlangen. So betrachtet, stellt das Gesetz im Prinzip mehr auf Assimilierung als auf Integration ab. Hinzu kommt, daß es, als „typisches Juristengesetz" (H. Rittstieg), für den Laien wenig transparent und für die Betroffenen am schwersten verständlich ist. Deshalb, so das Resümee von K.-H. Meier-Braun 1991, sei die an sich begrüßenswerte Rechtsreform in mancher Hinsicht schon wieder „dringend reformbedürftig".[37]

Mit der Reform des Ausländerrechts in der ‚alten' Bundesrepublik kurz vor der deutschen Vereinigung endete die vierte und begann zugleich die *fünfte Phase der Ausländerpolitik ab 1990/91.* Sie wurde zunehmend geprägt durch die seit dem Ende der 1980er Jahre anhaltenden starken Zuwanderungen, durch die hochkomplexe neue Einwanderungssituation seit der deutschen Vereinigung (Kap. 8) und durch die verstärkte öffentliche Wahrnehmung von Zuwanderung, Eingliederung und Minderheiten als gesellschaftlichen Problemfeldern ersten Ranges. Hinzu kamen vielfältige, sich gegenseitig eskalierende Überschneidungen in der öffentlichen und politischen Diskussion über die Lage der seit langem im Lande lebenden Ausländerbevölkerung und über die Zuwanderung von Aussiedlern und asylsuchenden Flüchtlingen.

Wechselseitige parteipolitische Denunziationen und Schuldzuweisungen für politische Handlungsunfähigkeit gegenüber der in Horrorvisionen zur nationalen Überlebensfrage verzerrten Migrationsthematik schürten die ständig wachsende öffentliche Konfusion in Wanderungsfragen. Immer dramatischer wurde der von Sachkennern seit vielen Jahren beklagte Mangel an jener Orientierungshilfe, Handlungsfähigkeit und Gestaltungskraft, die von umfassenden, transparenten und flexiblen Migrationskonzeptionen ausgehen kann. Die Spannung zwischen den Ängsten ‚unten' und der immer offenkundigeren Konzeptionslosigkeit ‚oben' entlud sich in den verschiedensten Formen passiven und aktiven Protestverhaltens. Passiv und doch folgenreich blieb der auch durch mancherlei andere Enttäuschungen und Empörungen geförderte stumme Protest in

Gestalt von ‚Parteien-' und schließlich ‚Politikverdrossenheit'. Verheerende Folgen hatte der Weg von Unsicherheit und akuter Fremdenangst über fremdenfeindliche Sündenbocktheorien zu latent gewaltbereiter oder offen gewalttätiger Fremdenfeindlichkeit und fremdenfeindlicher Gewaltakzeptanz.

Die Gewalttäter blieben zwar immer eine kleine Minderheit, aber ihre Untaten beherrschten die öffentliche Diskussion und prägten ein Stück weit das neue Bild vom vermeintlich im Haß gegen sich selbst gespaltenen und nur im Fremdenhaß vereinten Deutschland in der Welt. Der Terror begann mit der Straßenjagd auf ‚Asylanten' und gipfelte in den Mordanschlägen auf seit langem im Lande lebende einheimische Ausländer 1992/93. Erst das Inferno auf deutschen Straßen erzwang schließlich die seit Anfang der 1980er Jahre unter Hinweis auf den selbstverschuldeten, ständig wachsenden und seit Ende der 1980er Jahre gesellschaftspolitisch buchstäblich lebensgefährlich werdenden Problemstau immer wieder vergeblich geforderte Diskussion über umfassende Konzepte für Migrationspolitik als Gesellschaftspolitik (Kap. 8, 9). Bis zum Beginn des ‚Superwahljahres' 1994 hatte sie zwar schon zu vielerlei Entwürfen, aber nach wie vor weniger zu einem positiven politischen Grundkonsens geführt und mehr zu einer Art negativem Konsens des Schweigens zum Thema Migration aus Angst vor neuer Eskalation.

In der wesentlich auf die Bedeutung des neuen Ausländergesetzes von 1990 für die seit langem ansässige Bevölkerung von einheimischen Ausländern bzw. ausländischen Inländern konzentrierten Diskussion wurde zunächst übersehen, daß das Gesetz eine Art neuen ‚Gastarbeiterstatus' schuf: Es schrieb zwar den Anwerbestop grundsätzlich fest, eröffnete aber, nur scheinbar widersprüchlich, die Möglichkeit, ausländische Arbeitskräfte (‚Saisonarbeitnehmer', ‚Werkvertragsarbeitnehmer', ‚Gastarbeitnehmer') nach dem Rotationsprinzip mit befristeten Arbeitsverträgen anzuwerben (§ 10). Ausländerbeschäftigung kann nun gezielt eingesetzt werden, um Arbeitskräftemangel in bestimmten Bereichen zu beheben, ohne dauerhafte soziale Folgeprobleme für das Aufnahmeland zu verursachen. Folge: Trotz des Über- und Aussiedlerzustroms stieg in Westdeutschland 1990 die Ausländerbeschäftigung bei sinkender Ausländerarbeitslosigkeit stark an. Im ersten Halbjahr 1990 erhöhte sich die Zahl der von den Arbeitsämtern ausgestellten Arbeitserlaubnisse für Ausländer um 23% auf ca. 254000. Um sogar 68% stieg die Zahl der darin eingeschlossenen allgemeinen Arbeitserlaubnisse (ca. 48000), die nur erteilt werden, wenn „für den Arbeitsplatz kein Deutscher oder kein ihm gleichgestellter ausländischer Arbeitnehmer verfügbar" ist.[38]

Nach Auskunft der Bundesanstalt für Arbeit wurden 1992, von Aussiedlern, Asylbewerbern und anderen Flüchtlingen ganz abgesehen, mit insgesamt ca. 312000 Arbeitskräften (ca. 212000 Saisonarbeitnehmer, im Jahresdurchschnitt 95000 Werkvertragsarbeitnehmer, 5000 Gastarbeitnehmer) auf amtlichem Wege mehr Arbeitnehmer aus dem Ausland neu hereingenommen als im Jahr des Anwerbestops von 1973, in dem von den Auslandsdienststellen der Bundesanstalt 238100 ausländische Arbeitskräfte neu vermittelt worden waren. Selbst im Krisenjahr 1993 gab es, bei sinkender Tendenz, in den ersten 11 Monaten mit ca. 256000 (ca. 175000 + 75000 + 6000) neuen ausländischen Arbeitskräften noch immer höhere Zahlen als im Jahr 1973 insgesamt. Selbst im Zeichen der Massenarbeitslosigkeit während der schärfsten Rezession der Nachkriegsgeschichte, wurde mithin auch 1993 noch die Zuwanderung einer nach Hunderttausenden zählenden ausländischen Reservearmee auf den Arbeitsmarkt im vereinten Deutschland für notwendig gehalten.

Wichtig war in diesem Zusammenhang eine alarmierende Beobachtung der Bundesanstalt für Arbeit: Während in der Ausländerbeschäftigung der nach wie vor bei weitem dominierende Anteil türkischer Arbeitnehmer langsam unter die Schwelle von einem Drittel – von 33,1% im dritten Quartal 1991 über 31,6% im dritten Quartal 1992 auf 29,9% (637936) im ersten Quartal 1993 – sank und der Anteil der nicht aus den ehemaligen ‚Anwerbeländern‘ stammenden ‚übrigen‘ ausländischen Arbeitnehmer (709020 von 2131634) in der Statistik im ersten Quartal 1993 auf 33,3% anstieg, erreichte die in der Wirtschaftskrise wieder sprunghaft gestiegene Arbeitslosigkeit unter Ausländern im Bundesgebiet West 1993 horrende Dimensionen: Nach Auskunft der Landesarbeitsämter lag in den alten Bundesländern im November 1993 die Arbeitslosenquote der ausländischen mit 16,8% rund doppelt so hoch wie die der deutschen Erwerbsbevölkerung (8,7%), wobei in einzelnen Bundesländern schockierende Extremwerte erreicht wurden: in Niedersachsen 23,0%, in Bremen 23,4% und im Saarland sogar 27,2%. „Im Prinzip hat sich an dem historischen Muster der Ausländerbeschäftigung als Konjunkturpuffer bisher wenig geändert, auch wenn aus ‚Gastarbeitern' in einem ganz überwiegenden Maße ausländische Mitbürger geworden sind", kommentierte der Arbeitsmarktanalytiker H.-P. Klös Ende 1992 in einem für Zuwanderungsbegrenzung votierenden Beitrag. Erschwerend kommt hinzu, daß im Hintergrund dieser Entwicklung nicht nur konjunkturelle, sondern auch strukturelle Probleme stehen: Nach Langzeitprognosen für die Arbeitsmarktentwicklung werden nichtqualifizierte, insbesondere also an- und ungelernte Arbeitskräfte, wie sie in den letzten Jahrzehnten besonders von der ausländischen Erwerbsbevölkerung gestellt wurden, immer weniger gebraucht. Jenseits der auch aus früheren Krisenzeiten bekannten Pufferfunktion der ausländischen Erwerbsbevölkerung im Arbeitsmarktgeschehen zeichnet sich hier eine neue, stark ethnosozial geprägte gesellschaftliche Krisenzone ab.[39]

In zwei großen Bereichen der Diskussion um die politische Teilhabe der ausländischen ‚Mitbürger' als Bürger in der Republik gab es lange keinerlei Fortschritte: Einerseits wurde das kommunale Wahlrecht für Ausländer mit langem Inlandsaufenthalt, wie es z.B. in den Niederlanden nach fünf, in Dänemark schon nach drei Jahren Aufenthalt möglich ist, Ende 1990 vom Bundesverfassungsgericht abgewiesen.[40] Andererseits wurde die zunächst vor allem von der früheren Ausländerbeauftragten Liselotte Funcke und, nach dem Wechsel im Amt 1991, auch von ihrer Nachfolgerin, Cornelia Schmalz-Jacobsen (FDP) mit besonderem Nachdruck geforderte reguläre Möglichkeit der doppelten Staatsbürgerschaft nicht eröffnet. Das kann, wie erwähnt, für ‚einbürgerungswillige' ausländische Inländer dann von großem Nachteil sein, wenn die Aufgabe der ursprünglichen Staatsangehörigkeit – wie z. B. im Falle der Türkei und zuvor auch im früheren Jugoslawien – mit schwerwiegenden Nachteilen (z. B. im Erbrecht) verbunden ist. Dieses Problem, auf das Inländer türkischer Herkunft in Einbürgerungsfragen immer wieder hinweisen, hat seine Ursache mithin nicht nur auf deutscher, sondern auch auf türkischer Seite, wo seit langem konträre politische Auffassungen über die Zukunft der ‚Deutschländer‘ konkurrieren.

Die im Paradoxon der Einwanderungssituation ohne Einwanderungsland lebenden einheimischen Ausländer aber waren bei alledem nicht nur passiv Betroffene, sondern immer auch eigenverantwortlich Handelnde. So betrachtet war das gesellschaftliche Paradoxon nach dem „Erwachen im Einwanderungsland" (Cohn-Bendit/Schmid) seit den späten 1970er bzw. frühen 1980er Jahren durch eine doppelte Lebenslüge bestimmt: Die eine Seite ‚dementierte‘, Einwanderungsland zu sein, die andere, in einer echten Einwanderungssituation lebende Seite war nicht bereit oder imstande, für die Einbürgerung in dem Land, das ihnen selbst Einwanderungsland war, die bisherige Staatsangehörigkeit preiszugeben. Dabei wirkte die Spannung zwischen Einbürgerung und Nichteinbürgerung besonders scharf: Einerseits gab es in der Bundesrepublik eine doppelte Staatsangehörigkeit nur im Ausnahmefalle; andererseits fehlte ein zwischen Einbürgerung und dauerhaftem Inlandsaufenthalt ohne Einbürgerung liegender Status, dessen Inhaber man im Unterschied zum deutschen Staatsbürger als ‚ausländischen Wohnbürger‘ umschreiben könnte. Ein solcher Status ist z. B. in den Vereinigten Staaten als ‚permanent resident‘ und in Kanada als ‚landed immigrant‘ bekannt und wurde hierzulande in anderer Form zuerst von den Grünen im Entwurf eines Niederlassungsgesetzes und 1990 von Bündnis 90 und den Grünen im Entwurf eines kombinierten Niederlassungs- und Einwanderungsgesetzes gefordert.[41]

Im Ausländergesetz von 1990 gab es unter bestimmten Bedingungen für Ausländer (mit mehr als 15 jährigem Aufenthalt) und für dauerhaft im Lande lebende ausländische Jugendliche (nach Vollendung des 16. und vor Vollendung des 23. Lebensjahres) Einbürgerungserleichterungen, die als Regelanspruch formuliert und im ‚Asylkompromiß' vom Dezember 1992 (Kap. 6) in einen Rechtsanspruch verwandelt wurden.[42] Die Entscheidung zur Einbürgerung unter Verzicht auf die bisherige Staatsangehörigkeit fällt vielen einheimischen Ausländern bzw. ausländischen Inländern aber auch deswegen schwer, weil ihnen gerade durch die regierungsamtliche ‚Ausländerpolitik' zu lange zu unmißverständlich deutlich gemacht wurde, daß sie oder ihre Eltern als ‚Gastarbeiter' zwar willkommen, als Einwanderer aber unerwünscht waren. Die daraus resultierenden mentalen Verletzungen reichen tief, sind nur oberflächlich vernarbt und deshalb nicht im Handumdrehen durch rechtstechnische Teilreparaturen zu beheben.

Hinzu kam im vereinten Deutschland der frühen 1990er Jahre die grauenvolle, abschreckende und ängstigende Erfahrung der gewalttätigen Fremdenfeindlichkeit und ihrer Kehrseite, der fremdenfeindlichen Gewaltakzeptanz. Sie hat, was auf deutscher Seite oft übersehen oder unterschätzt wurde, nicht nur verheerende kollektivmentale und damit gesellschaftlich dauerhafte Folgewirkungen, sondern auch individuell schwere psychische und psychosomatische Erkrankungen hervorgerufen: „Versteckte und offene Aggressionen gegen Ausländer führen zu schweren Identitätsproblemen und Depressionen", berichtete Ende 1991 das Ethno-Medizinische Zentrum (EMZ) in Hannover.[43] All das steigerte bei vielen Paß-Ausländern noch die Skepsis gegenüber einem klaren Bekenntnis zum längst vertrauten und doch aufs neue fremd werdenden Einwanderungsland und gegen das längst fremd gewordene Herkunftsland, zumal dies vielen im gefürchteten, wie auch immer vorgestellten Fall des Falles sogar als eine Art Abschneiden des Fluchtwegs aus Deutschland erscheinen konnte.

Anders gewendet: Eine Gesellschaft, die zugewanderte, friedlich im Lande lebende ausländische Minderheiten nicht vor alltäglicher Gewalt aus der Mehrheit schützen kann, darf sich nicht wundern, wenn die Minderheiten den – wenn auch oft nurmehr symbolischen – Schutz von außen bzw. den Rückzug nach außen, in die längst fremd gewordene frühere ‚Heimat', sicherheitshalber nicht ohne weiteres aufgeben wollen. Für die friedliche und tolerante Begegnung zwischen deutscher Mehrheit und zugewanderten Minderheiten ist es entscheidend wichtig, das eigene Land auch mit jenen ‚fremden' Augen zu sehen, die fremd längst nicht mehr sind, es aber aufs neue werden können, wenn die Mehrheit nicht endlich lernt, daß Eingliederung ein Prozeß auf Gegenseitigkeit ist.

Ergebnis ist bei vielen ausländischen ‚Mitbürgern' der zweiten Generation, die sich vom Herkunftsland der Eltern nicht mehr angezogen und von Deutschland nicht angenommen fühlen, die Suche nach Identität auf eigene Faust und, wie von Migrationsforschern und Praktikern der Ausländerarbeit schon vor einem Jahrzehnt warnend vorausgesagt, zuweilen auch mit den eigenen Fäusten: Die anfangs und z.T. noch immer gemischten Jugendbanden waren und sind ein vorwiegend soziales Phänomen. Die zunehmend ethnisch exklusiv organisierten jugendlichen Kampfgruppen ausländischer Inländer hingegen sind nicht nur Selbstverteidigungsgemeinschaften gegen Angriffe deutscher oder gemischter Banden, sondern auch Ausdruck der Suche nach ethnosozialer und ethnokultureller Gruppenidentität in einer blockierten Einwanderungssituation. Seit dem ersten großen Aufstand der deutschen Türken am Tatort Solingen und den anschließenden, vier Tage anhaltenden Krawallen, geht das Gespenst ethnosozialer urbaner ‚Bürgerkriege' um, gespeist auch durch mancherlei publizistische Katastrophenszenarien und Titanic-Visionen für die Zukunft der gesellschaftlichen Entwicklung.[44]

All das war auch ein Ergebnis der nach Maßgabe aller Erfahrungen mit Einwanderungsprozessen gefährlichen intergenerativen Verlängerung der mental ohnehin strapaziösen Identitätskrise im Einwanderungsprozeß durch Verweigerungshaltungen bei der gesellschaftlichen Akzeptanz und rechtlichen Anerkennung der Einwanderungssituation im vorgeblichen Nicht-Einwanderungsland: Wo die Existenz einer echten Einwanderungssituation und damit existentielle Fragen mehrerer Einwanderergenerationen dauerhaft tabuisiert bzw. ‚dementiert' wurden, wo es weder Einwanderungsgesetzgebung noch Einwanderungspolitik geben sollte, wo Lebensperspektiven für Einwanderer mithin fehlten, Einbürgerungserleichterungen sehr spät und eher widerstrebend bewilligt, wo das kommunale Wahlrecht für Nicht-EG-Staatsangehörige verweigert und die doppelte Staatsangehörigkeit nur als Gnadenakt im Ausnahmefalle toleriert und wo obendrein noch die ‚Integrationsbereitschaft‘ oder sogar die ‚Integrationsfähigkeit‘ von einheimischen Ausländern und insbesondere von Türken in Frage gestellt wurde – wo sich all dies als Lebenserfahrung bündelte, da rückte oft eine für die Eingliederung gefährliche Alternative vor: einerseits die defensive Rückbesinnung auf die eigenen Kulturtraditionen, andererseits die aggressive Abgrenzung von der sperrigen Aufnahmegesellschaft. Wieder andere wählten die Flucht nach vorn, negativ in die ideelle Staatenlosigkeit eines diffusen Kosmopolitismus, positiv in die als multikulturell und supranational verstandene Identität von selbstbewußten Bürgern der Europäischen Union – immer vorausgesetzt, daß das Herkunftsland ein solches Selbstverständnis als EU-Bürger überhaupt zuläßt, was bekanntlich ausgerechnet für die größte, türkische, Gruppe bislang nicht gilt.

Eine echte Einwanderungssituation mit all ihren gesellschaftlichen und kulturellen Problemen schlicht ‚dementieren‘, ihr die notwendigen regulativen Systeme verweigern, heißt fahrlässig beitragen zu defensiven und möglicherweise dann auch aggressiven Abgrenzungen im Aufnahmeland. Aus- und Abgrenzungen aber liegen der Eingliederung quer, Segregation blockiert Integration, und defensive Abschottung in der Einwanderungssituation gefährdet gesellschaftliche Koexistenz in kultureller Toleranz und sozialem Frieden. Selbstwertgefühl und das Maß an innerer Freiheit in einer Gesellschaft sind auch daran ablesbar, wieviel Kulturbegegnung von außen sie sich glaubt leisten zu können.

Ein geläufiger Einwand gegen die Zulassung der doppelten Staatsbürgerschaft lautete, die Bundesrepublik Deutschland sei 1969 dem Übereinkommen des Europarates zur Vermeidung der Mehrstaatigkeit beigetreten. Das ist richtig. Aber Deutschland handhabe dieses Übereinkommen bei weitem strikter als alle anderen Unterzeichnerstaaten, die die Beibehaltung der ersten neben der neuen Staatsbürgerschaft gesetzlich oder doch faktisch zulassen. Hinzu kam eine Inkonsequenz bei der Behandlung von einheimischen Ausländern mit langem Inlandsaufenthalt und den als Aussiedlern neu zugewanderten fremden Deutschen aus Osteuropa: Sie durften auch nach dem Erwerb der deutschen Staatsangehörigkeit die ursprüngliche (z.B. sowjetische, rumänische, polnische) Staatsangehörigkeit behalten. Dies und die wachsende Zahl von Kindern aus binationalen Ehen hat in den letzten Jahren die Zahl der ‚Mehrstaater‘ in Deutschland stark ansteigen lassen: 1993 gab es, mit steigender Tendenz, etwa 1,2 Mio. Menschen mit deutscher und zugleich einer anderen Staatsangehörigkeit. Besonders inkonsequent und für die einheimischen Ausländer schmerzhaft mußte es überdies wirken, wenn sich z.B. die CDU/CSU-Fraktion fast geschlossen gegen die Zulassung der doppelten Staatsbürgerschaft aussprach, während die CSU zugleich forderte, den deutsch-polnischen Vertrag (17. 6. 1991) zu ergänzen und deutschstämmigen Familien in Polen offiziell die doppelte, also die deutsche und die polnische Staatsangehörigkeit zuzuerkennen.[45]

Daß die Verabschiedung der Reform des Ausländerrechts im Frühjahr 1990 in der öffentlichen Diskussion nicht die zunächst erwartete Rolle spielte, hatte nicht nur mit der dramatischen deutsch-deutschen Entwicklung zu tun, die in der öffentlichen Diskussion alle anderen Fragen überlagerte. Mit der Novellierung des Ausländerrechts verbanden viele Politiker auch die Vorstellung, man habe nun das gesetzlich Mögliche erreicht und könne diesen Problembereich wieder seiner Entwicklung überlassen. Von grundsätzlichen Erklärungen wie der Bonner ‚Flüchtlingskonzeption‘ vom September 1990 abgesehen, blieben weitreichende und umfassende Konzeptionen im Bereich von Migration, Integration und Minderheiten aus. Initiativen der Ausländerbeauftragten gingen ins Leere. Bei wachsendem Zuwanderungsdruck, offenen Grenzen im Osten, steigenden Integrationsproblemen und zunehmender Beunruhigung der deutschen und ausländischen Bevölkerung forderte auch die Ausländerbeauftragte zuletzt ein Bundesamt für Migration und

Integration und eine Ständige Kommission zur Begleitung der entsprechenden Gestaltungsaufgaben.[46] Das entsprach im Kern der von mir seit Jahren, u. a. auch in Beratungsgesprächen im Amt der Ausländerbeauftragten entwickelten, vom Bundeskanzler aus organisatorischen Erwägungen skeptisch betrachteten, von der SPD, anderen Parteien und außerparlamentarischen Gruppen hingegen übernommenen Forderung nach einem ressortübergreifenden Bundesamt mit wissenschaftlichem Beirat im Rahmen einer ganzheitlichen Konzeption für Migration, Integration und Minderheiten.[47]

In dieser Hinsicht hätte Deutschland nicht nur von Einwanderungsländern in Übersee, sondern auch von europäischen Staaten lernen können, die entsprechende Institutionen in den 1980er Jahren bereits deutlich weiter entwickelt hatten: Am weitesten fortgeschritten ist die Entwicklung in Schweden mit dem Staatssekretär für Einwanderungsfragen, dem von zwei Ministern geleiteten Arbeits- und Migrationsministerium, dem Staatlichen Migrationsamt und dem Ombudsman gegen ethnische Diskriminierung. In Großbritannien gibt es die aufgrund des Antidiskriminierungsgesetzes von 1976 (‚Race Relations Act‘) eingesetzte ‚Commission for Racial Equality‘, in der Schweiz die ‚Eidgenössische Ausländerkommission‘, das ‚Bundesamt für Ausländerfragen‘ und zwei geplante, übergreifende Initiativen: eine interdepartementale Arbeitsgruppe und eine Koordinationskonferenz für Wanderungsfragen.

In Frankreich gab es neben den mit Einwanderungsfragen befaßten Abteilungen der klassischen Ministerien und den einschlägigen Fachbehörden (‚Office des Migrations Internationales/OMI‘, ‚Office Français de Protection des Réfugiés et Apatrides/OFPRA‘, ‚Fond d'Action Sociale/FAS‘) bis 1993 ein ‚Staatssekretariat für Integrationsfragen‘ (‚Secrétariat d'Etat à l'Intégration‘) mit freilich nur geringer politischer Gestaltungskompetenz und Koordinationskraft gegenüber den Ministerien und Fachbehörden. Der ‚Nationalrat für die eingewanderte Bevölkerung‘ (‚Conseil National des Populations Immigrées‘) wiederum war auf Beratungsfunktionen beschränkt. Deshalb wurde auch in Frankreich das Fehlen einer über diese Institu-

tionen hinausgreifenden Zentralinstanz für Einwanderungs-
und Eingliederungsfragen beklagt. Um dieses Defizit zu überbrücken wurde 1990 der ‚Hohe Rat für die Integration' (‚Haut
Conseil à l'Intégration') geschaffen. Der Regierungswechsel
vom Mai 1993 hat freilich vieles verändert: Die Abschaffung des
Staatssekretariats, die ungewisse Zukunft des Hohen Rats und
die Aufteilung der Kompetenzen in der Einwanderungs- und
Eingliederungspolitik zwischen dem tonangebenden Innenministerium (Charles Pasqua) und dem Ministerium für Soziales
und Stadtentwicklung (Simone Veil) sind äußere Zeichen des
inneren, defensiven Wandels der französischen Einwanderungspolitik.[48]

Die Vorschläge der Ausländerbeauftragten in Bonn für die
Einrichtung eines Bundesamtes und einer Ständigen Kommission für Migration und Integration fanden zwar Gehör in der
Öffentlichkeit und wurden von verschiedenen Organisationen,
die sich mit der Ausländerthematik auseinandersetzten, nach-
drücklich aufgegriffen und unterstützt.[49] Auf seiten der Bundesregierung hingegen blieben die Anregungen ohne Resonanz.
Der Bundeskanzler hatte mir – zu einigen, ihm schließlich auch
in direkter Zuschrift unterbreiteten Vorschlägen für eine ganz-
heitlich konzipierte Migrations- und Integrationspolitik – zwar
schon im Mai 1991 geschrieben: „Ihre Vorschläge zum Thema
‚Migration und Integration' betreffen ein Thema, das zweifellos
an Bedeutung gewinnt und dem ich deshalb besondere Aufmerksamkeit widme. Ich stimme Ihnen darin zu, daß hier ein
‚ganzheitlicher' Ansatz geboten ist. [...] Die Migrationsprobleme in Gegenwart und Zukunft lassen sich im übrigen nicht
mehr allein auf nationaler Ebene lösen. Deshalb trete ich – wie
ich in meiner Regierungserklärung vom 30. Januar 1991 darge-
legt habe – mit Nachdruck für eine europäische Asyl- und Einwanderungspolitik ein." Gegen meine institutionellen Anregungen hingegen führte der Kanzler, der von Hause aus ebenfalls Historiker ist, historische Erfahrungen ins Feld: „Allerdings glaube ich nicht, daß die Schaffung eines ‚Bundesamtes
für Migration und Integration', eventuell mit angegliedertem
Forschungsinstitut, einen Zugewinn an Effizienz bedeuten

würde. Die Erfahrung lehrt, daß solche Ämter mit ‚Querschnittsaufgaben' eher zu Reibungsverlusten führen, weil sie einerseits den zuständigen Ressorts deren Letztverantwortung nicht abnehmen können, andererseits zu einer Ausweitung der Verwaltungsabläufe beitragen."[50]

Man könnte freilich, so ließe sich antworten, aus negativen historischen Erfahrungen in dieser Hinsicht auch konstruktive Schlüsse ziehen, zumal es eine solche – als strukturelle Fehlgeburt mißglückte – Institution in Deutschland kurzfristig schon einmal gab: das ‚Reichswanderungsamt' zu Anfang der Weimarer Republik, das als ‚Amt der verlorenen Worte' in die Verwaltungsgeschichte einging. Ein Bundesamt für Migration und Integration müßte, wie ich schon bei der ersten Vorstellung dieser Idee vor Jahren betont habe, kein allzuständiger bürokratischer Wasserkopf werden. Es müßte aber genug Gewicht haben, um handlungsorientierte Gesamtkonzeptionen mit Bindewirkung zu entwerfen und fortzuschreiben, auf ihre Umsetzung zu achten, Zuständigkeitslücken aufzuspüren und zu überbrücken sowie lähmender Ressortkonkurrenz im behördlichen Kompetenzgerangel zu wehren.[51]

Die konzeptionelle Sprachlosigkeit gegenüber einer der dringendsten gesellschaftspolitischen Zukunftsaufgaben war ein Anlaß zum Rücktritt von Liselotte Funcke am 15. Juli 1991. Die Ausländerbeauftragte wollte damit auch ein Signal setzen und Anstoß geben für eine Diskussion allgemein über Konzeptionen und konkret über die mangelhafte Ausstattung ihres kleinen und auch bewußt kleingehaltenen Amtes – das sich z. B. in offiziösen Hinweisen der Frankfurter Allgemeinen Zeitung gelegentlich, in der Sache durchaus korrekt, darüber hatte belehren lassen müssen, daß seine Leiterin eben nicht ‚Ausländerbeauftragte der Bundesregierung', sondern lediglich ‚Beauftragte der Bundesregierung für die Integration der ausländischen Arbeitnehmer und ihrer Familien', von Amts wegen mithin für nichts anderes und erst recht nicht für die Diskussion über umfassende Konzeptionen für Migration und Integration zuständig sei. Insgesamt zuständig war aber auch sonst keine Institution wegen der Zersplitterung des großen, in seiner Reichweite und Geschlossenheit noch weithin unerkannten Aufgabenfeldes über verschiedene Ressortzuständigkeiten. Das erfuhren auch wissenschaftliche Politikberater mit Entwürfen für ganzheitliche Konzepte im interministeriellen Parcours von Pontius über Pilatus zu Pontius.

„In dem Bemühen um die Integration der ausländischen Bevölkerung und in der Abwehr von Ausländerfeindlichkeit fühlen sich die Ausländerbeauftragten von Bund, Ländern und Gemeinden mit all denen, die haupt- oder nebenamtlich in Verbänden und Initiativen für ein friedliches Zusammenleben in der Gesellschaft arbeiten, von offizieller Seite weithin allein gelassen", hieß es in dem Schreiben vom 17. Juni 1991 an den Bundeskanzler, in dem Liselotte Funcke ihren Rücktritt zum 15. Juli 1991 ankündigte. „Die ausländische Arbeitnehmerbevölkerung sieht sich einer wachsenden Abwehr in der deutschen Bevölkerung und sogar tätlichen Angriffen ausgesetzt, ohne daß von politischer Seite ihre Anwesenheit begründet und ihre erwiesenen Leistungen gewertet werden. Ermutigungen zur Integration sind kaum erkennbar, ebensowenig wirksame Maßnahmen und ausreichender Schutz gegen fremdenfeindliche Jugendbanden. Die deutsche Bevölkerung ist zunehmend verunsichert angesichts einer ständigen ungeregelten Zuwanderung, für deren Bewältigung sie kein politisches Konzept erkennen kann. Die sich daraus ergebenden Ängste schlagen sich – wie aus meinem Briefeingang hervorgeht – nicht selten in mehr oder weniger heftigen Beschuldigungen gegen die Ausländer nieder und belasten damit die Stimmung auf beiden Seiten. Die Gefahr einer Eskalation ist nicht von der Hand zu weisen." Am Schluß stand eine unmißverständliche Warnung: Es sei „zu befürchten, daß die zunehmende Beunruhigung in der deutschen und die Enttäuschungen in der ausländischen Bevölkerung zu Entwicklungen führen, die immer schwerer beherrschbar werden. Die wachsende Fremdenfeindlichkeit in den fünf neuen Bundesländern ist ein Alarmsignal."[52]

Der von der Bundesregierung korrekt, aber in demonstrativer Zurückhaltung behandelte Rücktritt von Liselotte Funcke gab noch einmal Anlaß, die in der politischen Gestaltung vernachlässigten Themen in den Medien aufzugreifen.[53] Im Vordergrund der öffentlichen Diskussion im Sommer 1991 standen aber nicht konzeptionelle Fragen im Problemfeld von Migration, Integration und Minderheiten, sondern das Angstthema einer neuen ‚Völkerwanderung' aus dem Osten und Süden, das im Juli 1991 seinerseits noch überlagert wurde von der Diskussion um ‚Hauptstadtfrage', KSZE-Konferenz, im August dann kurzfristig ganz durch den erfolglosen Militärputsch in der Sowjetunion und schließlich durch den blutigen Bürgerkrieg im zerfallenden Jugoslawien.

Die Leitungsposition im Amt der Ausländerbeauftragten blieb, ausgerechnet in der unverkennbar eskalierenden Krise, vier Monate lang unbesetzt, als wolle man in aller Gelassenheit demonstrieren, daß sie im Prinzip so nötig nicht sei. Erst Mitte November 1991 konnte die Bundestagsabgeordnete und vormalige Generalsekretärin der FDP, Cornelia Schmalz-Jacobsen, als ‚Beauftragte der Bundesregierung für die Belange der Ausländer' die Nachfolge von Liselotte Funcke antreten. Das Bonner Amt wurde, von einer zusätzlichen Berliner Abteilung abgesehen, nur geringfügig vergrößert, war nun aber – mit Ausnahme der Asylsuchenden – ‚für die Belange der Ausländer' insgesamt zuständig und hat nach einem Bundestagsbeschluß vom 23. 9. 1993 dazu jährlich einen ‚Bericht über die Lage der Ausländer in der Bundesrepublik Deutschland' zu erarbeiten, der erstmals im Dezember 1993 vorgelegt wurde. Es blieb im Bonner „Amt zwischen den Stühlen" (C. Schmalz-Jacobsen) mithin bei dem Mißverhältnis von Ausstattung und Zuständigkeitsbereich, von der mangelnden Handlungskraft der – nach wie vor ohne Kabinettszugang bleibenden und ehrenamtlich geführten – kleinen Bonner Institution gegenüber den Fachabteilungen der großen Ressorts einmal ganz abgesehen.[54]

Die Massenflucht von Albanern nach Italien und die vor dem Hintergrund stark steigender Zahlen von Asylsuchenden im ‚Sommerloch' 1991 neu angefachte Diskussion um ‚Völkerwanderung', Einwanderung und Asyl brachte das Angstthema ‚Migration' aufs neue in die Schlagzeilen zurück.[55] Im politischen Entscheidungsprozeß gab es nach wie vor nur gegenseitige

Schuldzuweisungen und keinen Grundkonsens, während die Unruhe in der Bevölkerung ständig wuchs, geschürt von einer zum Teil geradezu demagogisch wirkenden Kampagne in der Sensationspresse. „Wir warnen davor, das zentrale Politikfeld der Zuwanderung und der Eingliederung zugewanderter Minderheiten weiter zu vernachlässigen", hieß es in einem Aufruf von engagierten Professoren verschiedener Wissenschaften Ende August 1991: „Die Probleme der Zuwanderung und der Eingliederung zugewanderter Minderheiten müssen endlich als entscheidende Zukunftsaufgabe deutscher und europäischer Politik begriffen und mit umfassenden Konzepten gestaltet werden. Die Lage wird sich zuspitzen, wenn nicht vorausschauend politisch gehandelt wird."[56]

Die Spannung stieg täglich: Die Angst- und Reizthemen ‚Migration' und ‚Asyl' avancierten zu Talkshow-Hits. Der lärmende politische Schlagabtausch mit polemischen Invektiven (‚SPD-Asylanten', ‚Schreibtisch-Täter', ‚Heuchler', ‚Hetzer', ‚multikriminelle Gesellschaft') signalisierte lautstarke Rat- und Perspektivlosigkeit. Das in dieser Situation besonders wichtige Amt der Ausländerbeauftragten war nach wie vor unbesetzt.

Dann wurden die immer wieder vergeblich vorgetragenen und auf politischer Seite herablassend ‚dementierten' Warnungen schlagartig furchtbare Wirklichkeit. Pogromstimmung entlud sich in gewalttätigen Ausschreitungen: Von den schweren ausländerfeindlichen Unruhen im sächsischen Hoyerswerda Ende September 1991 ausgehend, raste ein erstes Inferno fremdenfeindlicher Exzesse wie ein Flächenbrand durch Deutschland. Weitere xenophobe Gewaltwellen folgten 1992 und 1993 im Anschluß an die Morde von Mölln und Solingen (Kap. 8). ‚Hoyerswerda' selbst war 1991 nur ein Glied in einer grausigen Kette: Bundesweit wurden in diesem Jahr insgesamt 2 351 einschlägige Untaten gezählt. Allein für Niedersachsen verzeichnete das Landeskriminalamt in diesem Jahr 402 (1990: 62) entsprechende Delikte, insbesondere Anschläge gegen Wohnheime und Unterkünfte, Körperverletzungen und Sachbeschädigungen (z.B. Brandanschläge gegen PKW), wobei ‚Skinheads' mehr als ein Drittel der bis Anfang 1992 ermittelten Tatverdächtigen stellten. Die Exzesse im Herbst 1991 spülten die seit langem registrierte radikal fremdenfeindliche Unterströmung an die Oberfläche und erregten weltweit Abscheu, Entsetzen und Erinnerungen an die düsterste Epoche der deutschen Geschichte. Davon wird noch zu reden sein.[57]

„Deutschlands internationales Renommee hängt auch davon ab, wie wir mit Ausländern umgehen", warnte die soeben ernannte neue Ausländerbeauftragte der Bundesregierung, deren Amt gemeinsam mit den Ausländerbeauftragten von Ländern und Kommunen mit einer aufsehenerregenden, bundesweiten Kampagne gegen die wachsende Ausländer- und Fremdenfeindlichkeit ankämpfte, in ihrer ersten Presseerklärung am 14. November 1991: „Die grundlegende Aufgabe ist es, das friedliche Zusammenleben von Menschen mit unterschiedlichen Kulturen, Religionen, Traditionen und Lebensgewohnheiten möglich zu machen. Gewalt darf keinen Platz haben in einer zivilisierten Gesellschaft."[58] An diesen Forderungen gemessen, mochte die deutsche Gesellschaft im Herbst 1991 manchem Beobachter sehr ‚unzivilisiert' erscheinen; denn es gab in diesem Zusammenhang nicht nur Täter und Opfer, Empörung und Mitgefühl. Es gab auch schamlosen, verschämten und, noch häufiger, stillen Beifall, der freilich wohl in der Regel weniger die brutalen Taten des rasenden Pöbels meinte, sondern als eine Art stummer Protest gedacht war gegen eine politische Konzeptionslosigkeit, die besonders deutlich wurde in der irritierend langen Schrecksekunde der Politik gegenüber den zunächst als gefährliche Lausbubenstreiche verharmlosten fremdenfeindlichen Exzessen in Ost und West.

Die fremdenfeindlichen Gewalttaten des Jahres 1991 wurden noch übertroffen von den Mordanschlägen der Jahre 1992/93, denen insgesamt 25 Menschen zum Opfer fielen, während viele andere Verletzungen davontrugen und eine unübersehbar große Zahl unter schwerwiegenden psychischen Folgen alltäglicher Bedrohungen bzw. Demütigungen litten und unter den daraus gespeisten Gefühlen von Erniedrigung und Angst oder ohnmächtigem Haß. Davon wird noch zu reden sein. Nach einer im September 1993 veröffentlichten Repräsentativumfrage unter einheimischen Ausländern aus den ehemaligen ‚Anwerbeländern' versprachen sich 60% von der deutschen Staatsbürgerschaft „in erster Linie mehr Sicherheit". Fast die Hälfte der Befragten bezeichnete das „ausländerfeindliche Klima" in Deutschland als ihr „größtes Problem". Von den befragten Türken fühlten sich 65% „in Deutschland bedroht". Die in Regierungskreisen ebenso beschwörend wie hilflos wiederholte Formel, die Bundesrepublik sei ‚ein ausländerfreundliches Land', wirkte demgegenüber wie eine blinde Setzung. Und doch öffnete der allgemeine Schock, den die für viele Beobachter zunächst schier unfaßbaren menschenfeindlichen Verbrechen auf deutschem Boden auslösten, den Weg zum von einer breiten Bewegung getragenen Kampf gegen Ausländer- und Fremdenfeindlichkeit im vereinten Deutschland – von den berühmten, nach Hunderttausenden von Kerzenträgern zählenden Lichterketten, den Aufklärungskampagnen und Anti-Gewalt-Demonstrationen im Winter 1992/93 bis zu den vielfältigsten Initiativen im Alltag unter Einschluß auch der wachsenden Aufmerksamkeit gegenüber ausländer- bzw. fremdenfeindlichen Delikten.

Dazu trug in öffentlichen und betriebsinternen Kampagnen auch das massive Engagement der Wirtschaft bei, die sich hier indes nicht etwa nur aus humanitären Motiven, sondern ebenso auch im Blick auf geschäftliche Interessen und die Sicherung des Betriebsfriedens zu Wort meldete, ganz der Einschätzung des Münchener Soziologen Ulrich Beck entsprechend: „Eine Exportnation wie Deutschland, die vom freien Austausch der Waren und Ideen buchstäblich lebt, zerstört mit Fremdenhaß und -hatz ihre eigenen Geschäftsgrundlagen". Den verheerenden Eindruck, den die Bilder der Gewalt gegen Ausländer in anderen Ländern hinterließen, bekomme „derzeit offenbar fast jeder zu spüren, der im Ausland Geschäfte macht", hieß es in einem Wirtschaftsbericht vom Dezember 1992. Das Gütesiegel „Made in Germany" dürfe „nicht zu einem Kainsmal verkommen", warnte der Präsident des Bundesverbandes des Deutschen Groß- und Außenhandels (BGA), Michael Fuchs. In der deutschen Wirtschaft hänge direkt oder indirekt jeder zweite Arbeitsplatz vom Export und vom freien Welthandel ab. „Wenn

Rechtsradikale so weitermachen, kostet uns das Milliarden: Aufträge werden storniert, Touristen und Investitionen bleiben aus", rechnete auch der Präsident des Deutschen Industrie- und Handelstages, Hans Peter Stihl, vor. Metall- und Elektroindustrie appellierten gemeinsam mit der IG Metall an alle Arbeitnehmer, „alles zu tun, um das bisherige gute Klima in den Betrieben beizubehalten, in dem Achtung, Toleranz und Kollegialität zwischen deutschen und ausländischen Arbeitnehmern selbstverständlich sind."[59]

Die fremdenfeindlichen Exzesse im vereinten Deutschland und die damit verbundenen schweren Beschädigungen des deutschen Bildes in der Welt aber hatten nicht nur wirtschaftliche, letztlich bis auf den Arbeitsmarkt durchschlagende Auswirkungen – so daß sich, stark vereinfacht, die nicht selten auch von ökonomischen und sozialen Ängsten getriebenen Täter hier selbst den Weg verlegten. Es gab weltweit auch kulturpolitische Folgen: „Der Fremdenhaß lähmt offenbar das Interesse an deutscher Sprache und Kultur im Ausland", meldeten die Goethe-Institute im Ausland im November 1992. Man habe „Angst, nach Deutschland zu kommen". Die Sorge, „daß alte Vorurteile über Deutschland wieder lebendig werden" könnten, motivierte in Bonn vielfältige Bemühungen auswärtiger Kulturpolitik um die Restauration des beschädigten Deutschlandbildes im Ausland. Das Mißverhältnis zwischen der anfänglichen politischen Zurückhaltung gegenüber den lange verharmlosten fremdenfeindlichen Aktivitäten in Deutschland bei Kritik und sogar politischer Verdächtigung von Lichterketten und Anti-Gewalt-Demonstrationen einerseits und der emsigen Sorge um das Deutschlandbild im Ausland andererseits war Anlaß für den demonstrativen Ausschluß von Parteien und anderen politischen Organisationen von der Teilnahme an der gewaltigen, durch den Journalisten Giovanni di Lorenzo und Tausende von Helfern organisierten Münchener Lichterkette vom 6. 12. 1992: Die demonstrative „Mißbilligung" galt Politikern, „die drei Monate gebraucht hatten, um nach dem Pogrom von Rostock ihre Terminkalender auf ein Datum für eine Protestveranstaltung zu koordinieren; die den massenhaften Zustrom von Asylbewerbern für die unterschiedlichsten Ziele instrumentalisierten; die den Kampf gegen den brandschatzenden und mordenden Mob mit der Begründung aufnahmen, das Ansehen Deutschlands im Ausland stehe auf dem Spiel.«[60]

Das seit langem überfällige Nachdenken über einen Kurswechsel von Ausländerrecht und Ausländerpolitik zu Einwanderungsgesetzgebung und Einwanderungspolitik, das – besonders durch den von der Gruppe Bündnis 90/Die Grünen vorgelegten ersten ‚Entwurf eines Gesetzes zur Regelung der Rechte von Niederlassungsberechtigten, Einwanderinnen und Einwanderern‘ forciert – seit Ende 1990 verstärkt in Gang gekommen war, erreichte unter dem Druck der Ereignisse 1992/93 besondere Intensität und Breite. Das hatte mehrere Gründe:

Ein erster, für sich schockierender Grund lag darin, daß bei den Möllner Morden erstmals nicht mehr ‚nur‘ fremde Flüchtlinge bzw. ‚Asylanten‘, sondern einheimische Ausländer betroffen waren – als ob die Länge des Inlandsaufenthaltes ein Gradmesser für die Bewertung eines mörderischen Brandanschlags sein könnte. Im Bundesinnenministerium wurde die nun abrupt in Gang gesetzte Verschärfung der Verfolgung von in Wirklichkeit seit Jahren bekannten rechtsextremistischen Organisationen auch als Reaktion auf die Tat von Mölln bezeichnet, weil diese eine »neue Dimension« zeige: Der Anschlag habe sich »gegen Ausländer gerichtet, die seit vielen Jahren in Deutschland lebten«. Die Dehumanisierung der ‚Asylanten‘ sprach sogar aus der Selbsteinschätzung der Opfer von Mölln: Am Tag nach den Möllner Morden war im Deutschen Fernsehen die schwerverletzte türkische Mutter eines bei dem Anschlag verbrannten Kindes mit dem verzweifelten Hinweis zu hören, daß die Opfer von Mölln doch »keine Asylanten« und auch »keine Kurden«, sondern »richtige Türken« seien![61]

Hinzu kam, daß das seit 1993 im Binnenmarkt gültige und durch die Änderung der deutschen Verfassungsbestimmungen ermöglichte kommunale Wahlrecht für Ausländer aus EU-Mitgliedstaaten in der Bundesrepublik ausgerechnet die stärkste – türkische – Ausländergruppe ausgrenzte. Außerdem war die Zustimmung zu weiteren Einbürgerungserleichterungen und zur Hinnahme der doppelten Staatsangehörigkeit zwar nicht allgemein, aber doch unter mehr oder minder weitreichenden Bedingungen quer durch alle politischen Lager gewachsen. Das war – abgesehen von der Geschlossenheit im Appell zum Schutz der ausländischen Mitbürger und zur gemeinsamen Front gegen Ausländer- und Fremdenfeindlichkeit – auch Gegenstand der in Reaktion auf die Ereignisse von Solingen abgegebenen Regierungserklärung des Bundeskanzlers und der Bundestagsdebatte über Probleme der Ausländerfeindlichkeit in der ungeklärten Einwanderungssituation. Der Ministerpräsident von Nordrhein-Westfalen, Johannes Rau (SPD), rief dabei dazu auf, endlich mit der „Lebenslüge" Schluß zu machen, Deutschland sei „kein Einwanderungsland", warnte zugleich vor einfachen Schuldzuweisungen für die Gewaltwellen und bekannte offen: „Wir Politiker tun gut daran zu sagen, daß wir ratlos sind". Angesichts der nie gekannten öffentlichen Diskussion über im Prinzip schon seit vielen Jahren angemahnte Vorschläge wie Einbürgerungserleichterungen und die Hinnahme der doppelten Staatsangehörigkeit warnte die Ausländerbeauftragte der Bundesregierung nun sogar davor, die seit Jahren überfällige Gestaltung der Einwanderungssituation als vermeintlichen „Schlüssel" anzupreisen, der „dem nächtlichen Terror von heute auf morgen ein Ende bereiten" könne: „Die doppelte Staatsangehörigkeit ist keine Antwort auf Mölln oder Solingen. Sie ist die notwendige, längst überfällige Konsequenz aus der mittlerweile beinahe vierzigjährigen Einwanderungsgeschichte der Bundesrepublik Deutschland".[62]

In der Sache gab es zur Erleichterung der Einbürgerung unter Einbeziehung von Elementen des Territorialprinzips (,jus soli'), zur mehr oder minder weit reichenden Akzeptanz der doppelten Staatsangehörigkeit und, abgesehen von CDU/CSU, auch zu Einwanderungsgesetzgebung und Migrationspolitik die verschiedensten Initiativen, Kommissionsberatungen und auch Gesetzentwürfe. Das galt z.B. für zahlreiche Tagungen von Wissenschaftlern und Praktikern der Ausländerarbeit, für die Kampagne für ein ‚Referendum Doppelte Staatsbürgerschaft' und für den von der Ausländerbeauftragten der Bundesregierung im Februar 1993 vorgelegten Entwurf zur Änderung und Ergänzung des Reichs- und Staatsangehörigkeitsgesetzes von 1913, der annähernd deckungsgleich war mit einer von Niedersachsen ausgehenden Bundesratsinitiative. Es galt aber auch für einen in der Stoßrichtung ähnlichen, von Hertha Däubler-Gmelin (SPD) ausgearbeiteten und mit Mitgliedern anderer Fraktionen abgestimmten Gesetzentwurf der SPD, die zugleich, ähnlich wie Bündnis 90/Grüne, mit Entwürfen für Migrationspolitik und Einwanderungsgesetzgebung (‚Zuwanderungsgesetz‘) hervortrat. Zu den Kerngedanken des Entwurfs von Bündnis 90/Die Grünen gehörte der Erwerb der Staatsbürgerschaft durch Geburt im Land oder nach fünfjährigem rechtmäßigen Aufenthalt. Nach dem Entwurf der SPD sollte die Staatsbürgerschaft durch Geburt nur dann erworben werden, wenn ein Elternteil Deutscher oder zumindest in Deutschland geboren war. Außerdem sollte der Erwerb der Staatsbürgerschaft nach fünf- bzw. zehnjährigem Aufenthalt unter bestimmten Bedingungen möglich sein. Nach dem Entwurf der Ausländerbeauftragten sollte ein Kind die deutsche Staatsangehörigkeit durch Geburt im Land erwerben, wenn ein Elternteil die deutsche Staatsangehörigkeit oder aber die Aufenthaltsberechtigung bzw. eine unbefristete Aufenthaltserlaubnis besaß.

„Politiker aller Parteien fordern ein Einwanderungsgesetz", meldete, etwas übertrieben, das Magazin ‚Der Spiegel‘ in einer Schlagzeile im März 1993, und besserte präzisierend nach: „SPD-Politiker aus Bonn und den Ländern wetteifern mit der liberalen Ausländerbeauftragten Cornelia Schmalz-Jacobsen um die besten Gesetzentwürfe für Einbürgerung und Einwanderung." In den Vordergrund rückte dabei zunehmend die schon ein Jahrzehnt alte Forderung nach umfassenden, integralen Großkonzepten: von der ‚ganzheitlichen‘ Zuwanderungspolitik mit einem ‚Zuwanderungsgesetz‘ und einem neu einzurichtenden ‚Bundesamt für Migration‘ (SPD) und der Forderung nach einer ‚neuen Gesamtstrategie‘ in der ‚Ausländerfrage‘ (FDP) über die ‚integrierte Migrationspolitik‘ (DGB) und das Verlangen der Weimarer Bundeskonferenz der Ausländerbeauftragten im März 1993 nach einem ‚Gesamtkonzept Zuwanderung' bis zu der schon in den frühen 1980er Jahren bei Migrationsforschern und Praktikern der Ausländerarbeit gängigen, aber erst Anfang der 1990er Jahre auch in weiteren Kreisen wachsenden Einschätzung, daß Migrationspolitik nicht eine isolierte Zusatzaufgabe, sondern ein konstitutiver Teilbereich der Gesellschaftspolitik jedes Einwanderungslandes ist.[63]

CDU und insbesondere CSU hingegen blieben in Einwanderungsfragen – sofern sie überhaupt angesprochen und nicht unter Hinweis auf Rezession und Massenarbeitslosigkeit im Krisenjahr 1993 als gefährlicher Irrweg abgewiesen wurden – mehrheitlich bei einer klaren Defensivposition (,Zuwanderungsbegrenzungsgesetz'). In nicht minder klarem Gegensatz dazu standen in der CDU schon seit Jahren, und auch unter dem aktuellen Krisendruck, die Positionen des Stuttgarter Oberbürgermeisters Manfred Rommel („Rasch ein klares und vernünftiges Einwanderungsgesetz"), und des Stellvertretenden Vorsitzenden der CDU/CSU-Bundestagsfraktion und früheren Generalsekretärs der CDU Dr. Heiner Geißler, der schon 1990 geschrieben hatte, der „eigentliche Realitätsverlust" liege im „Ignorieren der Tatsache, daß die Bundesrepublik Deutschland längst ein Einwanderungsland geworden" sei: „Wir brauchen Ausländer in beiden deutschen Staaten, um die Zukunft Deutschlands zu sichern. Darauf muß sich die deutsche Bevölkerung einstellen." Aber auch über die Kreise um Heiner Geißler und Manfred Rommel hinaus wuchs unter Abgeordneten und Mitgliedern der CDU die Zahl derer, die nicht nur für eine weitere Erleichterung der Einbürgerung, sondern auch für die Hinnahme der doppelten Staatsangehörigkeit zumindest als großzügig gehandhabte Ausnahmeregelung eintraten. Das entsprach einem allgemein beobachtbaren Trend in der öffentlichen Meinung: In einer von der Berliner Ausländerbeauftragten Barbara John veranlaßten Repräsentativerhebung vom Februar 1993 antworteten 90% der befragten Berliner aus dem Osten und Westen der Stadt positiv auf die Frage: „Sollte man Kindern bei der Geburt in Deutschland die deutsche Staatsangehörigkeit verleihen, wenn schon ein Elternteil hier geboren ist?" Nach einer bundesweiten Umfrage im Auftrag der Zeitung ,Die

Woche' befürworteten Anfang Juni 1993 insgesamt 61% der befragten Bundesbürger die doppelte Staatsangehörigkeit „für Ausländer, die länger als fünf Jahre in Deutschland leben". Zeitgleich meldeten die Wickert-Institute als Ergebnis einer Umfrage: „Mehr als 70% aller Wahlberechtigten befürworten nach einer repräsentativen Umfrage die doppelte Staatsbürgerschaft für länger in Deutschland lebende Türken."[64]

In der Regierungskoalition aber blieb es, trotz verschiedener Vorstöße von Politikern aus der FDP – nicht nur der Ausländerbeauftragten, sondern z. B. auch des Parteivorsitzenden und Bundesaußenministers Dr. Klaus Kinkel sowie der Bundesjustizministerin Sabine Leutheusser-Schnarrenberger – auch 1993 noch bei der grundsätzlichen Ablehnung der doppelten Staatsbürgerschaft, des Territorialprinzips im Staatsangehörigkeitsrecht und bei der scharfen Abweisung von Gedanken an Einwanderungsgesetzgebung und Einwanderungspolitik: Das prononcierte Eintreten des FDP-Parteivorsitzenden für ein Einwanderungsgesetz wurde im August 1993 in der Führungsspitze der CDU zwar von Heiner Geißler begrüßt, der im Blick auf die künftige Bevölkerungsentwicklung und die damit verbundenen gesellschaftlichen Probleme „Mut zur Wahrheit" forderte, von CSU-Generalsekretär Huber hingegen als „falsches Signal" und von dem CDU/CSU-Fraktionsvorsitzenden und früheren Bundesinnenminister Wolfgang Schäuble (CDU) schlichtweg als „unverantwortlich und töricht" bewertet. Der Stellvertretende Vorsitzende der CDU/CSU-Bundestagsfraktion und innenpolitische Sprecher der CDU, Johannes Gerster, erklärte die „Phantom-Diskussion" von SPD und FDP über ein Einwanderungsgesetz mit Zuwanderungsquoten und -kontingenten unter Hinweis auf den anhaltenden Zuwanderungsdruck für „unrealistisch und überflüssig": „Wir brauchen kein Einwanderungsgesetz, sondern müssen die Zuwanderung begrenzen." Jede „positive Zuwanderungsquote" würde nur die Zuwanderung steigern und damit Infrastruktur und Integrationsfähigkeit Deutschlands überfordern, während eine Quote der „Größenordnung Null" ein Zuwanderungsgesetz zum „Täuschungsmanöver" mache. Die „Forderung nach einem Einwanderungsgesetz", erklärte Wolfgang Schäuble – der Ende 1993 schließlich über die verfassungsrechtliche Möglichkeit von Bundeswehreinsätzen in Migrationsfragen außerhalb und innerhalb der deutschen Grenzen nachdachte (Kap. 6) – im September 1993 noch schärfer und geradewegs in vorauseilender Schuldzuweisung, sei „zum jetzigen Zeitpunkt unsinnig. Wer sie jetzt vom Zaun breche, dürfe sich nicht wundern, wenn es zu ausländerfeindlichen Ausschreitungen komme".[65]

Darauf antwortete das im Dezember 1993 als Buch veröffentlichte, von sechzig Wissenschaftlerinnen und Wissenschaftlern aus Deutschland getragene ‚Manifest der 60' zum Thema ‚Deutschland und die Einwanderung' mit dem Appell, das gefährliche regierungsamtliche Schweigen über umfassende Konzeptionen zum Thema Migration zu brechen: „Das vereinigte Deutschland hat Probleme. Eines davon ist der Umgang mit Migration und ihren Folgen. Wissenschaftliche Kritik, Warnungen und Appelle gab es zuhauf. Dennoch wurde dieses Feld von der Politik lange ignoriert. Die sonst so ereignisreichen 1980er Jahre blieben deshalb in puncto Migration ein verlorenes Jahrzehnt. Die gesellschaftlichen Folgen der politischen Versäumnisse sind unübersehbar", hieß es in den einleitenden Sätzen. „Wenn aber heute gesagt wird, die seit mehr als einem Jahrzehnt überfällige Debatte um Einwanderungsgesetzgebung und Migrationspolitik sei der Öffentlichkeit nicht zuzumuten und nur geeignet, die Fremdenfeindlichkeit zu erhöhen, dann werden Ursachen und Folgen verkehrt."[66]

Die Panikstimmung am Arbeitsmarkt angesichts der hohen und wachsenden Arbeitslosenzahlen in der schärfsten Rezession der Nachkriegsgeschichte sowie die in der – an die Solinger Morde anschließenden – dritten großen fremdenfeindlichen Gewaltwelle (Kap. 8) umgehende Angst vor dem Reizthema ‚Migration' im beginnenden Wahlkampf für 1994 führten indes auch in Kreisen der SPD im Herbst und Winter 1993 zu vorsichtiger Zurückhaltung. „Hätte man sich noch vor einem halben Jahr in der Sozialdemokratie einen Parteitag vorstellen können, der so tut, als gäbe es das Thema Einwanderung nicht?", räsonierte die Frankfurter Allgemeine Zeitung in einem Bericht über den Wiesbadener Parteitag der SPD vom November 1993.[67] Die vom Aufstieg der ‚Republikaner' verunsicherte CSU dagegen kündigte unbeirrt an, im Zentrum ihres Wahlkampfes um die Macht in Bayern 1994 stünden außer der Wirtschafts- und Arbeitsmarktpolitik auch das „Ausländer- und Asylproblem", die Frage der „nationalen Identität" und die „Angst vor Überfremdung". Konzepte zu einer umfassenden Gestaltung der ungeklärten Einwanderungssituation hingegen blieben aus, während rechtspolitische Initiativen zu einzelnen Teilbereichen keine Mehrheit fanden: Am 28. 4. 1994 scheiterten im Bundestag Gesetzentwürfe der SPD und des Bundesrates zu Einbürgerungserleichterungen und doppelter Staatsbürgerschaft.[68]

Die lange anhaltende politische Konzeptions- und Perspektivlosigkeit im Gesamtbereich von Migration, Integration und Minderheiten hatte entscheidend beigetragen zur Eskalation jener Fremdenangst und schließlich auch Fremdenfeindlichkeit, die 1993 wiederum die parteipolitischen Schweigegebote zum Thema Migration motivierte. Die demonstrative Zurückhaltung der Parteien gegenüber dem gesellschaftlichen Krisenthema trug dazu bei, das öffentliche Desinteresse in puncto Migration noch zu steigern. Damit aber schloß sich ein Kreis, weil nun die unübersehbaren Folgen der Versäumnisse sogar deren Behebung zu blockieren tendierten. Davon wird noch zu handeln sein (Kap. 8). Hinzu kam die Vermischung der Diskussion um Lage und Zukunft der ausländischen Erwerbsbevölkerung mit den ganz anders gearteten Problemen der Zuwanderung von asylsuchenden Flüchtlingen (Kap. 6) sowie von Aussiedlern und Übersiedlern (Kap. 7).

6. Ausländische Flüchtlinge: Asylrecht und Asylpolitik

„Am 31. Dezember 1992 befanden sich 1,5 Millionen Flüchtlinge in Deutschland, davon mehr als 300 000 Flüchtlinge aus dem ehemaligen Jugoslawien. Die Zahl der Flüchtlinge weltweit wird derzeit auf 18 Millionen geschätzt. Das heißt, 8 Prozent davon fanden in Deutschland Aufnahme", konstatierte Bundeskanzler Dr. Helmut Kohl in der Regierungserklärung zu Bekämpfung von Gewalt und Extremismus vor dem Deutschen Bundestag am 16. 6. 1993. Solche Angaben sind ebenso eindrucksvoll wie mißverständlich und könnten überdies mißbraucht werden als Munition für fragwürdige Rechenexempel im Blick auf Landesgrößen, Bevölkerungsdichte und Flüchtlingszahlen im weltweiten Vergleich: Zunächst einmal stehen auf globaler Ebene die verschiedensten Flüchtlingsbegriffe und damit auch Flüchtlingszahlen nebeneinander. Es gibt die – vom Bundeskanzler gemeinten – unter dem Mandat des Hohen Flüchtlingskommissars der Vereinten Nationen stehenden UNHCR-Flüchtlinge, bei denen freilich nicht einmal die mehr als 2 Mio. Palästina-Flüchtlinge einbezogen sind. Daneben gibt es weltweit ca. 20 Mio. ‚Binnenflüchtlinge‘ innerhalb der Grenzen ihrer Länder, wie z. B. im Staatsgebiet des ehemaligen Jugoslawien, in dem sich nach wie vor erheblich mehr ‚jugoslawische‘ Flüchtlinge aufhalten, als in allen anderen europäischen Ländern zusammen. Schätzungen über ‚Armutsflüchtlinge‘ allein belaufen sich auf mehrere hundert Mio. Menschen. Schätzungen über die Zahl der ‚Umweltflüchtlinge‘ wiederum schwanken zwischen 50 und 500 Mio. Menschen. Von der engeren Gruppe der UNHCR-Flüchtlinge abgesehen, gilt für sämtliche Angaben weltweit dramatisch steigende Tendenz. Außerdem sind globale Gesamtzahlen und nationale Stichtagsangaben kaum zu vergleichen oder gar gegeneinander aufzurechnen, zumal dabei auch in Deutschland selbst grundverschiedene Gruppen addiert werden:

ehemalige und seit vielen Jahren bzw. auf Dauer im Lande lebende Flüchtlinge ebenso wie die stark fluktuierende Flüchtlingsbevölkerung, von der jährlich ein erheblicher Teil wieder regulär abwandert oder spurlos verschwindet, aber in der Statistik noch eine Zeitlang weitergeführt wird. Hier wurden mithin globale Angaben über Flüchtlinge im allerengsten Sinne (UNHCR-Zahlen) verrechnet mit deutschen Flüchtlingszahlen im allerweitesten Sinne – unter Einschluß von politisch Verfolgten, Kriegs- und Bürgerkriegsflüchtlingen, Armuts- und Umweltflüchtlingen, bis hin zu jenen, die in der politischen Diskussion ansonsten oft als ‚Scheinasylanten‘, ‚Wirtschaftsflüchtlinge‘ und ‚Asylbetrüger‘ eingestuft zu werden pflegen.[69]

Aber auch im europäischen Vergleich ergeben sich, gemessen an der Bevölkerungszahl der einzelnen Staaten, überraschende Ergebnisse: 1991 registrierte Deutschland unter den westeuropäischen Ländern in absoluten Zahlen zwar bei weitem die meisten Flüchtlinge. Gemessen an der Einwohnerzahl aber verzeichnete z.B. die Schweiz rund doppelt soviele Asylsuchende, und auch nach Österreich waren nach diesem Maßstab mehr Flüchtlinge gekommen als nach Deutschland: In der Schweiz kamen nach Berechnungen des Instituts der deutschen Wirtschaft auf je 1 000 Einwohner 6,2, in Österreich 3,6 und in Deutschland 3,3 Asylsuchende. Wieder andere Ergebnisse zeigen sich, wenn nicht nur die dramatischen Spitzenwerte einzelner Jahre, sondern längere Zeiträume verglichen werden: Insgesamt habe Deutschland 1992 zwar weit mehr Flüchtlinge aufgenommen als andere westeuropäische Staaten (65 %), erklärte der schwedische Diplomat und Fachmann für Flüchtlingsfragen Widgren im April 1993. Im Verhältnis zur Bevölkerung stehe aber immer noch Schweden an der Spitze. Über das letzte Jahrzehnt gerechnet, seien in Schweden 27 Asylbewerber auf 1 000 Einwohner gezählt worden gegenüber nur 17 in Deutschland.[70]
Der Streit um Flüchtlingszahlen und um die Definition von Flucht und politischer Verfolgung hat in der Bundesrepublik eine lange Vorgeschichte. Blicken wir zurück:

Ein Unikat im internationalen Verfassungsvergleich war bis zur Änderung des Grundgesetzes am 1. Juli 1993 Artikel 16,

Absatz 2, Satz 2 GG: „Politisch Verfolgte genießen Asylrecht"[71]. Auch im Völkerrecht gibt es nicht den Rechtsanspruch des Flüchtlings auf Asyl, sondern, umgekehrt, nur das Recht des souveränen Staates, Asyl zu gewähren. Zwar kennen auch Frankreich und Italien ein Verfassungsrecht auf Asyl, aber selbst die italienische Verfassung, die in Artikel 10, Satz 3 ein „Recht auf Asyl" schon aus einer den eigenen Grundwerten nicht entsprechenden Verfassungswirklichkeit im Herkunftsland ableitet, geht nur scheinbar noch weiter: „Ausländer, denen im eigenen Lande die tatsächliche Ausübung der in der italienischen Verfassung gewährleisteten demokratischen Freiheiten verwehrt ist, haben im Gebiet der Republik Recht auf Asyl gemäß den gesetzlichen Bestimmungen."[72] Die Praxis sieht ganz anders aus – eben „gemäß den gesetzlichen Bestimmungen", die es z. B. 1990 erlaubten, ca. 17 000 Flüchtlinge aus Albanien wie Gefangene festzusetzen und zwangsweise wieder abzuschieben (Kap. 9). Artikel 16 GG hingegen kannte keinen Gesetzesvorbehalt. Der Kampf darum bestimmte im Deutschland der 1980er und insbesondere der frühen 1990er Jahre die öffentliche Diskussion um Asylrecht und Asylpolitik.

Die Verhandlungen des Parlamentarischen Rates im Winter 1948/49 zeigen, daß dieses Grundrecht ganz bewußt so knapp, umfassend und ohne jede Einschränkung formuliert wurde, trotz aller Bedenken in der intensiven Diskussion um Reichweite und Grenzen des Asylrechts und um die ökonomische, soziale, aber auch politische Belastbarkeit der neuen Republik. Carlo Schmid (SPD) beschwichtigte Einwände mit dem Hinweis: „Das Asylrecht ist immer eine Frage der Generosität und wenn man generös sein will, muß man riskieren, sich gegebenenfalls in der Person geirrt zu haben." Dem schloß sich Hermann von Mangoldt (CDU) ausdrücklich an, nicht ohne auch selbst noch einmal besonders zu betonen, „wenn wir irgendeine Einschränkung aufnehmen würden, wenn wir irgend etwas aufnehmen würden, um die Voraussetzungen für die Gewährung des Asylrechts festzulegen, dann müßte an der Grenze eine Prüfung durch die Grenzorgane vorgenommen werden. Dadurch würde die ganze Vorschrift völlig wertlos."[73] Auf Landesebene vorausgegangen waren Asylrechtsbestimmungen in den Verfassungen von Hessen (Art. 7), Bayern (Art. 105), Rheinland-Pfalz (Art. 16) und des Saarlandes (Art. 11). Übergeordnete Orientierung bot die Diskussion um die Formulierung des Asylrechts in der Menschenrechtsdeklaration der Vereinten Nationen vom 10. Dezember 1948 (Art. 14).

Zeithistorischer Erfahrungshintergrund waren Terror und Verfolgung in Deutschland und die Aufnahme – oder auch Nichtaufnahme – von verfolgten Deutschen im Ausland 1933–1945 (Kap. 3), unter ihnen auch Mitglieder des Parlamentarischen Rates. Art. 16 GG war – mehr noch als das Grundgesetz insgesamt – die historische Antwort der Deutschen auf die Erfahrung des Nationalsozialismus. Deswegen hatte die Diskussion um die Änderung des Grundrechts auf Asyl immer auch eine für das Selbstverständnis der Deutschen belangvolle historisch-politische Dimension.

Die Bestimmung ,Politisch Verfolgte genießen Asylrecht' wurde in den 1980er Jahren Anlaß zum Streit um den Begriff des Politischen, um den Widerspruch zwischen Asylrecht und Asylpraxis, d.h. zwischen Verfassung und Verfassungswirklichkeit, um eine Art doppelten Mißbrauch des Asylrechts durch Asylsuchende wie Exekutive und schließlich um eine Änderung des Grundgesetzes selbst. Das hatte verschiedene Gründe. Dazu gehörten – obgleich in den Verhandlungen des Parlamentarischen Rates durchaus auch an große Flüchtlingsströme gedacht wurde – die 1948/49 noch unvorstellbaren Dimensionen des strukturellen Weltflüchtlingsproblems, dessen Dimensionen selbst die europäischen Massenflucht- und Massenzwangswanderungen während und im Gefolge des Zweiten Weltkriegs bei weitem übertreffen. Wichtigster Schauplatz dieses Massendramas vor dem Hintergrund des Nord-Süd-Gefälles ist heute nach wie vor die ,Dritte Welt', wo auch nach wie vor rund 95% aller Flüchtlinge Aufnahme finden. Zu den Hintergründen des Streits um das Asylrecht gehörten hierzulande aber auch die Politisierung und Instrumentalisierung der Asyldebatte im Kampf der Parteien um die Wählergunst in Retterpose gegenüber fragwürdigen Schreckbildern (,Asylantenflut').

Hinzu kamen mangelnde Transparenz und Konzeptionslosigkeit auch in der Asylpolitik, wirtschaftliche und soziale Ängste und schließlich nicht aus den schieren Zahlen ableitbare, sondern aus tieferliegenden Schichten gespeiste emotionale Abwehrhaltungen in der Bevölkerung.

Der 1949 bei fast einer halben Million liegende, zunächst noch höher veranschlagte Zustrom von Flüchtlingen aus dem Osten hatte schon im Winter 1949/50, wenige Monate nach Gründung der Bundesrepublik, Anlaß zu einer ersten großen Debatte um die Praktikabilität des Asylrechts gegeben. Der Versuch, den Zustrom von deutschen ‚Wirtschaftsflüchtlingen‘ (!) aus dem Osten in Grenzen zu halten, spielte eine wichtige Rolle bei der Einführung des Notaufnahmeverfahrens. Bei der generellen ‚Überprüfung‘ der Fluchtgründe kam es für die Betroffenen freilich vorwiegend darauf an, die auf westlicher Seite erwarteten Antworten zu finden. Die Statistik verzeichnete deshalb nicht etwa die erstrebte Abnahme des Flüchtlingszustroms, sondern nur eine „Zunahme erklärter politischer Fluchtgründe“, bis schließlich die Flüchtlinge aus SBZ und DDR unumstritten als deutsche Staatsangehörige aufgenommen wurden statt nach Art. 16 GG.[74]

Seit der Errichtung des Bundesamtes für die Anerkennung ausländischer Flüchtlinge im Jahr 1953 lagen die Zahlen der jährlichen Asylgesuche von ausländischen Flüchtlingen – sieht man von den Fluchtbewegungen nach der Niederschlagung des Ungarnaufstands 1956 und des ‚Prager Frühlings‘ 1968 einmal ab – für zwei Jahrzehnte relativ niedrig. Bis Anfang der 1970er Jahre stammten die meisten Asylanträge von Flüchtlingen aus dem ‚Ostblock‘, deren Aufnahme in der Bundesrepublik Deutschland als Frontstaat des Kalten Krieges eine humanitäre Aufgabe mit politisch-ideologischer Legitimationsfunktion war: „Menschen aus diesen Staaten sind willkommene Überläufer im Wettstreit der Systeme, sie verkörpern eine Abstimmung mit den Füßen und zwar gegen den Kommunismus. Die vielen Flüchtlinge nach dem Aufstand in Ungarn (1956) und nach dem gewaltsamen Ende des Prager Frühlings (1968) wurden nie als Problem gesehen.“[75]

Das Gegenteil war seit Anfang der 1970er Jahre und besonders seit dem Anwerbestop (1973) der Fall gegenüber den zunehmenden Asylanträgen aus der ,Dritten Welt', aber auch aus
der Türkei (Militärdiktatur, versteckter Familiennachzug nach
dem Anwerbestop): Im Jahr des ,Anwerbestops' 1973 gab es
insgesamt 4792 Anträge für 5595 Personen. Die Zahl der Anträge verdoppelte sich zwar schon im Folgejahr, blieb dann aber
bis 1976 mit 8854 Anträgen für 11125 Personen noch annähernd auf gleichem Niveau. Seit dem letzten Drittel der 1970er
Jahre stieg die Zahl der Asylgesuche scharf an. Der Flüchtlings-
zustrom stammte nun nicht mehr vornehmlich aus den Ostblockstaaten, sondern aus der ,Dritten Welt'. Er war in seinen
Schwankungen abhängig von dem Wechsel der Krisensituationen dort. Das aber war, in der Sprache der Migrationsforschung, ein klarer Hinweis auf die Dominanz der Push- gegenüber den Pull-Faktoren, also ein Beweis dafür, daß die Wande-
rungsbewegung der Flüchtlinge nach Deutschland eben gerade
nicht nur einseitig von der ,Anziehungskraft' des europäischen
Hauptziellandes, sondern vorwiegend von der ,Schubkraft' der
Probleme in den Herkunftsländern angetrieben wurde. Deshalb
auch sprach aus dem bald ausbrechenden Kampf gegen ,Wirt-
schaftsflüchtlinge' durch Verringerung der ,Fluchtanreize' in
der Bundesrepublik eine in ihrem einseitigen Ansatz von Anbeginn fragwürdige Perspektive; ganz abgesehen davon, daß das
Ergebnis, die vermeintlich abschreckende Verschlechterung der
Lebensbedingungen für Asylsuchende, überdies meist die Falschen, nämlich ,echte' Flüchtlinge traf, während gewiefte Asylbetrüger, Schleuser, Schlepper und Menschenhändler durch solche Manöver ohnehin wenig zu beeindrucken sind.

Die statistische Kurve der Asylgesuche erreichte über 28223
Anträge für 33136 Personen (1978) und 41953 Anträge für
51493 Personen (1979) den Höchststand von 92918 Anträgen
für 107818 Personen 1980. Die Zahlen fielen in den nächsten
Jahren wieder ebenso steil ab auf einen – im Vergleich zum
vorangegangenen Jahrzehnt freilich erheblich höher liegenden –
Sockel von 16335 Anträgen für 19737 Personen 1983. Das hatte
mit dem Rückgang der Zahl der Armutsflüchtlinge auf Grund

von am 18. 6. 1980 von der Bundesregierung beschlossenen Maßnahmen und mit der Einführung der erweiterten Sichtvermerkspflicht für eine Reihe von Hauptherkunftsländern zu tun. Davon wird noch zu reden sein. Seit Mitte der 1980er Jahre stiegen die Zahlen wieder zügig an und lagen 1986 bei 67 429 Anträgen für 99 669 Personen. Gründe für den starken Anstieg der Flüchtlingszahlen im Jahr 1986 waren die Verfolgung der tamilischen Minderheit in Sri Lanka, die allgemeine Zunahme von Krisen und bürgerkriegsähnlichen Zuständen in vielen Länder der ‚Dritten Welt‘, aber auch die verstärkten Aktivitäten von Schlepperorganisationen über das ‚Einfallstor‘ Ost-Berlin und die verstärkte Einreise von türkischen Asylbewerbern unter Umgehung der Richtlinien für den Familiennachzug. Defensive Steuerungsmaßnahmen, von denen noch näher zu reden ist, drückten die Kurve der Asylanträge schon 1987 wieder nach unten. Dazu gehörten insbesondere die Asylrechtsnovelle vom Januar 1987, die Einschränkung des Transitprivilegs für Reisende aus neun afrikanischen und asiatischen Ländern, die gegen die Fluggesellschaften ausgesprochenen Beförderungsverbote für ‚sichtvermerkspflichtige‘ Ausländer ohne gültige Einreise- oder Transitvisa und schließlich die Sperre der Einreisewege über die DDR und Ost-Berlin (Anschlußvisum) seit Oktober 1986.

Daß die Antragszahlen seit Ende der 1980er Jahre erneut und noch verstärkt weiter stiegen, hatte vor allem mit der zunehmenden Krisenentwicklung in Osteuropa zu tun, die, zusammen mit den Abwehrmaßnahmen gegen Flüchtlinge aus der ‚Dritten Welt‘, eine gravierende Gewichtsverlagerung zwischen europäischen und außereuropäischen Flüchtlingen in Gang setzte. 1988 durchbrachen die Zahlen erneut die magische Marke von 100 000 Personen (103 076), darunter vor allem Asylsuchende aus Polen. Sie kletterten im Jahr der europäischen Revolutionen 1989 auf die Höhe von 121 318 und stiegen 1990 schließlich um 59,1 % auf den bis dahin höchsten Jahresgipfel von 193 063 asylsuchenden Flüchtlingen – obgleich Systemzerfall und Reformbewegungen in Osteuropa der Innenministerkonferenz schon am 14. 4. 1989 Anlaß zu dem Beschluß gewesen waren, die bevorzugte Behandlung der ehemaligen ,Ost-block-Flüchtlinge' (Abschiebeschutz) aufzuheben und gegen eine Abschiebung (Landesebene) sprechende Gründe nurmehr nach Einzelfallprüfung gelten zu lassen. (Nur für Bürgerkriegs-flüchtlinge aus Bosnien-Herzegowina und Kroatien wurde der Abschiebestop durch die Bundesregierung bis Ende April 1994 verlängert).

Der Gipfel von 1990 wurde in den folgenden Jahren noch überboten: 1991 kamen 256 112 Asylbewerber in die Bundesre-publik, knapp 33% mehr als im Vorjahr. 1992 schoß die Zahl um 71% auf die Höhe von 438 191. „Die hohen Zugangszahlen in den Jahren 1989 bis 1992 beruhten", so die Einschätzung von H.-I. von Pollern in der kritischen Zeitschrift für Ausländer-recht und Ausländerpolitik Anfang 1994, „auch auf einer ver-stärkten weltweiten Tätigkeit von Schlepperorganisationen, der wirtschaftlichen Attraktivität der Bundesrepublik und der re-striktiven Einwanderungs- und Asylpolitik der meisten Staaten Westeuropas und Nordamerikas. [...] Hauptfluchtursache ist inzwischen weniger die politische Verfolgung, sondern viel-mehr der Krieg im ehemaligen Jugoslawien, das Wohlstands- und Wirtschaftsgefälle gegenüber den osteuropäischen Staaten und den Ländern der ,Dritten Welt', die weltweite Mobilität der Menschen und die Reisefreiheit infolge der friedlichen Re-volution in Osteuropa."

1993 kam die Wende im Kurvenverlauf: In den ersten sechs Monaten des Jahres 1993, also bis zum Inkrafttreten des neuen Asylrechts, verlangsamte sich das noch immer anhaltende Wachstum, auch unter dem Einfluß des seit November 1992 gültigen, gegen die illegale Roma-Zuwanderung aus Rumänien gerichteten deutsch-rumänischen ,Rücknahme-Abkommens' (s. u.): Es kamen 224 099 Asylbewerber, 19,5% mehr als im gleichen Zeitraum des Vorjahres (187 455). Das seit dem 1. 7. 1993 gültige neue Asylrecht brachte den Umbruch: Von Juli bis Dezember 1993 beantragten 98 690 Personen in Deutschland Asyl, 56% weniger als in der ersten Jahreshälfte. Die Gesamt-zahl von 322 599 Asylbewerbern im Jahr 1993 lag um 26,5% niedriger als 1992.[76]

An der Spitze der Hauptherkunftsländer von Asylbewerbern standen 1990 Rumänien (35345; 1989: 3121), Jugoslawien (22114; 1989: 19423), die Türkei (22082; 1989: 20020) und der Libanon (16229; 1989: 6240). Asylbewerber aus Polen, die von 1987 bis 1989 (26092) an der Spitze gestanden hatten, traten 1990 (9155) auf den sechsten Platz zurück hinter Antragsteller aus Vietnam (9428; 1989: 984), von denen die meisten indes nicht aus der fernen Heimat kamen, sondern vordem einen Arbeitsvertrag in der DDR hatten. 1991 änderte sich das Bild am oberen Ende der Skala wegen des Krieges in Jugoslawien: Aus der zerfallenden Vielvölkerrepublik kamen 74854 Asylbewerber, gefolgt von 40504 aus Rumänien und 23877 aus der Türkei, während im unteren Teil der Skala die Zahl der Asylsuchenden aus der aufgelösten Sowjetunion um das Doppelte anstieg: von 2337 im Jahr 1990 auf 5746 im Jahr 1991. Im Jahr 1992 kamen aus dem Kriegs- und Bürgerkriegsinferno, das einmal ,Jugoslawien' hieß, 122666 und aus Rumänien 103787 Asylbewerber. Die Asylanträge aus dem Gebiet der ehemaligen Sowjetunion (12151), deren Zahl sich im Vergleich zum Vorjahrswert wiederum verdoppelt hatte, rückten auf den sechsten Platz nach dem früheren Jugoslawien, nach Rumänien, Bulgarien (31540), der Türkei (28327) und Vietnam (12258).

Im Verhältnis von europäischen und außereuropäischen Herkunftsländern aber hatte sich seit Mitte der 1980er Jahre ein drastischer Wandel vollzogen: Von den insgesamt 322599 Asylbewerbern des Jahres 1993 kamen 72,1% (232678) aus Europa, 15,6% (50209) aus Asien und 11,7% (37570) aus Afrika. Seit 1986, als erst 25,3% (25164) der asylsuchenden Flüchtlinge in der Bundesrepublik aus europäischen und noch 74,8% (74486) aus außereuropäischen Ländern stammten, hatte sich das Verhältnis mithin genau umgekehrt. In der Reihenfolge der Herkunftsländer stand 1993 nach wie vor das ehemalige Jugoslawien (95625) vornan, gefolgt von Rumänien (73717), Bulgarien (22547), den Republiken der ehemaligen Sowjetunion (22545), der Türkei (19104), Algerien (11262), Vietnam (10960), Armenien (6449) und Afghanistan (5506).[77]

Die Verzerrung des ,Asylproblems' zum Schreckbild des

,Asylantenproblems' und damit zu einem der brisantesten innenpolitischen Problemfelder hatte nicht allein mit der Veränderung der Größenordnungen zu tun. Daß die Bundesrepublik sogar imstande war und ist, jährlich Hunderttausende von Menschen aufzunehmen, haben, jenseits der Integration von Flüchtlingen und Vertriebenen, die Zuwanderung von ,Gastarbeitern' und schließlich der Aus- und Übersiedlerzustrom der Jahre 1988/89 gezeigt. Seine Aufnahme wurde indes auch von einer bundesweiten Verständnis- und Sympathiewerbung begleitet – innerhalb derer unter dem als Spaltformel wirkenden Motto ,Aussiedler sind keine Ausländer!' nicht selten im gleichen Atemzuge vom Kampf gegen ,Asylantenschwemme' und ,massenhaftem Mißbrauch des Asylrechts' die Rede war. Das Nebeneinander von Verständniswerbung für Aus- bzw. Übersiedler und Abgrenzung gegenüber Asylsuchenden trat auch dort zutage, wo z.B. wirtschaftliche Interessen und Hoffnungen bei Aus- und Übersiedlern als erfreuliche Integrationshilfen bewertet wurden, bei Flüchtlingen aus den wirtschaftlichen Elends- und Todeszonen der ,Dritten Welt' und aus den Krisengebieten Ost- und Südosteuropas hingegen zur Rede von ,Wirtschaftsasylanten' Anlaß gaben.[78]

Das ,Asylantenproblem' entstand also nicht etwa allein als Folge der zunächst nur zeitweise und erst später anhaltend starken Zunahme von Asylanträgen. Es wurde auch bewußt geschaffen durch die Eröffnung einer zweiten Front bei der Politisierung der ,Ausländerfrage', die in den Medien begierig aufgegriffen wurde – und zwar durchaus nicht etwa nur in der rechtsradikal-nationalistischen Publizistik. Das zeigte sich erstmals deutlich im Wahlkampf 1980 bei einem Höchststand an Asylgesuchen vor dem Hintergrund von Wirtschaftskrise, steigenden Arbeitslosenzahlen und Entdeckung der Einwanderungssituation hinter der ,Gastarbeiterfrage': Im Konzept der ausländerpolitischen ,Konsolidierung' traten neben die Defensivpositionen von ,Aufrechterhaltung des Anwerbestops' und ,Förderung der Rückkehrbereitschaft' der Kampf gegen den ,Mißbrauch des Asylrechts', für die Beschleunigung der Asylverfahren sowie für eine ,konsequente' und ,zügige' Abschiebung. Der verbreitete Versuch, das tragische Thema Flucht und Asyl bei zeit-weise stark zunehmender Fremdenfeindlichkeit wahltaktisch aufzubereiten, steigerte die Abwehrhaltungen um so mehr. „Die gesellschaftliche Stimmungslage ‚kippte um'. Von drasti-schen Maßnahmen zur ‚Eindämmung der Asylantenflut' war die Rede. Dabei gerieten Flüchtlinge in die Rolle von Ersatz-schuldigen allgemeiner Krisen und Ängste (Arbeitslosigkeit, Wohnungsnot, Verteilungskämpfe, Zukunft)." Ein übriges ta-ten von Politikern gebrauchte, von den Medien aufgegriffene und in undifferenzierter Berichterstattung verbreitete, emo-tionsgeladene Begriffe und Floskeln wie ‚Asylantenflut', ‚Schmarotzer', ‚Belastungsgrenzen', ‚Dammbruch' und ‚Über-fremdung', ‚Das Boot ist voll, jetzt reicht es!'. Bemerkenswer-terweise war selbst bei dem starken Rückgang der Asylgesuche Anfang der 1980er Jahre weiter die Rede von der „anhaltenden Flut von Scheinasylanten und Wirtschaftsflüchtlingen", was dem Abgeordneten Hölscher (FDP) im Februar 1982 im Bun-destag Anlaß zu dem „schlimmen Verdacht" war, „daß es Poli-tiker gibt, die auf leichtfertige, ja unverantwortliche Weise Ka-pital schlagen wollen aus der zweifellos vorhandenen Auslän-derfeindlichkeit in einem Teil unserer Bevölkerung".[79]

Der dramatische, später wieder rückläufige Stimmungsum-bruch um die Wende der 1970er/80er Jahre trug deutliche Züge des Wandels von einer Aufnahme- zu einer Art Abwehrgesell-schaft und erfaßte schließlich ‚die Ausländer' schlechthin. Das zeigt ein Vergleich zweier Umfragen der Jahre 1978 und 1982: 1978 sprach sich eine starke Minderheit von knapp 40%, An-fang 1982 hingegen ein starke Mehrheit von fast 70% dafür aus, daß „die Gastarbeiter wieder in ihr Land zurückkehren". Einer ‚ausländerfreundlichen' Gruppe von nurmehr 29% und einer ‚ambivalenten' Gruppe mit unterschiedlichen Einstellungen von 22% stand eine ‚ausländerfeindliche' Gruppe in Höhe von 49% gegenüber, wobei freilich die Kategorie ‚ausländerfeind-lich' relativ vage blieb.[80]

Die lautstarke Asyldebatte lenkte ab von der allgemeinen Sta-gnation, Konzeptions- und Perspektivlosigkeit in der Auslän-derpolitik, von den vorwiegend deklamatorischen Bemühungen um eine verstärkte Integration der Ausländerbevölkerung im Kontext der immer wieder folgenlos angekündigten Novellierung des Ausländerrechts, kurzum von der Vernachlässigung der politischen Sorgfaltspflicht im Umgang mit der gesellschaftlichen Wirklichkeit im Problemfeld Migration. Das wurde 1985/86 aufs neue deutlich: Die Diskussion um Lage, Probleme und Zukunft der ausländischen Arbeitnehmer und ihrer Familien wurde immer verhaltener, diejenige um den ‚Mißbrauch des Asylrechts' indes um so schriller. Die Antragszahlen stiegen zwar erneut an. Der Anstieg als solcher bot aber keinerlei Anlaß für eine Angstkampagne, die den Eindruck erwecken konnte, die Bundesrepublik sei „zu einem Weltflüchtlingslager geworden".[81]

Vergeblich warnten der Deutsche Gewerkschaftsbund (15. 9. 1986) vor „Stimmungsmache gegen Asylsuchende" und die Menschenrechtsorganisation ‚amnesty international' (2. 10. 1986) vor einer „Aushöhlung" des Verfassungsrechts auf Asyl. Die in der neu gegründeten Bundesarbeitsgemeinschaft für Flüchtlinge ‚Pro Asyl' vereinigten Experten von Kirchen, Wohlfahrtsverbänden und Menschenrechtsorganisationen zeigten (3. 10. 1986), daß und wie durch amtliche und in den Medien weitergetragene Verlautbarungen und statistische Schreckbilder ein „demagogisches Moment" in die Asyldebatte gebracht wurde, die im Herbst 1986 schon im Zeichen des Bundestagswahlkampfs stand. Eine strenge Warnung vor wachsender Polemik bildeten schließlich auch die „Christlich-Sozialen Positionen für eine rationale und ethisch verantwortbare Asylpolitik", mit denen eine Gruppe von Bundestagsabgeordneten der CDU Kritik auch an der eigenen Fraktion und Regierung, insbesondere aber am Bundesinnenministerium übte. Schon vor der Bundestagswahl vom Januar 1987 ausformuliert, wurden sie erst nach der Wahl veröffentlicht: „Politiker und Medien müssen zu einer nüchternen und angemessenen Sprache zurückfinden", hieß es dort. „Übertreibungen sowie Panik und Ängste auslösende Begriffe wie ‚Flut', ‚Strom', ‚Überschwemmung' usw. erschweren rationale Lösungen. Bei der Verwendung von Zahlen müssen die tatsächlich bescheidenen Größenordnungen sichtbar werden. Bisher wurden beim Vergleich mit Flüchtlingszahlen in anderen europäischen Ländern die deutschen Anteile durch Verwendung unterschiedlicher Kriterien realitätswidrig aufgebauscht. Wer durch unsaubere oder einseitige Zahlenpräsentation oder übertriebene und emotionalisierende Sprache Fremdenangst und Aggressionen schürt, der zerstört die vorhandene Aufnahmebereitschaft in der Bevölkerung und trägt zur Aushöhlung des Grundrechts auf politisches Asyl bei."[82]

Nach dem Bundestagswahlkampf Ende 1986 gab es im Vorfeld der hessischen Kommunalwahlen vom März 1989 einen neuerlichen Höhepunkt in der politischen Instrumentalisierung der Asyldebatte: Ausgangspunkt war der aufsehenerregende Versuch der CDU, nach der schockierenden Wahlniederlage von Berlin im Januar 1989 und nach den Stimmenverlusten an die ‚Republikaner', der Propaganda dieser Partei mit dem irreführenden Namen[83] unmittelbar vor der Wahl in Hessen durch Positionen der Härte und Abwehr Paroli zu bieten. Das provozierte Kritik von den verschiedensten Seiten: „Das Thema Ausländer muß sachlich, ohne politischen Hintergrund behandelt werden" und „endlich aus den Schlagzeilen", warnten die hessischen Unternehmerverbände eine Woche nach der Wahl: „Die Ausländerfrage hat in den letzten Wochen an politischer Sprengkraft besorgniserregend zugenommen."[84] „Auch wenn die Union teilweise bemüht war, dem Eindruck von Ausländerfeindlichkeit entgegenzutreten, blieb nach dem CDU-Wahlkampf für viele ein schaler Nachgeschmack", kommentierte die Katholische Nachrichtenagentur. Eine noch „größere Katastrophe" als der Einzug der NPD in den Frankfurter Römer sei der Wahlkampf „gegen Asylbewerber" gewesen, erklärte der Sprecher von ‚Pro Asyl', Pfarrer Herbert Leuninger. Zeitgleich mußte sich das CSU-geführte Bundesinnenministerium, dessen Staatssekretär, der spätere Bundesminister für wirtschaftliche Zusammenarbeit, Carl-Dieter Spranger (CSU), in einem polemischen Brief die Kirchen als „selbsternannte Verteidiger der Humanität" denunziert hatte, von der deutschen Bischofskonferenz sogar öffentlich dazu ermahnen lassen, in amtlichen Verlautbarungen doch bei der Wahrheit zu bleiben, d.h. die „Zahlendiskussion entsprechend den Tatsachen zu führen".[85]

Diese Entwicklungslinien gaben 1989 auch dem Wirtschaftswissenschaftler Bert Rürup Anlaß, in seinen auf Gutachten für das Bundeskanzleramt gestützten Wirtschafts- und Gesellschaftsperspektiven für die Bundesrepublik „auf die bedauerliche rhetorisch-semantische Effizienz bei der Bewältigung unseres ‚Asylantenproblems' hinzuweisen: Aus Asylsuchenden wurden Asylanten, aus diesen Wirtschaftsasylanten, und z.Zt. wird die Bundesrepublik von Scheinasylanten ‚bedroht'. Diese sprachliche Diffamierung eines weitgehend gleichen Personenkreises ist zwar dazu angetan, in den Augen weiter Bevölkerungskreise die Problemwahrnehmung zu manipulieren, nicht aber dem Leidensdruck dieser Flüchtlinge in dem Maße gerecht zu werden, wie dies einer reichen, durch christliche Normen geprägten sozialen Marktwirtschaft anstehen würde."[86]

Politisierung und Emotionalisierung anstelle sachlicher Aufklärung oder gar humanitärer Verständniswerbung trugen dazu bei, die ohnehin hohe Akzeptanzschwelle in der Bevölkerung noch weiter zu erhöhen und die politischen Handlungsspielräume durch fremdenfeindliche Abwehrhaltungen noch stärker einzuengen: „Neben den Versuchen, die Öffentlichkeit mittels Diffamierung der Flüchtlinge bis hin zu ihrer Kriminalisierung von der Notwendigkeit ihrer Abwehr zu überzeugen, bemühen Politiker seit Mitte der 70er Jahre angebliche Grenzen der Aufnahmefähigkeit und der Aufnahmebereitschaft als Rechtfertigung für Eingriffe ins Asylverfahrensrecht und in die Ausgestaltung ihres Aufenthalts", schrieb Pfarrer Herbert Leuninger rückblickend Mitte 1993. „Obwohl niemand diese Grenzen beziffern kann, führen Politiker sie in der Asyldiskussion stereotyp an. Auch dann, wenn sie sich wie im Fall der ‚Das Boot ist voll'-These längst ad absurdum geführt haben. Denn wenn das Boot schon 1980 voll ist, dann kann dasselbe Boot nach 12 Jahren und nach dem Zugang mehrerer 100 000 Asylsuchender nicht immer noch voll sein, dann müßte es längst gekentert sein. Mehr als absurd ist es, wenn Politiker die Grenzen der Aufnahmebereitschaft als Abwehrargument anführen, die sie selbst mit ihrer Stimmungsmache und mit ihren Abwehrmaßnahmen hochgezogen haben."[87]

In der Sache gab es nur wenige größere und richtungweisende Initiativen gegenüber dem schwankenden Andrang von Flüchtlingen aus Kriegs- und Krisengebieten. Dazu gehörte eine von großer Mehrheit getragene Entschließung des Bundestages vom 23. Juli 1978 mit dem Appell an die Bundesländer, gemeinsam mit dem Bund zu prüfen, „inwieweit Schutzsuchenden aus Bürgerkriegs- und anderen Krisengebieten im Rahmen der Möglichkeiten der Bundesrepublik Deutschland vorübergehend Hilfe nach den allgemeinen Vorschriften des Ausländerrechts gewährt werden kann, ohne sie auf das für sie regelmäßig aussichtslose Asylverfahren zu verweisen." Diese Entschließung wurde jedoch politisch und rechtlich nicht umgesetzt. Hätte sich der Gesetzgeber dazu durchringen können, wären den deutschen Behörden und den ausländischen Betroffenen über die Jahre hinweg Hunderttausende von Asylanträgen erspart geblieben – 1991 allein über 70000 von Flüchtlingen aus dem ehemaligen Jugoslawien. In die gleiche Richtung zielte das vor dem Hintergrund der Ende der 1970er Jahre stark steigenden Zahlen der Flüchtlinge aus Südostasien (‚boat-people') verabschiedete ‚Kontingentflüchtlingsgesetz' zur kollektiven Aufnahme von Flüchtlingsgruppen aus besonderen Gründen außerhalb des individuellen Prüfungs- und Anerkennungsverfahrens. Seine Umsetzung wies Wege, Aufnahmebereitschaft an die Stelle fremdenfeindlicher Abwehrhaltungen treten zu lassen: „Gleichzeitig wurden mit einer positiven politischen Aufnahmekampagne die gesellschaftliche Akzeptanz und die Voraussetzungen für die Aufnahme von insgesamt 36000 Flüchtlingen geschaffen."[88]

Im Bereich des Asylrechts im engeren – genauer gesagt stets weiter verengten – Sinne indes wurde das Bild bestimmt von Defensivmaßnahmen der verschiedensten Art, die im Zeichen der Kampfansage gegen den ‚Mißbrauch des Asylrechts' entwickelt und auf Länderebene teils weiter verschärft, teils wieder abgemildert wurden. Sie ließen sich nach drei großen Zielrichtungen zusammenfassen: 1. Erschwerung der Einreise; 2. Be-

schleunigung des Verfahrens; 3. Verschlechterung der Lebensbedingungen.

1. Zur Erschwerung der Einreise führten Visumzwang und
Transitvisapflicht für eine Reihe von Ländern der ‚Dritten
Welt‘ mit hohem Flüchtlingsaufkommen (aber auch für die
Türkei) und die Vorschrift für Luftverkehrsgesellschaften, bei
Strafe von Bußgeld und Rücktransportpflicht nur noch Passa-
giere mit gültigen Visa zu befördern. Das war gleichbedeutend
mit einer Auslagerung der Vorentscheidung an die deutschen
Botschaften in den Herkunftsländern. Sie wiederum wurden
angewiesen, die Visaerteilung streng zu handhaben und gerade
dann zu verweigern, wenn die Annahme begründet erscheine,
daß das beantragte Touristenvisum dazu benutzt werden solle,
in der Bundesrepublik einen Asylantrag zu stellen. Hinzu kamen die Zusammenarbeit mit den Hauptherkunfts- und Transitländern einerseits und schließlich 1986 noch die Vereinbarung mit der DDR, nach der auch die Einreise über den Ost-
Berliner Flughafen (‚Schlupfloch Ost-Berlin‘) nur noch Personen gestattet war, die über ein Anschlußvisum für andere Staaten verfügten.

2. Zur Beschleunigung des Asylverfahrens trugen die gleich-
namigen Gesetze vom 25. 7. 1978 und 16. 8. 1980, das Asylverfahrensgesetz vom 16. 7. 1982 (mit Änderungen 1987) sowie das
neue Asylverfahrensgesetz vom 26. 6. 1992 (mit Änderungen
1993) ebenso bei wie zahlreiche andere gesetzliche Bestimmungen, Verwaltungsmaßnahmen, Kabinettsbeschlüsse, Vereinbarungen mit den Bundesländern und Beschlüsse der Innenministerkonferenz. Der Versuch, ‚offensichtlich mißbräuchlich‘ gestellte Anträge schon im Vorfeld des Verfahrens – nämlich mit
Abschiebung der Antragsteller statt mit Bearbeitung der Anträge – zu beantworten, war am 25. 2. 1981 für verfassungswidrig
erklärt worden. Es ging dann vorwiegend um Verfahrensbe-
schleunigung und um ‚effektivere‘ Abschiebung nach der Ablehnung von Asylanträgen. Die Asylverfahren wurden dabei bis
an die Grenze des verwaltungstechnischen und rechtlichen
Handlungsspielraums ‚effektiviert‘, d. h. durch Personalauf-
stockung und Formalisierung beschleunigt und verkürzt: Wäh-

rend das überlastete Personal des Bundesamtes für die Anerkennung ausländischer Flüchtlinge 1988–1990 von 536 auf 1126 und 1993 auf über 4000 Stellen vermehrt wurde, sank die Bearbeitungszeit in den ‚beschleunigten Verfahren' (25–30% aller Verfahren) auf 3 Tage bis 8 Wochen, im übrigen auf 9–10 Monate. 1989 wurde so über die Anträge von 120610, 1990 von 148842, 1991 von 168023 und 1992 von 216356 Personen entschieden – fast eine Verdoppelung innerhalb von 3 Jahren. 1993 schließlich entschied das Bundesamt für die Anerkennung ausländischer Flüchtlinge – seit dem 1. 7. 1993 nach dem neuen Asylrecht (s. u.) – über die Anträge von 513561 Asylbewerbern. Das waren noch einmal 137,4% mehr als im Jahr zuvor. Die seit 1992 extrem gestiegene Erledigungszahl hat ihre Ursache mithin fast nur in der Personalverstärkung, die erst ab 1994 voll wirkt. Der Grund für die unerhörte Beschleunigung und ‚Effektivierung' lag also nicht etwa vorrangig in den Asylrechtsänderungen von 1993, sondern in den Änderungen von 1992, deren Wirkungen sich bis zur Änderung des Asylrechts gar nicht entfalten konnten.[89]

3. Das düsterste Kapitel bildeten in den einzelnen Bundesländern unterschiedlich gehandhabte Verschlechterungen der Lebensbedingungen von Asylbewerbern zur ‚Verhinderung materieller Anreize' für ‚Scheinasylanten' bzw. ‚Wirtschaftsasylanten', deren Zweck gezielte und offen benannte Abschreckungseffekte waren: Arbeitsverbot (am 1. 1. 1991 auf ein Jahr beschränkt, am 1. 7. 1991 aufgehoben), Einschränkung der räumlichen Bewegungsfreiheit, Kürzung des Sozialhilfesatzes und Gewährung der Sozialhilfe soweit wie möglich als Sachleistung, Versagung des Kindergeldes, Verweigerung von Integrationsmaßnahmen und Bildungsmöglichkeiten, Regelunterbringung in Sammelunterkünften mit Gemeinschaftsverpflegung u. a. m.[90]

Maßnahmen zur Abschreckung, zur Abschottung der Grenzen und zur Vorverlegung der Ablehnung vor die Grenzen zeigten nach Einschätzung der Anwälte der Rechtsberater-Konferenz der Wohlfahrtsverbände, daß die „Verschärfung des Asylrechts nicht den Mißbrauch, sondern den Gebrauch des Asylrechtes verhindern" solle. Anders gewendet: „Unter dem

Vorwand der ‚Mißbrauchsbekämpfung' entsteht ein engmaschiges Netz von Maßnahmen gegen die Inanspruchnahme des Grundrechts durch den politisch, religiös oder rassisch Verfolgten." Schärfer noch urteilte der ehemalige Bundesverfassungsrichter Martin Hirsch: „Wenn einige Asylsuchende anerkannt werden, obwohl sie gar keine sind, wird ein Gesetz verletzt. Werden echte Asylsuchende davon abgeschreckt, überhaupt um Asyl zu bitten, verstößt das gegen die Verfassung."[91]

Bestürzung und Wut sprachen aus den Worten eines Zeitzeugen von Massenvertreibung, Massenflucht und Massenaufnahme der Nachkriegszeit, der damals in politischer Handlungsverantwortung stand: „Natürlich hat 1948 kein Mitglied des Parlamentarischen Rates voraussehen können, wieviele Flüchtlinge sich 20 oder 40 Jahre später quer über die Welt bewegen würden und daß trotz der Erfahrungen des Zweiten Weltkrieges und der Naziverbrechen Schrecken und Tod weite Teile in der sogenannten Dritten Welt beherrschen würden", erklärte Heinrich Albertz, der 1948–51 Flüchtlingsminister in Niedersachsen war. „Aber daß heute, bei Flüchtlingszahlen, die an der unteren Grenze vergleichbarer Länder liegen, die zu uns kommenden Menschen nur noch das Fürchten gelehrt wird, verstößt gegen alle Menschenrechte, die [...] älter sind als unsere morsche Kultur, und gegen den Willen des Grundgesetzes. Vor 40 Jahren haben wir Millionen Flüchtlinge in Westdeutschland aufnehmen müssen und können, in einer Zeit, in der wir nicht eines der reichsten Länder der Welt waren. Wer sich dies klar macht und dann hört, mit welcher Frechheit auch offizielle Stellen den Fremdenhaß schüren und Asylsuchende schlimmer als das Vieh behandeln, dem steigt die Schamröte ins Gesicht."[92]

In dem vor dem Hintergrund explosionsartig zunehmender Asylantragszahlen im Sommer 1991 erneut auf Bundes- und Landesebene geführten Streit um Asylrecht und Asylrechtspraxis erklärte schließlich auch Bundesinnenminister Schäuble, es dürfe nicht länger versucht werden, „quasi mit Hilfskonstruktionen" geltendes Verfassungsrecht zu unterlaufen: „Die künstliche Erzeugung von Abschreckungseffekten durch gezielte Verschlechterung der Lebensbedingungen, wie etwa das früher verhängte Arbeitsverbot", sei „im Ergebnis untauglich".[93]

Unumstritten ist, daß es, wie bei nachgerade allen humanitären Gesetzeswerken, auch den Mißbrauch des Asylrechts gab. Das galt z.B. für die Tatsache, daß, wie im Falle Rumäniens, nicht nur Opfer staatlicher Verfolgung unter dem Ceausescu-Regime, sondern, nach dem Ende des Regimes, auch Täter aus den Reihen der früheren staatlichen Geheimpolizei um Asyl in Deutschland nachsuchten. Und es galt etwa auch für das gescheiterte Bemühen eines der meistgesuchten Verbrecher der Welt, des im Dezember 1993 von kolumbianischen Sicherheitskräften auf der Flucht erschossenen Chefs des Kokainkartells von Medellín, Pablo Escobar, seine Familie durch Asyl in Deutschland in Sicherheit zu bringen.[94]

Wer indes von ‚massenhaftem Asylmißbrauch' redet, darf eines nicht verschweigen: Seit dem Anwerbestop von 1973 gab und gibt es – von Ausnahmen bei Fach- und Führungskräften sowie in Mangelberufen und bei Saison-, Werkvertrags- und Gastarbeitnehmern aus Osteuropa (Kap. 5) einmal abgesehen – legale Wege in die Bundesrepublik im Grunde nurmehr für Ausbildungszwecke, Familiennachzug und Besuchsreisen, für Touristen oder aber eben für Asylbewerber, die die Grenzen meist als Touristen passierten. Im Oktober 1992 prangerte der damalige bayerische Innenminister und Stellvertretende CSU-Vorsitzende Dr. Edmund Stoiber (CSU) gleich „hunderttausendfachen Asylmißbrauch" an und forderte, „endlich den massenhaften Zustrom unberechtigter Asylbewerber" zu stoppen, wenn man die „Zweifel an der Entscheidungsfähigkeit der Politik" nicht noch weiter treiben und „extremistischen Demagogen den Boden für die böse Saat des Fremdenhasses" bereiten wolle. Niedersachsens Ministerpräsident Gerhard Schröder, Bundesvorstands- und Präsidiumsmitglied der SPD, hingegen verlangte anstelle des Stellvertreterkrieges um Asylrechtsfragen unmißverständlich Einwanderungsgesetzgebung und Migrationspolitik mit Kontingenten und Quoten: „Die absurde Folge der Bonner Asylpolitik ist: Die Zahl der Zuwanderer wird nicht eingegrenzt, sondern im Gegenteil, es wird ausdrücklich auf jeden Versuch der Steuerung verzichtet. Weil jede Zuwanderungspolitik das Eingeständnis wäre, daß die Bundesrepublik eben doch ein Einwanderungsland ist. Entwickeln wir also eine Zuwanderungspolitik. Das ‚Asylproblem' würde sich damit von selbst reduzieren."[95]

Die Rede vom ‚massenhaften Mißbrauch des Asylrechts' wurde meist begründet mit dem Hinweis, daß kaum 5% (1989: 5,0%, 1990: 4,4%, 1991: 6,9%, 1992: 4,3%; 1993: 3,2%) der Antragsteller anerkannt würden und demzufolge 95% als ‚Schein'- oder ‚Wirtschaftsasylanten' zu verstehen seien. Abgelehnte Asylbewerber aber wurden und werden in dieser Argumentation indirekt als ‚Asylbetrüger' diskriminiert: Die Ablehnung eines Asylgesuches erscheint gleichbedeutend mit der Aufdeckung des vorsätzlichen Versuchs, sich nach der Durchbrechung des Einreiseverbotes (‚Anwerbestop') unter Vorspiegelung falscher Tatsachen auf dem Umweg über das Asylrecht zumindest für die Dauer des Verfahrens Aufenthaltsrecht, Inanspruchnahme von Sozialleistungen und möglicherweise auch noch illegale Teilnahme am Arbeitsmarkt zu erschleichen.

Das ist ein Kurzschluß: Im Asylverfahren wird nämlich nicht geprüft, ob als Ursache für Flucht und Asylantrag eine Verfolgung oder Menschenrechtsverletzung als solche vorliegt oder nicht. Es geht nur um „die Frage, ob die erlittene Verfolgung aus der Sicht des Verfolgerstaates ‚politisch motiviert' war. Der betroffene Flüchtling kann jedoch objektiv an Leib, Leben und Freiheit bedroht sein, z.B. durch Folter, Hunger, Bürgerkrieg, Terror u.v.m. Dies sind jedoch ‚asylfremde' Gründe." Im Sinne von Art. 3 der Europäischen Menschenrechtskonvention, von Art. 1 und 2 des Grundgesetzes und von § 53 und 54 des Ausländergesetzes kann die Abschiebung eines Flüchtlings indes auch nach dem Scheitern seines Asylantrags aus politischen, rechtlichen und humanitären Gründen zeitweise ausgesetzt werden (Duldung). Nach Einschätzung von ‚amnesty international' war z.B. Ende der 1980er Jahre rund ein Drittel der abgelehnten Asylsuchenden wegen der

Gefahren für Leib und Leben und anderer schwerer Menschenrechtsverletzungen vor einer Abschiebung geschützt.[96]

Mehr noch, auch die in der Öffentlichkeit diskutierten Zahlen waren und sind nicht unproblematisch. Die von dem damaligen Bundesinnenminister Schäuble im September 1990 vorgelegte ‚Flüchtlingskonzeption‘ der Bundesregierung (s. u.) räumte ein: „Die Anerkennungsquote der Gerichte wird statistisch nicht erfaßt. Nach Schätzungen verdoppelt sich dadurch die Zahl der Anerkennungen. Allerdings vermindert sich die Zahl wieder (geringfügig) durch Gerichtsurteile, die der Bundesbeauftragte für Asylangelegenheiten erstreitet." Der Frankfurter Rechtsanwalt Victor Pfaff rechnete nach: „Anerkennungsquote Januar bis Dezember 1990 (ohne ‚sonstige Erledigungen‘, also ohne Berücksichtigung der durch Verfahrenseinstellung entschiedenen Fälle) 5,3% [...]. Die Quote muß infolge gerichtlicher Entscheidungen ca. verdoppelt werden: Das macht 10,6%; abzüglich der Erfolgsrate des Bundesbeauftragten ergeben sich 10% Anerkennungen. Da die Anerkennungsquote aber nicht ‚Fälle‘ (= Familien), sondern ‚Personen‘ erfaßt, müssen zu diesen 10% noch die abgelehnten Angehörigen gerechnet werden [...]. Rechnet man diese Angehörigen hinzu, steigt die Anerkennungsquote auf ca. 20%." Zu berücksichtigen waren ferner jene „Flüchtlinge, die nicht nach Artikel 16 II 2 GG Asyl erhalten, aber Flüchtlinge im Sinne der Genfer Flüchtlingskonvention sind (und seit 15. 10. 1990 als solche förmlich anerkannt werden können: § 51 AuslG vom 9. 7. 1990). Diese Flüchtlinge hinzugerechnet ergibt für 1990 eine Anerkennungsquote von über 20%." Daneben standen 1990 dann noch jene 20% von abgelehnten Asylsuchenden, die aus den genannten Gründen nicht abgeschoben wurden. „Ergebnis: weit über ein Drittel der Asylantragsteller, über deren Anträge 1990 entschieden wurde, sind asylberechtigt und werden aus Gründen des öffentlichen Interesses nicht abgeschoben. Dabei ist die Anerkennungspraxis des Bundesamtes eher restriktiv als großzügig."[97]

Auch die außerhalb des Asylrechts in der Bundesrepublik geduldeten ‚De-facto-Flüchtlinge‘, die den bei weitem größten Teil der hier lebenden Flüchtlinge stellen, sind also nicht ‚Wirtschaftsflüchtlinge' oder ‚Scheinasylanten'. Sie sind vielmehr Flüchtlinge, bei denen eine Zurückweisung oder Abschiebung in die Herkunftsländer aus humanitären Gründen nicht vertretbar erscheint. Selbst im Falle von im Sinne der deutschen Rechtsprechung unbegründeten Anträgen, warnte der Präsident des Bundesverwaltungsgerichts Everhardt Franßen im Februar 1992, dürfe nicht in einer Weise pauschal von „Mißbrauch" des Asylrechts gesprochen werden, „die ihrerseits mißbräuchlich ist": Niemand würde alle erfolglosen Verfassungsbeschwerden als „mißbräuchlich" kennzeichnen, obgleich hier die Erfolgsquote weit geringer sei als im Asylbereich. Aber die Rede vom ‚Mißbrauch des Asylrechts' wirkte nachhaltig meinungsbildend: Rund 60% der Bundesbürger waren nach einer Auswertung verschiedener Umfragen durch das Bundespresseamt im Februar 1992 für eine Änderung des Grundrechts auf Asyl, um dem „Mißbrauch des Asylrechts" abzuhelfen: 90% hielten das Asylrecht grundsätzlich für ‚gut', drei von fünf Bundesbürgern indes waren der Auffassung, das Asylrecht werde ‚mißbraucht'.[98]

Auf weitgehend wirtschaftliche Motive hingegen ließ der trotz Liberalisierung des politischen Lebens im zerfallenden ‚Ostblock' Ende der 1980er Jahre anhaltende Andrang von Asylsuchenden aus Polen, aber auch aus dem ehemaligen ‚Anwerbeland' Jugoslawien schließen: Sie stellten 1988 mit 48,6% (Polen: 28,4%, Jugoslawien: 20,2%) fast die Hälfte aller Gesuche, mit weitem Abstand gefolgt von denen aus der Türkei (14,4%), Iran (7,6%) und Libanon (4,1%). Wie rasch sich freilich seit dem Ende des Kalten Krieges selbst in Europa vorwiegend wirtschaftlich und beruflich-sozial motivierte Wanderungen in politisch bedingte Fluchtwanderungen verwandeln können, zeigte gerade das Beispiel von Krieg und Bürgerkrieg im ehemaligen Jugoslawien seit 1991.

Die Reform des Ausländerrechts vom Juli 1990 brachte im Bereich des Asylrechts nach Einschätzung des Vertreters des Hohen Flüchtlingskommissars der Vereinten Nationen (UNHCR) in der Bundesrepublik, W. Koisser, nur „wenig mehr Integration und sehr viel mehr Abschottung". Erheblich

verbessert wurde die Rechtsstellung der Ehegatten und minder-
jährigen Kinder von Asylberechtigten und zum Teil auch der
,De-facto-Flüchtlinge‘ im Sinne der Genfer Konvention (,Kon-
ventionsflüchtlinge‘). Der weitergehende völkerrechtliche
Flüchtlingsbegriff hingegen wurde nicht berücksichtigt. Deshalb bleibe, so der Kommentar des Frankfurter Rechtsanwalts
R. Marx, „die Asylpraxis der Bundesrepublik auch weiterhin
abgekoppelt vom internationalen Standard." Sein Gesamturteil:
„Die Neuregelungen zum Abschiebungsschutz erfassen voll-
ständig alle denkbaren Fallgestaltungen, sind jedoch für die aus-
länderbehördliche Praxis zu kompliziert und unüberschaubar.
Sie bringen darüber hinaus gegenüber der bisherigen Erlaßlage
teilweise einige verfahrensrechtliche Verschärfungen. Vollstän-
dig unterblieben ist eine befriedigende Regelung der Rechtsstellung der De-facto-Flüchtlinge. Der in anderen westeuropäischen Ländern gewahrte Standard für diese Personengruppe sowohl in aufenthalts- als auch in arbeitserlaubnisrechtlicher Hinsicht ist nicht einmal im Ansatz versucht worden. Beibehalten
wird die unwürdige Praxis, über Jahre hinaus Duldungen für
jeweils ein halbes Jahr zu erteilen und damit die Betroffenen auf
Dauer in einem Zustand ständiger Unsicherheit zu belassen.
Die Regelung des § 101 I, derzufolge erst nach Ablauf von acht
Jahren eine gesicherte Rechtsstellung erworben werden kann
(gesetzliche Verankerung der Altfallregelung), ist ein völlig unzureichender Ausgleich. Gleichwohl kann in der Gesamtwürdi-
gung festgehalten werden, daß die Neuregelungen zum Asylverfahrensrecht und zum Verfolgungsschutz insgesamt mehr
Rechtssicherheit sowie einige Verbesserungen der Rechtsstellung politisch Verfolgter zur Folge haben werden."[99]
  Im weiteren Verlauf mehrten sich die Vorstöße in Richtung
auf eine Änderung des Grundrechts auf Asyl unter stetem Hinweis auf die steigenden Antragszahlen. Im ,Sommerloch‘ und
im Spätsommer 1991 verdichteten sie sich unter maßgeblichem
Anteil verschiedener Presseorgane zu einer regelrechten Polit-
Kampagne, bei der verschiedentlich unverhohlen an gefährliche
Emotionen appelliert wurde. Die Kampagne hatte, wie durch
eine Indiskretion Anfang Oktober 1991 bekannt wurde, auch

mit einer von dem damaligen CDU-Generalsekretär Volker Rühe geradezu generalstabsmäßig organisierten, bundesweiten Inszenierung zu tun. Sie zielte auf die Gegner der von CDU und CSU geforderten Asylrechtsänderung, insbesondere auf die SPD, schoß aber weit darüber hinaus und trug zweifelsohne bei zu der immer gefährlicheren und in dafür empfänglichen Kreisen letztlich in blanken Fremdenhaß umschlagenden Emotionalisierung der Asyl-Thematik:

Am 12. September hatte der Generalsekretär alle CDU-Fraktionen in den Stadträten, Landtagen und Bürgerschaften aufgerufen, systematisch „die Asylpolitik zum Thema zu machen und die SPD dort herauszufordern". Dem Aufruf beigefügt waren Argumentationsleitfäden, Musterpresseerklärungen, standardisierte Parlamentsanträge und -anfragen, aus denen die Botschaft sprach, daß eine grundlegende Verringerung der Asylanträge nur dann erreicht werden könne, „wenn das Grundgesetz geändert wird". Die „Verweigerung der SPD" treffe besonders „die Kommunen, die für die Unterbringung der Asylbewerber zu sorgen haben. In den Städten und Gemeinden artikuliert sich in der Bevölkerung auch am ehesten Unmut und mangelnde Akzeptanz des praktizierten Asylrechts." An diese Sorgen im unmittelbaren kommunalen Lebensbereich sollte angeknüpft werden – mit vorbereiteten Erklärungen: „Der Rat der Stadt... stellt fest, daß eine weitere Aufnahme von Asylbewerbern aus Ländern, in denen eine Verfolgung nicht stattfindet, unterbunden werden muß. Eine weitere nennenswerte Zuweisung von Asylbewerbern ist für die Stadt... nicht mehr verkraftbar." Die angeschriebenen Kommunalpolitiker brauchten in die Mustererklärungen nur noch die Namen ihrer Städte einzusetzen. Die Berliner ‚Tageszeitung' (taz), die die Kampagne publik machte, berichtete: „Mit den von Rühe gelieferten Musteranfragen wird offen an die Neid- und Konkurrenzgefühle der zu kurz gekommenen Deutschen angeknüpft: ‚Sind Asylbewerber in Hotels oder Pensionen untergebracht worden? Für welchen Zeitraum? Zu welchen Kosten? Welche Auswirkungen hatte die Belegung von öffentlichen Einrichtungen mit Asylbewerbern auf die bisherigen Benutzer/Besucher?' Mit solchen Fragen – dazu zählt auch die nach der Anzahl der Fälle ,in denen Asylbewerber staatliche Leistungen unberechtigterweise mehrfach in Anspruch genommen haben' – sollen die Christdemokraten die Verwaltungen bombardieren und vor Ort die Stimmung anheizen. Daß nicht zuletzt durch diese eiskalt inszenierte Asyldebatte die radikalen Ausländerhasser ermuntert wurden und werden, nun selbst mit Brandflaschen zur Tat zu schreiten, steht für viele Kenner der Täterszene außer Frage."[100]

Während CDU und CSU eine Einschränkung des Grundrechts auf Asyl forderten, setzten SPD und FDP statt dessen auf einen prekären Parteienkompromiß (CDU/CSU, FDP, SPD), der nach zähen Verhandlungen in einem Parteiengespräch beim Bundeskanzler am 10. Oktober 1991 gefunden und als ,Sechs-Wochen-Modell' bekannt wurde: Unter Verzicht auf eine Grundgesetzänderung sollten ,offensichtlich unbegründete' bzw. von vornherein aussichtslos erscheinende Asylverfahren nach Möglichkeit innerhalb von ca. sechs Wochen abgewickelt und mit der Abschiebung der Antragsteller beendet werden, nach diesem Muster: zwei Wochen Verwaltungsverfahren – eine Woche Einspruchsfrist – zwei Wochen gerichtliches Eilverfahren – Abschiebung. Das ,Sechs-Wochen-Modell' zielte mithin auf eine weitere Verfahrensverkürzung bei Einrichtung von zentralen Aufnahmestellen der Länder für Asylsuchende (,Erstaufnahmeeinrichtungen'), obgleich die psychischen Probleme der Unterbringung in Sammellagern hinlänglich bekannt waren. Überdies gab es hier kaum noch etwas zu beschleunigen, zumal selbst das für eine beschleunigte Erledigung von ,offensichtlich unbegründet' erscheinenden Anträgen (ca. 35%) nötige Personal fehlte. Der Gesetzentwurf wurde im Februar 1992 von den Fraktionen der CDU/CSU, SPD und FDP im Bundestag eingebracht. Das damit vorbereitete ,Asylbeschleunigungsgesetz' wurde am 5. Juni 1992 mit den Stimmen der Regierungskoalition und fast aller SPD-Abgeordneter gegen die Stimmen von Bündnis 90/Grüne und PDS angenommen.

Das Beschleunigungsmodell war von Anbeginn auf vehemente Kritik gestoßen: Bei einer öffentlichen Anhörung des Innenausschusses des Deutschen Bundestags am 18. März 1992 machten Juristen, Verwaltungsbeamte und Vertreter humanitärer Organisationen mehrheitlich nicht nur schwerwiegende praktische und rechtstechnische, sondern auch verfassungsrechtliche Bedenken geltend. Schärfste Kritik kam von seiten der im Republikanischen Anwältinnen- und Anwälteverein verbundenen Juristen, für die der Gesetzentwurf ein „Kampfgesetz gegen Asylbewerber und ein Angriff auf den Rechtsstaat" war: „Das eigentliche Problem wird nicht angegangen. Erforderlich wäre eine Entlastung des Asylverfahrens durch eigenständige Regelungen für Bürgerkriegsopfer, Elendsflüchtlinge und den Zuwanderungsdruck aus den ehemaligen Ostblockstaaten. Solange sich der Gesetzgeber diesen Aufgaben nicht stellt, wird ein noch so drastisches Gesetz ebensowenig bewirken wie die Abschaffung von Art. 16 Abs. 2 GG oder die Einschränkung anderer Grundrechte. Die SPD und die Liberalen müssen zur Kenntnis nehmen, daß ihre Kompromißbereitschaft das vorgebliche Ziel, die Asylrechtsgarantie zu erhalten, auf diese Weise nicht erreicht. Die Zustimmung zu diesem Entwurf ist vielmehr die faktische Abschaffung des Asylgrundrechts."[101]

Der bayerischen Staatsregierung hingegen ging auch die am 10. Oktober 1991 abgestimmte Regelung nicht weit genug. Sie distanzierte sich sogleich scharf von dem Bonner Parteienkompromiß in einer Regierungserklärung, bei deren Diskussion im Landtag SPD-Fraktionschef K.-H. Hiersemann die CSU beschuldigte, das Asylthema demagogisch „am Kochen halten" zu wollen und damit letztlich den „Nährboden für den Rechtsradikalismus" zu bereiten, während Ministerpräsident Max Streibl (CSU) wiederum die Grünen als „die wahren Hetzer" in der Asyldiskussion brandmarkte und von einer „multikriminellen Gesellschaft" sprach. Die Grünen revanchierten sich unter Hinweis auf die von CDU-Generalsekretär Volker Rühe inszenierte Asyl-Kampagne vom September 1991: „Das ist das Perfide an der politischen Strategie eines Herrn Rühe", erklärte der hessische Minister für Umwelt und Energie Joschka Fischer, in einem am 23. 10. 1991 veröffentlichten Interview: „Herr Rühe ist kein Rassist. Aber er bedient sich der Methoden eines – und das sage ich ganz bewußt – wirklichen politischen Drecksacks, der zynisch mit irrationalen, ausländerfeindlichen, rassistischen Instinkten spielt, um seine CDU wieder zu Wahlerfolgen zu führen. Das ist eine sehr kurzfristige politische Rechnung, denn die geht nicht auf. Der Zug, den Herr Rühe und Herr Stoiber unter Dampf gesetzt haben, der wird nicht bei der CDU/CSU halten, der wird weiter rechts halten – angeheizt noch durch Frustration und Verzweiflung in Folge gebrochener Versprechen bei den Menschen in Ostdeutschland." Der neue Bundesinnenminister Rudolf Seiters (CDU) wiederum begründete schon in seiner ersten Bundestagsrede im neuen Amt Ende November 1991, ganz im Sinne seines Amtsvorgängers Wolfgang Schäuble, unter Hinweis auf eine europäische Lösung des Asylproblems erneut die Notwendigkeit einer Änderung von Artikel 16 GG.[102]

Der vielfach alle Regeln parlamentarischer Streitkultur verletzende, polemische Schlagabtausch im Kampf um die Änderung des Asylrechts verstärkte insgesamt noch die fremdenfeindlichen Abwehrhaltungen und provozierte damit das, was – so ein zentrales Argument der Kritiker des geltenden Asylrechts – durch die Gesetzesänderung gerade abgebaut werden sollte. „Über den Art. 16 Abs. 2 GG wird geredet, als sei dies der Name für einen Virus", kommentierte Heribert Prantl von der Süddeutschen Zeitung im März 1992. „Die Art und Weise, wie in den letzten Wochen und Monaten über die Asyl- und Ausländerpolitik geredet und gestritten wurde", konstatierte die Ausländerbeauftragte der Bundesregierung Cornelia Schmalz-Jacobsen im Dezember 1992, „hat das Ihre dazu beigetragen, daß Ausländerfeindlichkeit gesellschaftsfähig geworden zu sein scheint." Daß es zwischen Asyldebatte und ausländerfeindlichen Aktionen jedenfalls einen „mittelbaren Zusammenhang" gab, wollte auch der CDU/CSU-Fraktionsvorsitzende Wolfgang Schäuble rückblickend „nicht bestreiten". Hinzu kam eine aus Umfragen sprechende, schwerwiegende Beschädigung des Ansehens von Institutionen der repräsentativen Demokratie durch die Art der Auseinandersetzung mit in der weiteren Öffentlichkeit zunehmend als gesellschaftliche Lebensfragen verstandenen Problemen. „Unbestreitbar ist, daß die Bundesrepublik in dieser Debatte Schaden genommen hat", erklärte im November 1993 rückblickend der niedersächsische Ministerpräsident Gerhard Schröder (SPD) in einem Redeentwurf für einen Vortrag am Osnabrücker Institut für Migrationsforschung und Interkulturelle Studien (IMIS). „Schaden hat in dieser Debatte auch die Zukunftsfähigkeit der deutschen Politik genommen."[103]

Das keineswegs nur in der rechtsradikalen Asyl-Demagogie zum allgemeinen Drohbild verzerrte Asylproblem wurde zum Reizthema der Sensationsmedien. ‚Parteienverdrossenheit' steigerte sich, auch vor dem Hintergrund vielfacher anderer Enttäuschungen, zu allgemeiner ‚Politikverdrossenheit'. Die Frustration über das Versagen von Politik bei der Gestaltung der anstehenden Migrationsprobleme schlug um in gereizte Abwehrhaltungen, zunächst gegenüber dem Problembereich Migration als solchem und dann gegenüber den darin Lebenden. Schließlich rückten die Opfer des weltweiten Fluchtgeschehens, die asylsuchenden Flüchtlinge selbst, als vermeintliche Täter (‚Asylbetrüger', ‚Scheinasylanten') ins Feindbild ein. „Wer das Asylthema so hochzieht, der lenkt im Grunde das gewaltbereite Potential auf Flüchtlinge und Ausländer", urteilte der Sprecher der Flüchtlingshilfsorganisation ‚Pro Asyl' rückblickend. Die Exzesse auf deutschen Straßen Anfang der 1990er Jahre „konnten nur den überraschen, der die Feindbildproduktion der Politik nicht ernstgenommen hatte".[104]

Am Ende standen, nach der ‚erfolgreichen' Vertreibung von Asylbewerbern aus dem sächsischen Hoyerswerda im September 1991 und der anschließenden ersten großen Gewaltwelle (Kap. 8) gegen Asylsuchende im vereinten Deutschland, die Pogromszenarien des Jahres 1992, in denen die Flamme zum Symbol wachsender Fremdenfeindlichkeit im vereinten Deutschland wurde: Im August 1992 trugen die Medien tagelang die Bilder aus Rostock-Lichtenhagen um die Welt, wo Asylsuchende unter öffentlichem Beifall in ihren brennenden Unterkünften angegriffen wurden. Fremdenfeindliche Anschläge breiteten sich in einer zweiten Gewaltwelle erneut aus wie ein Flächenbrand. Bei dem Brandanschlag von Mölln im November 1992 verbrannten drei Mitglieder türkischer Familien in ihren Häusern. Die Möllner Morde wirkten kurzfristig zwar abermals stimulierend für Anschlußtäter in der seit den Ausschreitungen von Rostock anhaltenden Gewaltwelle. Der weiteren Öffentlichkeit hingegen gaben sie ein allgemein aufschreckendes Signal. Hunderttausende fanden sich im Winter 1992/93 in den berühmten Lichterketten und Demonstrationen gegen Fremdenfeindlichkeit und Gewalt und für die friedliche Bekämpfung ihrer Ursachen durch eine sachgerechte Gestaltung der anstehenden Probleme. Zugleich formierte sich, wie erwähnt, eine breite, von den verschiedensten Initiativen, Gruppen, Institutionen, Verbänden, Gewerkschaften und zahlreichen Unternehmen getragene Kampagne gegen Ausländer- und Fremdenfeindlichkeit (Kap. 5). „Diese Aktionen haben in der breiten Bevölkerung zu einem Meinungsumschwung geführt, der manchen potentiellen Straftäter von der Ausführung abhalten dürfte", schätzte im Januar 1993 der baden-württembergische Innenminister Frieder Birzele (SPD). „Denn nach den vielen Lichterketten konnte sich niemand mehr auf die klammheimliche oder offene Zustimmung der sogenannten schweigenden Mehrheit berufen."[105]

Ende 1992 aber kulminierten in der Auseinandersetzung mit Migrationsfragen und den damit verbundenen Problemen zwei für Politik in der parlamentarischen Demokratie gefährliche Entwicklungslinien: einerseits die Eskalation der öffentlichen Auseinandersetzungen und andererseits die aus wechselseitiger Blockierung der Parteien resultierende, in gegenseitigen Schuldzuweisungen angeprangerte politische Handlungsunfähigkeit. Umfrageergebnisse meldeten schockierende Meinungsbilder: 13% der befragten Deutschen bewerteten im August 1992 Gewalt gegen Asylbewerber als „berechtigten Ausdruck des Volkszorns". Die „Schuld an den sich häufenden Ausschreitungen gegen Asylbewerber und deren Unterkünfte" sahen 80% „bei den Politikern". Das in der politischen Polemik und den Horrorszenarien der Sensationsberichterstattung monströs verzerrte, zu einer Art Überlebensfrage der Nation übersteigerte

Thema ‚Asyl' rückte, Umfragen zufolge, prompt zur Gretchenfrage aller Politik im Lande auf: „Asylstreit entscheidet Wahl", meldete eine Umfrage über das politische Meinungsbild im Oktober 1992.[106]

„Die Hooligans des Wortes gießen aus den gutbeheizten Parteizentralen und Redaktionsstuben Öl in die Flammen einer Asyldebatte, die ihren Anlaß längst verzehrt hat", warnte im November 1992 der Frankfurter Rechtswissenschaftler Günter Frankenberg. „Sie meinen allen Ernstes, der ausländerfeindlichen Gewalt Einhalt gebieten zu können, wenn sie nur das Recht auf Asyl opfern. Sie glauben allen Ernstes, der mit den Händen greifbaren Ossi/Wessi-Inländerfeindlichkeit das Wasser abgraben zu können, wenn nur die Asylverfahren beschleunigt werden. Und sie beruhigen sich mit der Illusion, die Verwandlung der Bundesrepublik von einem Zufluchtsland in einen Abschiebestaat und ihre Eingliederung in die europäische Wagenburg werde die Fremden in Bosnien, Kurdistan und Somalia veranlassen, das sichere Elend dem unsicheren Asyl vorzuziehen."[107]

Schärfer noch erinnerte zeitgleich der Heidelberger Erziehungswissenschaftler Micha Brumlik an die demagogische Mischung von Provokation und Verharmlosung der wachsenden Fremdenfeindlichkeit und an die Denunziation der Warnungen vor deren möglicherweise verheerenden Folgen als Hysterie: „Erstens sind heute Politiker aller Parteien, die die Asyldebatte führten und führen, in genau dem Sinne, in dem einst die Hetzjournalisten der Bild-Zeitung am Attentat auf Rudi Dutschke schuld waren, für die Toten von Mölln verantwortlich. Zweitens: Wenn jemals der Begriff ‚Schreibtischtäter' in der Geschichte Westdeutschlands auf eine Person zutrifft, dann auf den heutigen Verteidigungsminister Volker Rühe, der im September 1991 als CDU-Generalsekretär mit einem Asyldebattenerlaß die Lawine der Gewalt losgetreten hat. Drittens: Daß Helmut Kohl und Björn Engholm die Trauerfeier in der türkischen Moschee zu Hamburg mieden, ist ein Skandal ersten Ranges. Politik besteht auch in symbolischen Handlungen – die Solidarität der Menschen untereinander angesichts des Todes muß, wenn sie denn ernstgemeint ist, auch öffentlich und feierlich gezeigt werden. Genaugenommen hätte es der Bundesregierung, wenn sie das, wofür sie in Berlin vergeblich demonstriert hat, ernst meinte, angestanden, Bahide Arslan sowie den beiden Mädchen Ayshe und Yeliz einen Staatsakt auszurichten.«[108]

Wenige Wochen zuvor hatte sich auch der Berufsverband der Deutschen Psychologen (BDP) mit einer alarmierenden Warnung vor einem „tiefgreifenden und nach geltenden Verfassungsnormen und -werten unerwünschten kulturellen Wandel" durch „Form und Tenor dieser Debatte" an die Öffentlichkeit gewandt: „Erste Symptome dieses Wandels sind die durchgehende Hysterisierung der politischen Rhetorik und das Wiedererstarken rechtsextremer Parteien". Ethnische und kulturelle Minderheiten würden zunehmend bedroht durch nach ihrem Objekt suchende „individuell und sozial frei flottierende, relativ objektungebundene und diffuse Zukunftsängste und ein Gefühl des Verlustes tragfähiger und vertrauenswürdiger gesellschaftlicher und persönlicher Bindungen." Zu befürchten seien „langfristige Verschiebungen des öffentlichen und familialen Klimas, irreparable Dauerschäden an der politischen Kultur". Während „politisch begründete kollektive Gewalttätigkeit [...] als wirkungsvolles Mittel in politischen Konflikten vorgeführt und toleriert" werde, beginne sich der Eindruck „in der Bevölkerung zu verdichten, daß Teile des politisch-administrativen Systems die sozialen Brennpunkte von Migrationsfolgen absichtlich unbearbeitet ließen". Die „Problemreduktion auf Minderheiten" wirke als „sich selbst erfüllende Prophezeiung". Auch die Deutsche Psychoanalytische Vereinigung (DPV) ging in einem im November 1992 veröffentlichten Appell davon aus, daß der „jähe Ausbruch von Haß und Gewalt gegenüber Asylbewerbern und Ausländern sowie sich verschärfende Einstellungsänderungen bis hin zu eindeutig rechtsradikalen, rassistischen Vorstellungen [...] durch tiefgreifende politische Veränderungen der jüngsten Zeit ausgelöst worden sind.«[109]

Während das Bild der Bundesrepublik im In- und Ausland einerseits durch ausländerfeindliche Exzesse, andererseits durch Lichterketten gegen Gewalt bestimmt wurde und die Welt über die nach allgemeiner Auffassung außer Kontrolle geratende Entwicklung im vereinten Deutschland eine lange historische Sekunde lang buchstäblich den Atem anhielt, war der politische Entscheidungsprozeß gerade im Schwerpunktbereich der Auseinandersetzungen, der ‚Asylfrage‘, blockiert. Der Bundeskanzler sprach von „Staatsnotstand“, ließ sondieren, inwieweit einschneidende rechtliche Eingriffe in die Asylpraxis auch ohne Grundgesetzänderung ermöglicht werden könnten, und sah sich deshalb prompt dem schärfsten in einem Verfassungsstaat möglichen Vorwurf, nämlich der Vorbereitung von Verfassungsbruch und Staatsstreich, ausgesetzt.[110]

Politik geriet immer mehr unter den Druck der Folgen eigener Versäumnisse: Die einen sahen sie in der mangelnden Bereitschaft der anderen, den Auftrag des Grundrechts auf Asyl zu erfüllen, die anderen in der mangelnden Zustimmung der einen, das Grundgesetz einzuschränken, um seinen Auftrag erfüllbar zu halten. Während auf den Straßen eine Massenbewegung für gesellschaftlichen Frieden und kulturelle Toleranz die außer Rand und Band geratende gewalttätige Minderheit von der schweigenden Mehrheit zu isolieren strebte, gab es in Bonn eine, manche Beobachter an das ‚Weimar-Syndrom‘ von Extremismus, Staatsohnmacht und Abkehr von der Republik erinnernde politische Lähmung.[111]

Die Parteien hatten in der Asylfrage eine Art Gordischen Knoten geschnürt – weniger in der Sache als in ihrer Darstellung und Behandlung in der öffentlichen Diskussion und im politischen Entscheidungsprozeß. Nach vielfältigen, das Ansehen der Parteien als Institutionen der parlamentarischen Demokratie aufs schwerste schädigenden Wechseln von Drohgebärden, halbherzigen Vereinbarungen und gegenseitigem Ausmanövrieren bei deren Umsetzung wurde der scheinbar unauflösliche Gordische Knoten Anfang Dezember 1992 mit einem gemeinsamen Hieb durchschlagen: Die Regierungsparteien CDU/CSU und FDP einigten sich in dem „Nikolaus-Papier“

(H. Däubler-Gmelin, SPD) vom 6. 12. 1992 mit der oppositionellen SPD auf Grundsätze eines ‚Asylkompromisses‘. Bis zum März 1993 sollten die Voraussetzungen geschaffen werden, das Grundgesetz zu ändern und die Asylverfahren weiter zu straffen und zu beschleunigen.

In Wirklichkeit reichte der ‚Asylkompromiß‘ viel weiter als sein Begriff. Er war ein weitgehender Migrationskompromiß, ein neues Kernstück der bis dahin nur aus vielen Einzelentscheidungen, aber noch immer nicht aus einem Gesamtkonzept bestehenden deutschen Migrationspolitik; denn er enthielt auch entscheidende und folgenreiche Vereinbarungen über Einbürgerung, Staatsangehörigkeit und Aussiedlerzuwanderung. Das war wesentlich Ergebnis des Beharrens der im Konflikt mit der CDU/CSU-Fraktion nach einem Gesamtkonzept verlangenden SPD auf einer Verbindung der verschiedenen Problembereiche von Zuwanderung und Eingliederung. Im Blick auf das *Einbürgerungsrecht* brachte der Kompromiß die schon erwähnte Verwandlung der Einbürgerungserleichterungen unter bestimmten Bedingungen von einem Regelanspruch zum Rechtsanspruch (Kap. 5).

Der Kompromiß in Fragen der *Staatsangehörigkeit* und der *Aussiedlerzuwanderung* war Ergebnis eines Abrückens von Ausgangsforderungen auf allen Seiten: Gegen die Position der SPD beharrte die CDU/CSU zwar erfolgreich auf der rechtlich uneingeschränkten und unbefristeten Zuwanderung von Aussiedlern als Deutschen im Sinne von Art. 116 GG und Bundesvertriebenen- und Flüchtlingsgesetz (Kap. 7). Die deutsche Staatsangehörigkeit aber sollte, so wurde ausgehandelt, nicht mehr automatisch vererbt werden, wenn die Betreffenden keinen Bezug mehr zum Staatsgebiet haben. Die Forderung der SPD nach einem ‚Kriegsfolgenabschlußgesetz‘ mit Fristsetzung zur Antragstellung (Stichtagsregelung), blieb zwar unerfüllt. Festgelegt wurde aber, daß ‚Spätaussiedler‘ nicht mehr werden sollte, wer nach dem Inkrafttreten des ‚Kriegsfolgenbereinigungsgesetzes‘ geboren werden würde. Bei Antragstellern aus der GUS sollte das fortwirkende Kriegsfolgenschicksal ‚widerleglich vermutet‘, also bis zum Beweis des Gegenteils angenommen werden, bei der Herkunft aus anderen Ländern Ost- und Südosteuropas (z.B. Polen, Rumänien) hingegen die Beweislast beim Antragsteller liegen. Die CDU/CSU wiederum ließ sich eine indirekte Quotierung der Aussiedleraufnahme – mit dem Jahresmittel 1991/92 (ca. 225 000) als Maximum – abringen. Die – von der FDP gegen die CDU/CSU gestützte – Forderung der SPD nach einem Einwanderungsgesetz als konstitutivem Element eines Gesamtkonzepts für Einwanderungs- und Eingliederungsfragen indes blieb auf der Strecke, obgleich schon in einer Bundestagsentschließung vom 15. 10. 1992 die Prüfung eines ‚Zuwanderungsbegrenzungsgesetzes' festgeschrieben worden war. Das geschah nicht ohne indirektes Zutun der SPD, die den dazu von der CDU/CSU geforderten Kriterienkatalog für Kontingente und Quoten nicht rechtzeitig vorlegen konnte, der, wie immer in Fragen der Einwanderungspolitik, die häßliche und der ohnehin im Asylstreit zerrissenen Partei kaum mehr zumutbare Kehrseite der guten Absicht hätte zeigen müssen.[112]

Im Kern des ‚Asylkompromisses' vom Dezember 1992 stand der Gedanke, aus ‚verfolgungsfreien' Herkunftsländern stammenden oder über ‚sichere Drittländer' einreisenden Flüchtlingen den Anspruch auf Asyl zu verwehren. Eine Protokollnotiz hielt fest, daß die Nachbarstaaten Polen, CSFR, Österreich und die Schweiz als sichere Drittstaaten gelten sollten. Die mit den Außengrenzen der Europäischen Union zusammenfallende deutsche Ostgrenze (‚Schengengrenze')[113] wurde damit abgeschirmt.

Vereinbart wurden Verhandlungen zur Entlastung der Drittstaaten, zunächst mit Polen. Die noch nicht abschließend geklärten ca. 400 000 ‚Altfälle' sollten, soweit die Verfahren noch schwebten, zwar nach dem neuen Recht behandelt werden, Asylbewerber aus Ländern mit hohen Anerkennungsquoten aber generell bleiben dürfen. Vereinbart wurden ferner weitere Verfahrensbeschleunigungen (Eilverfahren mit Einzelrichtern bei Unterbringung in einer zentralen Unterkunft bis zur Entscheidung) und Senkungen der Leistungen für Asylbewerber unter weitgehender Beschränkung auf Sachleistungen (seit Nov.

1993 außer Unterkunft und Verpflegung nur noch ein Taschengeld von monatlich höchstens 80 DM). Kriegs- und Bürgerkriegsflüchtlinge sollten ohne Asylverfahren ein befristetes Aufenthaltsrecht bekommen, anschließend aber keinen Asylantrag mehr stellen dürfen.

Schärfste Kritik, vor allem an der ‚Drittstaaten-Lösung‘ kam, auch bei der Anhörung von Innen- und Rechtsausschuß des Bundestages und der Verfassungskommission am 11. 3. 1993, aus den Reihen von Bündnis 90/Grüne, von humanitären und karitativen Verbänden, Menschenrechtsorganisationen und vom Vertreter des Hohen Flüchtlingskommissars der Vereinten Nationen in Bonn. Vergeblich appellierte er an die Abgeordneten des Bundestages, die Genfer Flüchtlingskonvention als materielle Grundlage für die Entscheidung über die Gewährung von Asyl wiedereinzuführen. In eine innere Zerreißprobe zwischen Vertretern und Gegnern des ‚Asylkompromisses‘ geriet die SPD. Die öffentlichen Auseinandersetzungen wiederum gipfelten in den großen Demonstrationen in Bonn und in einer regelrechten Belagerung des Regierungsviertels, als der Bundestag am 26. Mai 1993 mit 521 gegen 132 Stimmen die umkämpfte Änderung des weltweit einzigartigen Art. 16 GG verabschiedete. Schon am 28. Mai 1993 stimmte der Bundesrat der Gesetzesänderung zu, die am 1. Juli 1993 in Kraft trat.[114]

Der Weg zur Grundgesetzänderung war Ergebnis einer politisch, gesellschaftlich und kulturell verheerenden, vielfach demagogischen politischen Auseinandersetzung, deren Folgen durch die Entscheidung allein nicht mehr ungeschehen zu machen waren, im Gegenteil: Die Welle fremdenfeindlicher Gewalt raste, wie die Solinger Morde (29. 5. 1993) am Tag nach der Bundesratsentscheidung zeigten, auch über den hastig vorbereiteten asylrechtlichen Dammbau hinweg; mehr noch: Die radikal fremdenfeindliche gewalttätige Minderheit, die sich als Sprecherin einer schweigenden Mehrheit verstand, glaubte die Asylrechtsänderung sogar als Erfolg der eigenen Aktivitäten verbuchen zu können.

„Die Politik hat sicher, von den allermeisten ungewollt, aber vielleicht von einigen Politstrategen auch beabsichtigt, dem randalierenden Mob scheinbar Legitimation verschafft", schrieb rückblickend der Stellvertretende SPD-Vorsitzende Wolfgang Thierse, selbst schließlich Vertreter des in der SPD umstrittenen Asylkompromisses. „Man mag daran zweifeln, daß die Verabschiedung eines neuen Asylrechts durch den Deutschen Bundestag – eines Asylrechts, das vom rechten Gesindel als Erfolg seines Aufbegehrens gesehen werden kann –, der mittelbare Auslöser für den Anschlag von Solingen war", hieß es in einem Kommentar der Süddeutschen Zeitung über „Gesinnungs- und Schreibtischtäter" Ende Juni 1993. „Man kann indes nicht daran zweifeln, daß in der Diskussion, die zu dem neuen Asylrecht führte, schlimme Worte und entsetzliche Demagogie ein Klima schufen, in dem sich potentielle Verbrecher plötzlich als berufener Teil einer politischen Bewegung fühlen konnten, die vermeintlich von einer schweigenden Mehrheit der Deutschen begrüßt wurde. Hier waren Schreibtischtäter am Werk." Noch schärfer ging der Münchener Soziologe Ulrich Beck (‚Risikogesellschaft') in einer „Brandsatzwerfer" und „Brandsatzschreiber" verbindenden Anklage mit der „politischen Klasse" und insbesondere mit den „Konservativen" ins Gericht: „Dosierte Verharmlosung rechtsradikaler Gewalt – und die politischen Koordinaten driften nach rechts. Dosiertes Eindämmen und Ausgrenzen, und die Kohl-Mannschaft schärft ihr ‚liberales Profil'. So kann man andere die Drecksarbeit machen lassen und gegen Exzesse in die Rolle des Retters der Demokratie schlüpfen. Wann endlich wird die politische Zwickmühle erkannt und bestätigt, in die sich die Konservativen moralisch, psychologisch und politisch manövriert haben? Sie flaggen ‚Recht und Ordnung' und begünstigen, verharmlosen Unrecht und Gewalt, um so ihre politischen Eisen zu schmieden. Vielleicht sind die potentiellen Täter selbst taub gegen Kriminalisierungen. Ihre verschämt-unverschämten Dulder in der Mitte und Spitze der Gesellschaft aber sind dies sicher nicht. Sie gehören mindestens unter öffentliche Anklage wegen unterlassener Hilfeleistung und der Begünstigung von Gewalt im Amt."[115]

Die berühmten vier Worte des Art. 16 GG „Politisch Verfolgte genießen Asylrecht" sind zwar in Abs. 1 des neuen

Art. 16 a GG erhalten geblieben, die folgenden Absätze hingegen formulieren gravierende Einschränkungen: Die Aufnahme als Asylsuchende wird nach dem neuen Asylrecht vor allem zwei Gruppen außerordentlich erschwert: einerseits Flüchtlingen, die über ,sichere Drittstaaten', d. h. „aus einem Mitgliedsstaat der Europäischen Gemeinschaften oder aus einem anderen Drittstaat" einreisen, „in dem die Anwendung des Abkommens über die Rechtsstellung der Flüchtlinge und der Konvention zum Schutze der Menschenrechte und Grundfreiheiten sichergestellt ist" (Art. 16 a Abs. 2 GG); andererseits Flüchtlingen aus ,verfolgungsfreien Herkunftsländern', d. h. aus Ländern, in denen „gewährleistet erscheint, daß dort weder politische Verfolgung noch unmenschliche oder erniedrigende Bestrafung oder Behandlung stattfindet" (Art. 16 a Abs. 3 GG). Im ersten Fall kann die Abschiebung sofort und unabhängig von dagegen eingelegten Rechtsmitteln vollzogen werden. Im zweiten Fall „und in anderen Fällen, die offensichtlich unbegründet sind oder als offensichtlich unbegründet gelten", wird die Abschiebung „durch das Gericht nur ausgesetzt, wenn ernstliche Zweifel an der Rechtmäßigkeit der Maßnahme bestehen". Zur rechtswirksamen Begründung bleibt unter Umständen sehr wenig Zeit; denn „der Prüfungsumfang kann eingeschränkt werden und verspätetes Vorbringen unberücksichtigt bleiben" (Art. 16 a Abs. 4 GG).

Die Folgen sind dramatisch: Die Bundesrepublik ist für asylsuchende Flüchtlinge auf dem Landweg kaum mehr erreichbar, weil sie rundum, auch im Osten, von ,sicheren Drittstaaten' umgeben ist. Auf dem Luftweg – der schon der Kosten wegen eine soziale Selektionsfunktion hat – eintreffende Asylsuchende aus ,Nichtverfolgerstaaten' oder Antragsteller ohne gültige Papiere müssen auf den Flughäfen im exterritorialen Transitbereich bleiben und haben dort bei Zwangsaufenthalt im Lager ein Schnellverfahren abzuwarten, das die Entscheidung bringt über Abschiebung oder Genehmigung von Einreise und regulärem Asylverfahren vom Inland aus. Das in Eilverfahren angerufene Bundesverfassungsgericht hatte bis Ende 1993 zwar mehrfach in Einzelfällen, aber noch nicht grundsätzlich entschieden. Soll-

te es „die mit dem Asylkompromiß beabsichtigte schnelle Trennung von berechtigten und unberechtigten Asylbewerbern kippen", dann, so drohte der bayerische Ministerpräsident Edmund Stoiber (CSU), wäre endgültig die Abschaffung des
Grundrechts auf Asyl zu betreiben und seine Umwandlung in
eine sogenannte Institutsgarantie ohne Klagerecht in Karlsruhe.
Solche Bestrebungen aber könnten erneut in eine Sackgasse der
Handlungsunfähigkeit führen, schloß doch der SPD-Asylrechtsexperte Dieter Wiefelspütz die für eine erneute Änderung
des Asylrechts notwendige Zustimmung seiner Fraktion im
Bundestag von vornherein kategorisch aus: „Weitere Verfassungsänderungen auf dem Sektor des Asylrechts wird es mit
uns nicht geben".[116]

„Ziel des Gesetzes ist die Einschränkung der Asylverfahren
auf jene Flüchtlinge, die wirklich politisch verfolgt sind", kommentierte das Presse- und Informationsamt der Bundesregierung die Änderung des Asylverfahrensgesetzes vom 26. 5. 1993.
„Nicht der Schutz für politisch Verfolgte soll eingeschränkt
werden, sondern die große Zahl derer, die aus anderen Motiven
als dem der politischen Verfolgung in die Bundesrepublik kommen."[117] Gegner der Einschränkung des Asylrechts sahen dies
ganz anders: Für den Sprecher der Flüchtlingshilfsorganisation
,Pro Asyl', den Frankfurter Pfarrer Herbert Leuninger, hatten
die „Abschottungsinstrumente" den Zweck, „die Bundesrepublik ,flüchtlingsfrei' zu machen". ,Pro Asyl' und die Gefangenenhilfsorganisation ,amnesty international' beklagten, neben
zahlreichen anderen Punkten, auch den Mißerfolg einer im
Kern begrüßten, im weiteren Zusammenhang der Gesetzesänderungen geschaffenen Ausnahmeregelung für Kriegs- und
Bürgerkriegsflüchtlinge. Ihnen sollte außerhalb des hier ganz
unnötigen, weil in aller Regel aussichtslosen Asylverfahrens ein
zeitlich befristeter Sonderstatus eingeräumt werden: „Nach drei
Monaten des neuen Asylrechts muß festgestellt werden, daß
diese positive Regelung bisher nicht gegriffen hat", urteilte ,amnesty international' Ende September 1993. „Die Umsetzung
dieser Regelung ist bisher daran gescheitert, daß über die Frage,
wer die Kosten der Aufnahme dieser Kriegsflüchtlinge tragen

soll, keine Einigkeit zwischen Bund, Ländern und Gemeinden erreicht worden ist. Dieser Zustand führt immer mehr dazu, daß Kriegsflüchtlinge aus dem ehemaligen Jugoslawien, die bisher geduldet wurden, von den Gemeinden in Asylverfahren gedrängt werden." Grund: „Bei einfach geduldeten Kriegsflüchtlingen tragen die Gemeinden die Sozialhilfekosten, bei Asylsuchenden werden diese Kosten den Gemeinden von den Ländern erstattet." Die Sozialhilfe sei als „Instrument zur Minderung örtlicher Notfälle" kein „Mittel, um die Folgen nationaler und internationaler Katastrophen zu beseitigen", protestierte im Oktober 1993 der Stuttgarter Oberbürgermeister Manfred Rommel (CDU). Hinzu kam der Widerspruch, daß es zwar schon seit 1980 einen Status für Kontingentflüchtlinge, aber nach wie vor keine Festlegung von Kontingenten gab.[118]

Die besondere Kritik der beiden Hilfsorganisationen und anderer Gegner der Grundgesetzänderung aber richtete sich gegen das Konzept der „sicheren Herkunftsstaaten und Drittstaaten". Erschwerend kam ihres Erachtens hinzu, daß die Neuregelungen auf deutscher Seite schon griffen, obgleich noch gar nicht absehbar war, „ob von der Bundesrepublik in ein sicheres Drittland zurückgeschobene Asylsuchende dort ohne weiteres einen Zugang zum Asylverfahren erhalten". Zumindest im Blick auf die im Zusammenhang der Ost-West-Wanderung wichtigsten Länder, Polen und die Tschechische Republik, seien hier erhebliche Zweifel angebracht, abgesehen von der Frage, was sich für die Zuwanderer bei der durch die Zurückschiebung ausgelösten Kettenreaktion am Ende ergeben würde.[119]

In diesen Zusammenhang gehörte das am 7. 5. 1993 unterzeichnete deutsch-polnische Abkommen über die ‚Zusammenarbeit hinsichtlich der Auswirkungen von Wanderungsbewegungen': Als ‚sicheres Drittland' im Sinne des Schengener Rücknahmeübereinkommens von 1990[120] verpflichtete sich Polen, über die deutsch-polnische Grenze eingereiste Asylbewerber zurückzunehmen. Im Gegenzug sagte die Bundesrepublik für 1993/94 zur Bewältigung der damit verbundenen Probleme finanzielle Hilfen in Höhe von 120 Mio. DM zu, die wiederum zur Hälfte für den Kauf von technischen Einrichtungen in

Deutschland verwendet werden sollten. Die deutsche Seite verpflichtete sich, nicht mehr als jährlich 10 000 über Polen eingereiste Asylsuchende zurückzuschicken, weil eine höhere Zahl auf polnischer Seite für unverkraftbar gehalten wurde. Zu Beginn der Regelung im Jahr 1993 zählten die entsprechenden Fälle freilich erst nach Hunderten. Ob sich die von Polen angestrebten, analogen Abkommen mit seinen östlichen und südlichen Nachbarländern werden realisieren lassen und welche Folgen auf weite Sicht all dies für die in diesen Ab- bzw. Rückschiebestrudel geratenen, im bundesdeutschen Amtsjargon ‚Schüblinge‘ genannten Asylsuchenden haben wird, bleibt abzuwarten.

Zur Eindämmung illegaler Zuwanderung war vor dem deutsch-polnischen Abkommen schon am 24. 9. 1992 der seit dem 1. 11. 1992 wirksame deutsch-rumänische Rücknahmevertrag geschlossen worden. Zur Bekämpfung der Schlepperorganisationen werden weitere Abkommen mit Österreich, der Slowakei und der Tschechischen Republik angestrebt. Schon ein Blick nach Österreich zeigt indes, was das Abschiebekonzert für die Betroffenen bedeuten kann: „Österreich ist für Flüchtlinge kein Rechtsstaat und auch kein sicheres Drittland mehr“, resümierte Ende 1993 eine kritische Einschätzung in der Zeitschrift für Ausländerrecht und Ausländerpolitik; denn, so die Begründung im Blick auf Kernbestimmungen des österreichischen Asylrechts: „Der Entzug des Aufenthaltsrechts noch vor einer materiellen Entscheidung im Asylverfahren ist völkerrechtswidrig. Es ist für die Flüchtlinge unzumutbar, die Entscheidung im Ausland (womöglich im Verfolgerstaat) abzuwarten. Die gängige Praxis, Asylverfahren in Schubhaft durchzuführen, ist mangels eines fairen rechtsstaatlichen Verfahrens und einer gerichtlichen Überprüfung ebenfalls nicht völkerrechtskonform.“ Mit der Grundgesetzänderung werde „nicht der Fluchtgrund, sondern der Fluchtweg zum ausschlaggebenden Faktor für die Gewährung von Asyl“, hatte der Vertreter des UNHCR in Bonn bei der Anhörung im Bundestag am 11. 3. 1993 vergeblich gewarnt. Nach der Genfer Flüchtlingskonvention sei eine Abschiebung oder Zurückweisung an der

Grenze ohne Prüfung des Asylgesuchs dann unzulässig, wenn dem Betroffenen die Zurückschiebung in einen Verfolgerstaat drohen könnte. Kettenabschiebungen seien eine potentielle Gefahr für die Funktionsfähigkeit des internationalen Asylsystems.[121]

Seit das neue Asylrecht greift, ist, wie gezeigt, die Zahl der Asylanträge stark zurückgegangen: Das wurde vom Bundesinnenministerium freilich ein Stück weit auch auf die Wirkung des seit November 1992 gültigen, ebenfalls von Wirtschaftshilfezusagen flankierten deutsch-rumänischen ‚Rücknahmeabkommens‘ (s. o.) zurückgeführt. Mit Hilfe dieses Abkommens wurden innerhalb der ersten acht Monate des Jahres 1993 allein 28 381 illegal nach Deutschland eingereiste rumänische Staatsbürger (meist Roma) zurückgebracht, obgleich es ein offenes Geheimnis ist, daß die verhaßten ‚Zigeuner‘ in Rumänien vielfach gnadenlos unterdrückt und brutal verfolgt werden, weshalb hier auf Dauer ohnehin keine nationalen oder bilateralen, sondern nur europäische Lösungen (Roma-Konvention o. ä.) helfen können.[122]

Für viele Flüchtlinge ist Deutschland seit der Asylrechtsänderung nur noch Transitland, das mit einem Visum durchquert wird, um unter nun im Vergleich zu Deutschland liberaleren Regelungen einen Asylantrag zu stellen. Das gilt z. B. für die Niederlande, wo seit der deutschen Asylrechtsänderung die Zahlen von Flüchtlingen und Asylsuchenden bis Ende 1993 dramatisch anstiegen, zumal man auf niederländischer Seite weitgehend auf an sich mögliche Rückschiebungen nach Deutschland verzichtete. Das hat dort zu Versuchen einer Rückkehrförderung durch Prämien geführt, die zum Teil einem Jahresgehalt im Herkunftsland entsprachen, außerdem zu einem neuen, schärferen Asylgesetz (‚Ausländergesetz‘), aber auch zu einem starken Anstieg der Zahl illegaler Inlandsaufenthalte, die nach Schätzungen bei „einigen hunderttausend" liegen.[123] In Deutschland hingegen erlitt das für Hersteller von Systemgebäuden, Verpächter und Vermieter von Häusern, Wohnungen und ansonsten kaum noch verwendbaren Notunterkünften höchst profitable Geschäft mit der Not der Flüchtlinge eine Art gesetzesbedingten Konjunktureinbruch; denn von Ländern und Kommunen zur Verfügung gestellte Unterkünfte reichten nun wieder hin, oder wurden zum Teil sogar funktionslos – soweit sie nicht in absehbarer Zeit für die Unterbringung von Obdachlosen genutzt werden müssen.[124]

Anzunehmen ist, daß mit der Abnahme der Zahl von Asylanträgen die Anfang der 1990er Jahre bereits auf mehrere Hunderttausend geschätzte Zahl der illegalen Inlandsaufenthalte noch deutlich steigen wird: Daß „durch die restriktive Asylpolitik die Zahl der Zuwanderer wächst, die in die Illegalität abtauchen", fürchtet nicht nur Walter Koisser, bis März 1993 Vertreter des UNHCR in Bonn. „Schöne Zeiten für Schlepper" sieht auch ein Asylfachmann im niedersächsischen Innenministerium heraufziehen, denn: „Jetzt macht es eigentlich zum ersten Mal richtig Sinn, illegal einzureisen."[125]

Illegalität als Massenerscheinung aber – wie sie z. B. in Spanien mit ca. 1 Mio. und in Italien mit ca. 2 Mio. illegal im Lande lebenden Nordafrikanern ebenso gängig ist wie in den Südstaaten der USA – könnte nach der Emotionalisierung und denunziativen Vergiftung der Kampfthemen Flucht und Asyl durch die Asyldebatte der späten 1980er und frühen 1990er Jahre in Deutschland verheerende Folgen haben. Das kann bis zur privaten Hatz auf der Illegalität verdächtigte Fremde reichen – die dem privaten Menschenjäger dann, wenn er ein in der Tat illegales Opfer stellt, sogar noch im Licht einer zwar rechtlich unzulässigen, aber doch faktischen Unterstützung amtlicher Organe beim Aufgreifen eines im Untergrund lebenden, fremden Rechtsbrechers erscheinen könnte. „Kommt es aber in der Bundesrepublik zu härteren sozialen Konflikten, dann wird es nicht mehr darum gehen, illegalen Zuwanderern zu sagen, daß sie sich unrechtmäßig in diesem Lande aufhalten, dann wird bald regelrecht gejagt werden", schätzte auch der Chef der niedersächsischen Staatskanzlei, Staatssekretär Dr. Wolf Weber (SPD) im November 1993 bei einem Vortrag am Osnabrücker Institut für Migrationsforschung und Interkulturelle Studien (IMIS).[126]

Der Anspruch auf Asyl selbst aber war – ganz abgesehen von den stark verringerten Möglichkeiten, ihn überhaupt zu erheben – schon in den letzten Jahren vor der Grundgesetzänderung ohnehin rechtlich immer weiter eingegrenzt worden. Beispiele: Selbst im engeren Sinne politisch Verfolgte hatten dann keinen Anspruch auf Asyl mehr, wenn ihr Weg über das Territorium eines dritten Landes führte, in dem sie nach hiesiger Auffassung ,sicher vor Verfolgung' waren oder wenn die politischen Verfolgungsgründe nach der Flucht außerhalb des Herkunftslandes geschaffen wurden (,Nachfluchtgründe'). Allgemeine Not, Krieg und Bürgerkrieg zählten – vom ,Gegenterror' abgesehen – grundsätzlich nicht als Asylgründe (,Not- und Kriegsklausel'). Leib und Leben sowie persönliche Freiheit waren zwar absolut zu schützen; aber selbst schwere Menschenrechtsverletzungen (z.B. Folter) begründeten, auch beim Einsatz zu politischen Zwecken (,Zweckgerichtetheit') einen Asylanspruch nur dann, wenn sie das Maß dessen überschritten, was Menschen im jeweiligen Land „aufgrund des herrschenden Systems allgemein hinzunehmen haben". Wo die Folter gar ein staatliches Terrorinstrument zur „Aufrechterhaltung der Herrschaftsstruktur" war, konnte sogar diese grausige Maßeinheit zur Begründung eines Asylantrags entfallen. Selbst der wegen politischer Betätigung Gefolterte mußte „nachweisen, daß durch die Folter seine politische Gesinnung getroffen werden sollte". Hinzu kommt, daß im Spiegel höchstrichterlicher Entscheidungen der letzten Jahre vor der Asylrechtsänderung Verfolgungstatbestände in den Krisenzonen der ,Dritten Welt' zunehmend als „bürgerkriegsähnliche Zustände" oder als „durch die Bürgerkriegssituation überlagert" und demzufolge als „asylrechtlich bedeutungslos" interpretiert wurden.[127]

Schon bevor der neue Asylartikel 16a GG in Kraft trat, hatten Änderungen von Asylverfahrensgesetz und Rechtsprechung – seit 1977 gab es hier Hunderte von Korrekturen von Gesetzen, Erlassen und Verwaltungsvorschriften – auch den materiellen Gehalt des Asylrechts zunehmend eingeschränkt und die Anerkennungsquote zum Teil sogar bei gleichbleibendem Fluchthintergrund drastisch gesenkt: So zeigte die amtliche Asylbewerberstatistik z.B. für das krisengeschüttelte Äthiopien eine auffällige Kurvenbewegung, die von 601 Anträgen im Jahr 1981 auf

2625 im Jahr 1985 hochschnellte, dann scharf abknickte und 1988 mit 668 Anträgen wieder ungefähr das Niveau des Jahres 1981 erreichte. Der Kurvenverlauf der Anerkennungen erschien Kritikern nachgerade wie antizyklische Konjunkturpolitik im Asylbereich: 1984 waren noch 87% der Flüchtlinge als asylberechtigt anerkannt worden. Dann sank die Kurve der Anerkennungen in Gegensteuerung fast umgekehrt proportional zum Anstieg der Gesuche: Sie fiel 1985 schon auf 71%, 1986 dann steil auf 12% und 1987 auf 11%, um 1988, als die Zahl der Anträge stark zurückgegangen war, wieder leicht zu steigen.[128]

Auch im internationalen Vergleich gab es große Unterschiede in der rechtlichen Bewertung von Flüchtlingsschicksalen und im Flüchtlingsbegriff, die zu extrem unterschiedlichen Anerkennungsquoten führen konnten. Bei Vietnamesen reichte die Anerkennungsquote im Jahr 1991 z.B. von 98% in Belgien über 79% in der Schweiz und 61% in Österreich bis herab zu der deutschen Anerkennungsquote von 0,55%, die nur noch durch das absolute Nichts (0%) in Italien unterboten wurde. Solche Unterschiede im europäischen Vergleich sind wesentlich davon abhängig, ob die Entscheidungen von vornherein gemäß der Genfer Flüchtlingskonvention oder, wie in Deutschland, nach selbstentwickelten Kriterien getroffen werden. Das zeigt ein Vergleich der an der Flüchtlingskonvention orientierten Entscheidungen in Frankreich mit denjenigen in Deutschland, wo die Konvention in der Regel erst nach der Ablehnung durch das Bundesamt als potentielle Barriere gegen die anschließende (in Länderzuständigkeit liegende) Abschiebung wirkt: 1992 lagen z.B. die Anerkennungsquoten von Januar bis Oktober in Frankreich und Deutschland im Falle von Anträgen aus Bulgarien bei 26,2% (F) gegenüber 0,1% (D). Ähnliches galt für Anträge aus Nigeria mit 10,5% (F) gegenüber 0,1% (D), aus Zaïre mit 14,3% (F) zu ebenfalls 0,1% (D), aus Rumänien mit 16,3% (F) zu 0,2% (D), aus Ex-Jugoslawien mit 11,6% (F) zu 1,8% (D). Auch die – für deutsche Verhältnisse außerordentlich hohe – Anerkennungsquote gegenüber Antragstellern aus Afghanistan (35,4%) lag in Frankreich fast doppelt so hoch (60,2%).[129]

Die immer engere Definition der ‚politischen‘ Verfolgung in Deutschland hatte bei starkem Wachstum der Flüchtlingszahlen auch zum Anstieg der Zahl jener abgelehnten ‚De-facto-Flüchtlinge‘ beigetragen, die aus humanitären (‚humanitäre Flüchtlinge‘), rechtlichen oder politischen Gründen nicht abzuschieben waren und deshalb unter dem Damoklesschwert der ‚Duldung‘, d.h. der nur immer wieder auf Zeit ausgesetzten Abschiebung, leben. Unterschiede zwischen Aufnahmeregelungen, Lebensbedingungen und Abschiebepraxis der einzelnen Bundesländer konnten sogar zu der tragischen Groteske führen, daß sich das Fluchtgeschehen innerhalb der Bundesrepublik fortsetzte: Flüchtlinge flohen von einem ins andere, vermeintlich sicherere Bundesland. Bayerns harte Asylpraxis etwa verursachte „eine Binnenwanderung, die andere Bundesländer erheblich belastet". Nach Pressemeldungen waren im Sommer 1989 in Nordrhein-Westfalen etwa 4 500 Asylsuchende untergetaucht: Allein in Bielefeld hielten sich demnach etwa 50 „Bayernflüchtlinge", vornehmlich Tamilen, und in Gelsenkirchen mehr als 100 Libanesen auf.[130]

Hinzu trat seit 1989/90 die doppelte Ost-West-Flucht von Asylsuchenden: Zuerst kamen vor allem Vietnamesen und Afrikaner, die vordem in der DDR Arbeitsverträge hatten und wegen der im Osten zunehmenden fremdenfeindlichen Ausschreitungen Asylanträge im Westen stellten. Nach der deutschen Vereinigung wiederum flüchteten Asylsuchende in den Westen, die im Sinne des Einigungsvertrages den neuen Bundesländern zugeteilt und dort Opfer fremdenfeindlicher Aggressionen wurden oder zu werden fürchteten. Von den 17 000 in Mecklenburg-Vorpommern registrierten Asylbewerbern hielten sich z.B. im Oktober 1993 nur noch rund 2 800 in den Flüchtlingsunterkünften des Landes auf. Der Verbleib der übrigen Asylbewerber sei nicht bekannt, erklärte ein Ministeriumssprecher; wahrscheinlich hielten sie sich aus Furcht vor Angriffen verborgen.[131]

Allgemeine Unsicherheit und Perspektivlosigkeit bei Rückkehrpflicht und ‚Duldung‘ nur auf Zeit kennzeichnen nach wie vor besonders die Lage der ‚De-facto-Flüchtlinge‘ unterhalb der Schwelle des Asylrechts. Sie werden vielfach noch immer als ‚Scheinasylanten' denunziert. Belastend hinzu kommt für sie die öffentliche Diskussion um eine ‚konsequente' Abschiebung, obgleich ihrer Abschiebung aus den genannten Gründen zumeist Grenzen gesetzt sind. Die Lebensumstände dieser aus zwingenden Gründen geduldeten Flüchtlinge sind deshalb für viele von ihnen psychisch schwer erträglich.[132]

Die oft von der schieren Not diktierte, zuweilen freilich auch von skrupellosen, international operierenden Menschenschiebern und Grenzschleusern[133] stimulierte Versuchung zum ‚Mißbrauch des Asylrechts' hatte, wie erwähnt, ihren Grund auch darin, daß es für viele keinen anderen Weg in die Bundesrepublik gab: Sie wollte ‚kein Einwanderungsland' sein oder werden und verfügt deshalb nach wie vor nicht über jenes seit mehr als einem Jahrzehnt überfällige System von Steuerungsventilen bei Zuwanderungsdruck, das man ‚Einwanderungspolitik' nennt. Die Verwaltung des selbstverschuldeten Mangels an Handlungsspielraum wurde rechtlich zunehmend auf unterbesetzte Behörden, überforderte Gerichte und faktisch auf die Kommunen abgewälzt. Verwaltungsgerichte aber waren und sind durch diese Aufgabe oft nicht nur wegen Personalmangels überfordert, sondern auch aus Gründen der hochkomplizierten Informationslage, zumal es dabei nicht selten auch um die Klärung interkultureller Mißverständnisse geht.[134]

Hinzu kommt der Mangel an international abgestimmten Kontingentregelungen für eine befristete oder auch dauerhafte Aufnahme von Flüchtlingen aus Kriegs- und Krisengebieten (‚Kontingentflüchtlinge'). Auch dies hat beigetragen zu dem auffälligen – und in der politischen Demagogie oft rücksichtslos ausgespielten – Mißverhältnis von im europäischen Vergleich niedrigen Anerkennungsquoten im Asylverfahren und einer großen Zahl von im Lande lebenden und trotz Ablehnung nicht abgeschobenen Flüchtlingen. Das gilt besonders für Kriegsflüchtlinge, die in Deutschland heute – nachdem der im Sinne von § 32 a AuslG mögliche ‚Aufenthalt' am Dissens über Kostenfragen zwischen Bund und Ländern scheiterte – mit einer bis zum Ende der Fluchtgründe befristeten ‚Duldung' rechnen können: Nach Angaben des UNHCR lebten im November 1992 in Deutschland 235000 Kriegsflüchtlinge, mehr als doppelt soviele wie in allen anderen Staaten der Europäischen Union zusammen.

Im Oktober 1993 beschloß die Innenministerkonferenz den Abschiebestop für die auf 60000 (Kroatische Botschaft in Bonn) bis 100000 (Bundesinnenministerium) geschätzten kroatischen Bürgerkriegsflüchtlinge letztmalig nurmehr bis zum 31. 1. 1994 (einschließlich von Abschiebungsfristen und gesetzlichen Einspruchmöglichkeiten bis zum 30. 4. 1994) zu verlängern unter Hinweis darauf, daß Kroatien nicht mehr als Kriegsgebiet eingestuft werde. Das führte schließlich im Frühjahr 1994 insbesondere in den Kirchen zu einer vehementen Diskussion um ein Christenrecht auf Widerstand gegen die Staatsgewalt zugunsten von Abschiebung bedrohter asylsuchender Flüchtlinge (‚Kirchenasyl‘). Die Entscheidung der Bundesregierung, sich überdies nicht an den finanziellen Lasten der ‚Flüchtlingsrückführung‘ in das durch Krieg und Bürgerkrieg zerstörte, von Massenarbeitslosigkeit geplagte und mit Hunderttausenden von bosnischen Flüchtlingen übervölkerte Land, in dem die früheren Existenzgrundlagen der Flüchtlinge vielfach durch die Kriegshandlungen zerstört worden waren, zu beteiligen, wurde damit begründet, daß es sich hier „nicht um eine deutsch-kroatische, sondern um eine europäisch-kroatische Angelegenheit" handele, für die eine „gesamteuropäische Lösung" gefunden werden müsse. Der Appell Deutschlands an die Europäische Union, das Land, das mit weitem Abstand die meisten Flüchtlinge aus dem ehemaligen Jugoslawien aufgenommen habe, nun nicht auch noch mit der Finanzierung des „Rückführungsprogramms" allein zu lassen, offenbarte die dramatische Spannung zwischen nationalen Egoismen und europäischem Konsens in der Flüchtlingspolitik.[135]

Allgemein wuchs, angestachelt durch aufsehenerregende, in der Sache aber zuweilen inhaltsleere Sensationsberichte über wachsenden Zuwanderungsdruck auf die europäischen und deutschen Grenzen, eine Bollwerkmentalität gegenüber ‚den Fremden‘ schlechthin: Zur Angst vor einer Elendsflut aus dem

Süden traten Ende der 1980er Jahre Horrorszenarien über drohende kontinentale ‚Völkerwanderungen' aus dem Osten Europas, bedingt durch politische Umwälzungen und wirtschaftliche Misere, ethnische Spannungen und Nationalitätenkonflikte. Konkreter Hintergrund war dabei auch die Tatsache, daß die ‚Festung Europa' und besonders das vereinte Deutschland nach der Öffnung des ‚Eisernen Vorhangs' auf dem Landwege vom Osten Europas aus wesentlich leichter zu erreichen waren als auf den zunehmend durch restriktive Visabestimmungen verstellten interkontinentalen Luftwegen aus der ‚Dritten Welt': Auf Kosten des seit Ende der 1970er Jahre bei weitem dominierenden Anteils der Asylbewerber aus Ländern der ‚Dritten Welt' stieg der Anteil der Europäer an den Asylsuchenden bis 1988 auf insgesamt 69,3%. Er sank dann langsam über 60,4% im Jahr 1989 auf 52,6% im Jahr 1990, bis der kriegsbedingte Andrang von asylsuchenden Flüchtlingen aus der in blutigem Gemetzel zerfallenden Vielvölkerrepublik Jugoslawien den Anteil osteuropäischer Staaten 1991 wieder auf 65,1% steigen ließ.[136]

Während Politisierung und Emotionalisierung fremdenfeindliche Abwehrhaltungen gegenüber ‚Asylanten' steigerten und die politischen Handlungsspielräume verengten, gab es in der Sache lange nur wenige richtungweisende Initiativen. Eine besondere Wegmarke bildete die ‚neue Flüchtlingspolitik' des Berliner Senats vom Sommer 1989. Sie bezog individuellmenschliche Probleme sowie aktuell-politische Gegebenheiten im Herkunftsland stärker ein und ließ neben Verfolgung oder menschenrechtswidriger Behandlung auch Krieg und Bürgerkrieg, Naturkatastrophen und Hungersnöte als Gründe gegen eine Abschiebung gelten.[137]

In vieler Hinsicht richtungweisend war die schon erwähnte, auf parteiübergreifende entwicklungspolitische Initiativen des Bundestages 1988/89[138] in Richtung auf eine „Weltsozialpolitik für Flüchtlinge" (Alois Graf Waldburg-Zeil, CDU) zurückgehende ‚Flüchtlingskonzeption der Bundesrepublik Deutschland' vom September 1990, die „Ansätze für eine ressortübergreifende Politik" formulierte. Sie bot einen ersten politischen

Orientierungsrahmen für eine umfassende Antwort auf die Herausforderung durch das Weltflüchtlingsproblem. Die Konzeption reichte von der Außenpolitik über die Entwicklungs- bis zur Asylpolitik und von der besonders betonten Bekämpfung der Ursachen von Fluchtbewegungen bis hin zur Flüchtlingsaufnahme und zur Rückkehrhilfe auf nationaler Ebene und in internationaler Kooperation.[139]

Die Zielrichtung der Bonner Flüchtlingskonzeption wurde national und international akzeptiert. Aber die Konzeption war, als „Grundlage eines internationalen Vorgehens in der Flüchtlingsfrage", nur ein Schritt in die richtige Richtung. Denn bei der Bekämpfung der Fluchtursachen geht es letztlich nicht um Migrationspolitik, sondern um Verteilungsprobleme in der Weltgesellschaft. „Eine ehrliche und offene Information der Bevölkerung über die Gründe, warum Flüchtlinge kommen, ist nötig", mahnte ein kurz vor dem Parteiengespräch beim Bundeskanzler zum Thema Asylpolitik im Oktober 1991 vorgelegtes Positionspapier der Flüchtlingshilfsorganisation ‚Pro Asyl' und anderer Hilfsorganisationen. „Es gibt künftig nur eine Alternative: Entweder wir mauern uns ein oder wir sind bereit, den Reichtum in unserem Land gerecht zu teilen."[140] Was sich seither abzeichnet, ist nicht die Bereitschaft zu teilen, sondern die defensive ‚Harmonisierung' des Asylrechts im Binnenmarkt und eine fortschreitende ‚Ummauerung' der ‚Festung Europa' im Wanderungsgeschehen der Welt. Das gilt von den Greiftrupps der Guardia Civil an der spanischen Südküste über den von Gibraltar bis zur Adria reichenden Einsatz von Marinepatrouillen gegen die illegale Einwanderung aus Nordafrika und Südosteuropa bis zu den Bundesgrenzschutzstreifen und den elektronischen Sicherungsmaßnahmen an den deutschen Ostgrenzen.[141]

Im Blick auf den Asylkompromiß vom Dezember 1992 und die dadurch ermöglichte Asylrechtsänderung zu Lasten von Antragstellern aus ‚verfolgungsfreien' Herkunftsländern, erscheint die zu Recht vielgerühmte Bonner Flüchtlingskonzeption vom September 1990 ohnehin in einem anderen Licht: „Die deutsche Politik muß künftig mit der besonderen Aufgabe fertig werden, die Welt in Verfolgungs- und Nichtverfolgungs-staaten einzuteilen", hieß es in einem Pressekommentar zum Asylkompromiß. „Es ist außenpolitisch etwas ganz anderes, ob deutsche Beamte und Gerichte einem einzelnen zubilligen, in seinem Heimatstaat politisch verfolgt worden zu sein, oder ob man den ganzen Staat als Unrechtsstaat kennzeichnet. Der Drahtseilakt, einen beim besten Willen nicht anders einzustu-fenden Verfolgerstaat auf den Weg zum Rechtsstaat zu bringen oder ihn schlimmstenfalls um Hunderttausende seiner Bürger zu entlasten, wird voraussichtlich der deutschen Entwicklungs-hilfe zufallen – und damit aufwendig werden". Für ein massives Engagement zur Bekämpfung von Fluchtursachen auf dem We-ge über die Entwicklungshilfe im Sinne der Flüchtlingskonzep-tion von 1990 indes bietet der – im internationalen Vergleich zwar beachtliche, für solche Zwecke aber ganz unzureichende – deutsche Entwicklungshilfe-Etat bislang keine Belege.[142]

Bei den immer wieder alarmierenden, auf ‚Umfragen‘ bzw. Informationen ‚aus unterrichteten Kreisen‘ der Ausgangsländer gestützten Meldungen über absehbare Masseninvasionen von Arbeitswanderern und Armutsflüchtlingen aus dem Osten Eu-ropas und Süden der Welt wird man, von der wechselseitigen Eskalation von Sensationsgier und Sensationsberichterstattung einmal abgesehen, dreierlei bedenken müssen:

1. Ende der 1980er/Anfang der 1990er Jahre konnte z.B. ein polnischer Arbeiter (insbesondere wenn er als ‚Tourist‘ illegal beschäftigt war) in Deutschland rund zehnmal soviel verdienen wie an seinem regulären heimatlichen Arbeitsplatz. Ein sowje-tischer Arbeiter wiederum konnte den Gedanken an Arbeit in Polen ebenfalls mit dem Traum vom zehnfachen Verdienst verbinden. Deshalb war z.B. die an einen sowjetischen Arbei-ter gerichtete Frage, ob er wohl daran interessiert sei, für län-gere Zeit in Deutschland zu arbeiten, oft gleichbedeutend mit der Frage, ob er wohl Lust habe, auf Zeit im Paradies zu le-ben. Es gibt Fragen, die man nicht mit ‚Nein‘ beantworten kann.

2. Zuweilen hatten zustimmende Antworten bei solchen Um-fragen – deren Ergebnisse dann im Westen veröffentlicht und

von der eigenen Regierung wieder zur Kenntnis genommen wurden – auch die Funktion des Sozialprotests gegen die Zustände im eigenen Land in Gestalt einer Art Warnung vor Abstimmung mit den Füßen.

3. Immer häufiger wurde die Rede von den gefürchteten ‚neuen Völkerwanderungen' aber auch von den möglichen Ausgangsländern mehr oder minder offen eingesetzt als eine Art Wanderungsdrohung in der Diskussion um Zinserlaß, Wirtschaftshilfe und weltwirtschaftlichen Fragen, während innerhalb der ‚Festung Europa' Migrationspolitik um so mehr zu einem Thema der Sicherheitspolitik geriet: Der polnische Ministerpräsident wollte nicht ausschließen, daß sich bei unzureichender Wirtschaftshilfe Millionen arbeitsloser Polen nach Westen in Marsch setzen könnten und deutete an, er werde gegebenenfalls sogar „die Grenzen seines Landes im Osten und im Westen öffnen, damit die Flüchtlinge aus Rußland in die Bundesrepublik weiterwandern können". Auf russischer Seite wiederum wurde hörbar spekuliert, daß die Intensität der osteuropäischen Westwanderung nach Einführung der Reisefreiheit schlicht abhängig sein könnte von der Kapazität der Paßdruckerei. Unmißverständlich war auch die offene Drohung des Präsidenten des Senegal, Abdou Diouf, in einem Interview mit der französischen Zeitung ‚Le Figaro': Europa müsse Afrika wirtschaftlich weit massiver unterstützen als bisher. „Sonst werdet Ihr von Horden wie im Mittelalter überrollt".[143]

Auch wenn aus den Vorstellungen des Afrikaners von den wandernden ‚Horden' ein ausgesprochen phantasievolles Mittelalter-Bild spricht, so ist es doch keine Frage, daß das globale Flüchtlingsproblem nicht nur national, sondern auch europäisch und global beantwortet werden muß. Dabei darf sich die in der Regel als ‚Harmonisierung' umschriebene Europäisierung von Asylrecht und Einwanderungspolitik weder in einem euro-defensiven „Frühwarnsystem für Flüchtlingswellen" erschöpfen noch auf ein europäisches „Flipperspiel mit Flüchtlingen" (H. Prantl) bzw. auf einen von östlichen Nachbarstaaten gebildeten „Auffanggürtel gegen die Ost-West-Wanderung" (G. P. Hefty) hinauslaufen; denn es geht um die Bekämpfung von Fluchtursachen und nicht von Flüchtlingen.[144]

Wo es bei dieser Bekämpfung der Fluchtursachen aber um die Opfer von Kriegen und Krisen geht, müssen sich gerade europäische Nationen daran erinnern lassen, daß viele Strukturprobleme der ‚Dritten Welt‘ nicht nur dort ‚hausgemacht‘ sind, sondern auch mit europäischen Interessen zu tun hatten und haben, so daß die in der öffentlichen Diskussion zur schlanken politischen Formel erstarrte ‚Bekämpfung der Fluchtursachen‘ in einiger Hinsicht auch in Europa beginnen kann. Zu erinnern ist an das mit der Kolonialgeschichte (an der auch Deutschland 1884–1914/18 teilhatte) und ihren willkürlichen kolonialen Grenzziehungen heraufbeschworene postkoloniale Konfliktpotential, an wirtschaftlich ungerechte Austauschrelationen und strangulierende Kreditbedingungen bis hin zum profitablen Gift-, Giftmüll- und besonders Waffenexport in kriegs- und krisengeschüttelte Zonen der Welt.

Im Blick auf in der Türkei verfolgte und hierzulande asylsuchende Kurden wird sich die Bundesrepublik in diesem Zusammenhang danach fragen lassen müssen, wie es denn um ihren Beitrag zur so vielzitierten ‚Bekämpfung der Fluchtursachen‘ innerhalb der Grenzen des NATO-Partners Türkei steht. Nichteinmischung in die inneren Angelegenheiten und Ärger mit den auswärtigen Folgen dieser inneren Angelegenheiten sind Kehrseiten der gleichen Medaille. Eine völkerrechtlich groteske, der Mesalliance von Asyl- und Sicherheitspolitik entsprungene Mißgeburt wäre der im Frühjahr 1994 – vom Bundesinnenministerium als Antwort auf Kurden-Demonstrationen und Terror der PKK in die Diskussion gebrachte – Gedanke an einen deutsch-türkischen Abschiebe- bzw. Rücknahmevertrag, der auf eine Zwangsrepatriierung von Verfolgten in einen Verfolgerstaat hinauslaufen könnte. Den Verfolgerstaat aber versorgt die Bundesrepublik seit langem mit gewaltigen Rüstungsgüter-Exporten, die zum Teil nachweislich in dem Unterdrückungsfeldzug gegen PKK und kurdische Minderheit eingesetzt wurden, dem bislang ca. 11 000 Menschen zum Opfer fielen und in dem allein 1993 874 Dörfer zerbombt und gesprengt wurden: 1985–91 schenkte die Bundesrepublik der Türkei Waffen und Munition im Wert von 3,6 Mrd. DM. Jährlich kauft die Türkei Rüstungsgüter in Höhe von ca. 6,6 Mrd. DM in der Bundesrepublik ein. „Deutschland ist mitverantwortlich für den Bürgerkrieg" urteilt deshalb T. Zülch, der Vorsitzende der Gesellschaft für Bedrohte Völker. „Solange Deutschland als Großhändler von Waffen und Munition, Panzern, U-Booten und anderen Vernichtungsmaschinen auftritt, kann es nicht beanspruchen, seinen Anteil zur Bekämpfung [der Fluchtursachen] beizutragen", urteilte der von Bündnis 90/Grünen als Kandidat für das Amt des Bundespräsidenten benannte Naturwissenschaftler und Bürgerrechtler Jens Reich. Insgesamt aber wird bei der Bekämpfung der Fluchtursachen letztlich nur ein möglichst weitgreifender „internationaler Lastenausgleich" weiterhelfen können, der das globale Wanderungs- und vor allem das Fluchtgeschehen als Ausdruck einer weltgeschichtlichen Strukturkrise betrachtet und behandelt.[145]

Davon aber war am Ende des wirtschaftlichen Katastrophenjahres 1993 bei Konzentration auf Wirtschaftkrise und Massenarbeitslosigkeit, auf den Streit um den zum Stichwort des Jahres 1993 avancierten ,Sozialabbau', die Pflegeversicherung und andere innere Probleme im vereinten Deutschland kaum mehr die Rede. Mehr noch: An die Stelle von Beiträgen zu integralen Großkonzeptionen für die Bewältigung des Weltflüchtlingsproblems, wie sie in der Bonner Flüchtlingskonzeption vom September 1990 noch angeregt worden waren, schienen nurmehr sicherheits- und sogar militärpolitische Defensivkonzepte zu treten, was letztlich dem Weg von einer Bekämpfung der Fluchtursachen zur Bekämpfung der Flüchtlinge entspräche:

Der Parlamentarische Staatssekretär im Bundesinnenministerium Eduard Lintner (CSU) berichtete auf eine parlamentarische Anfrage zur Grenzsicherung gegen illegalen Übertritt hin von einer breitgefächerten, mehrstufigen Gegenstrategie auf nationaler und internationaler Ebene. Dabei gehe es auch um die „Einführung modernster, personalsparender Technik [...] u.a. um die Einsetzung einer automatisierten Grenzkontrolle mittels Radar- und Wärmebildtechnik". In grenznahen Ortschaften fand ‚Pro Asyl' Plakate zur Anwerbung von Hilfskräften für den Bundesgrenzschutz („Die Polizei des Bundes sucht zur sofortigen Einstellung einsatzfreudige Mitarbeiter"). Der Erfolg sei „durchschlagend" gewesen: „In kürzester Zeit liegen für die 1600 geplanten Hilfspolizeistellen 4000 Bewerbungen vor." Das könne angesichts der hohen Arbeitslosigkeit in den neuen Bundesländern zwar nicht verwundern, werfe aber die Frage auf, „wieviele dieser Bewerber darauf brennen, ihre Fremdenfeindlichkeit bei staatlich bezahlter Menschenjagd ausleben zu können." Solche „psychologische Kriegführung" führe möglicherweise zu einer „Militarisierung" der Migrationsthematik im Bereich von illegalen Grenzübertritten und Inlandsaufenthalten, deren Anstieg wegen der scharfen Einschränkung des Asylrechts und des Fehlens von Perspektiven für reguläre Einwanderung zu erwarten steht. Das Ergebnis könnte auch innerhalb der deutschen Grenzen der erwähnte Alptraum sein: von der Denunziantenmentalität bis zur privaten Jagd auf Fremde unter dem Vorwand, Illegale aufspüren und an staatliche Organe übergeben zu wollen.

Tastende Vorstöße des Bundesinnenministeriums, ob es wohl verfassungsrechtlich möglich sei, die durch die neuen Aufgaben an der Ostgrenze entstandenen personellen Engpässe beim Bundesgrenzschutz zumindest zeitweise durch den Einsatz von Soldaten der Bundeswehr zu schließen, hatte es schon zu einem früheren Zeitpunkt gegeben. Als sich das Bundesverteidigungsministerium nach dem Bekanntwerden dieser Überlegungen unter Hinweis auf den verfassungsmäßigen Auftrag der Bundeswehr sperrte, wurden solche Planspiele eingestellt. „Vorläufig?", hieß es skeptisch in den von der Flüchtlingshilfsorganisation ‚Pro Asyl' in Zusammenarbeit mit dem ‚Ökumenischen Vorbereitungsausschuß zur Woche der ausländischen Mitbürger' herausgegebenen Materialien zum Tag des Flüchtlings am 1. Oktober 1993.[146]

Die Skepsis schien berechtigt: Ins Zentrum neuen Parteienstreits um Migrationsfragen rückten kurz vor Weihnachten 1993 Überlegungen des CDU/CSU-Fraktionsvorsitzenden und früheren Bundesinnenministers Wolfgang Schäuble (CDU), der

1990 noch die vielgerühmte Bonner Flüchtlingskonzeption hatte erarbeiten lassen und nun in einem Brief an seine Fraktion mit dem sicherheitspolitischen Abwehrgedanken spielte, in einem „Zeitalter weltweiter Wanderungsbewegungen und internationalen Terrorismus", in dem „nicht mehr zwischen innerer und äußerer Sicherheit" unterschieden werden könne, verfassungsrechtlich den Weg frei zu machen für Einsätze der Bundeswehr an den Grenzen und innerhalb der Grenzen selbst. An die Stelle des Bemühens, in der Migrationspolitik auf nationaler Ebene zügig die konzeptionellen Versäumnisse der Vergangenheit aufzuholen, trat eine Diskussion um die Bekämpfung von globalen Konfliktkonstellationen mit „vielfältigen neuen Gefahren und Katastrophen".

Offiziell legitimiert wurde damit die Gleichsetzung der Gefahren- und Bedrohungsdimensionen von internationaler Migration und internationalem Terrorismus, wie sie in einer anschließenden Leserbriefkontroverse z.B. aus einer positiven Stellungnahme des Kieler Instituts für Sicherheitspolitik über „schwer kontrollierbare Migrationsströme oder eine international organisierte Kriminalität" als „künftige Herausforderungen" sprach. „Schon zeichnet sich ab, daß Flüchtlingsströme und Wanderungsbewegungen eine immer weniger beherrschbare Größenordnung annehmen", ergänzte im Februar 1994 der Bundesminister für wirtschaftliche Zusammenarbeit C.-D. Spranger (CSU) in einem zugleich für „mehr Sicherheit durch Entwicklung" plädierenden, sicherheitspolitischen Vortrag vor der Führungsakademie der Bundeswehr in Hamburg: „Sie bilden in Zukunft die zentrale Bedrohung für die Sicherheit und die gesellschaftliche Stabilität nicht nur in den Entwicklungsländern, sondern auch bei uns." Die blutigen Kurden-Demonstrationen Ende März 1994 schürten die seit den Solinger Türken-Krawallen umgehende Angst vor ethnischen Konflikten in deutschen Grenzen und führten dort, wo Migrationsfragen vorwiegend unter sicherheitspolitischen Aspekten thematisiert wurden, sogleich zum Ruf nach der Probe aufs Exempel: „Unvermittelt fällt ein neues Licht auf den Vorschlag des CDU/CSU-Fraktionsvorsitzenden Schäuble, angesichts eines grenzüberschreitenden Terrorismus den Einsatz der Bundeswehr auch im Inland zu erwägen", kommentierte die Frankfurter Allgemeine Zeitung. „Nun gibt es schneller als erwartet oder befürchtet die Möglichkeit, die verfassungsrechtlichen und sicherheitstaktischen Überlegungen an einem realistischen Szenario zu überprüfen."[147]

Die auch in Kreisen der CDU umstrittenen, von Bundesverteidigungsminister Volker Rühe (CDU) abgewiesenen Überlegungen von Wolfgang Schäuble indes hatten bei SPD und Bündnis 90/Grüne helle Empörung, aber auch in der Regierungspartei FDP von Anbeginn scharfen Widerspruch hervorgerufen. Bundesjustizministerin Leutheusser-Schnarrenberger (FDP) beschuldigte den CDU/CSU-Fraktionsvorsitzenden, „in kaum zu verantwortender Weise Ängste" zu schüren und „Wasser auf die Mühlen der Rechtsextremisten" zu leiten. – „Ihre besten Werte erreichen CDU und CSU bei den Angstthemen", hieß das Ergebnis einer Umfrage vom August 1993. Anfang Dezember 1993 hatte der CSU-Parteivorsitzende und Bundesfinanzminister Theo Waigel die „Angst vor Überfremdung" als eines der „harten Themen" für den Wahlkampf der CSU in Bayern 1994 genannt und auch der CDU angeraten, die „Mitte-Rechts-Themen" zu besetzen. – Der Wahlkampf hatte längst begonnen.[148]

7. Aussiedler: ,Rückwanderer' über Generationen hinweg

In der Diskussion um Wanderungsfragen und Eingliederungsprobleme überschnitten und überlagerten sich seit Ende der 1980er Jahre die Themenschwerpunkte: In den frühen 1990er Jahren und über Asylkompromiß bzw. Grundgesetzänderung hinaus wurde die Diskussion beherrscht durch die Themen Flucht und Asyl. Lage und Eingliederungsprobleme der aus der früheren ,Gastarbeiterbevölkerung' hervorgegangenen ausländischen Einwandererminorität wurden im Grunde erst wieder zu einem Hauptthema, als die fremdenfeindlichen Ausschreitungen und Mordanschläge auch auf die Gruppe der einheimischen Ausländer und vor allem auf die deutschen Türken übergriffen. Seit den späten 1980er Jahren standen, den sprunghaft anwachsenden Zuwandererzahlen entsprechend, aber auch zwei deutsch-deutsche Wanderungsbewegungen im Vordergrund der Diskussion. Das galt einerseits für die hier nicht näher zu berücksichtigenden ,Übersiedler' aus der untergehenden DDR bzw. aus den neuen Bundesländern, andererseits für die Zuwanderung der ,Aussiedler' genannten fremden Deutschen aus Ostmittel-, Südost- und Osteuropa. Zuwanderung und Eingliederung von Aussiedlern waren keine neue Erscheinung.[149] Neu hingegen waren die gewaltigen, seit 1949 nicht mehr erreichten Dimensionen. Blicken wir zurück:

Auf deutschem Staatsgebiet östlich von Oder und Neiße lebten vor Beginn des Zweiten Weltkriegs rund 9 Mio. Deutsche in Schlesien, Ost-Brandenburg, Pommern und Ostpreußen. Jenseits der östlichen Reichsgrenzen, wo statistische Unsicherheiten zu durchaus umstrittenen Schätzungen nötigten, waren es weitere rund 8,6 Mio., vor allem in der Tschechoslowakei (3 480 000), in Polen (1 150 000), in Rumänien (750 000), Ungarn

(600 000), Jugoslawien (550 000) und in der Sowjetunion (1 500 000), aber auch in Estland, Lettland, Litauen, im Memelgebiet und in der Freien Stadt Danzig (insgesamt 603 000). Nach dem Ende der Massenbewegungen von Flucht und Vertreibung blieben davon im Osten Europas 1950 noch rund 4 Mio. Sie lebten teils in ihren herkömmlichen Siedlungsgebieten, teils – wie fast alle Deutschen in der Sowjetunion seit 1941 – durch Zwangsumsiedlung und Deportation weit verstreut in fremder Umgebung, isoliert, entrechtet, als ‚Faschisten‘ erniedrigt. Die Zuwanderung von Aussiedlern überdauerte das Ende der Vertreibungen: Fast 1,6 Mio. (1 573 146) passierten von 1951 bis Ende 1988 die Grenzdurchgangslager in der Bundesrepublik. Ihre Aufnahme vollzog sich weitgehend im stillen und geriet nur gelegentlich ins grelle Licht einer empörten Öffentlichkeit, wenn etwa von finanziellen Gegenleistungen für die Gewährung der Ausreise die Rede war, die im Falle Rumäniens den Charakter eines regelrechten, im Gesamtergebnis milliardenschweren Menschenhandels annahmen.[150]

Die beschwörende Erinnerung an die scheinbar unerfüllbaren Ausreisewünsche gehörte zum festen Repertoire bundesdeutscher Ostpolitik. Das starre Bedingungsgefüge lockerte sich im Zuge tiefgreifender Veränderungen, die unter den Stichworten ‚Perestroika‘ und ‚Glasnost‘ in die Geschichte eingingen. Sie wurden aber auch bestimmt durch Wirtschaftskrisen, ethnische Spannungen und Nationalitätenkonflikte, durch die Legitimationskrise der parteidoktrinären Allzuständigkeits- und Unfehlbarkeitsdogmatik, durch vielerlei genuine Entwicklungen innerhalb eines sich mehr und mehr öffnenden ‚Ostblocks‘ und nicht zuletzt auch durch westliche Politik mit bundesrepublikanischem Anteil.

1987 zogen die Aussiedlerzahlen scharf an. Sie übersprangen 1988 knapp die Marke von 200 000 (202 673) und erreichten bis Ende 1989 insgesamt 377 055. Bei 1989 zusätzlich 343 854 Flüchtlingen und Übersiedlern aus der DDR (1988: 39 832) ließen mithin innerhalb eines einzigen Jahres fast eine dreiviertel Mio. (720 909) deutsche bzw. deutschstämmige Neubürger den zerfallenden ‚Eisernen Vorhang‘ hinter sich. Von den insgesamt

397073 deutschen Aussiedlern des Jahres 1990 kamen die meisten aus der Sowjetunion (147950; 1989: 98134; 1988: 47572), aus Polen (133872; 1989: 250340; 1988: 140226) und aus Rumänien (111150; 1989: 23387; 1988: 12902). Mit weitem Abstand folgten als Herkunftsländer die Tschechoslowakei (1708; 1989: 2027; 1988: 949), Ungarn (1336; 1989: 1618; 1988: 763) und Jugoslawien (961; 1989: 1469; 1988: 223).

Waren die extrem hoch liegenden Aussiedlerzahlen des Jahres 1989 im Folgejahr nur noch verhalten weiter gestiegen, so gingen sie 1991, trotz hoher Antragszahlen, fast auf die Hälfte der Vorjahreswerte zurück. Das hatte auch mit einer noch zu erörternden Verfahrensänderung seit Juli 1991 zu tun. Nach Angaben des Aussiedlerbeauftragten der Bundesregierung, Dr. Horst Waffenschmidt (CDU), kamen 1991 insgesamt 221995 (1992: 230565) Aussiedler ins vereinte Deutschland, darunter aus dem Gebiet der ehemaligen Sowjetunion 147320 (1992: 195576), aus Polen 40129 (1992: 17742) und aus Rumänien 32178 (1992: 16146).

Die im ‚Asylkompromiß' festgelegte, am Jahresmittel 1991/92 orientierte Obergrenze für die Zuwanderung von Aussiedlern, das Kriegsfolgenbereinigungsgesetz, indirekte Steuerungsmöglichkeiten auf administrativem Wege und andere Bestimmungsfaktoren sorgten 1993 für eine ‚Verstetigung' der Aussiedlerzuwanderung in einem Gesamtumfang von 218888. Im ‚Asylkompromiß' (Kap. 6) wurde festgelegt, daß das fortwirkende Kriegsfolgenschicksal bei Antragstellern aus der GUS ‚widerleglich' vermutet wird, bei Anträgen aus anderen Aussiedlungsgebieten hingegen eingehend nachzuweisen ist. Das hat 1993 den ohnehin gewaltigen Abstand in den Aussiedlerzahlen zwischen der GUS (207347: 94,9%), Polen (5431: 2,5%), Rumänien (5811: 2,6%), den Staatsgebieten der ehemaligen Tschechoslowakei (134: 0,06%) und des früheren Jugoslawien (120: 0,05%) noch mehr betont (übrige Länder: 45).[151]

Das grundverschiedene und doch in vieler Hinsicht verwandte Kollektivschicksal der Aussiedlerfamilien kann hier nur in Überblicken über die Entwicklung in Rußland/GUS, in Polen und Rumänien skizziert werden:

Rußland/GUS: Die Siedlungsgeschichte der Deutschen im zaristischen, später sowjetischen Vielvölkerstaat begann unter Katharina II. mit dem Einladungsmanifest an ausländische Kolonisten von 1763. Deutsche Siedlungsschwerpunkte entstanden u. a. in Wolhynien, am Schwarzen Meer, im Kaukasus und schließlich an der Wolga, hier vor allem im Gebiet der späteren Autonomen Sozialistischen Sowjetrepublik der Wolgadeutschen. Bis zum Ende von Monarchie und Erstem Weltkrieg gehörten auch die Siedlungsgebiete der deutschbaltischen Bevölkerung dazu. In ihren Siedlungsräumen konnten sich die Rußlanddeutschen selbst verwalten und ihre kulturelle Eigenständigkeit wahren. Nach mancherlei Drangsalierungen – wie der sowjetischen Kirchenverfolgung, der die meisten Pfarrer zum Opfer fielen – wurden ihnen nach der Kriegserklärung Hitlers 1941 alle Rechte genommen. Die Deutschen wurden als ‚Kollaborateure‘ nach Westsibirien, Mittelasien und Kasachstan deportiert, in der Verbannung unter Rückkehrverbot gestellt und in die Arbeitsarmee gezwungen. Von kleinen Siedlungsgebieten im Südural, in Nordkasachstan und Westsibirien abgesehen, erfaßte die Vertreibung alle Deutschen in der Sowjetunion.

Ein nicht minder hartes Schicksal traf jene Schwarzmeerdeutschen, die 1941 dem Zugriff der sowjetischen Verwaltungsbehörden und damit der Deportation entgangen und als ‚Volksdeutsche‘ unter den Schutz des Reiches gestellt worden waren. Während andere Gruppen – z. B. viele Wolhyniendeutsche (Vertrag zwischen NS-Deutschland und der UdSSR vom 3. 11. 1939) – schon früher ihre Siedlungsgebiete verlassen hatten, brachen die Schwarzmeerdeutschen nach der Wende von Stalingrad in zwei großen, verlustreichen Trecks nach Westen auf und wurden zu Zwecken der ‚Germanisierung‘ im ‚Warthegau‘ angesiedelt. Bei Kriegsende wurden sie von der Roten Armee überrollt und zwangsweise ‚repatriiert‘ oder auch von den Westalliierten an die UdSSR ausgeliefert und, nach wiederum verlustreichen Transporten, in Sondersiedlungen bis 1956 zu Schwerstarbeit verpflichtet.

Erst seit dem Jahr 1956, der „Stunde Null in der Nachkriegsentwicklung der Rußlanddeutschen", durften sich die bis dahin wie Gefangene in strengem Gewahrsam Gehaltenen wieder frei bewegen, aber bis vor wenigen Jahren nicht zurückkehren in ihre Herkunftsgebiete. Sie blieben, wie der Osteuropa-Historiker A. Eisfeld urteilt, „Vertriebene im eigenen Land, behaftet mit dem Makel, Angehörige des besiegten Feindstaates zu sein." Sie wurden nicht entschädigt, nicht einmal im vollen Umfang rehabilitiert, auch wenn 1964 der Vorwurf der Kollaboration offiziell zurückgenommen wurde. Die bis Mitte der 1950er Jahre andauernde direkte Unterdrückung und dann die anhaltend mangelhafte Berücksichtigung ihrer sprachlich-kulturellen Bedürfnisse führten zum fortschreitenden Verfall der deutschen Sprachkultur in den Generationen, die in der Verbannung bzw. in den neuen Siedlungsgebieten nachwuchsen. Mitte 1957 bereits lagen der deutschen Botschaft in Moskau mehr als 100 000 Gesuche um Unterstützung von Ausreiseanträgen vor. Viele Aussiedler hatten bis zur Ausreisegenehmigung schon mehrere Anträge gestellt, in der Hoffnung auf bessere Genehmigungschancen auch mehrfach den Wohnort gewechselt. Viele mußten wegen ihres Ausreisebegehrens Benachteiligungen und sogar regelrechte Verfolgungsmaßnahmen in Kauf nehmen: von Lohnkürzungen und Verlust des Arbeitsplatzes bis hin zu Geldstrafen, Gefängnis- und Lagerhaft. Heute gibt es in unterschiedlichem Umfang genehmigte Rückwanderungen in die nach einem halben Jahrhundert entweder zerfallenen bzw. zerstörten oder von anderen – über die Rückkehr der ‚Deutschen‘ oft besorgten oder empörten – Menschen bewohnten alten Siedlungsgebiete. Solche Rückwanderungen und die Abwanderung in neu zugewiesene Siedlungsgebiete sind jedoch, verglichen mit dem jährlich nach Hunderttausenden zählenden Aussiedlerstrom nach Deutschland, bislang noch Rinnsale geblieben.[152]

Polen: Die Kollektivschicksale der meist undifferenziert als ‚Aussiedler aus Polen‘ bezeichneten Gruppe sind nicht minder vielgestaltig, je nachdem, ob die Aussiedler z.B. aus dem ehemaligen Oberschlesien und Westpreußen oder Mittelpolen stammen, ganz abgesehen von den besonderen Problemen der nationalsozialistischen ‚Volkslistenpolitik‘, die anfangs sogar noch eine wichtige Rolle bei der Anerkennung als Aussiedler spielte.[153] Neben den Greueln der Vertreibung steht das Schicksal der zurückgebliebenen Deutschen. Es wurde zunächst bestimmt von einem durch das organisierte Verbrechen in der Zeit der deutschen Besatzung ausgelösten Haß- und Vergeltungsdenken. Opfer waren die zurückgebliebenen Deutschen, aber auch diejenigen, die, oft nur der Not gehorchend, mit der deutschen Besatzungsmacht ‚kollaboriert‘ oder sich zu einem aus Familienbindungen rekonstruierbaren ‚Deutschtum‘ bekannt hatten. Sie wurden zum Teil noch von der Roten Armee verschleppt oder in polnischen Zentralarbeitslagern drangsaliert und bei den unter solchen Bedingungen häufigen Todesfällen irgendwo anonym verscharrt. Erst 1949 endeten die legalen Diskriminierungen. Es blieb aber bei der unterschiedlich ausgeprägten Unterdrückung oder doch Beeinträchtigung von Sprachgemeinschaft und Kulturleben der Deutschen mit dem Ziel einer ‚Polonisierung‘, die je nach Altersgruppe verschieden, insgesamt jedoch wenig erfolgreich war.

Das ohnehin starke Regionalbewußtsein habe sich nach dem Krieg noch verstärkt, urteilt der Soziologe J. Rogall: Man sei in erster Linie ‚Oberschlesier‘ oder ‚Masure‘ und grenze sich damit von ‚den‘ Polen, manchmal aber auch von ‚den‘ Deutschen ab, wobei die „gefühlsmäßige Bindung an Deutschland“ aber überwiege: „Allerdings ist nicht zu verkennen, daß die Generation der unter 50jährigen unter Einfluß von Schule, Gleichaltrigen und Beruf einer starken Polonisierung ausgesetzt ist, die bei vielen auch eine Hinwendung zur polnischen Kultur bewirkt hat. Die Jüngsten empfinden sich von daher nicht mehr in dem Maße als Randgruppe der polnischen Gesellschaft wie noch ihre Eltern und Großeltern.“ Erst im Warschauer Vertrag vom 18. November 1970 erkannte Polen – im Kontext der Vereinbarungen über Ausreisemöglichkeiten für Personen deutscher ‚Volkszugehörigkeit‘ – indirekt an, daß es überhaupt noch Deutsche auf dem Staatsgebiet der Volksrepublik gab. Auf polnischer Seite wurde dabei von ‚einigen Zehntausend‘ Aussiedlungswilligen ausgegangen, obwohl dem Deutschen Roten Kreuz zu dieser Zeit rund eine Viertelmillion namentlicher

Ausreisewünsche vorlag. Nach einer Phase äußerst restriktiver Ausreisepolitik wurde 1975 zwischen Bonn und Warschau die Genehmigung von 120 000–125 000 Ausreiseanträgen ausgehandelt. In der weiteren Folge nahm die Aussiedlerbewegung stark zu. Blieben die kulturellen Interessen der Deutschen weiterhin unberücksichtigt und die wirtschaftliche Lage Polens anhaltend schlecht, so Aussiedlerberichte im Jahre 1988, dann sei „für die nächsten Jahre praktisch mit einer Totalaussiedlung der Deutschen zu rechnen." Nach dem Höhepunkt im Jahr 1989 mit rund einer Viertelmillion Aussiedlern aus Polen indes sanken die Zahlen stark, seit 1991 steil ab. Das hatte nicht nur mit Anerkennungsfragen auf deutscher Seite, sondern auch mit dem deutsch-polnischen Vertrag zur Sicherung von Minderheitenrechten zu tun.[154]

Rumänien: Die lange Kulturgeschichte der Deutschen im heutigen Rumänien begann schon vor mehr als 800 Jahren im Königreich Ungarn mit der Ansiedlung der ‚Siebenbürger Sachsen' als ‚Entwicklungshelfer' mit dem Status von ‚Gastsiedlern des Königs' und vielen Sonderrechten. ‚Sachsen' wurden sie von ihren ungarischen Nachbarn im neuen Siedlungsgebiet genannt, obwohl ihre überkommene Mundart eher auf Herkunftsgebiete um Rhein und Mosel schließen läßt. Hinzu kamen seit dem 18. Jahrhundert weitere Gruppen von neu eingewanderten und aus anderen Gebieten nachrückenden Siedlern. Zu nennen sind besonders die – nicht etwa nur aus Schwaben, sondern aus dem gesamten südwestdeutschen, zum Teil auch aus dem mitteldeutschen Raum stammenden – ‚Banater Schwaben', unter denen schließlich ein Mischdialekt zur Umgangssprache wurde. Zwischen ihnen wiederum ließen sich bis Mitte des 19. Jahrhunderts zahlreiche andere Einwanderer, vorwiegend aus Innerösterreich und Böhmen, nieder. In der zweiten Hälfte des 18. Jahrhunderts wurden in der Sathmarer Grafschaft die ‚Sathmarer Schwaben' angesiedelt. Sie stammten, von einigen Siedlern aus dem Badischen abgesehen, vorwiegend aus dem Oberschwäbischen und bewahrten ebenfalls die Mundart ihres Herkunftsraumes. Während Siebenbürger Sachsen, Banater und Sathmarer Schwaben in ihren Siedlungsgebieten blieben, wurden die im 18. Jahrhundert angesiedelten Bukowina-Deutschen und die Anfang des 19. Jahrhunderts angesiedelten Bessarabien-Deutschen 1940–44 in das damalige Reichsgebiet umgesiedelt, und nur wenige kehrten nach Kriegsende in die alten Siedlungsräume zurück.[155]

Bis Ende August 1944 stand Rumänien im Weltkrieg auf seiten des Deutschen Reiches. Am 23. August 1944 folgten der Waffenstillstand mit den Alliierten und wenige Tage darauf die Kriegserklärung an den bisherigen Verbündeten. Rund 75000 Rumäniendeutsche hatten in deutschen Verbänden, besonders in der Waffen-SS, gedient. Ihnen wurde nach Kriegsende die rumänische Staatsangehörigkeit aberkannt. Diejenigen, die im Westen blieben, waren in der Regel bis in die 1960er Jahre von ihren Familien getrennt. Die Schrecken der Nachkriegszeit, durch die auch die Rumäniendeutschen ,Fremde in der Heimat' wurden, begannen im Januar 1945: Massendeportation arbeitsfähiger Männer und Frauen zur Zwangsarbeit in die Sowjetunion; Aberkennung politischer Rechte (Wahlrecht erst wieder 1950); entschädigungslose Totalenteignung mit Ausnahme derer, die nachweislich als Soldaten gegen Deutschland gekämpft hatten; Verstaatlichung des deutschsprachigen Schulwesens, allerdings unter Beibehaltung des muttersprachlichen Unterrichts. Erst ein Jahrzehnt nach Kriegsende wurden die Restriktionen gelockert, wenn auch nicht aufgehoben. Einfamilienhäuser und Höfe wurden – allerdings nur als Wohnquartiere ohne landwirtschaftliche Nutzflächen – 1956 auf Antrag wieder zurückgegeben.

Bis Ende der 1960er Jahre schloß sich eine Phase schrittweiser Liberalisierung der Haltung von Staat und Partei gegenüber den Rumäniendeutschen an. Sie endete mit der verschärften Nationalitätenpolitik, die immer deutlichere Züge einer kompensatorischen Flucht aus der wachsenden Energie-, Versorgungs- und der allgemeinen Wirtschaftskrise annahm, die 1982 vollends durchbrach. Den Höhepunkt dieser eskapistischen, auch durch schwindenden Realitätsbezug gekennzeichneten Kompensationspolitik bildeten die weltweit berüchtigten Pläne des möglicherweise am Ende geistig verwirrten ,Conducators'

(‚Führers') Ceauşescu, das Chaos der Krise durch die Zerstörung (‚Systematisierung') alter Dorflandschaften zu bekämpfen. Der Diktator und sein totalitäres Regime wurden von der Revolution am Jahresende 1989 hinweggefegt, Ceauşescu selbst hingerichtet, aber die Ausreisewelle lief weiter. Bis 1989 schon war rund die Hälfte der Rumäniendeutschen in die Bundesrepublik ausgesiedelt. Das Ergebnis ist auch hier jene Eigendynamik des Wanderungsgeschehens, die der landsmannschaftliche Historiograph der Siebenbürger Sachsen, E. Wagner, als rumäniendeutschen „Schneeballeffekt" beschrieben hat: „Jeder Aussiedelnde veranlaßt Verwandte, Freunde und Nachbarn erneut über die eigene Lage nachzudenken und mindert die Chancen der Verbleibenden, das bisherige kulturelle und kirchliche Leben fortzuführen." Deswegen und weil es nach vielen Enttäuschungen – auch über nicht im erhofften Umfang eingelöste deutsche Hilfeversprechen für die Verbliebenen – nurmehr wenig Vertrauen in die Zukunft gibt, erlöschen Haus um Haus und Ort um Ort die Spuren der traditionsreichen deutschen Siedlungskultur in Rumänien. Ende 1993 wurde die Zahl der noch in Rumänien verbliebenen Deutschen auf 120 000 bis 130 000 geschätzt.[156]

Im Staatsgebiet der früheren *Sowjetunion*, in *Polen* und *Rumänien* richtete sich der Assimilationsdruck vor allem gegen die Sprachkultur der deutschen Minderheit. Die Folge ist, daß heute viele Aussiedler nur noch russisch, polnisch oder auch rumänisch bzw. in einer altertümlichen Mundart von ihrem ‚Deutschtum' als Verfolgungsanlaß und Ausreisegrund berichten können und das Hochdeutsche erst als Fremdsprache neu erlernen müssen: In der GUS sprechen, wie die große Befragungsstudie des Münchener Osteuropa-Instituts zeigte, die in der Nachkriegszeit geborenen Eltern oft noch eine ältere deutsche Mundart, die Generationen überlebt hat. Die Kinder verstehen sie zwar noch, können sich selbst aber nurmehr noch in russischer Sprache ausdrücken. In Polen wurde die Existenz einer deutschen Minderheit in amtlichen Verlautbarungen und Statistiken lange schlichtweg dementiert. Auch hier gab es seit den 1960er Jahren, selbst in von der deutschen Minderheit stark frequentierten Schulen, Deutsch nicht mehr als Unterrichtssprache, sondern nur noch als zusätzliche Fremdsprache. In Rumänien schließlich war die im Laufe der Zeit radikalisierte Nationalitätenpolitik Ceauşescus letztlich auf Zwangsrumänisierung und fortschreitenden Verfall einer durch die ‚deutschen Dörfer' geprägten, einst hochgeachteten Schulkultur gerichtet. Es gibt sie zwar noch, aber es fehlt an allem, zunehmend auch an Lehrkräften, und immer häufiger bleibt der heranwachsenden Generation auch hier nurmehr der alte häusliche Dialekt.[157]

Verbesserungen gab es, jedenfalls in *Rußland* und *Polen*, erst seit Ende der 1980er Jahre: Der deutsch-sowjetische Vertrag über gute Nachbarschaft, Partnerschaft und Zusammenarbeit vom 9. November 1990 griff die Frage der Minderheitenrechte auf (Art. 15). In einer an „Deutsche in der Sowjetunion" („Liebe Landsleute") gerichteten Information berichtete der Aussiedlerbeauftragte der Bundesregierung immerhin schon im Juni 1990 von mit der sowjetischen Regierung abgestimmten Maßnahmen zur Verbesserung des Deutschunterrichts an den Schulen, zur Unterstützung deutschsprachiger Medien, kultureller Begegnungsstätten, des deutschsprachigen Theaters und im Bereich von Schüler-, Lehrer- und Jugendaustausch. Die 1991 entstandenen deutschen Kreise (Rayons) in den klassischen Siedlungsräumen bei Omsk und im Altai-Gebiet mit deutschen Landräten an der Spitze, das Wolga-Gebiet und die Region St. Petersburg beginnen zögernd Anziehungskräfte zu entfalten, die aber den großen Strom der Aussiedlung bislang nicht brechen konnten.

Zum auffälligen Rückgang der Aussiedlerzuwanderung von 397 067 im Jahr 1990 auf 221 974 im Jahr 1991 und zu ihrer Stabilisierung (‚Verstetigung') bei 230 565 im Jahr 1992 bzw. 218 888 im Jahr 1993 trug, wie noch näher zu erläutern sein wird, ein ganzes Ursachenbündel bei: Dazu zählten, neben den Siedlungsinitiativen und dem Vertrag, die massiven Hilfen für die Rußlanddeutschen in den Aussiedlungsgebieten, die beruhigende Wirkung (‚Das Tor bleibt offen') zunächst des Aussiedleraufnahmegesetzes (1. 7. 1990) und zuletzt des am 1. 1. 1993 in Kraft getretenen Kriegsfolgenbereinigungsgesetzes, aber auch der Bearbeitungsstau beim Bundesverwaltungsamt, Anerkennungsprobleme der in binationalen Ehen lebenden und aufgewachsenen Deutschen und schließlich die Kontingentierung im Sinne des Asylkompromisses (Kap. 6).[158]

Der deutsch-polnische Vertrag über gute Nachbarschaft und freundschaftliche Zusammenarbeit vom 17. 6. 1991 wiederum fixierte umfangreiche Minderheitenrechte: Dazu gehören der private und öffentliche Gebrauch der Muttersprache, das Recht auf eigene Bildungs-, Kultur- und Religionseinrichtungen, das Recht auf grenzüberschreitende Kontakte, auf eigene Organisationen und Vereinigungen und darauf, Vor- und Familiennamen in der Form der Muttersprache zu führen. Was umfassend klingt, ist freilich beschränkter als die Minderheitenrechte nach dem Versailler Vertrag, die insbesondere eigene Schulen und ein Minderheitenschutzverfahren beim Völkerbund umfaßten.[159]

Die Gründe für die Ausreisewelle erscheinen bei allen genannten Gruppen in den Grundzügen sehr verwandt: Wirtschaftliche und soziale Motive spielen zwar eine erhebliche, aber oft überschätzte Rolle. Zu vorschnellen Urteilen kommt, wer die materiellen Lebensumstände von Aussiedlerfamilien an denjenigen sozial vergleichbarer Familien in der Bundesrepublik mißt. An den Verhältnissen in den Herkunftsgebieten selbst gemessen, hatten es z.B. die meisten Aussiedlerfamilien aus der Sowjetunion zu einem beachtlichen neuen Wohlstand gebracht; und das trotz der vorausgegangenen, oft mit wirtschaftlichem Totalverlust und schwersten persönlichen Opfern verbundenen Überlebensprobleme von Deportation, Lagerhaft und Zwangsarbeit. Das weckte nicht selten sogar erneut auf Sozialneid begründeten Argwohn gegenüber ‚den Deutschen‘.

Man kann die wanderungsbestimmenden Faktoren bei der Aussiedlerbewegung – wie bei allen Wanderungsbewegungen – besser klarlegen, wenn man nach dem Zusammenwirken zweier großer Motivationskomplexe fragt: nach den Schubkräften (‚Push‘-Faktoren) im Ausgangsraum und den Anziehungskräften (‚Pull‘-Faktoren) im Zielraum. Wichtigste Schubkräfte in den Ausgangsräumen für die jahrelang, zum Teil auch schon länger als ein Jahrzehnt betriebenen Ausreisebemühungen waren die Unterdrückung, Einengung bzw. Nichtakzeptanz ethnischer, religiöser und sprachlich-kultureller Minderheiten in den Staaten des Warschauer Pakts (abgesehen von Ungarn). Sie trafen die für den Zweiten Weltkrieg und die Verbrechen in den besetzten Gebieten haftbar gemachten ‚Deutschen' besonders hart und wurden als Trauma an die nächste Generation weitergegeben. Hinzu kommen in der GUS die desolate wirtschaftliche und gesellschaftliche Lage, zunehmende ethnische Spannungen und Nationalitätenkonflikte, das schwindende Vertrauen in die politische Kraft der GUS-Staaten, diese Probleme zu bewältigen und schließlich die erleichterten Ausreisemodalitäten der GUS-Behörden. Bei den Anziehungskräften, die aus den auf das Wanderungsziel Deutschland gerichteten Absichten und Hoffnungen sprechen, dominierten nach den Befragungen des Münchener Osteuropa-Instituts der Wunsch nach Familienvereinigung und ethnische Motive, die in der Regel in der Zielvorstellung Ausdruck fanden, ‚als Deutsche unter Deutschen leben' zu wollen. Dann folgten wirtschaftliche und, zum Schluß, politische Gründe. Hinzu kommt die aus der Geschichte der Massenwanderungen bekannte Wirkung der allgemeinen Aufbruchstimmung, die viele noch Unentschlossene mitreißt.[160]

Von der im Zeichen von Reform und Revolution in Ostmittel- und Osteuropa seit Ende der 1980er Jahre zunehmenden, zum Teil auch vertraglich zugesicherten Besserung der Lage deutscher Minderheiten hat bislang vor allem die Erleichterung der Ausreise Folgen gezeitigt; denn zu viele haben schon zu lange die Hoffnung auf eine grundlegende Besserung der Umstände verloren. Dabei entfaltete der Massenexodus eigene Sogkraft und riß zunächst noch Unsichere in fast panikartigem Anschlußhandeln mit. Wo aber eine starke Minderheit auswandert, wirkt dieser Wanderungssog oft auch auf andere Gruppen im Ausgangsraum, zumal durch die Auswanderung einer ethnischen Minderheit vielfach auch interethnische Verwandtschaftsverbände zerrissen werden. So betrachtet, hat die Aussiedlerbewegung, ähnlich wie die neue Auswanderung der sowjetischen Juden, möglicherweise auch eine gewisse Pionierfunktion oder doch jedenfalls einen Mobilisierungseffekt im weiteren Zusammenhang der – im Westen gefürchteten – kontinentalen Ost-West-‚Völkerwanderung‘.

Die Aufbruchsstimmung in den Ausreisegebieten mag an das klassische ‚Wanderungsfieber‘ zur Zeit der deutschen überseeischen Massenauswanderung des 19. Jahrhunderts erinnern. Aber es gibt gravierende Unterschiede: Der transatlantische Massenexodus aus dem Deutschland des 19. Jahrhunderts schuf von der Bevölkerungsseite her Entlastung in einer durch das Mißverhältnis im Wachstum von Bevölkerung und Erwerbsangebot bestimmten sozialgeschichtlichen Krisenzeit. Auswanderung kam mithin nicht nur denen zugute, die gingen, sondern auch denen, die blieben. – Ganz anders bei der Aussiedlerbewegung: Die Aussiedler, die ihre alten oder neuen Siedlungsgebiete verlassen, um in der Bundesrepublik ‚als Deutsche unter Deutschen‘ zu leben, machen dieses Lebensziel denen, die bleiben, erst recht unmöglich; denn ihre Auswanderung trägt in den Ausgangsräumen, so die pointierte Einschätzung von R. Olt, „zu selbstgewählter ‚ethnischer Säuberung‘ bei“. Die Aussiedlerbewegung führt mithin in den Herkunftsgebieten nicht zu einer Entlastung, sondern nur zu weiterer Auflösung eben jenes ‚Deutschtums‘, dessen Schwächung denen, die gingen, schon Hauptargument für die Ausreise war. Dies aber ist ein sich selbst weitertreibender und beschleunigender Prozeß, der gebietsweise, z.B. in Siebenbürgen, längst den Scheitelpunkt überschritten hat, jenseits dessen selbst eine tatsächliche Besserstellung deutscher Minderheiten mangels Masse nicht mehr greift.[161]

Die oft vorgetragene und hierzulande häufig mißverstandene Begründung vieler Aussiedler, sie wollten ‚zurück ins Reich‘, um dort als ‚Deutsche unter Deutschen‘ zu leben, führte bis zur deutschen Vereinigung fast ausschließlich zu Ausreiseanträgen in die unter starkem Zuwanderungsdruck stehende Bundesrepublik und kaum in die an wachsender Auszehrung leidende DDR, in der es ebenfalls nicht nur Deutsche, sondern auch Verwandte gab, unter denen man hätte leben können. Das hatte seine Ursache vor allem in den generell geringen Erfolgsaussichten solcher Anträge innerhalb des seinerzeit noch geschlossenen ‚Ostblocks'. Es hatte, von der materiellen Anziehungskraft des reichen Westens im Vergleich zum armen Osten Deutschlands einmal abgesehen, aber auch damit zu tun, daß Kommunismus und Sozialismus von den Aussiedlern häufig gleichgesetzt wurden mit der erlebten Unterdrückung oder doch Unfreiheit.

Insgesamt sind die Aussiedler eine ökonomisch, sozial, aber auch religiös-weltanschaulich sehr vielgestaltige Gruppe. Jenseits der Gemeinsamkeiten in der Absicht, ‚als Deutsche unter Deutschen' zu leben und im Anspruch auf die deutsche Staatsangehörigkeit beginnen bereits die Unterschiede: nicht nur nach Deutschkenntnissen oder verschiedenen Vorstellungen von ‚Deutschland', sondern auch nach Herkunftsländern, danach, wann die Vorfahren dort eingewandert sind, nach Art und Grad der Unterdrückung ihres ‚Deutschtums' bzw. dessen, was sie nach Generationen noch darunter verstehen, und nach ihren Wegen im Zeichen von Zwangsumsiedlung und Deportation. Das gilt, vermittelt über aufgezwungene Sprachprobleme, sogar für Skepsis, Argwohn und offene Spannungen mit wechselseitiger Infragestellung des ‚Deutschtums' zwischen deutsch- und fremdsprachigen Aussiedlern verschiedener Herkunft. Solche Spannungen der ersten Begegnung zwischen den fremden Deutschen konnten oft erst durch das Bekanntwerden mit dem Schicksal der jeweils anderen Gruppe abgebaut werden: „Deutsche aus Polen und Rumänien etwa", schreibt P. Hilkes, „empfinden gegenüber der russischen Sprache eine grundsätzliche Abneigung. Für sie steht hinter dem Russischen das von ihnen meist abgelehnte sowjetische Gesellschaftssystem und die seit dem Krieg damit verbundene Politik. Zweifel an den eigentlichen Ausreisegründen und der deutschen Identität dürften unter allen genannten Gruppen immer dann auftreten, wenn es um die Sicherung der eigenen Interessen und die Nutzung von Vorteilen geht."[162]

Dabei ist jenes ‚Deutschtum' der Aussiedler nicht zu verwechseln mit dem, was in der Bundesrepublik heute als ‚deutsche Identität' diskutiert wird. Die Pflege des ‚Deutschtums' sicherte in den Herkunftsgebieten eine von Generation zu Generation weiter vererbte, lange lebendige, heute zum Teil nur noch in Mundart und Brauchtum faßbare Gruppenidentität, die auf die unterschiedlichste Weise Anlaß war für Unterdrückung, Verfolgung und Vertreibung. Was die Aussiedler als ihr ‚Deutschtum‘ verstehen, mag in der scheinbar so aufgeklärten Bundesrepublik mit nostalgischem Geschichtskonsum und gebrochenem Verhältnis zur eigenen Geschichte in eins gesetzt werden mit der Erinnerung an die ethnisch-nationalistischen Irrwege eben dieser deutschen Geschichte. Sie gipfelten letztlich im Nationalsozialismus, dessen Folgen ausgerechnet für das Schicksal der Aussiedler selbst so verheerend waren. Die fremden Deutschen aus Ost- und Südosteuropa wurden deshalb am Ziel ihrer Wünsche, als ‚Deutsche unter Deutschen‘, vielfach gerade wegen eben jenes ‚Deutschtums‘ zunächst mit Skepsis und Argwohn betrachtet, das in ihren Herkunftsgebieten lange Verfolgungsanlaß war. Hinzu kommt, daß sie, die als Minderheit lange unter dem Druck der polnischen oder russischen Mehrheit standen, nun hierzulande wegen ihres harten Akzents, ihrer mangelhaften Sprachkenntnisse und ihrer fremd wirkenden Lebensformen häufig selbst für ‚Polen‘ oder ‚Russen‘ gehalten, als ‚Polacken‘ und ‚Rußkis‘ tituliert werden.

Die Spannung zwischen alter und neuer Welt wird noch verschärft durch die Gegensätze zwischen zwei grundverschiedenen politisch-ökonomischen Systemen. Vielfach kommen, trotz Untergang des Sozialismus als Gesellschaftssystem und trotz aller Orientierung am ‚Deutschtum‘, nach Mentalität und Sozialverhalten Menschen, die durch das Leben in sozialistischen Gesellschaften geprägt sind und denen das Denken und Handeln in der ‚Ellenbogengesellschaft‘ des Westens fremd ist. Zu schwerwiegenden Orientierungs- und Identitätskrisen führen hier nicht selten politische Unmündigkeit und Gewohntsein an allzuständige Führung von oben, Unerfahrenheit mit pluralistischem Denken und unterschiedlichen Meinungspositionen, Mangel an Eigeninitiative, Furcht, kritische Fragen zu stellen, und allgemeine Irritierung durch die Freiheits-, Gestaltungs-, aber auch Gefährdungsspielräume von Demokratie und Marktwirtschaft u. a. m. Selbst Flüchtlinge und Übersiedler aus der DDR, die keinerlei Sprachprobleme hatten, die Bundesrepublik vermeintlich schon seit Jahren aus ihren Fernsehprogrammen kannten, ihre Ankunft dann aber doch „wie eine zweite Geburt"[163] erlebten, gerieten im Westen häufig unter einen außerordentlichen Problemdruck, dem viele nicht gewachsen waren: Sozialämter, kirchliche Dienste für das Elend der Unbehausten, aber auch Ärzte und Psychologen berichten von den Folgen.[164]

Solche Gefährdungen werden den schweren Weg der deutschstämmigen Neubürger, die sozial und kulturell nichts anderes als Einwanderer sind, noch lange begleiten. Erschwerend kommt hinzu, daß das Erlebnis der Einwanderung für die Aufnahmegesellschaft längst seinen Sensationswert verloren hat und zum lästigen Alltag geworden ist. Die Vorstellung dringt vor, die Bewältigung der Identitätskrisen in diesem Einwanderungsprozeß sei jenseits der milden und ärgerlich kostspieligen Gaben von Notaufnahme, Wohnungsvermittlung, Sprachschulung, Umschulung und Arbeitsvermittlung schließlich bloß eine Frage des persönlichen Sicheinlebens. Die Mitarbeiter der in der Aussiedlerbetreuung in Deutschland, aber auch in den Herkunftsgebieten an erster Stelle stehenden Spitzenverbände der Freien Wohlfahrtspflege[165] erfahren immer wieder aufs neue, daß dies ein gefährlicher Irrtum ist, der die Integrationsprobleme der Aussiedler noch erschwert – gerade weil die Intensität dieses Eingliederungsprozesses von der Aufnahmegesellschaft so vielfach unterschätzt wird (‚Das sind doch Deutsche!'). Vieles wäre schier unbewältigbar ohne die erfolgreiche, wenn auch neuerdings durch mancherlei Einsparungsmaßnahmen beschnittene, von den Verbänden getragene Eingliederungsarbeit, die mustergültig auch für andere Eingliederungsprogramme sein könnte, es aber leider nicht ist.[166]

Die erwähnten, heute oft schon durchlebten, wenn auch noch nicht bewältigten Familiendramen zwischen der ersten und zweiten Ausländergeneration in der Bundesrepublik könnten in der Aussiedlerbevölkerung ein Pendant finden, allerdings mit anderem Vorzeichen: Es war vornehmlich die ältere Generation der Aussiedler, die zur Auswanderung (‚Ausreise') in die neue

Welt der Bundesrepublik drängte. Es ging um Ersatz für die verlorene alte Welt – z.B. an der Wolga – durch ‚Rückkehr' in die Heimat der Vorfahren. Die jüngere, in den neuen Siedlungsgebieten in Westsibirien, Mittelasien und Kasachstan geborene Generation aber hatte dort ihre Heimat gefunden. Sie wurde unter dem Druck der Eltern aufgegeben, um die Familienbindungen nicht zu gefährden, die in den Wertvorstellungen von Aussiedlern noch sehr viel höher eingestuft werden als bei den Bundesdeutschen auf ihrem Weg zu einer „Gesellschaft von Einzelgängern".[167]

Um so verheerender wirkt dann ein Zusammenbruch von Familienbindungen unter dem Druck dieser hochkomplizierten Einwanderungssituation: Sie steht, als eine Art Gratwanderung zwischen Geschichte und Zukunft, am Ende eines Weges aus der Vergangenheit mit traditioneller Orientierung am ‚Deutschtum' und Träumen vom ‚Reich' in die oft als so abstoßend ‚kalt' und ‚materialistisch' empfundene Realität der fremden neuen Heimat Deutschland, in der ‚das Deutsche' nicht nur keine Gruppenidentität mehr sichert und keine Zuflucht in der Fremde mehr bietet, sondern zur Fremde schlechthin gerät.[168] „Erst durch den Weggang zeigte sich überdeutlich auch die Heimatlosigkeit im Deutschen", schreibt in seiner Aussiedler-Erzählung ‚Begrüßungsgeld' der rumäniendeutsche Schriftsteller R. Wagner. „Das Deutsche war bloß aus der Entfernung eine Sicherheit gewesen. Sich am Deutschen festhaltend lebte er in der rumänischen Fremde. Und jetzt, in Deutschland?"[169] Über die familiären Spannungen hinaus stehen hier Einzel- und Gruppenprobleme und damit verbundene, im weitesten Sinne gesellschaftspolitische Herausforderungen an, von denen bislang erst die Spitze des Eisberges sichtbar geworden ist.

Mit den Aussiedlern kommt mithin ein Stück vergessener oder doch verdrängter Geschichte zurück in die Gegenwart. Und mit ihm kommen vergessene Menschen mit hierzulande oft vergessenen oder aufgegebenen Orientierungsnormen und Wertvorstellungen. Sie hatten viel länger als die Deutschen in der DDR und besonders die in der Bundesrepublik zu bezahlen für das, was vor rund einem halben Jahrhundert in deutschem

Namen geschah. Vertriebene und Flüchtlinge aus der unmittelbaren Nachkriegszeit stehen heute ununterscheidbar in den Reihen der bundesdeutschen Aufnahmebevölkerung, wenn auch mehr als andere sensibilisierbar durch die Erinnerung an das, was ihnen selbst seinerzeit bei dem widerfuhr, was sozialtechnisch glatt die ‚Integration der Flüchtlinge und Vertriebenen‘ genannt zu werden pflegt.

Im Verhältnis zwischen Einheimischen und Aussiedlern in Deutschland erinnern bei Einheimischen oft Skepsis und Sozialneid und bei Aussiedlern die Tendenz zur schweigsamen Überanpassung durchaus an entsprechende Probleme der späten 1940er und frühen 1950er Jahre. Dennoch ist die ‚Integration‘ von Aussiedlern heute nicht ohne weiteres zu vergleichen mit derjenigen von Flüchtlingen und Vertriebenen damals. Die verbreitete Vorstellung, was im wirtschaftlich zerrütteten und verarmten Nachkriegsdeutschland möglich gewesen sei, müsse in der reichen Bundesrepublik heute um so leichter gelingen, umschreibt nur die halbe Wahrheit: Damals gab es – von den ländlichen Bereichen mit ihren deutlich verspäteten Eingliederungsprozessen einmal abgesehen – eine Art Integration auf Gegenseitigkeit in einem unter dem Druck der Umstände auf Zeit mobil gewordenen Sozialgefüge, in dem viele buchstäblich physisch in Bewegung waren: nicht nur Flüchtlinge und Vertriebene, sondern auch Evakuierte und ‚Ausgebombte‘, Wohnungslose, Heimkehrer bzw. Spätheimkehrer aus der Kriegsgefangenschaft und viele andere auch im übertragenen Sinne Ortlose und Entwurzelte. Mehr noch: Die Umstände, deren Opfer auf die unterschiedlichste Weise alle waren, lagen erst kurz zurück und waren für alle noch mehr oder minder unbewältigte, gemeinsam zu gestaltende Gegenwartsaufgaben.

Heute leben die einen in der Gegenwart, sind etabliert und haben die Geschichte verdrängt. Die anderen scheinen geradewegs aus der Geschichte zu kommen und erinnern an das, was mehr oder minder erfolgreich verdrängt worden ist. Brücken der Verständigung über die Geschichte mag es zwischen älteren Flüchtlingen und Vertriebenen von damals und älteren Aussiedlern von heute noch eher geben. Aber sie existieren auch hier nur noch bedingt, wie Spannungen zwischen Vertriebenen von damals und Aussiedlern aus dem heutigen Polen zeigten („Die haben damals zugesehen, als wir vertrieben wurden!'). Zwischen den jüngeren Generationen gibt es sie kaum mehr. Auch zwischen Aussiedlern und Übersiedlern gab es Ende der 1980er Jahre oft Verständigungsprobleme über nationale Identität und jene getrennt erlebte Geschichte, die in den Geschichtsbüchern der jeweils anderen schlicht nicht existierte: Jüngere Menschen aus der früheren DDR zeigten sich Rußlanddeutschen und anderen Aussiedlern gegenüber anfangs oft reserviert und nicht bereit, sie als Deutsche anzuerkennen, berichtete z. B. im Herbst 1989 die Leiterin eines Wohnheims für Aus- und Übersiedler in Weingarten bei Stuttgart: „Aber wenn sie bei der abendlichen Unterhaltung hören, was die Rußlanddeutschen alles haben durchstehen müssen, dann fällt ihnen die Kinnlade runter."[170] Die Neubürger werden am Ziel ihrer Wünsche unter den dort Einheimischen lange Fremde bleiben – auch sie in einer echten und in vieler Hinsicht sogar besonders komplizierten Einwanderungssituation.

Das Gesetz zur Regelung des Aufnahmeverfahrens für Aussiedler (Aussiedleraufnahmegesetz/AAG) brachte seit dem 1. Juli 1990 wesentliche Änderungen: Als Aussiedler aufgenommen wird seither nur noch, wer den Aufnahmeantrag schon vom Wohnsitz in den Aussiedlungsgebieten aus gestellt hat und mit einem Aufnahmebescheid eingereist ist. Das bedeutet, daß ein Verwaltungsverfahren mit offenem Zeithorizont vor der Einreise stattfindet. Es hat erheblich zu dem trotz steigender Ausreiseneigung nur mäßigen Anstieg der Aussiedlerzahlen von 377055 im Jahr 1989 auf 397073 im Jahr 1990 und dann zu ihrem deutlichen Rückgang auf 221995 im Jahr 1991 (1992: 230565) beigetragen. Angesichts der Offenheit der im Aufnahmeverfahren zu klärenden Fragen nach Volkszugehörigkeit und Ausreisegründen sowie der Schwierigkeiten der Korrespondenz hin und zurück lag in dieser Verfahrensregelung bereits eine gewisse Steuerungsmöglichkeit.

Der Schritt zu einer direkten Kontingentierung der Aussiedlerzuwanderung, die an ethnische Quoten einer informellen

Einwanderungspolitik erinnert (Kap. 2), folgte am Rande des ,Asylkompromisses' (Kap. 6) und wurde gesetzlich bestätigt durch das am 21. 12. 1992 verabschiedete ,Gesetz zur Bereinigung von Kriegsfolgengesetzen (Kriegsfolgenbereinigungsgesetz/KfbG)'. Die seit dem Inkrafttreten des Kriegsfolgenbereinigungsgesetzes (1. 1. 1993) eintreffenden Aussiedler (,Spätaussiedler') werden darin als ,Nachzügler der allgemeinen Vertreibung' betrachtet. Das Gesetz sieht zwar keine rechtlichen Beschränkungen des für ihre Aufnahme maßgebenden Bundesvertriebenen- und Flüchtlingsgesetzes vor. Es legt in Übereinstimmung mit dem ,Asylkompromiß' aber fest, daß künftig jedes Jahr nur so viele Aussiedler aufgenommen werden, wie im Durchschnitt der Jahre 1991/92 eingereist sind. „Es können damit in Zukunft weiterhin etwa 220000 Aussiedler jährlich aufgenommen werden", kommentierte der Informationsdienst des Beauftragten der Bundesregierung für Aussiedlerfragen und fügte unmißverständlich an: „Die schon erreichte Beständigkeit des Zuzugs wird damit festgeschrieben und für die Verwaltungen in Bund, Ländern und Kommunen, die Aussiedler aufnehmen, berechenbar."[171]

Wegen ihrer – der ausländischen Einwandererminorität zum Teil ähnlichen – Alters- und Erwerbsstruktur schienen Aussiedler und Übersiedler für die Entwicklung von Bevölkerung, Wirtschaft und Arbeitsmarkt in der Bundesrepublik, langfristig betrachtet, geradewegs zu kommen wie gerufen: 1987/88 waren nur 18,5% der Einheimischen unter 18 Jahre alt (1991: 19,3%), bei Aussiedlern hingegen 1987: 28,5% und 1988: 32,4% (1989: 31,5%, 1990: 28,4%, 1991: 32,1%, 1992: 35,2%). Von den Einheimischen waren 1987/88 15,4% (1992: 15,0%) älter als 65 Jahre, von den Aussiedlern hingegen 1987: 5,6% und 1988: 4,1% (1989: 3,8%, 1990: 6,0%, 1991: 6,2%, 1992: 6,8%). Bei den Einheimischen wurden 1988 nur noch 36,6% als Beschäftigte in Industrie- und Handwerksberufen verzeichnet, während dies bei den Aussiedlern noch für 48,8% (1989: 49,3%, 1991: 40,4%, 1992: 37,3%) galt. Noch gegensätzlicher im Vergleich zur einheimischen Bevölkerung in Westdeutschland wirkten zunächst – im Spiegel einer Umfrage Ende August/

Anfang September 1989 – die Angaben für DDR-Übersiedler, von der Massenflucht der vorwiegend jugendlichen DDR-Bürger im September/Oktober 1989 einmal ganz abgesehen: Nach dieser Umfrage unter insgesamt 537 Personen im Alter von über 18 Jahren waren 55% 18–30 Jahre alt und lediglich 17% älter als 49 Jahre. 51% kamen aus Industrie (33%) und Handwerk (18%), 25% aus dem Dienstleistungsbereich.

Aus- und Übersiedler könnten mithin, so wurde 1989/90 oft argumentiert, dazu beitragen, den trotz nach wie vor hoher Arbeitslosigkeit in einzelnen Beschäftigungsbereichen entstandenen Arbeitskräftemangel zu balancieren. Sie könnten ferner, wenn auch nur mittelfristig, die Folgen steigender Lebenserwartung und fallender Geburtenkurve für die sozialen Sicherungssysteme im Generationenvertrag mildern – immer vorausgesetzt, daß es bei anhaltender Zuwanderung überhaupt bei einer solchen Alters-, Sozial- und Berufsstruktur der Zuwanderer bliebe, daß die Zuwanderer selbst für ihren Lebensunterhalt sorgen, im Sinne des Generationenvertrages Sozialversicherungsbeiträge zahlen und nicht Sozialhilfeempfänger werden würden und daß schließlich der Zuwanderungsdruck, der die regulären Aufnahmekapazitäten des freien Wohnungsmarkts schon Anfang 1990 überschritt, nicht selbst soziale Sprengkraft entfalten würde.[172]

Eben dies aber wurde durch die weitere Entwicklung zunehmend in Frage gestellt, auch wenn die Ende 1989/Anfang 1990 umlaufenden Horrorvisionen von einer ‚Flutwelle‘ aus dem Osten Alpträume blieben: Gesamtschätzungen für das laufende Jahr gingen Anfang 1990 von einem Zustrom von etwa 1,5 Mio., pessimistische Prognosen sogar von mehr als 2 Mio. Neubürgern aus, die, so der Sozialdezernent des Deutschen Städtetages, B. Happe, wohl nur noch in „Baracken-Gettos“ am Rande der Großstädte unterzubringen sein würden. Eine Ost-West-Wanderung in solchen Dimensionen könnte, so der damalige baden-württembergische Ministerpräsident L. Späth, im Westen „die schönste Destabilisierung“ bringen.[173] In Wirklichkeit kamen 1990 knapp 400 000 Aussiedler. Aber der Kampf um Wohnraum in den Städten ist längst Wirklichkeit geworden, auch wenn, im Sinne des Einigungsvertrags (wie bei Asylsuchenden), bis zu 20% der Aussiedler von den neuen Bundesländern aufgenommen werden sollten. Das freilich kann ohnehin nur mit Hilfe kostspieliger Förderungen durch Steuervergünstigungen, Kredite und ein Wohnraum-Modernisierungsprogramm[174] ermöglicht, aber nicht amtlich verfügt werden; denn Aussiedler sind, im Gegensatz zu Asylsuchenden nicht ausländische Antragsteller im Geltungsbereich von Ausländerrecht und Fremdenpolizei, sondern deutsche Staatsbürger. Umfragen zufolge sank die Akzeptanzbereitschaft gegenüber den fremden Deutschen bald nachgerade umgekehrt proportional zur steigenden Zuwanderung von Aussiedlern, von denen im Osten und Südosten Europas nach unterschiedlichen Schätzungen noch 2–4 Mio. den Bedingungen für die Anerkennung als deutsche Staatsbürger entsprechen könnten.

Die seit der deutschen Vereinigung deutlich zurückgegangene, wenn auch 1991 noch immer beträchtliche Zuwanderung von ‚Übersiedlern' spielt zwar im grenzüberschreitenden Wanderungsgeschehen keine Rolle mehr; denn sie ist nur noch Binnenwanderung. Ihre Folgen aber sind volkswirtschaftlich für die Ausgangsräume in den neuen Bundesländern ebenso belangvoll wie für die Zuwanderungsgebiete in den alten Ländern der Bundesrepublik: Wie das Statistische Bundesamt Ende November 1993 mitteilte, ist die Einwohnerzahl in den neuen Bundesländern im Vergleich zum Jahr 1988 um fast eine Million auf 15,8 Mio. Menschen geschrumpft, vor allem durch Abwanderung in die alten Bundesländer. Der stärkste Rückgang war mit 502 000 Abwanderern in der Altersgruppe zwischen 15 und 25 Jahren zu verzeichnen. Der Anteil der Jugendlichen und jungen Erwachsenen an der Gesamtbevölkerung sank deshalb von 14,2% auf 11,9%.[175]

Einschätzungen über Folgewirkungen der weiter anhaltenden Aussiedlerzuwanderung bleiben zwiespältig. Nicht nur erhebliche Sprachprobleme sind zu bewältigen; auch ein gewaltiger technischer bzw. technologischer Rückstand ist aufzuholen. Das ist oft gleichbedeutend mit dem Neuerlernen des Berufs. Ein einheimischer Metallfacharbeiter, der einen Produktionsablauf über eine komplizierte EDV-Anlage steuert, ist z.B. nur noch dem Begriff nach vergleichbar mit einem auf seine Weise ebenfalls hochqualifizierten deutschstämmigen Facharbeiter der Metallbranche aus der Sowjetunion – der in seiner alten Welt eine Maschine bediente, die es in der neuen nur noch im Museum gibt. Ähnliches galt selbst für die im Vergleich zur Sowjetunion hochindustrialisierte DDR, aus der schon am Vorabend der deutschen Vereinigung – an Schrottplatz und Schmelzofen vorbei – von westdeutschen Industriemuseen, wie z.B. dem zeitgleich entstehenden Tuchmacher-Museum in Bramsche bei Osnabrück, lastwagenweise museale Produktionsanlagen abgeholt wurden, die kurz zuvor noch reguläre Arbeitsplätze gewesen waren.[176]

Mehr noch – jede Medaille hat zwei Seiten: Die eine Seite wird bestimmt durch langfristige Strukturtrends und weit vorausgreifende Modellrechnungen über das künftige Verhältnis von Bevölkerung und Wirtschaft, von Erwerbsangebot und Erwerbspotential. Solche Modellrechnungen sprechen vom tiefgreifenden Wandel der Bevölkerungsstruktur, von der Verformung der Alterspyramide zum ‚Pilz‘ und von der Tendenz zur ‚Vergreisung‘ im ‚Altersheim Bundesrepublik‘. Sie sprechen auch von den langfristig wachsenden Lücken im Erwerbspotential, die selbst bei anhaltendem (letztlich ohnehin begrenztem) Zuzug von Aussiedlern nur zum Teil zu schließen wären. Auf der anderen Seite stehen kurz- bis mittelfristige Schwankungen des Wirtschaftswachstums mit ihren Rückwirkungen auf die Angebot-Nachfrage-Spannung am Arbeitsmarkt. Die Massenzuwanderung kam zu Zeiten von Wirtschaftswachstum und Hochkonjunktur auf der Lichtseite und rund 2 Mio. Arbeitslosen auf der Schattenseite, deren Zahl zur Zeit des als ‚Wiedervereinigungskonjunktur‘ anhaltenden Wirtschaftswachstums im Westen schrumpfte, während sie im Osten zunächst nachgerade umgekehrt proportional anstieg. Aber Wirtschaft ist kein Zustand, sondern ein Prozeß. Was wird sein, wenn schlechte Zeiten kommen? So lautete eine Anfang der 1990er Jahre zunehmend gestellte Frage. Die Probe aufs Exempel begann 1993 mit der schwersten Rezession in der Geschichte der Bundesrepublik, mit der höchsten, über das Jahresende hinaus noch wachsenden Massenarbeitslosigkeit und weiterhin düsteren Prognosen für die Arbeitsmarktentwicklung, selbst bei Konjunkturerholung, auch im ‚Superwahljahr‘ 1994.

Angst freilich hatte sich schon in die Freude der ersten Begrüßung nach dem Fall der Mauer Ende 1989 gemischt.[177] Der Stimmungsumbruch kam vor allem unter dem Eindruck der monatelang anhaltenden deutsch-deutschen Massenwanderung, die bald „hüben wie drüben sozialen Unfrieden" zu stiften begann.[178] Votierten im Oktober 1989 noch 63% der Befragten dafür, „daß alle Übersiedler aus der DDR aufgenommen werden", so waren im Februar 1990 nur noch 33% dieser Meinung.[179] Aller sicher gutgemeinten Rede vom ausländer- und überhaupt fremdenfreundlichen Klima in der Bundesrepublik und aller bundesweiten Sympathiewerbung zum Trotz, tauchte, auch in der ausländischen Berichterstattung, neben der alten Schlagzeile ‚Ausländerfeindlichkeit‘ das neue Stichwort ‚Aussiedlerfeindlichkeit‘ auf.[180]

Argwohn und Sozialneid machten sich breit – gegenüber Übersiedlern („Ich geh, auch in die DDR und komm‘ von da aus wieder!") ebenso wie gegenüber Aussiedlern („Russischkurse für Wohnungssuchende!"). Dagegen wandte sich eine bundesweite, aufwendige und im Herbst 1989 noch intensivierte Vertrauenswerbung für Aussiedler mit Sondersendungen und Großanzeigen in der Presse unter dem sicher gutgemeinten, aber in der Einwanderungssituation als gefährliche Spaltformel wirkenden Motto ‚Aussiedler sind keine Ausländer‘. Aggressionen, die sich vordem, meist krisenbedingt, gegen ‚die Ausländer‘ und später zuweilen auch gegen ‚die Aussiedler‘ gerichtet hatten, verdichteten sich zunehmend zu diffusen Abwehrhaltungen gegenüber ‚den Fremden‘ schlechthin. Die aus Sozialangst geborene „Fremdenfeindlichkeit, das Gefühl, von Aussiedlern, Asylanten, Übersiedlern im eigenen Land an die Wand gedrückt zu werden", trieb rechtsradikalen Strömungen und Parteien Sympathisanten und Protestwähler zu.[181]

Auch die Sympathiewelle gegenüber der Massenflucht der Jugend aus der eingemauerten Republik im Herbst 1989 flachte rasch ab. Die zunehmend von Skepsis überschattete Grundsympathie schlug angesichts des anhaltenden Massenzustroms ins Gegenteil um – nicht ‚ganz oben‘, aber ‚ganz unten‘: in der alltäglichen Konkurrenz um den Ausbildungsplatz, den Arbeitsplatz und die Sozialwohnung.[182] Im November 1989 schon berichtete der Hamburger Senat von einem „erheblichen Verdrängungsprozeß unter verschiedenen wohnungslosen Personengruppen" – deren Gesamtzahl für die Bundesrepublik von der Arbeiterwohlfahrt auf rund eine halbe Million Menschen veranschlagt wurde, Aus- und Übersiedler nicht eingerechnet.[183] Konkurrenz gab es bald sogar um Chancen zur Auswanderung aus der Bundesrepublik: Im Herbst 1989 z.B. informierten sich täglich mehrere hundert Flüchtlinge und Übersiedler aus der DDR in der australischen Botschaft in Bonn über die Einwanderungsbestimmungen – nach denen, von Sondergenehmigungen abgesehen, jährlich nur rund 300 Deutsche, vor allem gut ausgebildete Fachkräfte, eine Chance zur Einwanderung hatten.[184]

Aus Sozialneid, Konkurrenz um Lebenschancen und Sorgen um Verteilungsgerechtigkeit begann „ein gewisser Haß" zu wuchern. Die soziale Spannung stieg. „Westdeutscher Volkszorn gegen Übersiedler aus der DDR" sprach z.B. aus zahlreichen Zuschriften an den nordrhein-westfälischen Arbeitsminister H. Heinemann (SPD), der Ende 1989 vor einer Bevorzugung von DDR-Übersiedlern bei der Vergabe von Arbeitsplätzen und Wohnungen gewarnt hatte, damit nicht „böses Blut" entstehe. Bei vielen Betroffenen im Westen war solches ‚Blut‘ schon da: „Wir haben sechs Millionen Sozialfälle, die am Rande leben und wenig beachtet werden", hieß das düstere Menetekel in einem dieser Briefe. „Aber Aussiedler und Übersiedler haben den Vorrang, bekommen Steuervorteile, daß es nur so kracht. Der Zündstoff ist da. Abwarten. Das explodiert noch." Fremdenfeindliche Abwehrhaltungen trafen schließlich alle aus dem Ausland zugewanderten Gruppen, selbst Familien von seit langem einheimischen Ausländern. Nach Umfrageergebnissen vom November 1989 und vom April 1990 (Emnid) sank in diesem Zeitraum die Aufnahmebereitschaft für deutschstämmige Aussiedler von 38% auf 12%, für politische Flüchtlinge von 48% auf 23%, für andere Ausländer von 17% auf 4% und für Familienangehörige von ausländischen Arbeitnehmern von 56% auf 19%.[185]

Legalität und Legitimität des Kriegsfolgenrechts, das Deutschstämmigen aus den ‚Vertreibungsgebieten‘ im östlichen Ausland als ‚Aussiedler‘ die ‚Rückkehr‘ nach Deutschland offenhält, waren umstritten seit dem Vertrag der vier Siegermächte mit den beiden deutschen Staaten (‚Zwei-plus-Vier-Vertrag‘), seit der deutschen Vereinigung und dem Ende des Kalten Krieges. Überlegungen drangen vor, nach einer Übergangszeit (‚Stichtagsregelung‘) die rechtlichen Grundlagen für die weitere Aufnahme deutscher Aussiedler aus dem östlichen Ausland aufzuheben – was zweifelsohne noch einmal zu einem letzten, von Torschlußpanik getriebenen, starken Ansteigen der Aussiedlerzahlen geführt hätte. Der dritte Weg zwischen der uneingeschränkten und unbefristeten Aussiedlerzuwanderung und der Abschaffung ihrer Rechtsgrundlagen war die erwähnte, im ‚Asylkompromiß‘ (Kap. 6) vorbereitete und im Kriegsfolgenbereinigungsgesetz festgeschriebene Entscheidung, ‚das Tor offen‘ zu halten, aber den jährlichen Zustrom zu begrenzen.[186]

Eine mißliche, zum Teil quer durch die politischen Parteien laufende Lagerbildung erschwerte den dringend nötigen konstruktiven Dialog über umfassende und langfristige Großkonzepte, tendierte dahin, statt Migrationspolitik Verfassungspolitik zu treiben und letztlich die Verfassung als Ersatzstoßdämpfer für die fehlende Einwanderungspolitik zu verstehen: Ein Lager beharrte bis zuletzt auf der Unantastbarkeit des im Grundgesetz (Art. 16) garantierten, 1993 dann scharf eingeschränkten Rechts auf Asyl (Art. 16a GG) und drang auf eine Aufhebung des weniger durch das Grundgesetz (Art. 116) als durch die Gleichstellung von Aussiedlern mit Vertriebenen im Bundesvertriebenen- und Flüchtlingsgesetz (§ 1, Abs. 2, Nr. 3) festgeschriebenen, rechtlich unbeschränkten Zugangs von Aussiedlern, der dann durch ‚Asylkompromiß‘ und Kriegsfolgenbereinigungsgesetz eingeschränkt wurde. Ein anderes Lager argumentierte bis zuletzt geradewegs umgekehrt, wollte ‚die

Deutschen' (Aussiedler) weiterhin uneingeschränkt zulassen, aber den Zugang von asylsuchenden Fremden stark einschränken, ohne doch die Aufnahme von politisch Verfolgten im engsten Sinne in Frage zu stellen. Ein wachsendes drittes, von der Angst vor ‚neuen Völkerwanderungen' bestimmtes Lager, das ethnische Minderheiten und Flüchtlinge als Vorboten der gefürchteten Massenbewegungen aus Osteuropa und der ‚Dritten Welt' betrachtete, wollte und will auf Zeit oder auf Dauer am liebsten beide Gruppen aussperren bzw. nur noch in begründeten Ausnahmefällen aufnehmen. Zwischen solchen Lagern stand die wachsende Zahl jener, die, über das Tauziehen um Grundgesetzänderungen hinweg, auf verschiedenen Wegen nach einer neuen nationalen, europäischen und globalen Migrations- und Flüchtlingspolitik unter Einbeziehung aller Problembereiche suchten. Die Suche hält an, das Ziel ist noch immer fern.[187]

„Jede Nacht Brandsätze auf Asylantenheime, rechtsradikale Erfolge bei Wahlen – der Pöbel lehrt Ausländer das Fürchten", lauteten Schlagzeilen der deutschen Presse Anfang Oktober 1991. „Statt mutig über die Einwanderung zu diskutieren, heizen die Bonner Politiker mit einer mißratenen Asyldebatte den Nationalismus an."[188] Mahnende Worte an die streitenden Parteien richtete Anfang November 1991 in einem aufsehenerregenden, in der Sache an Positionen aus der Einwanderungsdiskussion der frühen 1980er Jahre anknüpfenden Fernsehinterview Bundespräsident Richard von Weizsäcker: Es gehe nicht an, „daß man Positionen zur Abstimmung stellt, von denen man weiß, daß die andere Seite sie doch nicht annehmen kann, um mit diesem Ergebnis dann in den nächsten Wahlkampf zu gehen." Im Asylstreit sei weder durch eine Grundgesetzänderung noch durch deren Verhinderung Entscheidendes zu erreichen: „Ich denke, daß die Europäische Gemeinschaft im allgemeinen und auch wir im besonderen nicht auskommen werden ohne eine Einwanderungspolitik, bei der auch durch Quoten und Kontingente eine Perspektive festgestellt wird, wie es denn weitergehen soll." Empörung, Mißverständnisse und die gereizte Erinnerung daran, daß die Bundesrepublik ‚kein Einwanderungsland' sei, bestimmten die Antworten aus den Reihen der CDU/CSU – vom Stellvertretenden CDU-Vorsitzenden Heiner Geißler abgesehen, der schon lange unbeirrt für aktive Einwanderungspolitik warb.[189]

Allzu langsam nur wuchs die Einsicht in die – mit den fremdenfeindlichen Exzessen der frühen 1990er Jahre blutig demonstrierte – Notwendigkeit, die gegenseitige Lähmung durch solche Frontstellungen endlich aufzuheben. Das verzögerte nur das überfällige und doch unabdingbare gemeinsame Bemühen um integrale und langfristige, d.h. über aktuelle Krisenfragen hinausgreifende gesellschaftspolitische Großkonzeptionen für die Entwicklung von Zuwanderung, Eingliederung und Minderheiten.[190]

8. Vereinigungsprozeß, neue Einwanderungssituation und Fremdenfeindlichkeit im vereinten Deutschland

Die atemberaubende Dynamik des Vereinigungsprozesses ließ 1990 die Diskussion um Zuwanderung, Eingliederung und Minderheiten zunächst in den Hintergrund treten, zumal nach dem Fall der Mauer der forcierte Weg zur Einheit die einzige Chance zu bieten schien, die zum Massenexodus anschwellende Ost-West-Bewegung der Übersiedler zu bremsen. Im Jahr der europäischen Revolutionen 1989 waren 343854 Flüchtlinge und Übersiedler aus der DDR gezählt worden, bei monatlich wachsendem Zuzug. Auf dem überschaubarer werdenden Weg zur deutschen Einheit ging die Zuwanderung der Übersiedler Anfang 1990 kontinuierlich zurück: Im Januar 1990 wurden noch 73729 gezählt. Über 63893 im Februar und 46241 im März sank die Zahl der Übersiedler auf 24615 im April und 19217 im Mai 1990. Im Juni 1990, als die Notaufnahme für Übersiedler mit ihren besonderen Leistungen und damit auch die Aufnahmestatistik endete, wurden nur noch 10689 registriert. Seither gibt es statt amtlicher Zählungen nur noch Schätzungen.[191]

Während eine Schätzung für 1991 von der Abwanderung von noch ca. 150000 Erwerbspersonen aus den neuen in die alten Bundesländer ausging, stieg die Zahl der Pendler, die täglich oder doch wöchentlich bis weit in den Westen fahren, auf ca. 540000 und betrug Ende 1992 noch ca. 460000. Umfragen zufolge erstrebten im März 1991 noch ca. 40%, im Mai 1992 hingegen nur noch 19% der Befragten einen Arbeitsplatz im Westen. Insgesamt ging die Wohnbevölkerung Ostdeutschlands von 1989 bis zum März 1992 um mehr als 800000 und damit um mehr als 5% zurück. Das Statistische Bundesamt rechnet für die neuen Bundesländer mit einer Abnahme der Wohnbevölkerung von noch 16,4 Mio. im Jahr 1989 über 15,4

Mio. im Jahr 2000 und 15,0 Mio. im Jahr 2010 auf 13,3 Mio. im Jahr 2030; für die alten Bundesländer wird im gleichen Zeitraum mit einer Entwicklung von 62,7 Mio. (1989) über 65,8 Mio. (2000) und 63,8 Mio. (2010) auf 56,6 Mio. (2030) gerechnet, so daß sich für Deutschland insgesamt eine Entwicklung der Wohnbevölkerung von 79,1 Mio. (1989) über 81,1 Mio. (2000) und 78,9 Mio. (2010) auf 69,9 Mio. (2030) ergäbe. Das Baseler Forschungsinstitut ‚Prognos' rechnete 1992 aus Gründen der Arbeitsmarktentwicklung bis zum Ende der 1990er Jahre mit einer weiteren Zuwanderung von ca. 1,4 Mio. Ostdeutschen in Westdeutschland und „selbst bei restriktiver Asylpolitik" bis zum Jahr 2010 mit einer Zu- bzw. Durchwanderung von ca. 17 Mio. Menschen aus Osteuropa, von denen freilich zwei Drittel Deutschland wieder verlassen würden.[192]

Der Einigungsprozeß und der darüber hinweg anhaltende Aussiedlerzuzug haben das gesellschaftliche Szenario von Zuwanderung und Eingliederung zwar nicht von Grund auf verändert, aber doch quantitativ und qualitativ erheblich kompliziert. Das macht eine neue Bestandsaufnahme[193] nötig:

Seit Anfang der 1990er Jahre ist das vereinte Deutschland konfrontiert mit einer *neuen Einwanderungssituation*. Sie unterscheidet sich deutlich von den beiden vorausgegangenen großen Eingliederungsprozessen. Der *erste Eingliederungsprozeß* umschloß in West- und Ostdeutschland die Integration von Vertriebenen und Flüchtlingen.[194] Im Westen waren viele von ihnen Mitte der 1950er Jahre noch Fremde, als dort mit der amtlich organisierten Anwerbung ausländischer Arbeitskräfte bereits die Vorgeschichte des *zweiten Eingliederungsprozesses* begann. Es war der schon beschriebene Weg von der Arbeitskräftezuwanderung über die ‚Gastarbeiterfrage' zum lange vergeblich ‚dementierten' Einwanderungsproblem (Kap. 4).

Aus dem Umgang mit Wanderung und Eingliederung brachten die beiden deutschen Frontstaaten des Kalten Krieges unterschiedliche und gegensätzliche Erfahrungen in den Vereinigungsprozeß und in die neue Einwanderungssituation ein: Unterschiedliche Entwicklungen und Erfahrungen hatte es schon bei der Eingliederung der Flüchtlinge und Vertriebenen gegeben. Sie wurden im Westen appellativ ‚Heimatvertriebene', im Osten schönfärberisch ‚Umsiedler' genannt. Was im Westen jahrzehntelang von einflußreichen Vertriebenenorganisationen öffentlich als ‚Recht auf Heimat' eingefordert wurde, blieb in der DDR als ‚Umsiedlerproblematik' tabuisiert mit Rücksicht auf die östlichen Nachbarn. Das gleiche galt dort, vom Verhalten der einmarschierenden Sowjetarmee gegenüber der Zivilbevölkerung einmal ganz abgesehen, für die öffentliche Beschäftigung mit den traumatischen Erfahrungen von Flucht und Vertreibung. Das antifaschistische Feindbild war klar, Fehler der eigenen Seite und vor allem der ‚Freunde' standen nicht zur Debatte. Von der Integration der ‚Umsiedler' abgesehen, dominierten in der DDR bis zum Bau der Mauer 1961, und in abnehmendem Umfang auch danach, im Gegensatz zur Bundesrepublik nicht Zuwanderung und Eingliederung, sondern Abwanderung und Ausgliederung durch Flucht und, in der Agonie des Systems zuletzt zunehmend, durch legale Übersiedlung in den Westen. Was dort wegen des Bekenntnischarakters der ‚Flucht aus dem kommunistischen Machtbereich' als Abstimmung mit den Füßen zwischen den im Kalten Krieg konkurrierenden Systemen politisch gern akzeptiert und überdies als Arbeitskräftezufluß begrüßt wurde, war in der DDR als ‚Republikflucht' ein Straftatbestand und wurde in der öffentlichen Diskussion nach Möglichkeit ebenso totgeschwiegen wie seit Anfang der 1950er Jahre die ‚Umsiedlerproblematik'. Viele mit Zuwanderung und Eingliederung, mit Ausgliederung und Abwanderung zusammenhängende Fragen fielen in der DDR mithin öffentlicher Verdrängung anheim. Damit verbundene allgemeine und persönliche Probleme konnten kaum über die Privatsphäre hinaus und erst recht nicht politisch artikuliert bzw. in öffentlicher Auseinandersetzung ausgelebt werden.[195]

Der Mauerbau im Osten aber beschleunigte im Westen nur den Weg zum Einwanderungsland wider Willen; denn die hier seit Mitte der 1950er Jahre unter staatlicher Mitwirkung begonnene Anwerbung ausländischer Arbeitskräfte wurde, wie erwähnt, nach dem Ende des Zustroms aus der DDR 1961 um so mehr forciert. Die ‚Gastarbeiterfrage' der 1960er und frühen

1970er Jahre trug in der Bundesrepublik schon Ende der 1970er Jahre unverkennbare Züge eines echten Einwanderungsproblems. Das wiederum wurde im Westen regierungsamtlich ‚dementiert', im politischen Entscheidungsprozeß verdrängt und im Verwaltungshandeln tabuisiert. Großkonzepte für Einwanderungsfragen blieben, nur folgerichtig, aus; denn was man tabuisiert, kann man nicht gestalten.

Auch in der DDR gab es, in geringem Umfange, Ausländerbeschäftigung auf der Grundlage zwischenstaatlicher Vereinbarungen. Sie wurde offiziell totgeschwiegen, ‚dementiert' oder aber schlicht als Ausbildungswanderung verharmlost. Von den sowjetischen Armeeangehörigen und ihren Familien abgesehen, stellten von den 1989 noch ca. 190 000 Ausländern in der DDR die Arbeitnehmer in DDR-Betrieben die bei weitem stärkste Gruppe, unter ihnen noch ca. 59 000 Vietnamesen und ca. 15 000 Mosambikaner. Mit großem Abstand folgten über Studien-, Ausbildungsverträge und Außenhandelsabkommen ins Land gekommene Ausländer. Etwa 40 000 Ausländer hatten als Ehepartner von DDR-Bürgern oder als Flüchtlinge einen festen Wohnsitz in der DDR. Anders als in der Bundesrepublik gab es in dem zweiten deutschen Staat ausländischen Arbeitnehmern gegenüber weniger soziale Integration als staatlich verordnete Segregation und sogar räumliche Gettoisierung. Die ‚ausländischen Werktätigen' wurden in separaten Gemeinschaftsunterkünften einquartiert und damit auch sozial auf Distanz gehalten. Nähere Kontakte waren genehmigungs- und berichtspflichtig. In dem durch die verordnete Ausgrenzung der Fremden und durch die öffentliche Tabuisierung ihrer Existenz geschaffenen sozialen Vakuum siedelten in dem eingemauerten zweiten deutschen Staat Gerüchte und Argwohn, wucherten Mißtrauen, Angst und Haß.

In den Prozeß der Vereinigung brachten die einander fremd gewordenen Deutschen mithin, neben vielen anderen ungelösten Fragen, auch auf beiden Seiten unbewältigte Probleme im Umgang mit Fremden ein, ganz zu schweigen von der gemeinsamen Last der deutschen Geschichte gerade in diesem Bereich.[196]

Die *neue Einwanderungssituation* im vereinten Deutschland ist komplexer und deshalb auch unübersichtlicher als die beiden vorausgegangenen Eingliederungsprozesse. Sie umschließt mittlerweile fünf Problemkreise, die sich zum Teil aggressiv überschneiden:

1. Zur rechtspolitisch nach wie vor unbewältigten Vergangenheit der letzten Jahrzehnte gehört im Westen das sozialschizoide, persönlich belastende und gesellschaftlich brisante Paradoxon der Einwanderungssituation ohne Einwanderungsland, in der die meisten der aus der ehemaligen ‚Gastarbeiterbevölkerung‘ stammenden, oft schon drei Generationen umfassenden Familien heute leben – als einheimische Ausländer oder ausländische Inländer, als Paß-Ausländer oder Deutsche mit fremdem Paß zwischen frustrierten Einwandererperspektiven, multikulturellen Ersatzvisionen und ethnosozialen Spannungslagen. Fazit: Einheimische gibt es auch mit fremdem Paß.

2. Zur Massenbewegung wuchs im Westen seit den späten 1980er Jahren die Aussiedlerzuwanderung der fremden Deutschen aus Ost-, Ostmittel- und Südosteuropa an. Ihre Eingliederung erreicht nicht im rechtlichen, aber im soziokulturellen und mentalen Sinne vielfach ebenfalls die Dimension eines echten Einwanderungsprozesses. Er wird durch Wertvorstellungen, Familien-, Gesellschaftsbild und oft auch durch Sprachbarrieren in der fremden neuen Heimat noch besonders kompliziert. Fazit: Fremde gibt es auch mit deutschem Paß.

3. In den 1980er und frühen 1990er Jahren stark angewachsen ist im Westen die Zahl der *Flüchtlinge* aus Osteuropa und der ‚Dritten Welt‘: Kriegs- und Bürgerkriegsflüchtlinge, Asylbewerber, Asylberechtigte, de jure abgelehnte, aber aus humanitären, rechtlichen und politischen Gründen im Sinne der Genfer Flüchtlingskonvention nicht abgeschobene ‚De-facto-Flüchtlinge‘ und Kontingentflüchtlinge jenseits des Asylrechts. Hinzu kommt eine – nach logischerweise vagen Schätzungen – Hunderttausende umfassende, in jeder Hinsicht schutzlose Bevölkerung von illegal anwesenden Ausländern, deren Zahl seit der scharfen Einschränkung des Asylrechts Mitte 1993 noch gestiegen sein dürfte. Relativ jung noch ist die – von Israel skeptisch

beobachtete – Zuwanderung von Juden aus der ehemaligen Sowjetunion bzw. der GUS, die nach einem Beschluß der Ministerpräsidenten der Länder seit Anfang 1991 als Kontingentflüchtlinge aufgenommen werden und von denen es im Frühjahr 1993 schätzungsweise bereits ca. 15–20000 in Deutschland gab, davon ca. 5000 allein in Berlin.[197]

Daneben stehen zwei innerdeutsche Eingliederungsprobleme. Sie sind Ergebnis der Tatsache, daß sich in der Geschichte der Deutschen abermals nicht nur Menschen über Grenzen, sondern auch Grenzen über Menschen bewegten, mit Entfremdungserfahrungen in der neuen wie in der alten Welt:

4. Menschen über Grenzen: In Westdeutschland gibt es, abnehmend zwar, aber noch immer deutlich faßbar, die Identitätsprobleme jener Deutschen, die in großer Zahl Ende der 1980er Jahre zunächst noch als DDR-Flüchtlinge, dann als legale Übersiedler aus dem maroden Osten in den vermeintlich goldenen Westen kamen. Viele von ihnen erlitten im Land von ,Golf, Marlboro und Video' einen deutsch-deutschen Kulturschock. Es war die Erfahrung, wie groß die Distanz nicht nur in der materiellen Kultur und in den Lebensformen, sondern auch in den Mentalitäten zwischen West und Ost geworden war.

5. Grenzen über Menschen: In Ostdeutschland schließlich gab es nach der deutschen Vereinigung besondere mentale ,Eingliederungsprobleme', die weitaus gewaltiger waren als die Probleme der wirtschaftlichen Umstrukturierung. Viele Deutsche lebten dort mehr oder minder lange als Fremde im eigenen Land in einer Art imaginären, importierten Eingliederungssituation, bei der nicht Menschen in die Fremde gegangen waren, sondern die in Haßliebe vertraute Umwelt in ihrer Überformung von Wirtschaft, Gesellschaft und politischer Kultur durch den Westen selbst zur Fremde geraten war. In dem rasanten sozialen und ökonomischen, politischen und ideologischen Wandel der frühen 1990er Jahre waren sie konfrontiert mit der Alternative von bedingungsloser Anpassung oder fortschreitender Entfremdung. Der ,Einigungsschock' schlug sich selbst im dramatischen Anstieg der Suizidraten und im steilen Absturz der Geburtenraten nieder.[198] Die mit der Anpassungskrise im

Osten verbundenen Strapazen minderten dort die Bereitschaft zur Eingliederung anderer, von außen kommender Fremder, mehrten fremdenfeindliche Abwehrhaltungen und hatten schon lange vor dem Fanal im sächsischen Hoyerswerda zu brutalen Exzessen beigetragen, die wirkten wie Probehandeln zum Pogrom.[199]

Daß es in dem eingemauerten zweiten deutschen Staat schon vor dem Fall der Mauer zu einer Art ostdeutschen „eigenen Form der Apartheid" (W. Thierse) bzw. „Xenophobie hinter verschlossenen Türen" (C. Schmalz-Jacobsen)[200] gekommen war, hatte viel mit der erwähnten, staatlich organisierten Abkapselung der Ausländer zu tun. Die Ausländer arbeiteten in der DDR – wie die ,Gastarbeiter' in der Bundesrepublik – zumeist in am wenigsten geschätzten Beschäftigungsfeldern im unmittelbaren Produktionsbereich (hier insbesondere in der Textilindustrie, im Fahrzeugbau und in der Chemiefaser- und Reifenproduktion) unter härtesten Arbeitsbedingungen, z.B. zu drei Vierteln im Schichtdienst. Sie waren im ,Paradies der Werktätigen', über die verordnete Gettoisierung hinaus, aber auch sozial und wirtschaftlich schlechter gestellt als die ,Gastarbeiter' unter dem so gerne angeprangerten Joch der modernen Form der ,Fremdarbeiterpolitik des Imperialismus' in der Bundesrepublik. Ausländische Arbeitnehmer, die nicht über eine unbefristete Aufenthaltsgenehmigung verfügten, standen in befristeten Arbeitsverträgen und hatten nach deren Ablauf die DDR unverzüglich zu verlassen, wenn sie nicht abgeschoben werden wollten. Ihre staatliche ,Betreuung' war autoritär reglementiert, die Aufenthaltsgenehmigung konnte ohne Begründung entzogen werden. Ein beträchtlicher Teil ihres Lohnes wurde im Sinne der Regierungsabkommen direkt in die Herkunftsländer transferiert. Vietnamesen mußten 12% ihres Bruttolohnes an ihren Staat abführen, Mosambikaner erhielten die Hälfte ihres Lohnes erst nach der Rückkehr in die Heimat.[201]

Mehr noch: Nach einer Vereinbarung zwischen Ost-Berlin und Hanoi über die „Verfahrensweise bei Schwangerschaft" wurde 1987 für Arbeiterinnen aus Vietnam sogar die vertragliche Nötigung zur Abtreibung festgeschrieben: „Schwangerschaft und Mutterschaft verändern die persönliche Situation der betreffenden werktätigen Frau so grundlegend, daß die damit verbundenen Anforderungen der zeitweiligen Beschäftigung und Qualifizierung nicht realisierbar sind. Vietnamesische Frauen, die die Möglichkeit der Schwangerschaftsverhütung bzw. -unterbrechung nicht wahrnehmen, treten – nach ärztlich bescheinigter Reisetauglichkeit – zum festgesetzten Termin die vorzeitige Heimreise an. Im Falle unbegründeter Ausreiseverweigerung wird die Botschaft der Sozialistischen Republik Vietnam in der DDR gegenüber den zuständigen Organen der DDR unverzüglich die Einleitung erforderlicher Maßnahmen zur Sicherung der Ausreise beantragen. Die durch Ausreiseverweigerung verursachten Kosten trägt die vietnamesische Seite.“[202] Mit der Alternative von Zwangsabtreibung oder Abschiebung bei Schwangerschaft, stand das der Völkerfreundschaft und der internationalen Solidarität der Arbeiterklasse in klirrenden Phrasen verpflichtete SED-Regime, in einer hochnotpeinlichen Traditionslinie: Just diese barbarischen Bestimmungen entsprachen sinngemäß ausgerechnet denjenigen in Verträgen über die Vermittlung und Beschäftigung ‚ausländischer Wanderarbeiterinnen‘ auf ostelbischen Gütern vor dem Ersten Weltkrieg.[203]

Die „offene oder verdeckte Intoleranz des autoritären, paternalistischen Staates“ begünstigte, so der Leipziger Mitarbeiter des Deutschen Jugendinstituts München, W. Schubarth, „auch bei seinen Bürgern intolerante Denk- und Verhaltensweisen“. Sie führten, zusammen mit der amtlich verordneten Ausgrenzung der Fremden, zu Verdächtigungen und Sündenbocktheorien mit „undifferenzierten Schuldzuweisungen als vermeintlichem Weg, Konflikte zu bewältigen“.[204] Die latenten fremdenfeindlichen Spannungen traten mit dem Zusammenbruch des SED-Regimes und dem damit einhergehenden Ende der totalitären Zwangsdisziplinierung offen zu Tage.

Betroffen waren zunächst noch zu DDR-Zeiten ins Land gekommene ausländische Arbeitnehmer aus der ‚Dritten Welt‘. Ihre Zahl fiel im Vereinigungsprozeß steil ab: Die wachsende, immer gewalttätiger werdende Fremdenfeindlichkeit gegenüber

‚Fidschis‘ (Asiaten) und ‚Briketts‘ (Afrikanern) führte, wie erwähnt, zu überstürzten Rückwanderungen und zur innerdeutschen Flucht aus dem Arbeitsvertrag im Osten ins Asylverfahren im Westen. Opfer der Aggressionen im Osten wurden später auch Gruppen jener asylsuchenden Flüchtlinge, die im Sinne
des Einigungsvertrages den neuen Bundesländern vom Westen
aus zugeteilt worden waren. Nicht ohne Grund forderten die
im Juli 1991 zurückgetretene Ausländerbeauftragte der Bundesregierung, Liselotte Funcke, und die Ausländerbeauftragte des
Senats von Berlin, Barbara John, gemeinsam ein Antidiskrimi-
nierungsgesetz und Barbara John für Ostdeutschland schließlich sogar Sondereinheiten zur Bekämpfung der Gewalt gegen
Fremde. Die Fremdenfeindlichkeit der frühen 1990er Jahre war
zwar zunächst im Osten bei weitem ausgeprägter und gewalttätiger; insgesamt aber war sie weder ‚typisch ostdeutsch‘ noch
allein Sache von frustrierten sozialen Randgruppen. Sie hatte
auch im Westen ihre Vorgeschichte und breitete sich nach
‚Hoyerswerda‘ hier nicht minder aus.[205]
   Die neue Einwanderungssituation hat im vereinten Deutschland Anfang der 1990er Jahre neue ethnosoziale Spannungen
und ‚Hackordnungen‘ zwischen verschiedenen Gruppen von
‚Einheimischen‘ und ‚Fremden‘ geschaffen: Im Westen gab es
zunächst die Skepsis von Westdeutschen (‚Wessis‘) gegenüber
zugewanderten Ostdeutschen (‚Ossis‘), im Osten umgekehrt
diejenige von Bundesbürgern-Ost gegenüber den nicht selten
als rücksichtslose Konquistadoren, strenge Missionare der besseren Lebensform oder mitleidvolle Entwicklungshelfer in einer
semikolonialen Situation auftretenden Bundesbürgern-West.
Im Osten ging zugleich die zwischen ethnosozialer Ächtung
und rassistischer Diskriminierung liegende Rede von ‚Briketts‘
und ‚Fidschis‘, im Westen diejenige von ‚Ittakern‘, ‚Kümmel-
türken‘ und ‚Kanaken‘. Im Westen gab es außerdem zunächst
skeptische Reserve von noch aus der DDR oder aus den
neuen Bundesländern zugewanderten Übersiedlern gegenüber
deutschsprachigen Aussiedlern (‚keine Deutschen‘), von Übersiedlern und deutschsprachigen Aussiedlern gegenüber fremdsprachigen Aussiedlern aus den ehemaligen ‚sozialistischen

Bruderstaaten' (‚Polskis', ‚Rußkis'), von Übersiedlern, deutsch- und fremdsprachigen Aussiedlern gemeinsam gegenüber ‚Ausländern' (‚Deutsche rein – Ausländer raus') und vor allem gegenüber Türken (‚keine Europäer'), und schließlich, als ‚Einheimische' und ‚Fremde' in West und Ost vereinende Abwehrfront, den durch denunziative politische Polemik noch forcierten Argwohn gegenüber asylsuchenden Flüchtlingen aus Osteuropa und der ‚Dritten Welt' (‚Asylbetrüger', ‚Scheinasylanten').

Es gab aber, quer dazu, in der neuen Einwanderungssituation auch die verschiedensten, mitunter grotesken Schulterschlüsse, z.B. zwischen Deutschen und einheimischen Ausländern gegenüber den neu zugewanderten fremden Deutschen. Das kam etwa in einem Anfang der 1990er Jahre – als sächsischer Dialekt und polnischer oder russischer Akzent in den Warteschlangen auf den Gängen westdeutscher Arbeitsämter unliebsame Folgen haben konnten – umlaufenden Einwandererwitz zum Ausdruck: In der Warteschlange von Arbeitslosen auf dem Korridor eines Arbeitsamtes stehen hintereinander ein Übersiedler aus der DDR, ein Aussiedler aus Rußland und ein seit langem in Deutschland lebender Türke. Die beiden ‚Neubürger' aus dem Osten sind enttäuscht über die Arbeitslosigkeit im Westen. Der Übersiedler: „Schlange stehen kennen wir von zuhause..." Der Rußlanddeutsche: „... aber wenigstens nicht für Arbeit!" Der Türke: „Wir Euch nix gerufen!"

Von ethnosozialer Konkurrenzangst und demonstrativer Überanpassung geprägte Verhaltensweisen reichten in Einzelfällen bei jugendlichen einheimischen Ausländern aber auch bis zur Beteiligung an fremdenfeindlichen Gewalttaten gegenüber Asylsuchenden und anderen Flüchtlingen. Umgekehrt wiederum gibt es die mit den fremdenfeindlichen Ausschreitungen abrupt gewachsene Skepsis einheimischer Ausländer gegenüber dem widerspenstigen Nicht-Einwanderungsland. Hierher gehört auch die stark wachsende, teils friedlich-zivile (Immigrantenvereine), teils aggressive (Streetgangs) Selbstorganisation von durch als ungerecht empfundene Unklarheiten in der Lebensperspektive, durch Mangel an politischer Partizipation und die verschiedensten Formen persönlicher und institutioneller Diskriminierung enttäuschten und gereizten De-facto-Einheimischen, von denen sich viele den deutschen De-jure-Einheimischen gegenüber eben gerade nicht als ‚ausländische Mitbürger‘ fühlen, sondern als inländische Nicht-Bürger bzw. nicht-deutsche Bürger zweiter Klasse. Das sind nur einige, zwischen ‚melting pot‘ und Hexenkessel liegende Spannungszonen und kaskadenartige ‚Fremdenhierarchien‘ in der neuen Einwanderungssituation. Dabei sind, wie die Geschichte der Einwanderungen lehrt, ethnische Klassenbildung und die ethnische Legitimation sozialer Benachteiligung besonders gefährlich, für den sozialen Konsens ebenso wie für polyethnische Koexistenz und multikulturelle Lebensformen.[206]

Solche Gefahren wurden durch verschiedene Ost-West-Einflüsse noch verstärkt: In den Mentalitäten von aus dem Osten zugewanderten fremden Deutschen sind zum Teil besondere völkisch-national geprägte und latent xenophobe Abwehrhaltungen mit in den Westen gekommen. Sie fanden neuen Boden in den auch hier umgehenden ahistorischen Wahnvorstellungen von einer vermeintlich von ‚fremden‘ Einflüssen unbefleckten ‚kulturellen Homogenität‘ der Deutschen, deren Bevölkerung nicht „von blutsfremden Zuwanderern ‚durchmischt und durchraßt‘ (E. Stoiber) werden“ dürfe.[207] Ein anderer Ost-West-Einfluß ist die allgemeine Angst vor einer ‚Völkerwanderung‘ aus Osteuropa. Einer ihrer vermeintlichen Vorboten, die Zuwanderung von Roma aus Rumänien, entzündete 1990 noch ein zusätzliches, atavistisches, wie sich zeigte aber nach wie vor hochaktives Aggressionspotential: die ‚Zigeuner‘-Phobie. Hinzu kommt, daß in vielen Bereichen des zerfallenen ‚Ostblocks‘ nach dem Ende jahrzehntelanger totalitärer Disziplinierung radikale Unterströmungen zutage treten wie Rassismus, Antisemitismus und aggressiver, sich selbst als Befreiungsbewegung verstehender ethnischer Nationalismus. Die Konfrontation mit solchen gesellschaftlichen Eruptionen im europäischen Osten hat zur Relativierung oder gar offenen Legitimierung von auch in Deutschland selbst vorhandenen fremdenfeindlichen Abwehrhaltungen und Aggressionspotentialen beigetragen.

Seit dem Herbst 1991 schließlich ging es nicht mehr nur um Fremdenangst bzw. um die Sorge vor wachsender Fremdenfeindlichkeit in der vereinten Republik, sondern um ganz konkrete Ängste vor Tätern und um Opfer: Die vorwiegend jugendlichen Täter eröffneten, zuerst im Osten, dann auch im Westen der Republik, mit der Kampfparole ‚Ausländer raus' die Straßenjagd auf Fremde. Ihre Opfer waren zunächst meist Flüchtlinge und Asylsuchende, die unter den Deutschen Schutz zu finden hofften vor Verfolgung, aber auch vor Krieg, Armut und Elend in den Krisenzonen der Welt. Die Aggressionen richteten sich aber auch gegen eine Zuwanderergruppe, die in der düstersten Epoche der deutschen Geschichte zu den Opfern des staatlich organisierten Verbrechens zählte: gegen ‚Zigeuner' und insbesondere gegen Roma, die seit dem Ende der 1980er Jahre in wachsender Zahl als Asylsuchende, aber auch illegal aus Rumänien nach Deutschland gekommen waren.[208]

Zu verzeichnen war Anfang der 1990er Jahre außerdem eine wachsende Zahl von antisemitischen Ausschreitungen. Es handelte sich zunächst weniger um Angriffe auf seit jeher in Deutschland lebende, dorthin nach dem Holocaust zurückgekehrte oder seit einigen Jahren aus dem Staatsgebiet der ehemaligen Sowjetunion zugewanderte Juden, aber um Angriffe auf Gedenkstätten des Holocaust und auf jüdische Friedhöfe. Auf die Frage „Was beunruhigt Sie am meisten?", antwortete der Vorsitzende des Zentralrates der Juden in Deutschland, Ignatz Bubis, bei einem Interview im November 1993: „Daß Demokraten engagierten Juden unterstellen, ihre Aktivitäten könnten Antisemitismus fördern". Er begründete dies mit einem an ihn ergangenen Hinweis im Blick auf den umstrittenen, Ende 1993 zurückgetretenen ersten CDU/CSU-Kandidaten für das Amt des Bundespräsidenten, den sächsischen Justizminister Steffen Heitmann (CDU), der in populistischen Bemerkungen über Kernprobleme von Zuwanderung und Eingliederung mit einschlägigen xenophoben Hieb- und Stichworten wie „Asylantenschwemme" und „Überfremdung" hervorgetreten war: „Wohlmeinende CDU-Politiker haben mir vor der offiziellen Nominierung Heitmanns gesagt, es wäre gut, wenn ich mich bei einer Beurteilung seiner möglichen Kandidatur zurückhalten würde, denn das würde Antisemitismus fördern." Einen Umbruch von der antisemitischen Gewalt gegen Sachen und Symbole zum physischen Angriff auf Juden in Deutschland brachte in der Nacht zum 25. 3. 1994 der Brandanschlag auf die – im Obergeschoß bewohnte – jüdische Synagoge in Lübeck, der nicht nur in Deutschland, sondern weltweit Entsetzen erregte, weil er Erinnerungen an die Pogromnacht vom November 1938 wach rief.[209]

Opfer von Aggression und Gewalt wurden schließlich auch die Schwächsten der Schwachen unter den Einheimischen: Obdachlose und sogar Behinderte.[210] Das aber zeigte, daß es bei den Exzessen um noch mehr ging als um Ausländer- und Fremdenfeindlichkeit allein. Gewalt gegen Fremde und fremdenfeindliche Gewaltakzeptanz im vereinten Deutschland werden getragen von blinden Projektionen. Sie entstammen einem diffusen Bündel von Perspektivenmangel, Orientierungslosigkeit und sozialer Angst, von Frustration und Aggression, von Haß und einer ohnmächtigen Wut, die ihre eigenen Ursachen nicht kennt und sie deshalb bei anderen sucht. Solche Projektionen können deshalb nicht dort analysiert und begründet werden, wo sie ihre Opfer treffen, sondern nur dort, wo sie ihre Quellen haben. Die Suche nach den Quellen für diese neue gesellschaftliche Gefahr ist zu einem Schwerpunkt in der sozialwissenschaftlichen Forschung und in der publizistischen Diskussion im vereinten Deutschland geworden.[211]

Entsetzen erregten nicht nur Gewaltbereitschaft und Gewalttätigkeit jener martialischen kahlköpfigen Jugendbanden, die seither im Ausland das neue Bild vom ‚häßlichen Deutschen‘ prägen, sondern auch die wachsende Gewaltakzeptanz: Die Runde machte das böse Wort von der neuen ‚klammheimlichen Freude‘ jener, die die Opfer bedauerten, die Täter verachteten – und dann eben doch in eigener Sache jenen Protestbrief gegen das ‚Asylantenheim‘ im eigenen Wohnviertel unterschrieben, der von den Tätern wiederum als Freibrief zum xenophoben Halali verstanden werden konnte; ganz zu schweigen von jenen Biedermännern, die als Zeugen von Gewalttaten die von Kriminologen als ‚non-helping bystander'-Effekt umschriebene Kino-Haltung zeigten, d. h. ihre Fäuste in den Taschen wärmten, starr wegsahen, um nicht der unterlassenen Hilfeleistung bezichtigt werden zu können, oder, wie in Hoyerswerda, sogar Beifall klatschten, so daß sich die Täter als „Fackelträger der Stammtische" und aktive Sprecher einer schweigenden Mehrheit verstehen konnten. Neu an dem Gewaltausbruch in Hoyerswerda war nicht die Tat, sondern der Applaus in Volksfeststimmung mit Medienecho rund um die Welt. „Aus ihrer Sicht hätten die Angeklagten durchaus den Eindruck gewinnen können, die radikale Spitze einer breiten Bewegung zu sein", urteilte Anfang Dezember 1993 der Zweite Strafsenat des Oberlandesgerichts Schleswig auch über die Attentäter von Mölln.[212]

Zu wachsender Fremdenfeindlichkeit in der alltäglichen Begegnung kamen bald nächtliche Brandanschläge: zuerst und zumeist auf die Unterkünfte von Asylsuchenden, zuweilen aber auch auf diejenigen von Aussiedlern. Hinzu traten seit 1992 zunehmend Brandanschläge auf die Wohnungen türkischer Familien, die die größte Gruppe der aus der ehemaligen ‚Gastarbeiterbevölkerung' stammenden einheimischen Ausländer im vereinten Deutschland bilden. Weltweit bekannte Stichworte des neuen Terrors in Deutschland hießen ‚Hoyerswerda' (17.–22. 9. 1991), wo Asylsuchende aus ihren Unterkünften vertrieben und unter allgemeinem Gejohle noch beim Abtransport im Bus angegriffen und durch Steinwürfe verletzt wurden, und ‚Rostock-Lichtenhagen' (23.–27. 8. 1992), wo Asylsuchende unter öffentlichem Beifall tagelang in ihren schließlich brennenden Unterkünften belagert und angegriffen wurden, oder ‚Hünxe' (3. 10. 1991), wo zwei Flüchtlingskinder bei einem Brandanschlag schwer verletzt wurden. Und sie hießen ‚Mölln' (23. 11. 1992) und ‚Solingen' (29. 5. 1993), wo seit langem in Deutschland lebende bzw. hier geborene und aufgewachsene Mitglieder türkischer Familien in ihren Häusern verbrannten oder schwer verletzt die Brandanschläge überlebten. Das bislang letzte einschlägige Datum war die Straßenjagd am Himmelfahrtstag in Magdeburg, wo am 12. 5. 1994 schwarze

Bewohner eines Asylbewerberheimes durch die Stadt gehetzt und türkische Lokale verwüstet wurden.[213]

In der Entwicklung fremdenfeindlicher Straf- und Gewalttaten – soweit sie über die Polizeistatistik faßbar sind – bildete das Jahr 1991 quantitativ und qualitativ eine Zäsur: Im Vergleich zu den Durchschnittswerten der Jahre 1987–90 (ca. 250) stieg 1991 die Zahl der gemeldeten fremdenfeindlichen Straftaten im weitesten Sinne[214] auf das Zehnfache (2 427), darunter 239 gewalttätige Angriffe auf Personen und 336 Brandanschläge. 1992 wuchsen die fremdenfeindlichen Delikte um gut 160% auf 6 336 erfaßte Fälle. Im ersten Halbjahr 1993 bereits wurden mehr als 4 000 entsprechende Straftaten erfaßt. Dabei ist freilich zu berücksichtigen, daß insbesondere seit der allgemeinen Schockwirkung der Möllner Morde und seit den kraftvollen Gegenbewegungen in der Öffentlichkeit, den Aufklärungskampagnen, Lichterketten und Anti-Gewalt-Demonstrationen im Winter 1992/93, auch die Aufmerksamkeit gegenüber fremdenfeindlichen Aktionen gestiegen ist. Beschränkt man das Beobachtungsfeld (unter Vernachlässigung von Sachbeschädigungen ohne Gewaltanwendung, Störungen des öffentlichen Friedens und Verbreitung von Propangandamitteln) auf den direkten Gewaltbereich (Todesfälle, Brand- und Sprengstoffanschläge, Körperverletzungen, Sachbeschädigung mit Gewaltanwendung), dann gab es nach Auskunft von Bundeskriminalamt und Bundesverfassungsschutz 1993 mit 1 814 zwar deutlich weniger rechtsextreme Gewalttaten als 1992 (2 584), aber noch immer erheblich mehr als 1991 (1 483). Die Zahl der im engeren Sinne fremdenfeindlichen Gewalttaten sank von 2 283 im Jahr 1992 auf 1 322 im Jahr 1993. Drastisch angewachsen waren dagegen die Angriffe auf Obdachlose und Behinderte, von 145 im Jahr 1992 auf 324 im Jahr 1993. Die von Opfern der Gewalt von rechts markierte Todeskurve lief von 3 im Jahr 1991 über 17 im Jahr 1992 zu 8 im Jahr 1993. Unter den Tatorten überwogen Dörfer, Klein- und Mittelstädte, die vorwiegend jugendlichen Täter kamen meist aus Nachbarschaft oder Nachbarorten, Angriffsziele waren in erster Linie Ausländer- und vor allem Asylbewerberunterkünfte.[215]

Im Ablauf des fremdenfeindlichen Geschehens gab es mehrere große, von dramatischen, im Fernsehen landesweit verfolgbaren Ereignissen ausgehende Wellen der Gewalt. Die Jugend- und Bildungssoziologen R. Eckert und H. Willems haben sie „Eskalations- und Mobilisierungswellen" genannt: Eine erste Welle ging aus von den Ereignissen in Hoyerswerda, die – bei johlendem Publikum, mit Würstchen und Bier auf der einen, Panik und Todesängsten auf der anderen Seite – einer terroristischen Inszenierung glichen und mit scheinbarem ‚Erfolg' für die Täter endeten (Zurückhaltung der Polizei, Abtransport der Ausländer). Die hochschießende Spirale der Gewalt wurde vermittelt über Medienberichte von sich gegenseitig vorantreibenden Nachahmungsaktionen in der ganzen Republik. Die damit eintretende „räumliche Diffusion der Gewalt" führte zu immer weiter fortschreitender „Aktivierung gewaltbereiter Gruppen andernorts". Eine zweite große, ganz ähnlich aufsteigende Welle war im Anschluß an die ebenfalls als Tat ‚erfolgreich' und für die Täter wenig folgenreich wirkenden Rostocker Krawalle zu beobachten.[216]

Nachgerade animierend für Anschlußtäter konnten auch einige bemerkenswert milde, scheinbar mehr um Verständnis für die Täter als um die Ächtung ihrer Taten bemühte Gerichtsurteile wirken. An die Stelle abschreckender Sanktionsbereitschaft trat dabei mitunter eine erschreckende Verständnisbereitschaft für ‚gruppendynamische', ‚rituelle', an unmenschliche Initiationsriten erinnernde fremdenfeindliche Gewaltorgien: Die Ermordung des Angolaners Antonio Amadeu in Eberswalde durch Tottreten und Zerstampfen des Schädels wurde z.B. als „jugendtypische Verfehlung" bei einem „Ritual mit Gruppendynamik" eingeschätzt und deshalb nicht als Mord, sondern als schwere Körperverletzung mit Todesfolge eingestuft, während sich die Frau des Ermordeten und seinerzeit hochschwangere Mutter eines gemeinsamen, durch die Dauererfahrung akuter Lebensangst psychisch schwer beeinträchtigten Kindes im Alltag weiteren Angriffen aus dem Freundeskreis der Täter ausgesetzt sah. Davon wird gleich noch zu reden sein. Der Überfall und das Niederbrennen eines Asylbewerberheims im brandenburgischen Guben, dessen 37 Bewohner gerade noch rechtzeitig flüchten konnten, wurde mit Jugendarrest auf Bewährung geahndet. Solche Entscheidungen, in denen, so der rheinlandpfälzische Justizminister Peter Caesar (FDP), Gewaltverbrechen gegen ausländische Mitbürger als „jugendliche Ganovenstücke" erschienen, wertete die brandenburgische Ausländerbeauftragte und letzte Ausländerbeauftragte der DDR, Almuth Berger, geradezu als „Ermutigung für ausländerfeindliche Übergriffe". Auch die Bundesministerin für Frauen und Jugend und Stellvertretende CDU-Vorsitzende Dr. Angela Merkel rügte, daß gegen die vorwiegend rechtsextremistisch beeinflußte Jugendgewalt die „Gesetze nicht richtig umgesetzt" und viele Täter „zu milde behandelt" würden.[217]

Daß es bei vielen Gewalttaten und Brandanschlägen im Anschluß an die Ausschreitungen von Rostock-Lichtenhagen im Gegensatz zu den Morden von Mölln keine Toten, sondern – wie z.B. in Hünxe und andernorts – ‚nur' körperlich und seelisch schwer Verletzte gab, war schlichter Zufall und machte im Blick auf die Taten keinen Unterschied; denn die Begrenzung der Folgen eines nächtlichen Brandanschlags auf ein bewohntes Gebäude durch die Flucht oder die Fertigkeit der Opfer im Umgang mit Löschgeräten relativiert nicht den Charakter der Tat. Nach den Mordanschlägen von Solingen im Juni 1993 bäumte sich eine dritte Gewaltwelle auf, in deren Verlauf die Ahndung der Möllner Tat als Mord zwar in der Öffentlichkeit ein aufsehenerregendes Signal setzte, ohne doch der Gewaltwelle abrupt Einhalt gebieten zu können. Selbst an Weihnachten 1993 wurden Angriffe und Anschläge auf Ausländer, aber auch auf Aussiedler gemeldet.[218]

Das eindrucksvolle Bild von ‚Wellen' der Gewalt darf überdies nicht zu dem Trugschluß führen, die aggressive Strömung kehre nach dem Auslaufen einer solchen Welle wieder zum Ausgangsniveau zurück, im Gegenteil: „Große Eskalationsund Mobilisierungswellen ebben nicht einfach wieder auf ein Voreskalationsniveau ab, sondern führen für längere Zeit zu einer Stabilisierung von fremdenfeindlichen Straf- und Gewalttaten auf einem höheren Niveau".[219] Die vom Schock der Möllner Morde forcierten bundesweiten Gegenbewegungen, insbesondere die Aufklärungskampagnen, Lichterketten und Anti-Gewalt-Demonstrationen im Winter 1992/93 führten zu einem gewissen Rückgang von Gewalttaten, Gewaltbereitschaft und Gewaltakzeptanz, wenn auch nicht mehr auf das Niveau vor Beginn der beiden großen Gewaltwellen. Daß auch dieser Rückgang nicht zu einer dauerhaften De-Eskalation führte, zeigte die dritte Gewaltwelle nach den Solinger Morden.

Während die Gegenströmungen im Winter 1992/93 eine deutliche Isolierung gewalttätiger bzw. gewaltbereiter fremdenfeindlicher Gruppen von der vermeintlich hinter ihnen stehenden schweigenden Mehrheit anzeigten, setzten – noch während die dritte Gewaltwelle im Anschluß an die Solinger Morde lief – schärfere Maßnahmen und Verbote gegen rechtsextremistische Organisationen und die harten Strafen für die Täter von Mölln einen demonstrativen Schlußstrich unter „reduzierte Sanktionserwartungen aufgrund staatlicher Unterreaktionen". Fremdenfeindlichkeit ist zwar, wie Umfragen zeigen, eine – noch immer starke – Minderheitenposition geblieben; aber vieles spricht für die „Genese einer fremdenfeindlichen sozialen Bewegung", der nur noch „festere Organisationsstrukturen und Führerfiguren" fehlen – ein strategischer Mangel, der durch die wachsende Verdichtung der Gruppenkontakte in vielfach konspirativen, zunehmend auch länderübergreifend operierenden rechtsextremistischen Netzwerken auf immer bedrohlicher wirkende Weise abgebaut zu werden scheint.[220]

Weil sich, wie die tagelangen Krawalle im Anschluß an die Solinger Morde und verwandte zeitgleiche Aktionen in anderen Städten zeigten, auch unter den potentiellen Opfern der fremdenfeindlichen Bewegung, und hier besonders unter jugendlichen Paß-Ausländern türkischer Herkunft, Abwehr-, aber auch Angriffsbereitschaft formiert, wächst die Gefahr ethnosozialer Konflikte. Hinzu kommen aus den Herkunftsländern übergreifende ethnokulturelle und -politische Konfliktpotentiale, wie sie in den Aktionen der Arbeiterpartei Kurdistans (PKK) zum Ausdruck kamen. Sie wurden mit dem Verbot der Partei und zahlreicher anderer kurdischer Organisationen in Deutschland beantwortet, was wiederum zu neuen Problemen deswegen führte, weil justitiable Trennlinien zwischen politischem und ethnokulturellem Engagement bei Minderheitenorganisationen in der Einwanderungssituation mitunter schwer zu ziehen sind. Das zeigte sich Ende März 1994 bei den blutigen Auseinandersetzungen anläßlich kurdischer Demonstrationen, bei denen es auf der einen Seite um das Verbot des traditionellen kurdischen Neujahrsfestes in Deutschland, auf der anderen Seite um den Kampf der PKK und um die Massaker gegenüber der kurdischen Minderheit in der Türkei ging.[221]

Während die Medien das Sensationsthema Ausländer- und Fremdenfeindlichkeit entdeckten, bekamen Meinungsumfragen dazu Hochkonjunktur. Dabei ging es nicht ohne Widersprüche zwischen Demoskopie und Sozialforschung, Fehlinterpretationen und Mißverständnisse ab, zumal die Ergebnisse der Umfragen oft ohne zureichende Information über die Ausrichtung der jeweiligen Umfragen verallgemeinert wurden: Im September 1992 z.B. ergab eine Umfrage des Forsa-Instituts im Auftrag des Senders RTL, daß 58% der befragten Deutschen ein gutes, 15% sogar ein sehr gutes Verhältnis zu Ausländern hätten.[222] Annähernd zeitgleich kam eine Umfrage des Kölner Instituts für Empirische Psychologie im Auftrag des Computerunternehmens IBM zu dem Ergebnis, daß etwa 1% der Deutschen im Alter zwischen 16 und 24 Jahren „zur Gewaltanwendung gegen Ausländer und Asylbewerber bereit" sei und fast ein Drittel als „konsequent ausländerfeindlich oder anfällig für fremdenfeindliche Gedanken" bezeichnet werden könne, während nur eine stabile Gruppe von 25% „jede Art Fremdendiskriminierung" ablehne.[223] Ebenfalls im gleichen Monat hielten nach einer Infas-Umfrage 51% der Deutschen die Parole „Deutschland den Deutschen" für weitgehend richtig und 26% unterstützten sogar die Forderung „Ausländer raus".[224] Einen Monat später, im Oktober 1992, bekundeten nach dem ZDF-Politbarometer 13% aller Deutschen „Verständnis" für die Attentate auf Asylbewerber, während sich 86% davon distanzierten.[225]

Nach der Jahreswende 1992/93 blieb „die Asyl- und Ausländerproblematik", dem ZDF-Politbarometer vom Januar 1993[226] zufolge, nach wie vor „das wichtigste Thema in Westdeutschland", während das Vertrauen in die Politik, die anstehenden Probleme zu meistern, auf ein seit der Einführung des Politbarometers im März 1977 noch nie gemessenes Minimum sank. Zugleich zeichnete sich zunehmend eine Schere ab zwischen der Mißbilligung ausländer- und fremdenfeindlicher Ausschreitungen und der mangelnden Bereitschaft zu persönlichem Engagement dagegen: Nach einer Repräsentativumfrage des Bielefelder Emnid-Instituts zu aktuellen Fragen der inneren Sicherheit vom April 1993 wären bei Übergriffen auf Ausländer nur 7% der Bundesbürger bereit, den Opfern durch eigenes Einschreiten zu helfen. 12% würden immerhin die Angreifer auffordern, aufzuhören, 53% sofort die Polizei alarmieren. 19% der Befragten würden sich „von einem solchen Ort entfernen", 4% zuschauen, ohne selbst einzugreifen, 1% sogar bei den Tätern mitmachen. 80% der Ostdeutschen und 61% der Westdeutschen aber sähen durch Radikale und Extremisten „die Demokratie gefährdet".[227]

Die allmonatlich von der Frankfurter Allgemeinen Zeitung präsentierten Allensbacher Monatsberichte wiederum zeigten sich im August 1993 bemüht, das durch „Brandsätze und Zerrbilder" in der Tat schwer getrübte Deutschlandbild zu erhellen: „Manifestationen von Ausländerfeindlichkeit in Deutschland werden nicht als Delikte von Individuen und Gruppen gewertet, sondern als Symptome der ‚immer wieder auftretenden deutschen Krankheit Fremdenfeindlichkeit' (Gordon Craig). Es gibt keine wachsende Ausländerfeindlichkeit in der breiten Bevölkerung. Ressentiments gegen Ausländer waren am Beginn der achtziger Jahre wesentlich verbreiteter als heute." Bedrückend sei es, daß „kleine extremistische Gruppen und Einzeltäter in kurzer Zeit ein Zerrbild der deutschen Bevölkerung schaffen können, das mit der Realität nur wenig gemein hat. Und doppelt bedrückend ist, daß sich viele Intellektuelle, weite Teile der Medien und Politik an der Konstruktion diese Zerrbildes beteiligen." Der internationale Vergleich zeige sogar, daß das vorhandene Ausmaß an Ressentiments „nicht größer, sondern tendenziell geringer ist als in anderen europäischen Ländern." Mehr noch: „In keinem anderen europäischen Land sind die Aversionen gegen extremistische Gruppen auch nur annähernd so ausgeprägt. [...] Wer aus radikalen Minderheiten auf die Haltungen der gesamten Bevölkerung schließt, macht ausländische Bürger in diesem Land furchtsam und unbehaust." Man habe, erklärte Institutsleiterin Elisabeth Noelle-Neumann im Dezember 1993, „ganz klare Beweise, daß trotz der riesenhaften Asylanten-Besorgnis [!] in Deutschland in den letzten zehn Jahren die Ausländerfeindlichkeit deutlich zurückgegangen ist."[228]

Damit konnten Kritiker und Analytiker des Fremdenhasses geradewegs als Traumtänzer, Nestbeschmutzer und Ausländerängstiger, verängstigte Ausländer wiederum als Gespensterseher erscheinen: „Die Angst der ausländischen Bevölkerung hat stark zugenommen", meldete dagegen der im Dezember 1993 erstmals vorgelegte, auf andere Umfragen gestützte Bericht der Ausländerbeauftragten über die Lage der Ausländer im vereinten Deutschland. „46,0 Prozent der von MARPLAN 1993 Befragten nennen Ausländerfeindlichkeit mit Abstand als die für sie derzeit größte Sorge. Besonders betroffen davon sind türkische Migrantinnen und Migranten, die mehr als doppelt so häufig wie die Befragten anderer Nationalitäten diese Ängste nannten (64,9 Prozent zu durchschnittlich 29 Prozent)."[229]

Die mental und psychisch verheerenden Folgen der Angst vor rassistischer Gewalt haben auch viele Einheimische zu ,Fremden' gemacht und zu Opfern werden lassen. Wie die Holocaust-Verfilmung mit ihrer Konzentration auf überschaubare Einzelschicksale für Viele beeindruckender war als die millionenfach stärkere und gerade deshalb unfaßbare Wucht der Statistik des staatlich organisierten Verbrechens, so liest man zuweilen auch in demoskopischer Distanz über jenes Grauen hinweg, das für Opfer, aber auch potentiell Betroffene und deshalb Verängstigte aus Umfragedaten über Fremdenfeindlichkeit spricht, zumal Gewalt nicht nur eine physische Seite hat. Machen wir dazu nur einen einzigen Versuch mit einem individuellen Zeugnis, einem Auszug aus dem Schulaufsatz einer Ostberliner

,schwarzen Deutschen' aus dem vierten Quartal 1991 über ihre, einschlägige lebensgeschichtliche Erinnerungen heraufbeschwörende Reaktion u. a. auf die erwähnte, milde geahndete ,rituell-gruppendynamische' Ermordung des Angolaners Antonio Amadeu:

„Gewalt ist die Sache, die die meisten Menschen nur wahrnehmen, sobald sie visuell sichtbar und mit eigenen Händen tastbar ist. So habe ich es von Kindheit an gelernt, geglaubt und mich immer gefragt, was ist denn dieses andere ETWAS, durch das ich mich verletzt und verwundet fühlte, ohne daß ich äußerlich sichtbare Wunden davontrug? Bis ich eines Tages feststellte, daß die Menschen hier in bestimmten Bezügen sehr vorsichtig sind mit Begriffen und Definitionen; denn für die Dinge, die nicht in ihre Weltanschauungen gehören dürfen, gibt es keine Begriffe, bzw. man benennt sie einfach nicht und denkt, sie sind nicht existent. Physische Verletzungen, durch einen anderen Menschen absichtlich zugefügt = Gewalt. Aber solange ich lebe, in diesem Land und dieser Stadt, weiß ich, Verletzungen sind seltener körperlich als psychisch. Was war das, wenn ich als kleines Mädchen Hand in Hand mit meiner Mutter auf der Straße lief, sie als ,Niggerhure' und ich als kleines ,Negerbiest' tituliert wurde? Wie alle schwarzen Menschen, die als Kinder hier aufwuchsen, habe auch ich begonnen, diese Erlebnisse, die nicht gerade selten waren, zu vergessen, zu verdrängen, denn es gab ja keinen Begriff, also nichts Greifbares für meinen Kopf, der das alles umklammern und festhalten konnte. Inzwischen habe ich gelernt, Worte anders zu gebrauchen als viele Menschen hier, und wenn ich ,hier' schreibe, dann meine ich DDR, BRD und Deutschland, denn hier lebe ich, erfuhr ich und habe ich gelernt.

Zurück zur Gewalt. Natürlich, Gewalt ist der Neonazi, der mit einer Axt auf einen Vietnamesen losgeht oder der Hooligan, der meinen Bruder durch die Nacht jagt, aber Gewalt, zuallererst, sind für mich die Augen, die in der U-Bahn zusehen, wenn man einem Freund von mir ins Gesicht spuckt, und in welchen sich Resignation, aber mehr noch eine leise, ganz listige Zustimmung erkennen lassen. Gewalt ist für mich der 7 Monate alte

Sohn von Amadeu, der in seinem Körbchen, seit schon zwei Monaten, an psychischen Erkrankungen höchsten Grades leidet, als absolut suizidgefährdet gilt, wenn er einmal Messer und Gabel benutzen kann. Und das alles, weil einige deutsche Jugendliche meinten, Amadeu müsse erschlagen werden, und seiner im 8. Monat hochschwangeren Frau sollte man das Kind aus dem Leibe schlagen. Ich habe es gesehen, das Grab von Amadeu, kenne seine Frau und seinen Sohn. Und Gewalt ist auch, daß ich nicht mehr weinen kann oder mich traurig fühlen, wenn ich höre, man hat schon wieder jemanden, den ich persönlich kenne, krankenhausreif geprügelt, so daß ich jetzt gelernt habe zu hassen; und Haß als absolute Steigerung von Wut. [...] Wenn ich zu Anfang des Aufsatzes schrieb, Gewalt wird nur wahrgenommen, wenn sie für jeden einzelnen visuell sichtbar und tastbar sein kann, dann meine ich damit auch, daß z.B. die Gewalt auf den Straßen per Fernseher längst als harmlos gilt und keine Wirkungen mehr hat. Wenn ich jemandem erzähle von der Situation hier und wie ich sie empfinde, dann wird mir fast nie geglaubt; ich sei überempfindlich und zu sehr gereizt, mein Haß, meine Wut, die ungeweinten Tränen – Übertreibungen; dann ist es jedesmal erschreckend, wenn man begreift, daß man tatsächlich selbst erst einige Zähne, Narben und offene Wunden bei sich tragen muß, um andere verstehend zu machen. Aber ich glaube, wenn dieser Tag wirklich gekommen sein sollte, dann dürfte wohl alles zu spät sein.“[230]

Wer sich des vordergründigen Abwehrarguments bedient, dergleichen sei eben ein ‚typisch ostdeutsches‘ Szenario, hätte sich mit der ebenso abwegigen Frage zu befassen, ob ‚Hünxe‘, ‚Mölln‘, ‚Solingen‘ und andere einschlägige Verbrechen vielleicht ‚typisch westdeutsch‘ waren. In der Tat ‚typisch‘ hingegen ist die seelisch und oft auch psychosomatisch verheerende Verbindung von Angst und Wut bei den direkten und indirekten Opfern der angeblich nichtexistenten Fremdenfeindlichkeit im vereinten Deutschland. Individuelle Zeugnisse sind nicht zu verallgemeinern, wie man weiß; und doch sagen sie oft mehr als ‚repräsentative‘ Umfragen; jede Ebene hat ihre eigene Wahrheit.

Es kommt überdies sehr darauf an, was Demoskopen jeweils als ‚Ressentiments gegen Ausländer' oder als ‚Ausländerfeind-lichkeit' definieren und an welche ‚Ausländer' die Befragten konkret denken, wenn es um ihr Verhältnis zu ihnen geht – an den vertrauten italienischen Restaurantbesitzer, an den türki-schen Gemüsehändler oder eben an die ‚Asylanten', die ‚Zigeu-ner' bzw. an ‚die Fremden' schlechthin, an jene zum Teil diffu-sen Angstgegner also, die in der Antwort natürlich nicht auftau-chen, wenn nach ‚Ausländern' gefragt wird. Außerdem geht es in der Einwanderungssituation eben gerade nicht nur darum, was die Mehrheit von der Minderheit hält, sondern auch darum, was die Minderheit von der Mehrheit fürchtet. Wer die Frage nach der viel tiefer liegenden und gefährlicheren Fremdenfeind-lichkeit mit Ergebnissen von Umfragen nach ‚Ausländerfeind-lichkeit' zu beantworten sucht, greift zu kurz bzw. präzise daneben, will sagen: Demoskopische Ergebnisse und sozial-wissenschaftliche, insbesondere sozialpsychologische Analysen driften in Ansatz und Ergebnis oft weit auseinander. Aber auch Vergleiche zwischen den frühen bundesdeutschen Abwehrhal-tungen gegenüber ‚Gastarbeitern' und der haßverzerrten rassi-stischen Gewaltbereitschaft der frühen 1990er Jahre gegenüber ‚Fremden' sind historisch wie sozialpsychologisch fragwürdig und geeignet, gesellschaftspolitische Gefahren zu verharmlosen. Gepflegte Diagnosen aber demotivieren die Therapie.

Die von den Medien um die Welt getragene neue deutsche Xenophobie ist freilich weder ‚faschistisch' noch ausgesprochen ‚deutsch'. Es gibt sie auch in anderen europäischen und in über-seeischen Einwanderungsländern, und sie hat auch dort eine lange Geschichte.[231] Wer denkt im Alltagsdialog schon daran, daß die Skin-Bewegung aus den englischen Armenvierteln der 1960er Jahre kam, geboren aus den Ängsten der weißen Unter-schicht, die sich von indischen bzw. pakistanischen und karibi-schen Zuwanderern bedroht fühlte. Wer erinnert sich daran, daß selbst das bestialische Mordwort der jugendlichen deut-schen ‚Glatzen' vom ‚Aufklatschen', also vom Zerschlagen und Zertrampeln von ‚Asylanten' oder anderen Fremden seinen Ur-sprung in England hat – im ‚Paki-Bashing', also im willkürlichen Zusammenschlagen asiatischer Einwanderer durch rassistische weiße Jugendliche aus dem perspektivlosen urbanen Subproletariat.[232]

Aber Hinweise auf Probleme in anderen Ländern Europas relativieren die deutschen nicht, zumal die neue Fremdenfeindlichkeit im vereinten Deutschland und die Exzesse auf deutschen Straßen im langen Schatten einer historischen Erfahrung stehen, die Deutschland vom übrigen Europa trennt: „Deutschland", räsonnierte der amerikanische Holocaust-Historiker Raul Hilberg, „das ist wie ein kurierter Alkoholiker. Wehe, wenn er wieder an die Flasche kommt."[233] Ob Deutschland nicht im Begriff sei, „den Holocaust zu vergessen", wurde Bundespräsident Richard von Weizsäcker auf seiner Asien-Pazifik-Reise im September 1993 vom Rat der australischen Juden in Melbourne gefragt. Mit Asiaten verheiratete Deutsche berichteten seiner Begleitung, sie verzichteten in diesem Jahr auf den Heimaturlaub in Deutschland – aus Angst um ihre „farbigen" Kinder. Journalisten notierten, „Fremden- oder Ausländerfeindlichkeit" sei ein „Zungenbrecher-Wort, das viele Asiaten inzwischen fehlerfrei aussprechen und schreiben".[234]

Die fremdenfeindlichen Exzesse auf den Straßen im vereinten Deutschland, der lange Schatten der deutschen Geschichte und das prononcierte Interesse der Medien an xenophober Aggressivität haben in der Tat auch zu Zerrbildern und Fehleinschätzungen geführt: Die Normalität des friedlichen Zusammenlebens zwischen Mehrheit und zugewanderten Minderheiten im vereinten Deutschland geriet dabei ebenso aus dem Blick wie – von den berühmten Lichterketten im Winter 1992/93 einmal ganz abgesehen – die große Zahl von Gegenströmungen, hilfreichen Initiativen und unübersehbar vielen organisierten und spontanen Hilfen im Alltag: von der Aufnahme und Betreuung von Flüchtlingen über die Bewachung ihrer Unterkünfte bis hin zum illegalen Versteck von abgelehnten Asylbewerbern, um sie vor drohender Abschiebung zu schützen.[235]

Die hochkomplexe Problematik wird oft unter nur partiell zutreffenden und deshalb simplifizierenden Stichworten wie ‚Ausländerfeindlichkeit‘, ‚Fremdenfeindlichkeit‘, ‚Rechtsextremismus' oder ‚Jugendgewalt' diskutiert. Es gibt ethnologische, sozialanthropologische und sogar evolutionsbiologische Einschätzungen von Fremdenangst als ‚natürlicher' Konstante des Sozialverhaltens, die in den in der öffentlichen Diskussion umlaufenden Grobversionen zuweilen als xenophobe Legitimationsideologien fungieren.[236] Daneben stehen allgemeine, historisierende, ideologie- bzw. mentalitätskritische Überlegungen über Besonderheiten der Deutschen im Umgang mit Fremden.[237] Darüber hinaus sind die verschiedensten, mehr oder minder weitreichenden und sich vielfältig überschneidenden Erklärungsansätze und Interpretationsversuche im Gespräch, von denen hier nur einige angedeutet werden können:

Das gilt z.B. für die Einschätzung des Anwachsens von aggressiver Fremdenfeindlichkeit als Ergebnis der völkisch-nationalistischen Demagogie rechtsextremistischer und neonazistischer Gruppen und für den Hinweis auf den Weg von Gewaltbereitschaft und spontaner Gewalttätigkeit mit diffusen Strukturen zur Neuformation des Rechtsextremismus unter dem Einfluß neonazistischer Subversion. Dabei war Ende 1993 festzustellen, daß im rechtsextremistischen Bereich die Zahl der Gewalttaten sank, während der Organisationsgrad stieg. Wichtiger als Mitgliedschaften in Organisationen aber sind die motivierenden oder doch legitimierenden Vorstellungswelten der Täter: „Es ist in diesem Zusammenhang nicht entscheidend, ob die Täter einen mehr oder weniger gefestigten politischen Hintergrund haben oder für sich sehen", erklärte im August 1993 der Nachfolger des zurückgetretenen Bundesinnenministers Rudolf Seiters (CDU), Bundesinnenminister Manfred Kanther (CDU), bei der Vorlage des Verfassungsschutzberichts für das Jahr 1992. „Fest steht, daß rechtsextremistische Einstellungen und Agitation jedenfalls mit ursächlich für diese erschreckenden Gewalttaten sind."[238]

Sozialpsychologische und psychoanalytische Ansätze reichen von mangelnder Leidensfähigkeit über „Gewalt aus Ressentiment und brennender Scham" bis zur ethnopsychoanalytischen Interpretation der Handlungsmuster gewalttätiger ausländerfeindlicher Banden als kollektiver „Ritualisierung von Haß und

Gewalt im Rassismus".[239] Daneben stehen Hinweise auf politisch-mentale Strapazen des Vereinigungsprozesses und auf Belastungen durch den rapiden Wandel in der politischen Kultur seit den späten 1980er Jahren im ehemals geteilten Frontstaat des Kalten Krieges unter besonderer Berücksichtigung der psychosozialen Kollektivprobleme und Orientierungskrisen der Menschen im Osten der Republik.[240]

Es gibt den zivilisationskritischen Hinweis auf tiefer liegende gesellschaftliche Ursachen, auf Prozesse gesellschaftlicher „Desintegration" bzw. „Paralysierung" mit dem Zerfall sozialer Bindungen, wachsender mentaler Bindungslosigkeit und Entsolidarisierung durch fortschreitende Individualisierung im Modernisierungsprozeß, verbunden mit der Warnung davor, die Täter durch ein vordergründiges kriminelles Täterbild aus dem Kontext dieser gesellschaftlichen Ursachen auszugrenzen.[241] Und es gibt schließlich pädagogisch-sozialwissenschaftliche Erklärungsansätze, die rechtsradikales Protestverhalten junger Menschen auch als autoritäre Orientierungssuche, als eine Art autoritäre Antwort auf die ‚antiautoritäre Erziehung' verstehen.[242]

Der feinnervige Diskurs über die vierschrötigen Motivationen pubertierender bzw. debiler Barbaren mit höhnischer Dreistigkeit gegenüber ihren Opfern hat im Herbst 1993 schließlich Peter Schneider zu einem bitteren, an Sigmund Freuds Einschätzung des Aggressionstriebs erinnernden Generalangriff auf die hilflosen „Erklärer" und die „Idiotie der zivilen Gesellschaft" veranlaßt:

„Gesetzt den Fall, ein außerirdischer Medienforscher betrachte die Talkshows zum Thema ‚Gewalt' im deutschen Fernsehen mit der gleichen Neugier, die diese seit zwei Jahren für die Täter aufbringen. Was fiele ihm auf? Als erstes wahrscheinlich das faszinierte Verständnis der Erwachsenen unter den Teilnehmern der Sendung für eine Gruppe kahlgeschorener Halbwüchsiger, die, ihrer Muttersprache kaum mächtig, sich auf ihr Deutschtum berufen und ihre Absicht verkünden, Ausländer bei der nächsten Gelegenheit zu ‚klatschen' und ‚wegzutreten'. Statt ihnen das Mikrofon wegzunehmen, statt die eben-

falls mitdiskutierenden Polizisten an ihre Aufgaben zu erinnern, überbieten sich die versammelten Experten der zivilen
Gesellschaft in Bekundungen eines ethnologischen Interesses
für diese Barbaren. [...] Damit ist das Ziel der Übung erreicht:
Der Täter ist zum Opfer geworden. [...] Ich fürchte, daß die
einfachste Erklärung für dieses barbarische Verhalten die zu-
treffendste ist. Die Halbwüchsigen ,verachten‘ die elementar-
sten Regeln der Fairneß nicht etwa, sie kennen sie gar nicht und
haben sie nie, nach den Gesetzen von Lohn und Strafe, erlernt.
Sie sind nicht entmenscht und zu Bestien geworden, sie wurden
erst gar nicht zu Menschen gemacht. [...] Die Zurückdrängung
der Barbarei verlangt eine Anstrengung der gesamten zivilen
Gesellschaft, fast möchte man sagen: einen erneuten contrat
social. Kommt er nicht zustande, so wird diese Gesellschaft die
Monster ausbrüten, die sie in aller Unschuld umbringen werden.“[243]

In ähnliche Richtung zielte die Einschätzung des gewalttätigen
Radikalismus nicht als Hydra mit nachwachsenden Köpfen, sondern als „kopfloses Ungeheuer“ durch den Stuttgarter Oberbürgermeister Manfred Rommel (CDU). Er forderte, „die als
rechtsextrem eingestuften Gewalttäter nicht als politische Gegner, sondern als gewöhnliche Verbrecher anzusehen und zu
bestrafen“: Wer ihnen politische Motive zuschreibe, überschät-
ze das „intellektuelle Kapital der Straftäter“ und lege ihnen einen „Nimbus um den Kopf“, auf den sie keinen Anspruch
hätten. Dies unterscheidet in der Tat vielfach die oft eher spontanen fremdenfeindlichen Gewalttäter von den sich seinerzeit
durchweg politisch verstehenden, und doch als ,Mitglieder einer kriminellen Vereinigung‘ abgeurteilten Täter der hochintel-
ligenten, konspirativ organisierten und hierarchisch strukturier-
ten RAF. Rommel: „Wo kein Kopf ist, kann man keinen ab-
schlagen. Das macht das Problem größer.“[244]

Bemerkenswert ist, daß bei vielen Erklärungsansätzen, Inter-
pretationsmodellen und Deutungsmustern für Fremdenfurcht
und/oder Fremdenfeindlichkeit im vereinten Deutschland das
Kernproblem selbst, nämlich Einwanderung, Eingliederung
und deren politische Gestaltung, eher nur am Rande vorkamen,

weil viele Interpreten mehr ihre vertrauten Interpretationsmuster und weniger die Sache selbst befragten. „Diese neuen Gewaltpotentiale und ihre politische Ausrichtung", mahnte auch die Trierer Forschergruppe um R. Eckert und H. Willems 1993, „sind nur vor dem Hintergrund eines neuen gesellschaftlichen Konfliktes adäquat zu verstehen: des Konfliktes um die Immigration, der sich durch die Öffnung der Grenzen insbesondere zu den östlichen Ländern und den dadurch bewirkten starken Zustrom von Aussiedlern, Asylbewerbern und illegalen Einwanderern vor allem nach Deutschland entwickelt hat."[245]

Eine ebenso wichtige Ursache für fremdenfeindliche Abwehrhaltungen liegt in der anhaltenden politischen Desorientierung der Bevölkerung gegenüber den gesellschaftlichen Problemfeldern von Migration, Integration und Minderheiten. Sie hatte ihren Grund in der erwähnten demonstrativen politischen Erkenntnisverweigerung gegenüber der unübersehbaren Tatsache, daß die Bundesrepublik seit mehr als einem Jahrzehnt ein Einwanderungsland neuen Typs geworden ist – nicht im rechtlichen, aber im gesellschaftlichen und kulturellen Sinne. Am Ende wurde offenbar, daß die hilflose Flucht in das tumbe Dementi, die Bundesrepublik sei kein Einwanderungsland, nur die Kehrseite politischer Rat- und Konzeptionslosigkeit war.

Ökonomische und soziale Ängste, Irritationen und Frustrationen über die Abwesenheit von Politik in einer geradezu gespenstischen, weil alltäglich erlebbaren und doch politisch für nicht-existent erklärten Einwanderungssituation schlugen um in Aggression gegen die falschen Ursachen. Jugendliche Gewalttäter verstanden sich als aktive, in den Medien präsente Vertreter der passiven Mehrheit auf einem der politischen Gestaltung entglittenen Feld. Gewaltbereite Fremdenfeindlichkeit und fremdenfeindliche Gewaltakzeptanz waren deshalb weniger unvermeidbare Folgen von Zuwanderung und Eingliederung als vermeidbare Folgen ihrer mangelnden Gestaltung. „Die wachsende Fremdenfeindlichkeit in Deutschland ist weder allein pathologischer Ausdruck einer allgemeinen Zivilisationskrise am Vorabend der Jahrtausendwende noch ‚natürliche' Reaktion auf Zuwanderungsdruck", hieß es im ‚Manifest der 60' vom Dezember 1993. „Sie ist auch eine aggressive Antwort auf fehlende Konzepte in der Migrationspolitik."[246]

„Die Entwicklung fremdenfeindlicher und rechtsradikaler Gewalt kann nicht hinreichend als Resultat gesellschaftlicher und ökonomischer Krisensituationen, erzieherischer Defizite oder gewaltaffiner jugendlicher Subkulturen verstanden werden", hieß es auch in der 1993 vorgelegten Studie der Trierer Forschungsgruppe. „Sie ist auch Ausdruck eines grundlegenden gesellschaftlichen Konfliktes um die Einwanderung, der angesichts der Massierung von Aussiedlern und Asylbewerbern an vielen Orten Deutschlands aufbrach. [...] Von daher sind zunächst entsprechende politische Entscheidungen und Weichenstellungen bezüglich einer *vernünftigen Einwanderungspolitik,* einer Arbeitsmarkt- und *Integrationspolitik* zu fordern, die Konkurrenzverhältnisse entschärft und zugleich die Möglichkeit der Ausweitung von Solidaritätserfahrungen über ethnische Grenzen hinweg zum Ziel hat. Auf der einen Seite sind Partizipationschancen durch die Institutionalisierung spezifischer Vertretungsorgane, die Einführung eines kommunalen Wahlrechts für Ausländer und auch durch eine Vereinfachung der Erlangung der staatsbürgerlichen Rechte vorzusehen. Die Integration von und das Zusammenleben mit neuen ethnischen und kulturellen Gruppen wird aber andererseits langfristig nur dann erfolgreich gelingen können, wenn eine vorsichtige (und familienfreundliche) Begrenzung und Kontrolle der Einwanderung dafür sorgt, daß die Integrations- und Lernfähigkeit der Gesellschaft der Bundesrepublik nicht überfordert wird. Entsprechende Schritte einer langfristig orientierten Prävention und Konfliktregulierung werden notwendig sein, wenn man einer ethnischen Segmentierung der Gesellschaft und einer Verfestigung von sozialen und politischen Konflikten entlang ethnischer Trennlinien vorbeugen und entgegenwirken will."[247]

Diesem Ergebnis, das von mir seit mehr als einem Jahrzehnt vertretene Anregungen stützt, steht nicht entgegen, daß die Bundesministerin für Frauen und Jugend und Stellvertretende CDU-Vorsitzende Dr. Angelika Merkel in ihrem Vorwort zur Publikation der – mit Bundesmitteln geförderten – Trierer Forschungen erfreut zur Kenntnis nahm: „Die Trierer Studie zeigt mit der wünschenswerten Klarheit, daß die ‚Migrationskonflikte' nicht von Politikern herbeigeredet wurden, sondern daß die unkontrollierte Zuwanderung von einem erheblichen Teil der Bevölkerung vor Ort als starke Belastung empfunden wurde."[248]

Keine Frage, daß die „Migrationskonflikte" von Politikern nicht bloß „herbeigeredet" worden sind. Undifferenzierte Pauschalvorwürfe solchen Kalibers wären der Widerlegung nicht wert. Kein Zweifel aber kann, wie sogar von am Asylstreit beteiligten Politikern selbst eingeräumt wird, daran bestehen, daß durch die politischen und publizistischen Auseinandersetzungen in Migrationsfragen Feindbilder und Abwehrhaltungen teils legitimiert, teils sogar provoziert, und zugleich Lösungswege – in Gestalt eben jener auch in der Trierer Studie geforderten „vernünftigen Einwanderungspolitik" mit „Integrationspolitik" nach innen und „Begrenzung und Kontrolle der Einwanderung" nach außen – verpaßt, blockiert oder wegdementiert wurden; denn wo ‚Einwanderung' tabuisiert war, konnten auch keine umfassenden und integralen Konzeptionen für ‚Einwanderungspolitik' entwickelt werden. Hier liegt ein schwerwiegendes und folgenreiches, ex post nicht zu beschönigendes Versagen von Politik in einem der wichtigsten und – bei Vernachlässigung – gefährlichsten gesellschaftspolitischen Aufgabenfelder der Gegenwart.

All dem gegenüber ging und geht es schon lange nicht mehr nur um wohlwollende Aufklärung, um warmherziges ‚soziales Engagement' von einzelnen und Gruppen oder gar um Warten auf Problemabrieb durch Zeitverzug. Das Bemühen um die Erklärung der Gewaltausbrüche und ihrer Ursachen darf auch nicht verwechselt werden mit beschwichtigendem Verständnis für Täter und Taten. Es geht um aktives Gegensteuern mit der gebotenen Härte des Rechts, vor allem aber mit übergreifenden gesellschaftspolitischen Konzeptionen für Migration, Integration und Minderheiten. Staatliche Anti-Gewalt-Projekte – wie das in Reaktion auf die Ereignisse von Hoyerswerda verabschiedete, jährlich 20 Mio. DM teure ‚Aktionsprogramm gegen

Aggression und Gewalt (AgAG)' der Bundesregierung zur Besänftigung gewalttätiger Skinheads im deutschen Osten – sind im konkreten Falle vor Ort sicher hilfreich zur Schadensbegrenzung. Sie bleiben aber aktionistische Sozialkosmetik, solange sie nur danach streben, bei Individuen und Gruppen gewalttätige Fremdenfeindlichkeit abzubauen, statt deren gesellschaftliche Ursachen zu beheben.[249]

Nicht unverantwortliche Hektik mit flüchtigem Aktionismus, aber verantwortungsbewußte Eile ist geboten; denn mit der Unübersichtlichkeit der Probleme und Spannungspotentiale wachsen die gefährliche Suche nach den einfachen Lösungen, nach den großen Vereinfachern und die Flucht in den Haß auf die falschen Ursachen. Das gilt besonders dann, wenn, wie wiederholt geschehen, die Probleme in Wahlkämpfen politisiert, emotionalisiert und instrumentalisiert werden, während es – nach wie vor – an den gesellschaftspolitischen, legislativen und institutionellen Voraussetzungen zu ihrer Bewältigung fehlt, von umfassenden und langfristigen Großkonzepten ganz zu schweigen. Es ist deshalb eine seit langem überfällige Aufgabe, in der Konfrontation mit der ebenso vielgestaltigen und sich stets verändernden Einwanderungssituation Handlungsspielräume und Gestaltungsperspektiven neu zu überdenken.

9. Handlungsspielräume und Gestaltungsperspektiven

Nach vorliegenden Trendbeobachtungen, Schätzungen und Modellrechnungen kann, wenn unvorhersehbare Ereignisse nicht alles anders kommen lassen, in Deutschland gerechnet werden:

1. mit einem Anhalten der Aussiedlerzuwanderung;

2. mit auf niedrigem Niveau anhaltenden Ost-West-Zuwanderungen und weiträumigen Pendelwanderungen aus den neuen Bundesländern;

3. je nach der Wirtschaftsentwicklung dort in geringerem Umfange aber auch mit West-Ost-Binnenwanderungen;

4. mit Wanderungsbewegungen innerhalb des europäischen Binnenmarktes, die sich in Deutschland vornehmlich, aber nicht nur als Zuwanderung auswirken dürften;

5. mit anhaltendem Zuwanderungsdruck in Ost-West-Richtung vor dem Hintergrund des internationalen Entwicklungsgefälles, der mit dem Reformprozeß einhergehenden Strukturkrise in den Nachfolgestaaten der Sowjetunion und anderer, politischer, wirtschaftlicher und gesellschaftlicher Krisenherde in Ost- und Südosteuropa;

6. mit anhaltendem Zuwanderungsdruck in Süd-Nord-Richtung vor dem Hintergrund des globalen Entwicklungsgefälles, des gewaltigen Bevölkerungswachstums und der sich dramatisch zuspitzenden ökonomischen und ökologischen, politischen und gesellschaftlichen Krisenentwicklung in weiten Teilen der ‚Dritten Welt‘.

Das globale Wanderungsgeschehen und seine Bestimmungskräfte aber sind nicht als Übergangserscheinungen, sondern als ein langfristiges, weltgeschichtliches Drama zu verstehen: Es sei „damit zu rechnen, daß der Bevölkerungsdruck, fehlende Chancengleichheit sowie Tyrannei und Unterdrückung Auswanderungswellen in Richtung Norden und Westen auslösen werden, die sich nicht mehr eindämmen lassen", warnt der Club of Rome: „Unsere Nachkommen werden vermutlich Massenwanderungen ungekannten Ausmaßes erleben". Die weltweite Migration könnte, so heißt es im Weltbevölkerungsbericht der UNO, zur „Menschheitskrise unserer Zeit" werden.[250]

All das macht vielen Angst. Um so mehr verdunkeln Unklarheiten und Verwechslungen im komplexen Bezugsfeld der Einwanderungssituation, verzerren Sorgen und Ängste, aber auch Abwehrhaltungen und fremdenfeindliche Sündenbocktheorien die Diskussion um ausländische Erwerbsbevölkerung, asylsuchende Flüchtlinge, Aussiedler und Übersiedler im Westen und noch mehr im Osten der Republik. Sie traten oft weit in den Vordergrund der Sensationsberichterstattung in den Medien. Mitunter wurde das, worüber angeblich warnend berichtet werden sollte, dabei durch die Art des Berichts nur potenziert, in der Sache oder in der Angst davor. Zuweilen wurden Gewaltszenen, die es ohnedies hinreichend gibt, sogar gegen ‚cash‘ vor in- und ausländischen Fernsehkameras inszeniert. Ein vielsagendes Beispiel spricht aus einem Bericht eines in der freien Kulturarbeit in Solingen engagierten Zeugen von „Randale-Tourismus" und „Medienauflauf" bei den Krawallen im Anschluß an die Solinger Morde Ende Mai 1993:

„Montag nach den Morden. Nach der Trauer von Solingen am Tatort in der Unteren Wernerstraße wird die Stimmung aggressiver. Die Kamerapräsenz zieht scharenweise Menschen nach Solingen. Es gibt Randale in dieser Nacht und mehr Journalisten eilen herbei. Action für die Glotze. Das heizt weiter ein. Endlich ein Forum, sich mal vor den Kameras zu zeigen. [...] Sensationsgeile Reporter geben regelrechte Regieanweisungen, muntern zum Rumbrüllen auf. Kindern wird Geld zugesteckt, damit die Post abgeht. Das sieht dann etwa so aus, wie der liebe Onkel, der Geld gibt und sagt: ‚Kauf dir ein Eis‘. Nur hat der Onkel eine Kamera und für das Geld gibt es aggressives Gebrüll oder Prügelei für die Linse. Steigert man so Einschaltquoten?"[251]

Das längst zur Selbstverständlichkeit gewordene friedliche

Miteinander im Alltag der Einwanderungssituation hingegen hat keinen Sensationswert in den Medien. Um so mehr bestimmten Spannungen oder doch ängstigende Vorstellungen davon die in die Welt gesendeten Bilder der Begegnung zwischen Aufnahmegesellschaft und zugewanderten Minderheiten en bloc, zwischen einheimischen Gruppen und bestimmten Gruppen innerhalb der zugewanderten Minderheiten und schließlich zwischen den zugewanderten Minderheiten selbst.

Es gilt, solche Spannungen, soweit sie nicht nur im Zerrspiegel publizistischer Überzeichnung oder politischer Demagogie existieren, als Ausdrucksformen einer komplizierten Einwanderungssituation offen anzunehmen, als Gestaltungsaufgabe zu begreifen und gemeinsam abzubauen – ohne illusionäre Erwartungen oder lähmende Schreckbilder und mit dem nötigen Maß an Einsicht und Geduld; denn Einwanderungsfragen zählten und zählen in allen Ländern, auch in den gelegentlich so vielgerühmten ‚klassischen‘ Einwanderungsländern, immer zu den umstrittensten Konfliktbereichen der Politik.

Dabei spielen oft und insbesondere in Krisenzeiten auch Sorgen um das Eigene und Ängste vor dem Fremden eine Rolle. Sie sind nicht gleichbedeutend mit Fremdenfeindlichkeit, können sich aber dazu steigern, wenn es in den gesellschaftspolitischen Gestaltungsbereichen von Einwanderung und Eingliederung an transparenten Verkehrsregeln für beide Seiten fehlt. „Wo wir inzwischen unsere Probleme beim Zusammenleben mit Fremden wegreden, kann ein Tabu, trotz bester Absicht, gären“, hat Pfarrer F. Schorlemmer in seiner Dankesrede zur Verleihung des Friedenspreises des Deutschen Buchhandels im Oktober 1993 gesagt. „Es muß aussprechbar sein, was uns an Fremden fremd ist, was uns stört und auch Angst macht, ohne gleich als ‚fremdenfeindlich‘ etikettiert zu werden. Es muß klärbar sein, was wir uns gegenseitig zumuten können, damit nicht das aufkommt, was wir verhindern wollen."[252]

Jedwede Diskussion um rechtliche und politische Handlungsspielräume und Gestaltungsperspektiven aber setzt eine nüchterne und kritische Diagnose der inzwischen schon sehr vielgestaltigen und seit Ende der 1980er Jahre in neue Bewegung gekommenen Einwanderungssituation voraus. Daran hat es zu lange gefehlt. Das gilt auch für das schon geschichtsnotorisch vernachlässigte Angebot an Lebensperspektiven für die seit Jahrzehnten ansässige Ausländerbevölkerung in der paradoxen Einwanderungssituation ohne Einwanderungsland. Die Zeit der bemühten deutschen Fürsorglichkeit gegenüber unmündigen Fremden ist abgelaufen. Die zugewanderten Minderheiten verlangen ihr Recht.

Bei der Begegnung von Mehrheit und zugewanderten Minderheiten in der Einwanderungssituation aber gibt es ‚Betroffene‘ auch auf seiten der Einheimischen, mit noch deutlich ungleicher Lastenverteilung zwischen Deutschland-West und Deutschland-Ost. Im Schatten des sich oft sozial aggressiv feiernden neuen Reichtums stehen im Zeichen von Krisendruck und ‚Sozialabbau‘ mehr als 7,25 Mio. ‚Einkommensarme‘ mit weniger als 50% des durchschnittlichen Haushaltseinkommens.[253] Sie sind nicht mit gesellschaftspolitischen Visionen für morgen über ihre begründeten und berechtigten ökonomischen Nöte und sozialen Ängste von heute hinwegzutrösten – Dauerarbeitslose, Sozialhilfeempfänger, Bezieher kleiner Renten, mehr als 1 Mio. Obdachlose und die nach Hunderttausenden zählenden Ortlosen ohne festen Wohnsitz in den wuchernden Randzonen der neuen Armut und der sozialen Verlierer. Für sie kann Zuwanderung als ganz konkrete, bedrohliche Konkurrenzerfahrung bei der Verteilung des Mangels wirken. Scheinbar ‚Betroffene‘ gibt es aber auch im Bannkreis der materiell gar nicht begründbaren neuen Angst, bei denen, die sich ‚betroffen‘ fühlen, ohne es nach erkennbaren äußeren Kriterien zu sein. Das reicht bis zu der bei Umfragen immer wieder auffälligen Tatsache, daß ‚Ausländer‘ oft Probleme gerade dort zu verursachen scheinen, wo es sie gar nicht gibt.

Wirtschaftliche Sorgen, soziale Ängste und mentale Irritationen über Zuwanderung und Eingliederung müssen als Krisensignale ernst genommen, als Appelle an die politische Gestaltung verstanden werden. Man kann sie weder wegdementieren noch wegdemonstrieren. Politische Handlungsdefizite in diesen Bereichen öffnen das Feld für Demagogie und für die Jagd auf

‚Sündenböcke'. Die Opfer sind bekannt. Sympathiewerbung um Verständnis und Bemühungen um die Wiederherstellung gesellschaftlicher Sensibilität sind ebenso nötig wie die offensive, nötigenfalls strafrechtliche Auseinandersetzung mit der politischen Demagogie und der entschlossene Kampf mit allen Mitteln des Rechtsstaates gegen den Terror auf den Straßen.

Fremdenangst und fremdenfeindliche Haltungen als solche aber sind nicht zu beheben durch die wohlmeinende ‚Betroffenheit' der Nichtbetroffenen und kraftvolle Worte der Entrüstung, durch tönende Aufklärung und kaltschnäuzige Ideologiekritik, durch didaktische Zeigefinger und raunende Warnung vor der deutschen Geschichte oder gar durch das klingende Spiel der tumben Dementis. Fremdenangst und Fremdenfeindlichkeit können nur an ihren Wurzeln bekämpft werden, nämlich an den ökonomischen, sozialen und mentalen Ursachen der Angst, will sagen: Es geht nicht darum, die ‚Schönhubers' und ‚Skinheads' zu verteufeln. Es geht darum, die Ursachen zu beheben, deren Folgen sie sind.

Ängste und Aggressionen sind in der Einwanderungssituation zwischen ‚einheimischer' Mehrheit und ‚fremden' Minderheiten immer sehr ungleich verteilt: Ängste der Minderheiten sind größer als die der Mehrheit, und sie sind oft auch ein Stück Selbstgefährdung; denn sie wirken besonders nach innen, weil sie ungleich weniger Spielraum haben, sich aggressiv nach außen zu entfalten. Fremdenangst und die benachbarte, aber keineswegs notwendig damit einhergehende Fremdenfeindlichkeit haben in der Regel viel weniger mit den Fremden als mit den Einheimischen und ihren eigenen Problemen zu tun. Vielerlei spielt dabei eine Rolle, in welcher Kombination auch immer – Zivilisationskritik, Kulturpessimismus und Modernisierungsangst, Desorientierung, Unsicherheit und Irritationen im Umgang mit hochkomplexen, unübersichtlichen Gesellschaftsgefügen, gesellschaftliche Entsolidarisierung, konkret der Verlust an familiären, sozialen und mentalen Bindungen, verbunden mit einem um so stärkeren Sicherheits-, Rückzugs- und auch Harmoniebedürfnis, um nur einige der wichtigsten Problem- und Erfahrungsbereiche grob zu umreißen. Um so wichtiger wäre es, Migrations- und Integrationspolitik als umfassende gesell-schaftspolitische Aufgabe zu verstehen, zu gestalten und bei der dazu notwendigen kritischen Bestandsaufnahme auch zu prüfen, warum und wovor Einheimische in fremdenfeindliche Projektionen flüchten.[254]

Literaturkenntnis schützt dabei vor mühseligen Neuentdeckungen: Von Migrationsforschern und Praktikern der Ausländerarbeit, vor allem aus den Kirchen und Wohlfahrtsverbänden, wurde schon vor mehr als einem Jahrzehnt immer wieder, aber ohne politische Resonanz, auf zweierlei hingewiesen: einerseits auf den fließenden Übergang von der ‚Gastarbeiterfrage' zu einer Einwanderungsfrage neuen Typs und andererseits auf die Notwendigkeit ganzheitlicher Konzepte für die gesellschaftlich immer brisanten, aber nur bei Vernachlässigung gefährlichen Problembereiche von Migration, Integration und Minderheiten. Gewarnt wurde von Sachkennern unentwegt, zuweilen geradezu beschwörend, vor den absehbaren gesellschaftlichen Folgen einer Mischung von politischer Demagogie und fahrlässigem Zuwarten. Warnende Zukunftsperspektiven von damals werden zum Teil zu empirischen Bestandsaufnahmen von heute schlicht dadurch, daß man das Futur durch das Präsens ersetzt oder sogar schon durch das Imperfekt. Bitter ist, daß heute neu entdeckte Argumente über Jahre hinweg politisch kraftlos blieben und daß es statt dessen erst einer schockierenden Bestätigung der Warnungen durch die Zunahme von Fremdenfeindlichkeit, Gewalt und Gewaltakzeptanz bedurfte, um zu erinnern an seit langem vernachlässigte, unzureichend geklärte oder souverän ‚dementierte' Probleme, bei deren Bewältigung es heute längst nicht mehr nur um vorausplanende Gestaltung geht, sondern schon in größerem Umfang um Schadensbegrenzung im Blick auf die Folgen der Fehler von gestern.

Das Gesamtergebnis ist ein unnötig überdimensionierter Problemstau, dessen soziale, aber auch politische Folgen uns morgen noch an diese Fehler von gestern erinnern werden. Eines der gängigen Sprachbilder in der publizistischen Diskussion um die ‚Zeitbombe Gastarbeiterfrage' war Anfang der 1980er Jahre die Rede davon, daß es auf dem Zeitzünder dieses Explosivpakets schon ‚fünf Minuten vor Zwölf‘ sei, oder, wie der Frankfurter Pfarrer und Vorkämpfer einer neuen Flüchtlingspolitik, Herbert Leuninger (Pro Asyl), meinte, sogar schon ‚fünf Minuten nach Zwölf‘. Inzwischen ist rund ein Jahrzehnt vergangen. Wieviel Uhr mag es heute sein?

Ein Ergebnis unter anderen ist die bekannte, seinerzeit ebenfalls warnend vorausgesagte Kettenreaktion von Perspektivlosigkeit, Irritation und vagabundierenden Ängsten, von Frustration, Aggression und Flucht in den Haß auf ‚die Fremden‘: Vielfach wurden, wo es irgend um tatsächlich oder auch nur vermeintlich mit Zuwanderung und Eingliederung zusammenhängende Probleme ging, die Ursachen platterdings in der Existenz ‚der Fremden‘ selbst gesehen. Das galt nicht nur für die argumentativen Endverbraucher im vulgärökonomischen Stammtischplausch. Politische Konzeptionslosigkeit und von den eigentlichen gesellschaftspolitischen Herausforderungen ablenkende denunziative Ersatzhandlungen – wie z.B. überzogene Warnungen vor ‚Asylantenschwemme‘, vor ‚Ausländerflut‘ und ‚massenhaftem Mißbrauch‘ des Asylrechts durch ‚Wirtschaftsflüchtlinge‘ u.a.m. – haben auch höhernorts durch die Legitimation entsprechender Denkschablonen das Ihre zu teils latent, teils offen fremdenfeindlichen Strömungen beigetragen: „Die Politik ist aufgerufen, Probleme zu lösen und sie nicht durch eigenes Zutun noch zu verschärfen", mahnte der Stellvertretende SPD-Vorsitzende Wolfgang Thierse. „Mein Eindruck aber ist, daß genau das während der verkorksten Debatte um das Asylrecht geschah."[255]

Insgesamt waren der Prozeß der Ausländerintegration und das Bild davon in der öffentlichen Diskussion seit Ende der 1980er Jahre geprägt durch eine groteske Gegenläufigkeit von *Entspannung und Verzerrung*:

Entspannung: Beobachtungen und Umfragen berichteten Ende der 1980er Jahre von wachsender gegenseitiger Akzeptanz, von Normalisierung der Beziehungen zwischen deutscher und ausländischer Bevölkerung sowie von einem überraschend weit fortgeschrittenen und sich intergenerativ beschleunigenden Integrationsprozeß. Trotz aller politischen Dementis zu Einwanderungsfragen hatten sich Deutsche und einheimische Ausländer im Alltag längst an die schlichte Faktizität der Einwanderungssituation gewöhnt und daran, über die folgenschweren und nach wie vor empörenden, in der Sache aber nurmehr langweilenden Bonner ‚Dementis‘ hinwegzuhören. „Deutsche und türkische Jugendliche in wichtigen Fragen einig", faßte eine Pressemeldung der Berliner Ausländerbeauftragten Barbara John im Januar 1990 ein Umfrageergebnis zusammen: „Gegenseitige tolerante Einstellungen überwiegen.“[256]

Verzerrung: Fast beziehungslos neben der faktischen Entspannung im Alltag der Einwanderungssituation stand eine Diskussion um steigende ‚Ausländerfeindlichkeit‘, die sich zunehmend zu verselbständigen schien. Verschieden ausgeprägte Abwehrhaltungen gegenüber der Ausländerbevölkerung hatte es freilich schon seit Ende der 1960er Jahre gegeben mit unterschiedlich hohen und langen Wellen innerhalb dieser Strömungen. Deutlich war dabei schon vor der deutschen Vereinigung ein Wandel in der Abfolge der Adressaten von Angst und Aggression und von skeptischer Reserve über ‚Ausländerfeindlichkeit‘ mit wechselnden Zielgruppen zu diffuser ‚Fremdenfeindlichkeit‘:

Höhepunkte von krisenbedingten oder auch demagogisch herbeigeredeten Abwehrhaltungen waren zunächst die Rezession 1966/67 (‚Italiener‘), nicht jedoch die Weltwirtschaftskrise (‚Ölkrise‘) von 1973; mit mehreren, unterschiedlich ausgeprägten Höhepunkten die Jahre von 1979/80 bis 1982/83, gekennzeichnet durch erneuten scharfen Ölpreisanstieg, Massenarbeitslosigkeit, wachsende Asylantragszahlen, Koalitionskrise, Regierungswechsel und Bundestagswahlkampf im Frühjahr 1983 (‚Ölscheichs‘, ‚Türken‘, ‚Asylanten‘); die publizistische Kampagne im ‚Sommerloch‘ 1986 (‚Asylantenflut‘). Weitere Höhepunkte waren die Wahlkämpfe in Berlin und Hessen Ende 1988/Anfang 1989, in denen ‚Schein- und Wirtschaftsasylanten‘ angeprangert, Aus- und Übersiedler gegen Ausländer und asylsuchende Flüchtlinge ausgespielt wurden. Dabei entfalteten sich ein derart aggressives Klima und eine dementsprechende Angstpsychose unter Ausländern, daß dubiose Ankündigungen, an

Adolf Hitlers 100. Geburtstag werde es zu pogromartigen Ausschreitungen gegen Ausländer kommen, dazu führen konnten, daß an mehreren Orten ausländische Arbeitnehmer am 20. April 1989 zu Hause blieben, um ihre Familien zu beschützen und ihre Kinder nicht oder nur in Begleitung in die Schule schickten. Obgleich es hier wesentlich um in einseitigen Pressemeldungen aufgebauschte Absurditäten ging, bot die panikartige Reaktion doch ein alarmierendes Krisenszenario, das zeigte, was viele der begrifflich umschönten ‚ausländischen Mitbürger‘ in der Einwanderungssituation ohne Einwanderungsland immerhin für möglich hielten.[257]

In den Hintergrund trat auf dem Weg zur deutschen Einheit seit 1989 zunächst die herkömmliche Anti-Ausländer-Agitation rechtsradikaler Gruppen und Parteien, die, wie die ‚Republikaner‘, eine Zeitlang fast von der Bildfläche verschwanden, in interne Führungskämpfe verstrickt, durch Einigungsprozeß und Zerfall des ‚Ostblocks‘ zentraler Leit- und Feindbilder beraubt. Zugleich aber kam es zu einer deutlichen Verschärfung der Probleme durch die zunächst wesentlich vom starken Zustrom der Aussiedler und Übersiedler geprägte neue Einwanderungssituation.[258]

Damit einher gingen 1. das teils unbeabsichtigte, teils polemische oder gar offen demagogische Ausspielen von Ausländern und insbesondere asylsuchenden Flüchtlingen gegen Aussiedler in der politischen Debatte (‚Aussiedler sind keine Ausländer!‘); 2. ein Zurücktreten des Themas ‚Ausländerfeindlichkeit‘ bei zeitgleichem Hervortreten von allgemeiner Fremdenfeindlichkeit; 3. neue ethnosoziale Spannungen und Ängste bei anhaltendem Zuwanderungsdruck und wachsender Unübersichtlichkeit einer Einwanderungssituation ohne Konzept, in der in einer Art doppeltem Paradox nun neben einheimischen Ausländern auch noch fremde Deutsche lebten. Die nicht nur in Ost-, sondern auch in Westdeutschland zunehmenden fremdenfeindlichen Abwehrhaltungen vermischten sich mit jener gleichermaßen wachsenden europäischen Bollwerkmentalität, hinter der feinsinnige Beobachter schon frühzeitig die große neue Angst vor künftigen Fragen der Verteilungsgerechtigkeit in der Weltgesellschaft registrierten: die diffuse Angst vor den fiktiven Ansprüchen der unbekannten Armen und Elenden aus fremden Fernen schlechthin. All das verband sich, zusätzlich aufgeladen durch die Spannungen im Vereinigungsprozeß, zu der gesellschaftlich lebensgefährlichen Unterströmung von gewalttätiger Fremdenfeindlichkeit und fremdenfeindlicher Gewaltakzeptanz, innerhalb derer die mörderischen Exzesse der frühen 1990er Jahre aus der Sicht der Ethnopsychoanalyse „nur die entsetzliche Spitze eines Eisbergs" waren.[259]

Für die seit langem überfällige rechtspolitische Bewältigung der insgesamt anstehenden Probleme freilich gibt es noch immer unzureichende Perspektiven. Gründe dafür lagen und liegen im Mangel an einem positiven politischen Fundamentalkonsens gegenüber diesen Gestaltungsaufgaben, aber auch in einer Mischung von Erkenntnisverweigerung, Erkenntnisverspätung und Flucht aus der politischen Handlungsverantwortung in Einwanderungsfragen aus Angst vor dem Bürger als Wähler. Die durch telegene Probleminszenierungen informierten, oft aber auch irritierten, in ihrem Erkenntnis- und Urteilsvermögen von der Politik zuweilen grotesk unterschätzten Bürger der Mediendemokratie aber hatten sich im konkreten Lebensalltag der Einwanderungssituation in das zunehmend multikulturelle Miteinander oft längst viel besser eingefunden als dies vielen der so aufdringlich um ihren Schutz vor ‚Überfremdung' besorgten Volksvertreter offenkundig überhaupt vorstellbar war.

Viel zu lange gab es die gefährliche Neigung, das gesellschaftlich Notwendige für politisch nicht durchsetzbar zu erklären und im übrigen schweigend zu übergehen. Das aber hat im parlamentarisch-demokratischen Grundkonsens zu einer schleichenden Legitimationskrise beigetragen und die gefährliche Dichotomie des ratlos-apathischen ‚die da oben – wir hier unten' potenziert. In diese Kluft eingekrallt haben sich die großen Vereinfacher von rechtsaußen, die die Spannung zwischen oben und unten brauchen für ihr politisches Geschäft mit der sozialen Angst.

Die Krise erreichte, wie gezeigt, ihren Gipfelpunkt, als die

Angst vieler Bürger in der immer unübersehbarer werdenden, von der regierungsamtlichen Politik schlichtweg dementierten Einwanderungssituation auf die Konzeptionslosigkeit der Politik stieß, die hinter dem hilflosen Dementi stand: ‚Die Bundesrepublik ist kein Einwanderungsland‘. Die Begegnung der Angst von ‚unten‘ mit der Ratlosigkeit von ‚oben‘ trug dazu bei, jene verheerenden Folgewirkungen in der politischen Kultur und in den politischen Mentalitäten auszulösen, vor denen Migrations- und Integrationsforscher mehr als ein Jahrzehnt lang vergeblich gewarnt hatten. Viele Probleme, über die deutsche Politiker heute klagen, waren und sind mithin auch hausgemachte, absehbare und immer wieder warnend vorausgesagte Folgen eigener Fehleinschätzungen und Versäumnisse in den gesellschaftlichen Problemfeldern von Migration, Integration und Minderheiten. Auch das hat dazu beigetragen, daß das Wort „Politikverdrossenheit" in Deutschland zum Schlagwort des Jahres 1992 gewählt werden konnte.[260]

Neben dem hilflosen Dementi gab es den Bannfluch gegen angebliche Krisenbeschwörer, die schon vor mehr als einem Jahrzehnt vor den absehbaren gesellschaftlichen Konsequenzen solcher Haltungen warnten und deswegen der Absicht verdächtigt wurden, sich selbst erfüllende Prophezeiungen herbeischreiben zu wollen. Wenn sie heute an ihre Perspektiven von gestern erinnern, machen sie sich aufs neue unbeliebt; denn beliebt sind Besserwisser bekanntlich nur, wenn sie des Irrtums überführt werden können. Damals, so kann man heute hören, damals habe man das alles zwar sagen und schreiben, aber doch im Grunde gar nicht wissen können. Man konnte, aber man wollte nicht.

Es wird noch lange hinreichend Anlaß geben, sich an die Versäumnisse von ‚damals‘ und, wenn sich nicht vieles sehr rasch und sehr grundlegend ändert, auch noch an die von heute zu erinnern. Das sollte bedacht werden, wenn durch die gesellschaftlichen Folgen der eigenen Versäumnisse verschreckte Politiker heute das Thema Einwanderung vollends zu tabuisieren und, in Verkehrung von Ursachen und Folgen, sogar diejenigen, die das verordnete Schweigen über Einwanderungsfragen durchbrechen, in vorauseilender Schuldzuschreibung verantwortlich zu machen suchen für die gefürchtete neue Zunahme von ,Ausländerfeindlichkeit' im Land. Die Schweigegebote von heute verlängern nur die Dementis von gestern. Sie verengen die Handlungsspielräume und blockieren die Gestaltungsperspektiven. Die Folgen sind bekannt.

Wanderungsbewegungen sind gesellschaftliche Antworten auf das Zusammenwirken der verschiedensten materiellen und immateriellen Faktoren in Ausgangs- und Zielräumen. Ohne deren Kenntnis sind sie nicht zureichend zu verstehen und zu erklären. Strukturtrends in schon laufenden Bewegungen sind durchaus absehbar, künftige Bewegungsabläufe hingegen nicht: Ende der 1970er, Anfang der 1980er Jahre konnte, wer wollte, den Wandel von der ehemaligen ,Gastarbeiterbevölkerung' zur Einwandererminorität in der Bundesrepublik klar erkennen, daraus und aus den Trendlinien der natürlichen Bevölkerungsentwicklung Perspektiven und unaufschiebbare Handlungszwänge ableiten. Hinter den Versäumnissen von damals stehen heute in einigen Bereichen bereits definitiv verpaßte historische Chancen zu einer frühzeitigeren und allseitigen, d.h. auf vertrauensbildende, Sicherheit und Lebensperspektiven bietende Maßnahmen gestützten gesellschaftlichen Verständigung über den Weg in die so vielbeschworene und in puncto Migration so wenig gestaltete gemeinsame Zukunft.

Nicht absehbar hingegen waren die für das internationale Wanderungsgeschehen entscheidenden politischen Szenarienwechsel der späten 1980er Jahre. Das gilt für das Ende des Kalten Krieges, die Öffnung der Ost-West-Grenzen, für Krise und Verfall des real existierenden Sozialismus als Regierungs- und Wirtschaftsform ebenso wie für die deutsche Vereinigung. Um so wichtiger wäre es, nun diese neuerliche ,historische' Chance nicht abermals zu verpassen und aus den Versäumnissen der Vergangenheit zu lernen: Die Geschichte pflegt, wie Richard von Weizsäcker in anderem Zusammenhang betont hat, ihre Angebote nicht zu wiederholen, geschweige denn unbegrenzt aufrecht zu erhalten. Mit den Worten von Michail Gorbatschow: „Wer zu spät kommt, den bestraft das Leben".

Insgesamt zu spät freilich ist es nie: Soweit Spannungen zwischen einheimischer Mehrheit und zugewanderten Minderheiten mitbestimmt sind durch Mangel an Transparenz, an Perspektiven, an legislativer, institutioneller und politischer Gestaltung, ist Abhilfe zu leisten auf den einschlägigen Wegen. Dabei muß den Gemeinsamkeiten und Besonderheiten der verschiedenen Gruppen innerhalb der zugewanderten Minderheiten ebenso Rechnung getragen werden wie ihrem Verhältnis zur einheimischen Bevölkerung und zu anderen Gruppen, das durch unterschiedliche Erfahrungen aus bereits durchlebten Phasen der Einwanderungssituation mitbestimmt wird.[261]

Der Einwanderungssituation selbst aber muß legislativ entsprochen werden durch ein für beide Seiten, Aufnahmegesellschaft und zugewanderte Minderheiten gleichermaßen transparentes Rechtsgebäude für die Gestaltung von Lebensperspektiven. Es muß eingebettet sein in eine integrale, wirtschafts-, sozial- und kulturpolitische, mithin im weitesten Sinne gesellschaftspolitische Gesamtkonzeption für Migration, Integration und Minderheiten, wie sie nun auch in dem im Dezember 1993 erstmals vorgelegten Bericht der Ausländerbeauftragten gefordert wird. Sie muß das gesamte Spektrum erfassen und durch Ausgleichs- und Vermittlungsfunktionen zu verhindern streben, daß einzelne Segmente unnötig kollidieren oder gar gegeneinander ausgespielt werden.

Das gilt auch für die beiden großen Problemfelder des Wanderungsgeschehens selbst: Einwanderung und Einwanderungspolitik einerseits, Flucht und Asyl andererseits. Sie müssen in einer umfassenden und integralen Konzeption zusammengeführt werden, sollten aber auch in solchem Rahmen klar unterscheidbar bleiben, denn: Bei Flucht und Asyl geht es um humanitäre Aufgaben, um Schutz für die Flüchtlinge und um die Bekämpfung der Fluchtursachen; bei Einwanderung und Einwanderungspolitik hingegen geht es primär um die Interessen des Aufnahmelandes, die sich qualitativ in entsprechenden Aufnahmekriterien und quantitativ in Kontingenten und Quoten ausdrücken.[262]

Nötig ist schließlich eine differenzierte, gestufte und in den

Übergangszonen flexible Gesamtkonzeption mit einem institutionellen Netz an Hilfs- und Verständigungsangeboten für die aktive Begleitung von Einwanderungs- und Eingliederungsprozessen der verschiedensten Art und für das Zusammenleben mit und innerhalb der zugewanderten Minderheiten. Allen naiven Vorstellungen vom sich vermeintlich ganz von selbst regulierenden, weil gewissermaßen naturwüchsig friedlichen gesellschaftlichen Ausgleich multikultureller, polyethnischer und ethnosozialer Spannungen bzw. sogar ihrer historischen Selbsterledigung im Prozeß der ‚Modernisierung‘ zum Trotz, sind gerade für die Spannungsfelder der Einwanderungssituation begleitende Beobachtung und aktive Gestaltung unabdingbar.[263] All das muß abgestimmt werden mit dem jenseits von sicherheitspolitischen Vereinbarungen noch fehlenden, übergreifenden Kontext einer europäischen Migrations- und Flüchtlingspolitik, zumal das vereinte Deutschland im Osten eine ‚Schengener Außengrenze‘ Europas zu sichern hat.[264]

Zu diesen gesellschaftspolitischen Aufgabenbereichen gab es Anfang 1994 zwar eine Vielzahl von teils konträren, teils durchaus vereinbaren Ansätzen. Die öffentliche politische Diskussion über den Problemkomplex ‚Migration – Integration – Minderheiten‘ aber war zwischen den im Dauerwahlkampf engagierten Parteien stark zurückgegangen. Das hatte auch damit zu tun, daß die Thematik im Vergleich zu anderen aktuellen und im Wahlkampf zugkräftigeren Krisenthemen stark an öffentlichem Interesse eingebüßt hatte (s. Schaubild). Zugleich trug die Zurückhaltung der Parteien – genau umgekehrt wie bei der Asylhysterie – nun dazu bei, das öffentliche Desinteresse noch zu steigern, obgleich z. B. die ‚Kurdenfrage‘, hinter der eben nicht nur politische, sondern auch ethnokulturelle Minderheitenprobleme standen, zeigte, daß sich die Probleme erkennbar zuspitzten.

Bei den verschiedenen, teils politisch verhandelten, teils unter dem Eindruck von Wirtschaftskrise und Massenarbeitslosigkeit wieder in die Schubladen versenkten und dort aufs Archiv wartenden Konzepten und Entwürfen zu Einwanderungsgesetzgebung und Migrationspolitik waren, bei vielfältigen Überschnei-

Die wichtigsten Probleme nach Meinung der Wahlberechtigten (West)
(in Prozent)

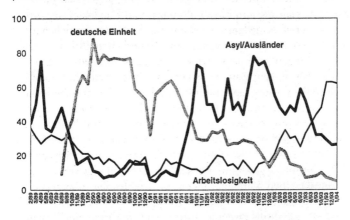

Quelle: Dieter Roth, Was bewegt die Wähler?, in: Aus Politik und
Zeitgeschichte 11/94 v. 18. 3. 1994, S. 6.

dungen, der Tendenz nach eher reaktiv-defensive und eher ak-
tiv-gestaltende Perspektiven unterscheidbar:

Ins Zentrum vorwiegend reaktiv-defensiver Optionen gehörten die Axiomatik einer ‚Politik der geschlossenen Grenzen' auf
nationaler und/oder europäischer Ebene und ein Konsens der
Abwehr. Dabei wurden grenzüberschreitende Migrationsbewegungen als Bedrohung von außen und zugleich im Innern vorwiegend sicherheitspolitisch betrachtet und rangierten insoweit
letztlich auf ähnlichen Ebenen wie internationaler Terrorismus
und organisiertes Verbrechen, was, ganz folgerichtig, letztlich
auch bewaffnete Antworten nahelegte, bis hin zum Gedanken
an Bundeswehreinsätze auch innerhalb der deutschen Grenzen.
Im weiteren Umfeld siedelten vielfältige, aus den verschiedensten Bereichen stammende Begründungen und Folgerungen. Sie
reichten von kulturdefensiven und ethnisch-nationalen Positionen (‚kulturelle Homogenität' u. a.) über religiös-weltanschauli-
che (Christentum versus Islam u. a.) und gesellschaftliche (Libe-
ralismus versus Fundamentalismus, Kollektivismus u. a.) Be-

drohungsvisionen und Abwehrvorstellungen bis zur Kriminalisierung der Migrationshintergründe (Schlepperorganisationen, Menschenhandel u.a.). In der Logistik der Sicherheitspolitik reichte die Spannweite von nationalen und europäischen Polizei- und Grenzschutzkonzepten bis zu Abwehr- bzw. Auffangstrategien für den Invasionsfall ‚Völkerwanderung‘. Die schärfste Gegenposition zu solchen Vorstellungen und Planspielen bildeten kosmopolitisch ambitionierte und doch mehr auf Menschenrechts- und Zuwanderungsperspektiven in den Aufnahmeländern beschränkte, konsequent zu Ende und damit ordnungspolitisch ad absurdum gedachte Visionen einer Laissez-faire-Politik der ‚offenen Grenzen‘ mit unbeschränktem Niederlassungs- und Bleiberecht als weltweit grenzbrechendem Menschenrecht.

Zum Bereich der eher aktiv-gestaltenden Perspektiven gehörten im wesentlichen zwei große Varianten: einerseits ‚metropolitane‘ Konzepte einer aktiven Einwanderungspolitik im engeren Sinne einer ‚sozialverträglichen‘ Kontingentierung und Quotierung nach übergeordneten und gesellschaftlich konsensfähigen Leitzielen und/oder im weiteren Sinne als Bestandteil integraler Großkonzepte für Migrations-, Integrations- und Minderheitenpolitik als alle Bereiche des öffentlichen Lebens tangierendem Aufgabenfeld der Gesellschaftspolitik unter mehr oder minder ausdrücklicher Berücksichtigung der Folgen für die Herkunftsländer; andererseits wesentlich ‚peripherie-orientierte‘ Konzepte zur Bekämpfung der Fluchtursachen durch neue Entwicklungsstrategien und supranationale Maßnahmenkataloge unter Einschluß auch der Kontrolle von in ihren Folgen krisen- und fluchtfördernden Aktivitäten der Wirtschafts- und Handelsmetropolen bis hin zu weltwirtschaftlichen Verteilungs- bzw. Umverteilungsforderungen und damit zu Visionen einer ‚neuen Weltwirtschaftsordnung‘.

Dazwischen lagen die verschiedensten Konfliktfelder, verstellt durch sich wechselseitig blockierende Verdächtigungen wie ‚Legalismus‘ versus ‚Entfaltung‘, ‚Ordnung‘ versus ‚Freiheit‘, ‚Öffnung der Märkte‘ versus ‚Recht auf Entwicklung‘ u.a.m. Über die Konfliktfelder hinweg reichten verschiedene, zum Teil widersprüchliche Elemente verbindende Brücken-schläge, z. B. im Sinne der Abwehrstrategien, Sicherheitspolitik und Entwicklungskonzepte zugleich einschließenden Argu-mentationslinie von der Bonner Flüchtlingskonzeption vom September 1990 bis zu dem entwicklungs- und sicherheitspoli-tischen Vortrag des Bundesministers für wirtschaftliche Zusam-menarbeit vor der Führungsakademie der Bundeswehr in Ham-burg im Februar 1994 (Kap. 6).[265]

„Das Ziel deutscher Wirtschafts- und Gesellschaftspolitik sollte also weniger darin bestehen, zu versuchen, die sicheren und unvermeidlichen Einwanderungen durch Defensivmaßnah-men zu reduzieren", urteilen die Wirtschaftswissenschaftler B. Rürup und W. Sesselmeier. „Diese Zuwanderungen sollten viel-mehr als gesellschaftliche und wirtschaftliche Chance begriffen werden." Aktive politische Gestaltung von Einwanderungs- und Eingliederungsfragen ist zugleich ein Beitrag zum Abbau von Fremdenangst, fremdenfeindlichen Projektionen und über-dies ein Weg, „eine Schneise durch das Dickicht des Mißtrau-ens" zu schlagen, das gerade auf diesem Gebiet weithin gewu-chert ist: „Das Ausmaß weltweiter Migrationen macht es nötig, den deutschen Anteil an der Aufnahme von Flüchtlingen und Einwanderern bewußt zu planen und zu gestalten", forderte der Theologieprofessor Wolfgang Huber, seit April 1994 Bischof der Evangelischen Kirche in Berlin-Brandenburg und Mitunter-zeichner des ‚Manifests der 60‘ in einem zu Weihnachten 1993 publizierten Appell an die Politik, die Atempause nach dem Asylstreit als Gestaltungschance zu begreifen: „Wird sie nicht genutzt, um zu einer Einwanderungspolitik vorzustoßen, die zugleich realitätsgerecht und menschenrechtsgemäß ist, so wer-den die Verklemmungen bei der nächsten Diskussion über die-ses Thema noch größer sein. Ein Träumer aber wäre, wer däch-te, das Thema bliebe uns in Zukunft erspart."[266]

Dabei steht weit mehr an als bloße Rechts- und Sozialtechno-logie. Längst überfällig ist eine Generaldebatte zum Thema Zu-kunft im vereinten Deutschland, dessen Bevölkerungszahl, darin stimmen alle prospektiven Modellrechnungen überein, nach der Jahrhundertwende aus generativen Gründen langfristig stark

sinken wird – eine Entwicklungstendenz, die durch die Aussiedlerzuwanderung der 1990er Jahre zwar etwas verzögert und
gedämpft, aber nicht grundlegend verändert wird. Das aber ist
nichts anderes als eine Art intergenerative Kündigung – nämlich
des ‚Generationenvertrags‘ im System der sozialen Sicherung
und darüber hinaus eine Gefährdung weiter Bereiche der sozialen Infrastruktur überhaupt, von den durch das Schrumpfen der
Erwerbsbevölkerung langfristig ausgelösten Wirtschafts- und
Arbeitsmarktproblemen einmal ganz abgesehen.

Viel an Wissen über Trends der Bevölkerungsbewegung und
ihre möglichen Folgen, das durch Bevölkerungs-, aber auch
Wirtschafts- und Sozialwissenschaften seit langem erarbeitet
worden ist, wird hier oft nicht zureichend zur Kenntnis genommen und umgesetzt, zuweilen aus falscher politischer Angst vor
gefährlichen Stichworten wie ‚Rentenkrise‘ und ‚Sozialabbau‘.
Eine politisch zumindest ebenso gefährliche Folge der Tatsache,
„daß es unsere Gesellschaft bisher versäumt hat, sich über die
Eigendynamik der Bevölkerungsschrumpfung aufzuklären“,
warnt vorausschauend der Bielefelder Bevölkerungswissen-
schaftler Herwig Birg, könnte es sein, „daß sich der sprichwörtli-
che Mann auf der Straße hinters Licht geführt fühlen könnte“.[267]

Vordergründige Vorschläge, Bevölkerungsabnahme und ‚Vergreisung‘ platterdings durch Einwanderung auszugleichen, gehen an mindestens drei wichtigen Grundproblemen vorbei:
Zum einen werden auch Einwanderer älter und erhöhen dann,
phasenverschoben, die ‚Altenlast‘. Zum anderen paßt sich, wie
die Geschichte der Einwanderungen zeigt, die Geburtenkurve
von Einwanderern in der Regel schrittweise derjenigen der Einwanderungsgesellschaft an. Und schließlich ist Eingliederung
ein Kulturprozeß auf Gegenseitigkeit. Der aber kann nur funk-
tionieren, wenn die Aufnahmegesellschaft hinreichend auf die
unvermeidbar damit verbundenen Belastungen vorbereitet und
bereit ist, sie mitzutragen. Solche Integrationsbereitschaft auf
beiden Seiten aber ist, wie es in dem Ende 1993 erschienenen,
von sechzig Wissenschaftlern getragenen ‚Manifest der 60‘ zum
Thema ‚Deutschland und die Einwanderung‘ heißt, neben im
weitesten Sinne kulturellen, mentalen und psychologischen,

auch an „ökonomische Voraussetzungen" gebunden: „Am günstigsten sind sie, wenn Einwanderer wirklich gebraucht werden, für ihren eigenen Lebensunterhalt sorgen und ihren Beitrag zur Sicherung des Generationenvertrages leisten können. Umgekehrt kann Migration auch destabilisierend wirken, wenn die Mehrzahl der Zugewanderten auf Sozialleistungen angewiesen bleibt und am Rande der Gesellschaft, in einer Gettosituation oder gar in der Illegalität lebt."[268]

Abwegig wäre die naive Hoffnung, die langfristigen Trends der Bevölkerungsentwicklung ließen sich gewissermaßen auf dem Verordnungswege in eine Art Trendwende zwingen. Demographische Strukturprozesse können durch flankierende und balancierende Maßnahmen zwar in ihren Folgen gedämpft, aber nicht abrupt verändert werden. Überdies sind sich alle Experten darin einig, daß z.B. die direkten Wirkungen einer ‚familienorientierten Sozialpolitik' bzw. einer ‚sozialorientierten Familienpolitik' auf die Geburtenhäufigkeit außerordentlich gering sind, weil gerade die nur scheinbar sachfremden Politikbereiche (z.B. Wirtschafts-, Konjunktur-, Arbeitsmarkt-, Wohnungs-, Bildungspolitik) hier sehr viel mehr bewirken. H. Birg hat diese merkwürdige Dialektik von der bei wachsender Ressortzuständigkeit abnehmenden Effektivität in Fragen einer auf Geburtensteigerung zielenden ‚Bevölkerungspolitik' (die in diesem direkten Sinne nach einschlägigen historischen Erfahrungen in Deutschland ohnehin nicht denkbar wäre und auch nicht betrieben wird) in das „demo-ökonomische Paradoxon" gefaßt: „Der Staat beeinflußt die ökonomischen und gesellschaftlichen Rahmenbedingungen des generativen Verhaltens so erfolgreich, daß seine familienpolitischen Maßnahmen weitgehend erfolglos bleiben müssen."

Langfristige Wirkungen könnten hier bestenfalls von Gesellschaftspolitik im weitesten Sinne erwartet werden: „Nur ein Generationen übergreifender Konsens und eine Politik der Jahrzehnte vorausdenkenden Verantwortung könnten, wenn überhaupt, die Voraussetzungen für eine Gesellschaft schaffen, die nicht davon leben muß, daß sie ihre demographische Substanz aus anderen Gesellschaften importiert bzw. erborgt", ur-

teilt H. Birg. Bis dahin und über das – absehbare – Versiegen des Aussiedlerzustroms hinaus die Bevölkerungsverluste im Innern geradewegs durch Zuwanderung von außen auszugleichen, würde den Deutschen einen Abschied von manchen, das nationale Selbstverständnis tragenden Grundvorstellungen abnötigen. Birg: „In den Jahrzehnten, die vergehen würden, ehe eine solche Politik Wirkungen zeitigen könnte, würde die Bevölkerung einem von gleichgerichteten wirtschaftlichen Interessen lose zusammengehaltenen Konglomerat kulturell unterschiedlicher und einander mehr oder weniger fremder Teilbevölkerungen ähnlicher sein als dem, was in unserer Sprache und in unserer Verfassung in dem Begriff ‚Volk‘ enthalten ist. Das Ideal der Zukunft ist zweifellos – so wie es schon in der Zeit der deutschen Aufklärung von Herder und Kant vorgedacht wurde – die Weltbürgerschaft, nicht die nationale Staatsbürgerschaft. Aber der Weg zu diesem Ziel verläuft über eine nicht umkehrbare Rangfolge politischer Identitäten, die aufeinander aufbauen, von den untersten Ebenen, der Stadt, und der Staatsbürgerschaft über die Bündnisbürgerschaft der europäischen Völker – zum Weltbürger, nicht umgekehrt."[269]
Es wird bei einer langfristig schrumpfenden und alternden Bevölkerung also darauf ankommen, einen gangbaren Mittelweg mit beiden Komponenten zu finden: weitreichenden gesellschaftspolitischen Veränderungen einerseits und kontrollierter Zuwanderung andererseits. Die Suche nach diesem Mittelweg aber setzt die erwähnte, alle Bereiche des gesellschaftlichen Lebens einschließende Generaldebatte zum Thema Zukunft voraus, die erst Anfang der 1990er Jahre zögernd begonnen hat und durch eskapistische politische Dementis nur behindert wird: „Deutschland ist seit über 20 Jahren de facto ein Einwanderungsland ohne eine Einwanderungspolitik und ohne eine Integrationspolitik für die Eingewanderten. Wem soll es nützen, daß die Tatsachen immer noch ignoriert, durch Schweigen quittiert oder geleugnet werden, so wie dies jüngst im offiziellen Bericht der Bundesregierung für die Internationale Konferenz für Bevölkerung und Entwicklung (‚Weltbevölkerungskonferenz‘) 1994 in Kairo geschah. In diesem Bericht wird be-

hauptet: Deutschland ist *kein* Einwanderungsland. Wir sind unseren Kindern Wahrheit und Klarheit schuldig." In die gleiche Richtung zielen die im Kern schon seit einem Jahrzehnt vorgetragenen Forderungen von W. Klauder, Leiter des Arbeitsbereichs ‚Mittel- und langfristige Vorausschau' am Institut für Arbeitsmarkt und Berufsforschung der Bundesanstalt für Arbeit: Eine gewisse Nettozuwanderung könne die unausweichliche und mit erheblichen Belastungen verbundene „Anpassung von Wirtschaft, Arbeitsmarkt und Sozialsystem an niedrige Geburtenziffern und Altern" erleichtern. „Hierzu bedarf es einer sowohl integrierenden als auch reglementierenden, bewußten Einwanderungspolitik, abgestimmt mit den übrigen EG-Ländern und verknüpft mit vermehrten Schritten zur Lösung der Wirtschafts- und Beschäftigungsprobleme der Herkunftsländer."[270]

Für die Generaldebatte zum Thema Zukunft aber muß ein in den letzten Jahren verstärkt in Gang gekommener, doppelter Dialog zwischen Wissenschaft und praktischer Gestaltung weiter intensiviert werden, zu dessen Voraussetzungen auch eine intensivere Kommunikation und Kooperation auf beiden Seiten gehört: einerseits zwischen den vielen, oft ohne zureichenden Austausch auf verwandten Gebieten arbeitenden Wissenschaftlern, Fachdisziplinen und Forschungsrichtungen; andererseits zwischen ihnen und den verschiedenen – im Blick auf Kompetenzüberschneidungen und Zuständigkeitslücken ebenfalls besser zu koordinierenden – Feldern der Gestaltung bzw. Umsetzung. Sie reichen vom behördlichen Verwaltungshandeln über die im Bereich von Zuwanderung, Eingliederung und Minderheiten tätigen nichtstaatlichen Organisationen bis hin zum politischen Entscheidungsprozeß – demgegenüber es freilich nicht um naive Vorstellungen von direkter Arm-in-Arm-Politikberatung geht, sondern um eine Intensivierung und Institutionalisierung handlungsorientierter Ergebnisvermittlung über Beiräte, Ausschüsse und ganz neue Vermittlungsstrukturen sowie um die ‚Beratung der Berater' selbst und um wissenschaftlich fundierte kritische Politikbegleitung in der öffentlichen Diskussion. Bei alledem müssen auf beiden Seiten Lernprozesse akzep-

tiert und Barrieren überwunden werden – von Legitimations-
problemen auf seiten der Wissenschaft bis zum verordneten
Desinteresse auf politischer Seite.[271]

Es geht in dieser, in der außerparlamentarischen Öffentlichkeit schon vehement geführten Diskussion aber auch um das
Selbstverständnis der Deutschen: Zur Debatte stehen Leitvor-
stellungen von Republik und Nation, Verfassungspatriotismus
und völkisch-romantische bzw. ethnisch-nationalistische Vorstellungen mit geschichtsfremden Harmoniebildern von ‚kultureller Homogenität‘ als vermeintlichem Schutzschild gegen
ebenso falsche Schreckbilder von ethnischem Pluralismus und
multikultureller Gesellschaft. Und es geht schließlich um die
Kollision von europäischen und anti-europäischen Vorstellungen vor dem Hintergrund des Träume und Ängste, Hoffnungs-
und Horrorvisionen weckenden politischen Vereinigungsprozesses in Europa jenseits der wirtschaftlichen Ausgestaltung des
Binnenmarktes.[272]

Insgesamt gibt es dreifachen Handlungsbedarf – nicht nur auf
nationaler, sondern auch auf europäischer und globaler Ebene.
Das Beobachtungsfeld dieser Bestandsaufnahme liegt auf der
untersten, nationalen Ebene. Die beiden darüber liegenden
Ebenen können hier nur abschließend angedeutet werden:

In der Entwicklung von Bevölkerung und Wanderung sind in
den meisten europäischen Ländern die gleichen Trends zu beobachten – steigende Lebenserwartung, sinkende Kinderzahl
und Einwanderung.[273] 1991 schon hatten auch die Justiz- und
Innenminister der EG-Staaten festgestellt, „daß alle Mitglieds-
staaten – wohl mit Ausnahme der Republik Irland – längst zu
Einwanderungsländern geworden sind“.[274] Die europäische Integration aber hat zwei Seiten: Freizügigkeit im Innern und
Abschottung nach außen. Dabei geht es nicht nur um Waren-
ströme, Handelspolitik und das dementsprechende Mißtrauen
der Giganten des Welthandels, USA und Japan, gegenüber der
aufsteigenden ‚Festung Europa‘ (‚Fortress Europe‘). Es geht
auch um Wanderungsströme und Migrationspolitik, die z.B.
für die ‚Dritte‘ und ‚Vierte Welt‘ ebenso wichtig sind wie wirt-
schafts- und handelspolitische Fragen.[275]

Die Angst vor wachsendem Zuwanderungsdruck aus dem Süden erfährt neue Nahrung durch alltägliche Beobachtungen, die Bundesbürger auf ihren Urlaubsreisen z.B. in Italien, Spanien oder Griechenland machen – Nordafrika ist näher gekommen: Dort liegt der Bevölkerungsanteil der unter 15jährigen bei rund 50%, in Deutschland hingegen nur bei etwa 15%, in der Europäischen Union insgesamt bei rund 18%. Nur ca. 4% der Bevölkerung Nordafrikas sind älter als 64 Jahre, in Deutschland dagegen schon 15%, in der EU allgemein ca. 14%. Hinzu kommt die seit dem Fall des ‚Eisernen Vorhangs‘ durch sensationshungrige Berichterstattungen geschürte Angst vor einer ‚Völkerwanderung‘ aus dem Osten des Kontinents geradewegs in seine vermeintlich goldene Mitte, die, wie man sagt, in Deutschland liegt. Der von den nordafrikanischen Ländern über den Vorderen Orient bis nach Asien hineinreichende ‚islamische Bogen‘ ist, zusammen mit osteuropäischen Ländern, als Aus- und Durchgangsraum dabei, für Europa zu werden, was Mexiko für die Vereinigten Staaten geworden ist.[276]

Die Krisenschaukel von sozialer Angst und politischer Ratlosigkeit hat die Bollwerkmentalität nur bestärkt – nicht etwa nur im kosmopolitischen Stammtischplausch oder bei sozialen Randgruppen ‚ganz unten‘, sondern auch ‚ganz oben‘ in der Sozialpyramide: „Sturm auf Europa" nannte der täglich mit dem Asylrecht befaßte, frühere Landesanwalt bei der Landesanwaltschaft Ansbach, M. Ritter, sein Buch über „Asylanten und Armutsflüchtlinge", in dem er die in Endzeitstimmung prognostizierten Massenfluchtbewegungen der „neuen Völkerwanderung" gar mit alles verzehrenden Heuschreckenschwärmen verglich.[277] Differenzierter, wenn auch in der Sache nicht minder hart argumentierte in seinem „Die Invasion der Armen" genannten Buch über „Asylanten und illegale Einwanderer" der bekannte Autor „Jan Werner", der eigentlich Dr. H.-W. Müller heißt und zuletzt im Range eines Ministerialdirektors die Innenpolitische Abteilung im Presse- und Informationsamt der Bundesregierung leitete: „Die Erde auf dem Weg ins Chaos. Auf der einen Seite eine ungebremste Vermehrung der Weltbevölkerung, auf der anderen Seite eine Vernichtung ihrer Lebensgrundlagen [...]. Wenn die Dinge schlecht laufen, und alles sieht danach aus, dann wird es zu fürchterlichen Kämpfen um Lebensmittel, Trinkwasser und eine Bleibe kommen. Hoimar von Ditfurth nannte sie ‚finale Verteilungskriege‘, also endgültige, letzte Kriege. Wenn Europa darin nicht untergehen will, werden wir uns wappnen und einigeln müssen. Wir müssen endlich einsehen, daß wir die Probleme der ganzen Welt nicht lösen können. Es geht nur noch darum, sie von Europa, von uns und vor allem unseren Kindern, so gut wie nur möglich, fernzuhalten."[278]

Selbstrettungsappelle, Bollwerkmentalität und Abwehrbereitschaft gegenüber Flüchtlingen, die die Opfer zu bedrohlichen Tatverdächtigen werden lassen, gibt es nicht nur in Deutschland, sondern in der ‚Wohlstands-Festung‘ Europa allgemein. Dramatischer Höhepunkt war im August 1991 in Bari die Vertreibung von 17000 Bootsflüchtlingen aus Albanien durch die italienische Regierung: „Unter unmenschlichen Bedingungen, wie Vieh in ein Stadion eingepfercht, von Helikoptern überwacht, durch Polizei und Militär am Ausbrechen gehindert und aus der Luft unzureichend mit Nahrung und Getränken versorgt, sollten weitere Flüchtlinge aus Albanien ein für allemal abgeschreckt werden. Mit einem Taschengeld, einem T-Shirt und neuen Hosen ausgestattet, wurden sie, durch die Polizei mit Knüppeln traktiert, in ihre Heimat zurücktransportiert." Im Schatten des von den Medien um die Welt getragenen Dramas von Bari steht der seither um so mehr forcierte allnächtliche Kampf gegen illegale Einwanderer an den Grenzen der Europäischen Union vom deutschen Osten bis zum spanischen Süden.[279]

Aber auch die in der deutschen Politik gegenüber Einwanderungsfragen Anfang der 1990er Jahre beobachtbare, kontraproduktive Angst vor der Angst, nämlich die Angst von Politikern vor der Fremdenangst von Bürgern mit ihren unkalkulierbaren Folgen, findet ihr Pendant in Europa in Gestalt der Flucht aus der Wirklichkeit und den damit verbundenen Herausforderungen in die gefährliche Welt von Illusion und Desinformation: „Die Scheu der verantwortlichen Politiker vor einer offenen

Diskussion über eine realistischere Einwanderungspolitik ist auf die Haltung weiter Teile der europäischen Öffentlichkeit zurückzuführen, die schlecht informiert sind und auf internationale Herausforderungen mit Angst reagieren", warnten in ihrem am 24. 11. 93 in Brüssel verabschiedeten, weitblickenden ‚Vorschlag für eine neue europäische Einwanderungspolitik' die in der Integrationsarbeit engagierten Caritasverbände Europas. „Statt diese Öffentlichkeit in ihrer Abschottung und in der Illusion einer ethnisch und kulturell homogenen Gesellschaft zu bestärken, sollten die juristischen, ethischen und spirituellen Fundamente für das multikulturelle und vielfältige Europa der nahen Zukunft gelegt werden." Defensivstrategien in Wanderungsfragen und Intoleranz gegenüber zuwandernden Fremden wachsen in Europa. Alarmierende Umfragen berichten, daß EG-Bürger immer weniger Verständnis für Einwanderer zeigen: Nach einer Mitte 1991 vorgestellten Repräsentativumfrage im Auftrag der EG-Kommission war jeder dritte der ca. 340 Mio. Menschen in der EG der Meinung, „daß die Rechte der Einwanderer eingeschränkt werden sollen". Im Herbst 1988 waren nur 18% und im Herbst 1990 erst 19% dieser Meinung gewesen. Die Hälfte der Befragten (in Deutschland 55%) vertrat die Auffassung, daß „zu viele Personen aus Drittländern in der EG" lebten. Jeder fünfte EG-Bürger würde Asylbewerber „am liebsten gar nicht aufnehmen".[280]

Nicht ohne Grund beschäftigten sich die Staats- und Regierungschefs der Mitgliedstaaten des Europarats bei ihrer Tagung am 7.–9. 10. 1993 in Wien eingehend mit der Lage der Minderheiten in Europa und dem Verhältnis der Mehrheiten zu ihnen: Sie verurteilten „aufs schärfste Rassismus in allen seinen Formen, Fremdenfeindlichkeit, Antisemitismus und Intoleranz sowie jede Form von religiöser Diskriminierung". Sie ermunterten die Mitgliedstaaten dazu, „die bereits zur Beseitigung dieser Erscheinungen unternommenen Anstrengungen fortzusetzen". Und sie verpflichteten sich, „alle Ideologien, politischen Konzeptionen und Praktiken, die eine Aufstachelung zum Rassenhaß, zu Gewalt und Diskriminierung darstellen, sowie jede Handlung oder Äußerung zu bekämpfen, die geeignet ist, Ängste und Spannungen zwischen Gruppen mit unterschiedlichem rassischen, ethnischen, nationalen, religiösen oder sozialen Hintergrund zu verstärken". Hier findet in der Tat nachgerade jede europäische Regierung heute in ihren eigenen Grenzen ein bestürzend wachsendes Betätigungsfeld.[281]

Die Gemeinsame Verfassungskommission von Bundestag und Bundesrat ist bereits einen Schritt weiter gegangen und hat in ihren Vorschlägen zur Grundgesetzänderung einen Art. 20 b entworfen, der festschreiben soll: „Der Staat achtet die Identität der ethnischen, kulturellen und sprachlichen Minderheiten." Die fließende Grenze zwischen dem Schutz ethnischer Minderheiten und ethnischen Kollektivrechten hat sogleich zu heftigen Kontroversen geführt – auch vor dem Hintergrund amerikanischer Debatten, in denen es einerseits um ethnokulturelle Kollektividentitäten als Sprengsätze für die an individuellen Freiheitsrechten orientierten politischen Kulturen westlicher Demokratien geht und andererseits um apokalyptische Visionen weltweiter ‚Kulturkriege' nach dem Ende des Ost-West-Konflikts: „Wissen die Mitglieder der Verfassungskommission, daß sie mit dem von ihnen entworfenen Artikel den Weg für ethnische Konflikte in der deutschen Demokratie ebnen", fragt der in Deutschland und den Vereinigten Staaten lehrende Politologe Bassam Tibi, selbst Einwanderer in der Bundesrepublik, und denkt dabei vor allem an die „Völkerwanderungen" der Gegenwart aus „vormodernen Kulturen, die die Menschen in Kollektive einordnen".[282]

Die großen Fragen an die Zukunft der Weltbevölkerung sind offen: Bevölkerungszunahme und -abnahme wie in einem sich gegenseitig ausgleichenden System kommunizierender Röhren? Eine bei sinkenden Geburtenraten und steigender Lebenserwartung vergreisende und abnehmende Bevölkerung in einem befestigten Bunker namens Europa gegenüber der Bevölkerungsexplosion einer ‚Dritten Welt', die ihre Menschen nicht nach Europa schicken, aber ihre Märkte für europäische Waren offenhalten soll? Die ‚Festung Europa' muß mithin nicht nur in ihrer Außenhandelspolitik, sondern auch in ihrer Migrations- und Entwicklungspolitik Antworten finden auf die weltweite

Herausforderung durch ihre eigene Existenz – im eigenen Interesse: „Wir haben", so urteilt Elmar Hönekopp vom Institut für Arbeitsmarkt- und Berufsforschung der Nürnberger Bundesanstalt für Arbeit, „nur die Alternative zwischen hohem Wanderungsdruck auf Dauer oder Zunahme der Beschäftigungsmöglichkeiten im Herkunftsland über eine bessere Beteiligungsmöglichkeit am internationalen Wettbewerb."[283]

Das führt zur dritten, globalen Ebene: „Wanderungsbewegungen entwickeln sich zu einem der größten Weltordnungsprobleme", heißt es in der Bestandsaufnahme „Globale Trends 93/94" der Bonner Stiftung Entwicklung und Frieden. Zum einen wird es bei Krisenwachstum und Bevölkerungsexplosion, beschleunigter Entwicklung der Unterentwicklung, fortschreitender Umweltzerstörung und drohendem Klimakollaps immer schwieriger, zwischen politisch Verfolgten, Kriegs- und Bürgerkriegsflüchtlingen, Wirtschaftswanderern, Krisen-, Armuts- und Elendsflüchtlingen, Umwelt- und Klimaflüchtlingen zu unterscheiden. Welcher Art von Tod, ob Folter-, Kriegs- oder Hungertod, ein Flüchtling zu entkommen sucht, kann ohnedies schwerlich Argument für oder gegen seine Rettung sein. Zum anderen darf nicht vergessen werden, daß Migrations- und Flüchtlingspolitik immer nur Behandlungen von Folgen und nicht von Ursachen sind. Humanitas und Caritas sind nötig, aber ungenügend angesichts der stark anwachsenden Flüchtlingszahlen, die nach Schätzungen unter Einschluß auch der Armuts- und Umweltflüchtlinge weltweit derzeit bereits mehr als eine halbe Milliarde Menschen umfassen.[284]

Solche Probleme durch Flüchtlingsaufnahme, Integrationshilfen und Migrationspolitik bewältigen zu wollen, hieße Hoffen auf Heilung durch Kurieren am Symptom. Die Behandlung muß im gemeinsamen, globalen Interesse weltweit an den Ursachen ansetzen mit entwicklungsorientierter Migrationspolitik oder, umgekehrt, migrationsorientierter Entwicklungspolitik: „Von entscheidender Bedeutung sind also Beiträge aus der Völkergemeinschaft, um den Teufelskreis von mangelnder Ausbildung, Armut, Bevölkerungswachstum, Hunger, Waldsterben, Umweltzerstörung, Migration, Verletzung der Menschenrechte zu durchbrechen", warnte im November 1993 Bundespräsident Richard von Weizsäcker in einer außenpolitischen Grundsatzrede. „Je weniger es gelingt, die Not an ihrem Entstehungsort zu überwinden, desto zwangsläufiger breiten sich ihre Folgen auch über uns aus." Das freilich setzt die auch vom Leiter des Duisburger Instituts für Entwicklung und Frieden (INEF), Franz Nuscheler, seit Jahren geforderte „Kompetenzerweiterung" und Effizienzsteigerung multilateraler Weltorganisationen voraus, die allein den Weg bahnen können in Richtung auf „eine neue Weltpolitik und eine neue Weltordnung".[285]

Bei der heute von vielen Seiten so freundlich empfohlenen und fast zur politischen Nullformel erstarrten ‚Bekämpfung der Fluchtursachen' geht es in Wirklichkeit, weit über die konventionelle ‚Entwicklungshilfe' hinaus, um Hilfe zur Selbsthilfe auf ein sich selbst weitertragendes Entwicklungsniveau. Dahinter aber stehen letztlich globale Verteilungsfragen. Deshalb gibt es für eine solche entwicklungsorientierte Bekämpfung der Fluchtursachen kein Ausweichen vor der Frage nach einem „internationalen Lastenausgleich" zwischen Nord und Süd, aber auch zwischen Ost und West in einer immer weniger durch politisch-ideologische Differenzen und immer mehr durch ökonomische Entwicklungsunterschiede getrennten Welt, in der ein „Menschenrecht auf Entwicklung" noch fehlt.[286]

Letztlich steht die Frage an, ob, wie lange und um welchen Preis eine Weltgesellschaft überleben kann, in der die einen ohne Rücksicht oder gar auf Kosten der anderen existieren oder, schärfer formuliert, in der die einen die Fluchtursachen der anderen mitverschulden und zugleich die Flüchtlinge als Gefährdung des eigenen Wohlstandes abzuwehren suchen: „Können wir uns eine künftige Welt vorstellen", fragte der Club of Rome in seinem Bericht 1991, „in der sich reiche, mit hochmodernen Waffen gerüstete Staaten wie in einem Getto gegen die übrige Welt abschotten, um die aufgebrachten Horden der Hungernden, Ungebildeten und Arbeitslosen fernzuhalten?"[287] Als Fernziel wird nur eine „neue humanitäre Weltordnung", wie sie der frühere Hohe Flüchtlingskommissar der Vereinten Nationen, Aga Khan, entworfen hat, das Flüchtlingselend in der Welt mindern können. Wie weit der Weg dahin ist, zeigte der Kampf um globale Prioritäten auf dem ‚Erdgipfel' von Rio de Janeiro im Juni 1992, auf dem es den Reichen um dem Schutz der Menschenrechte und den Armen um das Recht auf Entwicklung und auf Hilfe zur Selbsthilfe ging. Abwarten aber wäre nicht nur inhuman, sondern auch wirtschaftlich und politisch weltweit gefährlich für alle.[288]

„Der Friede in der Welt hängt nicht zuletzt davon ab, wie fremde Minderheiten von den Mehrheitsgesellschaften behandelt werden", schrieb die frühere Ausländerbeauftragte der Bundesregierung, Liselotte Funcke, am Tage ihres Rücktritts (15. 7. 1991) in ihrer letzten Nachricht aus dem Amt.[289] Politik in Deutschland müsse diese Herausforderung auf allen Ebenen offensiv annehmen, und zwar ohne die mit der „rituellen Beschwörungsformel", Deutschland sei kein Einwanderungsland, „selbstverschuldeten Maulkörbe", schreibt ihre Nachfolgerin, Cornelia Schmalz-Jacobsen, in ihrem Buch ‚Einwanderung – und dann?' vom September 1993.[290] „Eine weitere Vernachlässigung der politischen Hausaufgaben im Problemfeld Migration gefährdet inneren Frieden und kulturelle Toleranz im vereinigten Deutschland", heißt es im ‚Manifest der 60' zum Thema ‚Deutschland und die Einwanderung' vom Dezember 1993. Es gelte, das unter der alten Dementiformel über das Nicht-Einwanderungsland mehr als ein Jahrzehnt lang beschworene, politische „Tabu Migration" zu brechen und am folgenschweren „Ende der Legenden" auch die politischen Schweigegebote aufzuheben, die gleichbedeutend seien mit einer Reservierung der Thematik für die Radikalen von rechts: „Deutschland kann es sich nicht leisten, daß über das Thema Einwanderung öffentlich geschwiegen und hinter verschlossenen Türen entschieden wird."[291]

Im Versteckspiel mit der gesellschaftlichen Wirklichkeit in der Einwanderungssituation ohne Einwanderungsland aber zeichnet sich seit dem in Sachen Migration verlorenen Jahrzehnt der 1980er Jahre eine gefährliche Krisenspirale ab: Das sperrige Nicht-Einwanderungsland stieß mit seinen defensiven Verweigerungshaltungen und seinem demonstrativen rechtspolitischen Desinteresse an Einwanderungsgestaltung die Einwandererminoritäten vor den Kopf, vor allem die zwischen Ungeduld und Ratlosigkeit schwankende zweite Generation. Fremdenfeindliche Exzesse mehrten die skeptische Distanz. Beides zusammen motivierte bereichsweise eine ethnokulturelle Re-Orientierung an Werten der schon fremder gewordenen Herkunftsgesellschaft. Das wiederum wurde auf seiten der sperrigen Aufnahmegesellschaft vielfach als ‚Abkapselung‘ bzw. als Mangel an ‚Integrationsbereitschaft‘ oder gar ‚Integrationsfähigkeit‘ mißverstanden. Zentrifugale Kräfte wuchsen, die Krisenschaukel schwang weiter aus.

Prozesse der Re-Ethnisierung kann man nicht wegreden – auch nicht mit dem gutgemeinten Diktum vom ‚ausländischen Mitbürger‘, das für ausländische Gäste am Arbeitsmarkt freundliche Sorge um das Gastrecht signalisieren mag, für Einwanderer als ausländische Nicht-Bürger aber fast so zynisch klingt wie die Rede vom ‚nichtarischen Mitbürger‘. Ethnokulturelle Gruppenbildung in einem tabuisierten, unzureichend gestalteten und gestörten Einwanderungsprozeß aber kann für beide Seiten, Aufnahmegesellschaft und Einwandererminoritäten, schwer kalkulierbare Sprengkräfte entfalten. Sie können entschärft oder doch begrenzt werden, wenn Ethnizität ein Stück weit durch eine im Einwanderungsprozeß zu gewinnende neue Identität überwölbt wird, in die sich ethnokulturelle Identitäten als – mit Stolz benannte und mit Respekt akzeptierte individuelle ‚Herkunftsadressen‘ – einordnen können, so daß ethnische Kollektive als identitätsstiftende Zufluchtsadressen funktionslos werden. Das hat nichts zu tun mit Ideologiestiftung im Einwanderungsprozeß, sondern schlicht mit Gesellschaftspolitik in der Einwanderungssituation, die Mentalitätsprobleme nicht ausblenden darf, weil Einwanderungsprozesse für Mehrheit wie Minderheit mit erheblichen Identitätskrisen und Identifikationsproblemen verbunden sein können. Migrationspolitik als Gesellschaftspolitik ist eben mehr als Quotenrechnen.

Grundlage einer solchen, Aufnahmegesellschaft und Einwandererminoritäten einschließenden neuen Identität der Einwanderungsgesellschaft aber ist die bewußt gestaltete und gelebte Partnerschaft von Mehrheit und zugewanderten Minderheiten in einem gewollten, politisch positiv ‚besetzten‘, aktiv gestalteten und mit flexiblen Integrationskonzepten begleiteten Einwanderungsprozeß. Blockiert wird solche Partnerschaft durch eine Politik, die sich der konzeptionellen Herausforderung durch die gesellschaftliche Entwicklung der Einwanderungssituation mit eskapistischen Dementis verweigert und die Folgen der eigenen Versäumnisse durch Drohgebärden und Sicherheitspolitik zu bewältigen sucht. Wird aber eine solche gesellschaftliche Partnerschaft in der Einwanderungssituation nicht gesucht und gestaltet, dann kann es in der Tat für beide Seiten sehr schwierig werden.

Anders gewendet: Viele, die in Deutschland politische Verantwortung tragen, haben die Spielregeln der Einwanderungssituation noch immer nicht gelernt. Sie werden sich etwas einfallen lassen müssen, das die Wege zur Partnerschaft in der Einwanderungsgesellschaft offen hält, sonst drohen Spannungen und Konflikte, die die politische Kultur in diesem Land von Grund auf verändern könnten – und für die dann rückblickend vielleicht wieder niemand verantwortlich gewesen sein will. Dem ‚Prinzip Verantwortung‘ muß im politischen Bereich auch ein ‚Prinzip Haftung‘ entsprechen; denn Geschichte geschieht nicht nur, sie wird auch gemacht. Historiker der Zukunft werden sich, auch unter diesen Aspekten, mit unserer dann zur Geschichte gewordenen Gegenwart zu beschäftigen haben. Die Lage ist ernster als viele glauben. Nachhinkende Reparaturpolitik kann nicht ersetzen, was in der Einwanderungssituation an vorausschauender Gesellschaftspolitik für Migration, Integration und Minderheiten fehlt.

Es geht darum, die anstehenden Probleme nicht länger nur reaktiv zu verwalten, sondern aktiv zu gestalten – auf nationaler Ebene ebenso wie im Kontext einer europäischen Migrationspolitik mit globalen Perspektiven. Falsch wäre es, die Lösung der Probleme allein ‚von oben‘, von der Politik nämlich, zu erwarten und auf politischen Dissens mit verdrossenen Abwehrhaltungen zu reagieren, die die Probleme nur um so mehr verschärfen. Das

Miteinander in der Einwanderungssituation und in den vielfältigen Formen der Begegnung auf Zeit muß seinen rechtspolitischen Rahmen zwar ‚von oben' erhalten. Es kann in der Praxis aber nur ‚von unten', im gemeinsamen Lebensalltag gestaltet werden, in dem als Geschichte und Gegenwart verbindende Grunderfahrung stets aufs neue erlebt werden kann, daß das Fremde durch Begegnung vertraut wird und – geregelte – Einwanderung eine Bereicherung ist, trotz aller damit seit jeher verbundenen Spannungen.

Anhang

Anmerkungen

1 Gesamtdarstellungen und Problemübersichten: K. J. Bade, Vom Auswanderungsland zum Einwanderungsland? Deutschland 1880–1980, Berlin 1983; ders. (Hg.), Auswanderer – Wanderarbeiter – Gastarbeiter: Bevölkerung, Arbeitsmarkt und Wanderung in Deutschland seit der Mitte des 19. Jahrhunderts, 2 Bde., 2. Aufl. Ostfildern 1986; ders. (Hg.), Deutsche im Ausland – Fremde in Deutschland: Migration in Geschichte und Gegenwart, München 1992 (3. Aufl. 1993); ders., Homo Migrans: Wanderungen aus und nach Deutschland – Erfahrungen und Fragen, Essen 1994; ders. (Hg.), Das Manifest der 60: Deutschland und die Einwanderung. Mit Beiträgen von K. J. Bade, U. Boos-Nünning, F. Heckmann, O. Kimminich, C. Leggewie, M. Miegel, R. Münz, D. Oberndörfer, P. J. Opitz und M. Wollenschläger, München 1994. Aus Platzgründen wurden die Anmerkungen im wesentlichen auf Belegangaben beschränkt und nach Möglichkeit abschnittsweise zusammengefaßt.

2 E. Petersen, Kinder auf der Flucht: Vertrieben, entwurzelt, unerwünscht – Kinderflüchtlinge in Deutschland, Reinbek 1993, S. 9; vgl. ‚Besser als zu Hause‘. Kinder und Jugendliche auf der Flucht, in: Der Spiegel, 10. 1. 1994, S. 42–47.

3 Frankfurter Rundschau (FR), 11. 1. 1989, S. 21.

4 Definition s. ‚Schlüsselbegriffe‘.

5 Der Bundesminister des Innern (BMI) (Hg.), Betrifft: Ausländerpolitik, 2. Aufl. Bonn 1983, S. 3.

6 BMI (Hg.), Aufzeichnung zur Ausländerpolitik und zum Ausländerrecht in der Bundesrepublik Deutschland, Stand: Januar 1991, Bonn 1991, S. 3 f.

7 Hannoversche Allgemeine Zeitung, 6. 12. 1991, S. 2; dpa-Meldung 5. 12. 1991 (Nr. 321).

8 Zum Folgenden: K. J. Bade, Die Einwanderungssituation: Erfahrungen – Probleme – Perspektiven, in: Bericht '99. Zur Situation der ausländischen Arbeitnehmer und ihrer Familien – Bestandsaufnahme und Perspektiven für die 90er Jahre, hg. v. d. Ausländerbeauftragten der Bundesregierung, 2. erw. Aufl. Bonn 1990; vgl. K.-H. Meier-Braun, ‚Gastarbeiter‘, oder Einwanderer? Anmer-

kungen zur Ausländerpolitik in der Bundesrepublik Deutschland, Berlin 1980; F. Heckmann, Die Bundesrepublik: Ein Einwanderungsland? Zur Soziologie der Gastarbeiterbevölkerung als Einwandererminorität, Stuttgart 1981; Bade, Vom Auswanderungsland zum Einwanderungsland?, S. 116ff. (‚Politische Perspektiven: Zwischen Ausländerpolitik und Einwanderungspolitik‘); ders., Vom Export der Sozialen Frage zur importierten Sozialen Frage: Deutschland im transnationalen Wanderungsgeschehen seit der Mitte des 19. Jahrhunderts, in: ders. (Hg.), Auswanderer – Wanderarbeiter – Gastarbeiter, Bd. 1, S. 9–54.

9 Hierzu zuletzt: D. Blumenwitz, Territorialprinzip und Mehrstaatigkeit, in: Zeitschrift für Ausländerrecht und Ausländerpolitik (ZAR), 13. 1993, H. 4, S. 151–156; W. Löwer, Abstammungsprinzip und Mehrstaatigkeit, ebenda, S. 156–160; allg. grundlegend: K. Hailbronner, G. Renner, Staatsangehörigkeitsrecht, München 1991.

10 Vgl. D. Elschenbroich, Eine Nation von Einwanderern. Ethnisches Bewußtsein und Integrationspolitik in den USA, Frankfurt a. M. 1986.

11 Änderungswünsche zum Ausländergesetz, in: Frankfurter Allgemeine Zeitung (FAZ), 16. 3. 1994, S. 2 (zit. Bohl); BMI (Hg.), Bericht der Regierung der Bundesrepublik Deutschland für die Internationale Konferenz für Bevölkerung und Entwicklung 1994, Bonn 1994.

12 Vgl. Anm. 161 (Art. R. Olt); zum Begriff: ‚Vertreibung‘ und ‚ethnische Säuberung‘: Begriffsbestimmung (Wiss. Dienste des Deutschen Bundestages, Fachbereich II), Bonn 1993; vgl. T. Zülch, ‚Ethnische Säuberung‘ – Völkermord für ‚Großserbien‘. Eine Dokumentation der Gesellschaft für Bedrohte Völker, Frankfurt a. M. 1993; C. Offe, Ethnische Politik im osteuropäischen Transformationsprozeß, in: ders., Der Tunnel am Ende des Lichts, Frankfurt a. M. 1994, S. 135–186.

13 Hierzu die Beiträge in: Bade (Hg.), Deutsche im Ausland – Fremde in Deutschland; Überblick: ders., Homo Migrans, S. 11–65.

14 Ausländer in Deutschland (aid), 1/92, S. 2.

15 Hierzu und zum Folgenden: K. J. Bade, ‚Preußengänger‘ und ‚Abwehrpolitik‘: Ausländerbeschäftigung, Ausländerpolitik und Ausländerkontrolle auf dem Arbeitsmarkt in Preußen vor dem Ersten Weltkrieg, in: Archiv für Sozialgeschichte, 24. 1984, S. 91–283; für die Italiener: H. Schäfer, Italienische ‚Gastarbeiter‘ im Deutschen Kaiserreich 1890–1914, in: Ztschr. f. Unternehmensgeschichte, 27. 1982, S. 192–214; G. De-Botazzi, Italiani in Germania. Als Italiener im Deutschland der Jahrhundertwende, hg. v. C. Chiellino, Essen 1993; R. Del Fabbro, Die

willkommenen Ausländer: Italienische Arbeitsmigranten im Deutschen Kaiserreich 1871–1918 (Studien zur Historischen Migrationsforschung), Essen (1994).

16 K. J. Bade, Arbeitsmarkt, Bevölkerung und Wanderung in der Weimarer Republik, in: M. Stürmer (Hg.), Die Weimarer Republik, Königstein i.Ts. 1980, S. 160–187.

17 U. Herbert, Fremdarbeiter. Politik und Praxis des ‚Ausländer-Einsatzes‘ in der Kriegswirtschaft des Dritten Reiches, Berlin 1985; ders., Geschichte der Ausländerbeschäftigung in Deutschland 1880–1980, Berlin 1986, S. 120–178.

18 W. Jacobmeyer, Vom Zwangsarbeiter zum Heimatlosen Ausländer. Die Displaced Persons in Westdeutschland 1945–1951, Göttingen 1985; Regionalstudie: U. Müller, Fremde in der Nachkriegszeit: Displaced Persons in Stuttgart und Baden-Württemberg 1945–1951, Stuttgart 1990.

19 Nicht zu verwechseln mit den heute in bestimmten Höchstgrenzen (Polen, Ungarn und Nachfolgestaaten der CSFR: jeweils 1 000) für 1–1,5 Jahre zur Erweiterung ihrer beruflichen und sprachlichen Kenntnisse zur Beschäftigung bei deutschen Arbeitgebern zugelassenen ausländischen ‚Gastarbeitnehmern‘ mit abgeschlossener Berufsausbildung im Alter von 18–35/40 Jahren.

20 Hierzu und zum Folgenden: Heckmann, Die Bundesrepublik: Ein Einwanderungsland?, S. 141–259; ders., Ethnische Minderheiten, Volk und Nation. Soziologie inter-ethnischer Beziehungen, Stuttgart 1992; H. Esser, J. Friedrichs (Hg.), Generation und Identität. Theoretische und empirische Beiträge zur Migrationssoziologie, Opladen 1990; U. Schöneberg, Gestern Gastarbeiter, morgen Minderheit. Zur sozialen Integration von Einwanderern in einem ‚unerklärten‘ Einwanderungsland, Frankfurt a.M. 1993; Bade, Vom Auswanderungsland zum Einwanderungsland?, S. 67–124; W. D. Bukow, R. Llaryora, Mitbürger aus der Fremde. Soziogenese ethnischer Minoritäten, 2. Aufl. Opladen 1993.

21 Regierungserklärung vom 16. 6. 1993 (Presse- und Informationsamt der Bundesregierung, Nr. 250/93), S. 8 f.

22 Bericht der Beauftragten der Bundesregierung für die Belange der Ausländer über die Lage der Ausländer in der Bundesrepublik Deutschland 1993, Bonn, März 1994, S. 26 f. (zit.), 36–41; E. Fuhr, Die übersehene Einwanderung, in: FAZ, 11. 6. 1993, S. 14; Viele Türken in Deutschland wollen seßhaft werden, in: FAZ, 22. 10. 1992, S. 15; Türken immer konsumfreudiger, in: Stuttgarter Nachrichten, 15. 10. 1992; Zentrum für Türkeistudien (Hg.), Türkische Unternehmensgründungen: Von der Nische zum Markt?, Bonn 1989; dass., Ausländische Betriebe in Nordrhein-Westfalen, Opladen 1991; M. Matter (Hg.), Fremde Nachbarn: Aspekte türkischer Kultur in der Türkei und in der Bundesrepublik (Hess. Blätter

für Volks- und Kulturforschung, Bd. 29), Marburg 1992; F. Sen, Sozio-ökonomische Beiträge ausländischer Mitbürger in West- und Ostdeutschland, in: Bertelsmann Stiftung (Hg.), Zusammenleben in einem multikulturellen Staat: Voraussetzungen und Perspektiven (Carl Bertelsmann-Preis 1992), Gütersloh 1993, S. 67–76.

23 C. Wilpert, Die Zukunft der zweiten Generation, Königstein i.Ts. 1980; G. Schultze, Griechische Jugendliche in Nordrhein-Westfalen, Bonn 1990; U. Apitzsch, Migration und Biographie. Zur Konstruktion des Interkulturellen in den Bildungsgängen junger Erwachsener der zweiten Migrationsgeneration, Opladen 1993; Ältere Ausländer in Deutschland, KNA-Meldung, 23. 3. 1993; A. Rothe, Altern in der Fremde. Neue Herausforderungen an die soziale Arbeit (ASG-Veröffentl. Nr. 19), Kassel 1992; Studie (des Zentrums für Türkeistudien, Bonn) zur Lebenssituation älterer Ausländer in der Bundesrepublik, in: aid, 2/93, S. 5 f; M. Dietzel-Papakyriakou, Altern in der Migration. Die Arbeitsmigranten vor dem Dilemma: Zurückkehren oder bleiben?, Stuttgart 1993.

24 Pressemeldung der Ausländerbeauftragten des Senats von Berlin, 27. 12. 1988; APD-Meldung, 13. 1. 1992 (Nr. 9422).

25 J. Gerster, Illusion oder realistisches Ziel? Ausländerintegration als wichtige Zukunftsaufgabe, in: Die Neue Ordnung, 42. 1988, S. 269–280, hier S. 272; zur Phasengliederung und zum Folgenden insgesamt: K.-H. Meier-Braun, Integration oder Rückkehr? Zur Ausländerpolitik des Bundes und der Länder, insbesondere Baden-Württembergs, Mainz 1988, S. 10–74.

26 Amt der Ausländerbeauftragten, Übersicht über Ausländerstatistik, 10. 3. 1993; H.-M. Bernhardt u.a., Minderheiten in der Mehrheit: Schulalltag in Kreuzberg, in: W. Benz (Hg.), Integration ist machbar. Ausländer in Deutschland, München 1993, S. 132–144.

27 H. Kühn, Stand und Weiterentwicklung der Integration der ausländischen Arbeitnehmer und ihrer Familienangehörigen in der Bundesrepublik Deutschland. Memorandum des Beauftragten der Bundesregierung, Bonn (Sept.) 1979.

28 Urteilsauszug in: FR, 13. 11. 1990.

29 P. Siewert, Zur Situation heute. Nachwort zu: R.C. Rist, Die ungewisse Zukunft der Gastarbeiter, Stuttgart 1980.

30 Meier-Braun, Integration oder Rückkehr?, S. 18 ff.

31 Ebenda, S. 68, 70.

32 Im Blickpunkt: Schäubles Ausländergesetz, in: FR, 10. 11. 1989; vgl. L. Funcke, in: FR, 18. 9. 1989.

33 M. Winter, Im Blickpunkt: Eckwerte für das Ausländergesetz, in: FR, 21. 4. 1989; FR, 18. 9. 1989 (zit.); Der Referentenentwurf zum Ausländergesetz, in: FAZ, 30. 9. 1989.

34 L. Funcke, in: FR, 26. 10. 1989; E. Stoiber: Der Entwurf kann ohne Änderungen nicht akzeptiert werden, in: FAZ, 6. 10. 1989; Neufassung des Ausländerrechts verzögert: Entwurf von Kirchen und Gewerkschaften kritisiert, in: FAZ, 10. 11. 1989; Der CSU paßt ein neues Ausländergesetz nicht in den Wahlkampf, in: FR, 25. 11. 1989; Schäubles erster Erfolg wird zur ersten Niederlage: Die CSU torpediert das Ausländerrecht, in: Stuttgarter Zeitung, 25. 11. 1989; In Koalition bleibt Schäuble-Entwurf umstritten: Neue Einwände aus CSU und FDP, in: FR, 6. 12. 1989; Die Bonner Koalition einigt sich auf ein neues Ausländergesetz, in: FAZ, 6. 12. 1989; Rathäuser machen gemeinsam gegen Ausländergesetz mobil, in: FR, 19. 12. 1989.

35 K.-H. Meier-Braun, Auf dem Weg zur multikulturellen Gesellschaft?, in: Ztschr. für Kulturaustausch, 41. 1991, S. 9–26, hier S. 16; In der DDR dürfen Ausländer ihre kommunale Vertretung wählen, in: FR, 26. 6. 1990.

36 Grüne/Bündnis 90, Pressemitteilung Nr. 888/90 (8. 11. 1990); F. Franz, Ausländerrecht auf Kollisionskurs mit der Verfassung. Gutachten zur Verfassungsmäßigkeit des AuslG '90, Nov. 1990.

37 H. Rittstieg, Das neue Ausländergesetz: Verbesserungen und neue Probleme, in: K. Barwig u. a. (Hg.), Das neue Ausländerrecht, Baden-Baden 1991, S. 23–32, hier S. 25 f.; Meier-Braun, Auf dem Weg zur multikulturellen Gesellschaft?, S. 21; Kommentar: H. H. Heldmann, Ausländergesetz 1991, Frankfurt a. M. 1991; vgl. K. Sieveking, Ausländerrecht und Ausländerpolitik 1990 (Zentrum für Europäische Rechtspolitik an der Universität Bremen), Bremen 1991; allg. grundlegend: Kanein/Renner, Ausländerrecht, 6. Aufl. München 1994.

38 Meier-Braun, Auf dem Weg zur multikulturellen Gesellschaft?, S. 21.

39 Information der Bundesanstalt für Arbeit (H. Seidel) an Verf., 15. 12. 1993; Bericht der Arbeitsgruppe ‚Berufliche Bildung' im Koordinierungskreis ‚Ausländische Arbeitnehmer' beim Bundesminister für Arbeit und Sozialordnung (Nov. 1993); H.-P. Klös, Integration der Einwanderer aus Ost-/Südosteuropa in den deutschen Arbeitsmarkt, in: Sozialer Fortschritt, 1992, H. 11, S. 261–270, zit. S. 270; aid, 1/93, S. 6 f.

40 S. Anm. 28.

41 U. Boos-Nünning, Einwanderung ohne Einwanderungsentscheidung: Ausländische Familien in der Bundesrepublik Deutschland, in: Aus Politik und Zeitgeschichte (PZG), 23–24/90 (1. 6. 1990), S. 16–25; dies., Familie, Jugend, Bildungsarbeit, in: Manifest der 60, S. 43–48, 164–179; T. W. Wessely, Einwanderungsrecht im internationalen Vergleich: Kanada, Australien und die USA, Königswinter (Friedrich-Naumann-Stiftung) 1991; ‚Böse Deutsche,

gute Ausländer'. Rechte und linke Denkschablonen verhindern eine neue Einwanderungspolitik, in: Der Spiegel, 47/1991, S. 112–123; D. Cohn-Bendit, T. Schmid, Heimat Babylon. Das Wagnis der multikulturellen Demokratie, Hamburg 1992, S. 26–30; vgl. Anm. 63.

42 J. v. Altenbockum, Die erleichterte Einbürgerung, in: FAZ, 1. 7. 1993, S. 4.

43 Ausländerhaß macht krank, ddp-Meldung, 16. 12. 1991 (Nr. 078); Junge Türken leiden unter Ausländerfeindlichkeit, APD-Meldung, 13. 1. 1992 (Nr. 9422); R. G. Reuth, Keine Angst vor dem Staat im Staate, in: FAZ, 6. 7. 1993, S. 4; R. Kirbach, Jamal – ein Tod in Deutschland. Er hatte es nicht mehr ertragen können, immer ‚Scheiß-Asylant‘ oder ‚Dealer‘ genannt zu werden, in: Die Zeit, 9. 7. 1993, S. 49.

44 Vgl. z. B. H. M. Enzensberger, Aussichten auf den Bürgerkrieg, Frankfurt a. M. 1993.

45 Bericht der Beauftragten der Bundesregierung, Bonn (März) 1991, S. 21; Mitteilungen der Beauftragten 14/1991 (14. 6. 1991); Vortrag L. Funcke anläßlich der Eröffnung des Instituts für Migrationsforschung und Interkulturelle Studien (IMIS) der Universität Osnabrück, 29. 11. 1991, in: K. J. Bade u. a. (Hg.), IMIS-Vorträge und Berichte, Osnabrück 1992, S. 20–25; G. Bannas, In Europa weitgehend akzeptiert: Deutschlands Nachbarn verfahren bei der Frage der doppelten Staatsangehörigkeit pragmatisch, in: FAZ, 20. 2. 1993, S. 10; Das Einbürgerungs- und Staatsangehörigkeitsrecht der Bundesrepublik Deutschland (Mitteilungen der Ausländerbeauftragten, Nr. 1), Bonn, Juli 1993, S. 9.

46 Bericht der Beauftragten der Bundesregierung, März 1991, S. 45–48.

47 Bundeskanzler Dr. H. Kohl an Verf., 22. 5. 1991; teilw. abgedr. in: K. J. Bade, Von der Ratlosigkeit der Politik und der Sprachlosigkeit zwischen Politik und Wissenschaft, in: Themen. Vierteljahreszeitschrift der Stiftung Christlich-Soziale Politik, 6. 1991, H. 4, S. 20–21; vgl. Vorstand der SPD (Hg.), Hilfe statt Abwehr: Thesen zu einem ganzheitlichen Konzept für Zuwanderungspolitik, Bonn, Juli 1991; C. Leggewie, Immigration als Gestaltungsaufgabe, in: die tageszeitung (taz), 20. 7. 1991; K. J. Bade, Auswanderer, Einwanderer, Wanderarbeiter... – Deutsche Erfahrungen in Geschichte und Gegenwart, in: B. Winkler (Hg.), Zukunftsangst Einwanderung, München 1992, S. 17–31; vgl. Anm. 45.

48 Für Europa s. Bericht der Beauftragten, März 1991, S. 55–72; dies., Übersicht über Regierungsstellen in europäischen Nachbarländern, die für Fragen der Migration und Integration zuständig sind, Bonn 1993; C. Grewe, A. Weber, Die Reform des Ausländer- und Asylrechts in Frankreich, in: Europäische Grundrechte-

Zeitschrift, 20. 1993, H. 20/21, S. 496–499; Th. v. Münchhausen, Frankreich will die Staatsangehörigkeitsbestimmungen reformieren, in: FAZ, 17. 6. 1993, S. 12; ders., Frankreich korrigiert alte Fehler, in: FAZ, 3. 7. 1993, S. 1; ders., Das Ende der Assimilation? Einwanderer in Frankreich, in: FAZ, 12. 2. 1994 (Beil.); für überseeische Einwanderungsländer: Wessely, Einwanderungsrecht im internationalen Vergleich.

49 Vgl. z. B. FAZ, 27. 3. 1991, S. 4; FR, 27. 3. 1991, S. 1; 28. 3. 1991, S. 4; FR, 30. 3. 1991, S. 4; Süddeutsche Zeitung (SZ), 27. 3. 1991, S. 2.

50 Bundeskanzler Dr. H. Kohl an Verf., 22. 5. 1991 (s. Anm. 47).

51 K. J. Bade, ‚Amt der verlorenen Worte‘: das Reichswanderungsamt 1918–1924, in: Ztschr. für Kulturaustausch, 39. 1989, H. 3, S. 312–325 (zur Geschichte dieses Amtes bereitet Jochen Oltmer, Univ. Osnabrück/IMIS, eine Gesamtdarstellung vor). Ob es sich bei einer solchen, der Bedeutung seiner Aufgaben gewachsenen Institution um ein Bundesamt oder – wie im ‚Manifest der 60‘ gefordert – um ein Ministerium handelt, ist keine Grundsatzfrage, sondern ein Gewichtungs- und Organisationsproblem.

52 L. Funcke an Bundeskanzler Dr. H. Kohl, 17. 6. 1991.

53 Vgl. z. B. M. Brandt, Der leise Rücktritt einer Enttäuschten, in: Kölner Stadtanzeiger, 20. 6. 1991; Frau Funcke kündigt ihren Rücktritt an, in: FAZ, 20. 6. 1991; H. Lölhöffel, An der Ignoranz verzweifelt: Liselotte Funcke, in: FR, 20. 6. 1991; Mangel an Unterstützung durch die Regierung beklagt, in: SZ, 20. 6. 1991; H. Fuehr, Eine Streiterin gibt auf, in: Nürnberger Nachrichten, 20. 6. 1991; Bündnis Türkischer Einwanderer (TGB, Hamburg), Presseerklärung zum Rücktritt der Ausländerbeauftragten der Bundesregierung Frau Liselotte Funcke, 20. 6. 1991; G. Bannas, Frau Funcke scheidet enttäuscht aus dem Amt, in: FAZ, 13. 7. 1991; K. J. Bade, Ein verlorenes Jahrzehnt: Die Konzeptionslosigkeit der Politik nährt die Unsicherheit in der Bevölkerung, in: Deutsches Allgemeines Sonntagsblatt (DAS), 19. 7. 1991; P. Juling, Die bisherige Ausländerbeauftragte zieht Bilanz, in: Das Parlament, 2. 8. 1991.

54 F. Forudastan, Porträt Cornelia Schmalz-Jacobsen, in: DAS, 15. 11. 1991; Mehr Rechte für Ausländerbeauftragte, in: SZ, 15. 11. 1991; Bericht der Beauftragten 1993 (s. Anm. 22); C. Schmalz-Jacobsen, Das Amt zwischen den Stühlen: Ausländerpolitik und Einwanderungsfragen, in: IMIS-Mitteilungen, 1/1993, Osnabrück 1993, S. 21–28.

55 Vgl. z. B.: Katastrophale Folgen. Auf die Bundesrepublik rollt eine Welle von Flüchtlingen zu: CDU- und SPD-Politiker fordern eine Quotenregelung für Einwanderer, in: Der Spiegel, 10. 6. 1991, S. 59f.; D. Vogeley, Nur weg, sobald die Reisepässe ausgegeben

sind: Millionen Bewohner der Sowjetunion sitzen angeblich auf gepackten Koffern, in: FAZ, 19. 6. 1991; G. Dachs, Niemandsland der Hoffnung. Der Strom der Einwanderer aus dem Osten schwillt an, in: Die Zeit, 9. 8. 1991; Asylanten: Sturm auf Europa, in: Stern, 15. 8. 1991, S. 12–20; Völkerwanderung der Armen, in: Der Spiegel, 19. 8. 1991, S. 130–134; Ansturm der Armen: Flüchtlinge – Aussiedler – Asylanten, ebenda, 9. 9. 1991, S. 36–63.

56 Aufruf der Professoren in FR, 29. 8. 1991; vgl. FAZ 30. 8. 1991; SZ, 31. 8./1. 9. 1991 u. a. a. O.

57 Überfälle und Anschläge auf Ausländer in ganz Deutschland, in: SZ, 7. 10. 1991, vgl. Kap. 8 und Anm. 213.

58 C. Schmalz-Jacobsen, MdB, Erklärung zum Kabinettsbeschluß, Bonn, 14. 11. 1991.

59 Umfrage (i. A. des Düsseldorfer Sozialministeriums): Einbürgerung würde vielen Ausländern Angst nehmen, in: FR, 28. 9. 1993; U. Beck, Zurück in die Zukunft, in: Der Spiegel, 22. 11. 1993, S. 56–61 (zit. S. 59); Deutsche Wirtschaft mobilisiert gegen Ausländerhaß, in: FAZ, 1. 12. 1992, S. 15.

60 Zur Berichterstattung der ausländischen Presse und zum Deutschlandbild nach den Möllner Morden s. FAZ, 25. 11. 1992, S. 3 (zit.); vgl. FAZ, 1. 12. 1992, S. 7; Die Zeit, 21. 1. 1993. G. di Lorenzo, Die intellektuelle Feuerwehr: Über Lichterketten, deren Kritiker und deutsche Rechthaberei, in: Der Spiegel, 8. 2. 1993, S. 210f.

61 Das Verbot rechtsextremer Vereinigungen steht bevor. Bund und Länder wollen energisch handeln, in: FAZ, 26. 11. 1992, S. 1f.; B. Morshäuser, Die guten Menschen von Deutschland, in: Die Zeit, 20. 8. 1993, S. 32; Bade, Homo Migrans, S. 84f.

62 Vgl. K. Sieveking, Migration und Rechtsstatus von Zuwanderern – bundesrepublikanische und europäische Aspekte, in: Recht und Politik, 3/1992, S. 135–144; G. Bannas, Die Gewalt im Land veranlaßt in Bonn die Politiker zum Nachdenken und zu neuen Urteilen, in: FAZ, 26. 11. 1992, S. 3; Kohl fordert Offensive gegen Extremismus und Gewalt, in: Handelsblatt, 16. 6. 1993; P. Heinacher, Symbolischer Akt: Regierungserklärung zur Ausländerfeindlichkeit, in: Handelsblatt, 17. 6. 1993; Bundestag debattiert über Gewalttaten von Rechtsextremisten, in: SZ, 17. 6. 1993; Kohl sagt Einbürgerungs-Reform zu, ebenda; Bundestag verurteilt ausländerfeindliche Gewalt: Einbürgerung soll für junge Türken leichter werden, Rhein. Post, 17. 6. 1993; Tiefe Abscheu im Bundestag gegen Rechtsterror und menschenverachtenden Fremdenhaß, in: Westdt. Allgemeine Zeitung (WAZ), 17. 6. 1993 (zit. Rau); Das Einbürgerungs- und Staatsangehörigkeitsrecht der Bundesrepublik Deutschland, S. 5f. (zit. Schmalz-Jacobsen); zusammenfassender Überblick: Die Diskussion über ein Einwanderungsgesetz (Wiss. Dienste des Deutschen Bundestages, Ausarbei-

tung Fachbereich III: Verfassung und Verwaltung), Bonn, Mai 1993.

63 Vgl. u. v. a.: Jugend ohne deutschen Paß – Bestandsaufnahme und Perspektiven für ein Land, das Einwanderer braucht (Mitt. der Ausländerbeauftragten), Bonn 1992, S. 33–39 (Gesamtkonzept Zuwanderung); Entwurf eines Gesetzes zur Änderung und Ergänzung des Staatsangehörigkeitsrechts (Mitt. der Ausländerbeauftragten), Bonn, 4. 2. 1993; Das Einbürgerungs- und Staatsangehörigkeitsrecht der Bundesrepublik Deutschland, S. 13–17; C. Schmalz-Jacobsen, H. Hinte, G. Tsapanos, Einwanderung – und dann? Perspektiven einer neuen Ausländerpolitik, München 1993, S. 281–289; Entwurf eines Gesetzes zur Erleichterung der Einbürgerung und Hinnahme der Doppelstaatsangehörigkeit (Gesetzentwurf der Fraktion der SPD, 10. 3. 1993), Drucksache 12/4533; Bundesrat für doppelte Staatsangehörigkeit, in: FAZ, 19. 6. 1993, S. 3; Bundesrat mit SPD-Mehrheit für doppelte Staatsbürgerschaft, AFP-Meldung, 18. 6. 1993 (Nr. 30); U. Mehrländer, G. Schultze, Einwanderungskonzept für die Bundesrepublik Deutschland. Fakten, Argumente, Vorschläge, Bonn 1992; R. Scharping, Die Einbürgerung ist nicht der krönende Abschluß der Integration. Zwischen Heimat und offener Republik: Herausforderungen der Einwanderungspolitik, in: FR, 25. 6. 1993; DGB, Anforderungen an eine integrierte Migrationspolitik, Nov. 1993; DGB: Migration gestalten – gegen Festung Europa, DGB-Nachrichtendienst, 2. 12. 1993 (Nr. 399); Entschließungen der Bundeskonferenz der Ausländerbeauftragten am 16./17. 3. 1993 in Weimar (Mitt. der Ausländerbeauftragten), Weimar 17. 3. 1993; D. Hoerder, Einzellösungen kommen zu spät und helfen nicht weiter: Plädoyer für ein Zuwanderungsgesetz auf der Grundlage der Erfahrungen in den USA und Kanada, in: FR, 22. 12. 1992, S. 16; C. Leggewie, Plädoyer für ein ganzheitliches Konzept für Einwanderung und Integration, in: FR, 29. 1. 1993, S. 2; Ein einig Volk von Blutsbrüdern, in: Der Spiegel, 15. 3. 1993, S. 50–71 (zit. S. 50f.); W. Gehrmann u. a., Drinnen vor der Tür, in: Die Zeit, 11. 6. 1993, S. 11–13; Braucht die Bundesrepublik ein Einwanderungsgesetz? (M. Kanther/D. Cohn-Bendit), in: Die Zeit, 24. 9. 1993, S. 16; U. Günther, B. Laubach (Bündnis 90/Die Grünen), Wege zu einer europäischen Flüchtlings- und Einwanderungspolitik, Ms. Bonn, Oktober 1993; allg.: M. Wollenschläger, Konturen einer Einwanderungsgesetzgebung, in: B. Blanke (Hg.), Zuwanderung und Asyl in der Konkurrenzgesellschaft, Opladen 1993, S. 259–274.

64 H. Geißler, Zugluft. Politik in stürmischer Zeit, München 1990, S. 182, 190; C. Leggewie, Vom Deutschen Reich zur Bundesrepublik – und nicht zurück. Zur politischen Gestalt einer multikultu-

rellen Gesellschaft, in: F. Balke u.a. (Hg.), Schwierige Fremdheit. Über Integration und Ausgrenzung in Einwanderungsländern, Frankfurt a.M. 1993, S. 3–20, hier S. 19f.; KNA-Meldung vom 4.6. 1993; ddp-Meldung vom 8.6. 1993.

65 „Die Fahne des Blutes": E. Stoiber (CSU) und G. Schröder (SPD) über Einwanderung und doppelte Staatsbürgerschaft, in: Der Spiegel, 5.4. 1993, S. 111–122; Kinkel erwartet Zustimmung der FDP zur doppelten Staatsbürgerschaft, in: FAZ, 11.1. 1993, S. 1; K. Kinkel, Rede auf dem FDP-Bundesparteitag in Münster, 12.6. 1993; ders., Rede im Bundestag anläßlich der Regierungserklärung am 16.6. 1993 (Pressemitt. des Bundesministers des Auswärtigen, 16.6. 1993), S. 7; Union lehnt doppelte Staatsbürgerschaft weiter ab, in: FAZ, 30.4. 1993, S. 5; Kohl: Doppelte Staatsbürgerschaft vermeiden, Einbürgerung soll aber erleichtert werden, in: FAZ, 17.6. 1993, S. 1; Wozu dient ein Einwanderungsgesetz?, in: FAZ, 4.8. 1993, S. 2; Gerster: Wir brauchen kein Einwanderungsgesetz, sondern müssen die Zuwanderung begrenzen, in: FAZ, 5.8. 1993, S. 4; Gerster: Einbürgerung erleichtern. Die Unionsfraktion wendet sich aber gegen Einwanderungsquoten, in: FAZ, 3.9. 1993, S. 5; Streit in der Koalition über ein Einwanderungsgesetz, in: FAZ, 9.8. 1993, S. 1 (zit. Schäuble); FAZ, 8.9. 1993, S. 4 (zit. Schäuble); allg.: Die Diskussion über ein Einwanderungsgesetz (Wiss. Dienste des Deutschen Bundestages).

66 Manifest der 60, S. 13.

67 E. Fuhr, Eine neue Melodie, in: FAZ, 20. 11. 1993, S. 1.

68 ‚Angst vor Überfremdung' wird Wahlkampfthema, in: SZ, 6. 12. 1993, S. 1; Das Parlament, 6./13. 5. 1994, S. 1.

69 Erklärung der Bundesregierung zur aktuellen Lage der deutsch-türkischen Beziehungen, Bekämpfung von Gewalt und Extremismus sowie zu Maßnahmen für eine verbesserte Integration der Ausländer in Deutschland (16.6. 1993), in: Bulletin, Nr. 54 (18.6. 1993), S. 569–575, hier S. 573; vgl. H. ten Feld (UNHCR, Bonn), Internationale Migration und internationale Politik: Probleme und Perspektiven aus der Sicht des UNHCR, in: M. Massarrat u.a. (Hg.), Die Dritte Welt und wir. Bilder und Perspektiven für Wissenschaft und Praxis, Freiburg i.Br. 1993, S. 219–229; vgl. P.J. Opitz, Weltbevölkerung und Weltwanderung, in: Manifest der 60, S. 88 f.; vgl. Anm. 286.

70 Institut der deutschen Wirtschaft listet Deutschland gemessen an Einwandererzahl erst an dritter Stelle auf, APD-Meldung, 22.7. 1992 (Nr. 3765); FAZ, 27.4. 1993, S. 1.

71 Allgemein hierzu: Kommentar zu Art. 16 von Otto Kimminich, in: R. Dolzer (Hg.), Kommentar zum Bonner Grundgesetz. Bonner Kommentar, Loseblattsammlung, Heidelberg 1950ff.; ders., Asylgewährung als Rechtsproblem, in: PZG, 9/92 (21. 2. 1992),

S. 3–12; vgl. U. Münch, Asylpolitik in der Bundesrepublik Deutschland. Entwicklung und Alternativen, Opladen 1992; M. Wollenschläger, Aktuelle Fragen des Asylrechts und der Asylpolitik, in: Zusammenleben in einem multikulturellen Staat, S. 21–31; aus der Sicht der christlichen Sozialethik: H. Tremmel, Grundrecht Asyl. Die Antwort der christlichen Sozialethik, Freiburg i.Br. 1992.

72 Vgl. H. Stehle, Italien: Im Normalfall mit unklaren Gesetzen, im Notfall mit Polizeiknüppeln gegen Flüchtlinge, in: Die Zeit, 16. 8. 1991; F. Kassebeer, Italien: Keine Garantie für politisches Asyl, in: SZ, 17./18. 8. 1991; zum verfassungsrechtlichen Rang des Asylrechts in Frankreich seit dem 13. 8. 1993 s. Grewe/Weber (Anm. 48).

73 Der Parlamentarische Rat und das Asylrecht 1948/49, in: H. Spaich (Hg.), Asyl bei den Deutschen, Reinbek 1982, S. 18–37 (Sitzung vom 4. 12. 1948); zum Folgenden insgesamt: H.-P. Schneider, Das Asylrecht zwischen Generosität und Xenophobie. Zur Entstehung des Art. 16 Abs. 2 S. 2 GG im Parlamentarischen Rat, in: Jb. f. Antisemitismusforschung, 1. 1992, S. 217–236; H. Uihlein, W. Weber, Werkheft Asyl, 3. überarb. Aufl. Karlsruhe 1989; vgl. F. Nuscheler, Migration – Flucht – Asyl, Tübingen 1988; H. Kauffmann (Hg.), Kein Asyl bei den Deutschen, Reinbek 1986; A. Söllner, Westdeutsche Asylpolitik, in: A. Ashkenasi (Hg.), Das weltweite Flüchtlingsproblem. Sozialwissenschaftliche Versuche der Annäherung, Bremen 1988, S. 195–224; nach wie vor grundlegend: O. Kimminich, Grundprobleme des Asylrechts, Darmstadt 1983.

74 P. Steinbach, Geschichte des Asylrechts und der Flüchtlingspolitik in den Anfängen der Bundesrepublik, in: FR, 26./27. 9. 1989, hier 27. 9. 1989, S. 19; hierzu demn. V. Ackermann, Der ‚echte‘ Flüchtling (Studien zur Historischen Migrationsforschung, Bd. 1), Essen (1994).

75 H. Leuninger, Flucht in die Bundesrepublik, Ms. 29. 6. 1993.

76 FAZ, 5. 1. 1991, S. 1 f.; 8. 8. 1991, S. 1 f.; 6. 1. 1992, S. 4; Bulletin, 9. 8. 1991, S. 689; Mitt. d. BMI, 16. 6. 1993; FAZ, 6. 1. 1994, S. 3; hierzu und zum Folgenden: H.-I. von Pollern, Die Entwicklung der Asylbewerberzahlen im Jahre 1993, in: ZAR, 14. 1994, H. 1, S. 29–36 (zit. S. 31).

77 Bulletin, 21. 1. 1991, S. 42 f.; 9. 1. 1992, S. 19 f.; Pro Asyl (Hg.), Dem Unrecht widerstehen, Flüchtlinge schützen (Materialien zum Tag des Flüchtlings am 1. 10. 1993), Frankfurt a.M. 1993, S. 7; FAZ, 6. 1. 1994, S. 3. Den hier für die Jahre 1991–1993 genannten, im Bundesministerium des Innern erfragten Zahlen für das Gebiet der ehemaligen Sowjetunion, liegen unterschiedliche territoriale Abgrenzungen zugrunde. Der besseren Vergleichbarkeit halber

wurden die Daten jeweils auf den Gebietsstand der Sowjetunion vor 1990 umgerechnet: Für 1991 wurden den Zugangszahlen aus der Ex-Sowjetunion diejenigen aus den unabhängigen Republiken Estland, Lettland und Litauen hinzugefügt. Für 1992/93 wurden die Werte der in der Statistik erfaßten 15 Nachfolgestaaten der Sowjetunion zusammengefaßt (Russische Föderation, Ukraine, Weiß-Rußland, Moldau, Estland, Lettland, Litauen, Armenien, Aserbaidschan, Georgien, Kasachstan, Kirgistan, Tadschikistan, Turkmenistan, Usbekistan). Hinzu kommen Staatsangehörige der ehemaligen Sowjetunion, die ihren Ausweispapieren nach keinem der Nachfolgestaaten zugeordnet werden konnten.

78 J. Link, ‚Asylanten' – Zur Erfolgsgeschichte eines deutschen SchlagWorts, in: Chr. Butterwegge, S. Jäger (Hg.), Europa gegen den Rest der Welt? Flüchtlingsbewegungen – Einwanderung – Asylpolitik, Köln 1993, S. 111–126.

79 Uihlein/Weber, S. 15; Deutscher Bundestag, Sten. Bericht, 9. Wahlperiode, 83. Sitzg., 4. 2. 1982, S. 4897.

80 Bade, Vom Auswanderungsland zum Einwanderungsland?, S. 110–116.

81 Nuscheler, Migration – Flucht – Asyl, S. 21 ff.

82 Ebenda, S. 23.

83 Vgl. D. Langewiesche, Republik und Republikaner. Von der historischen Entwertung eines politischen Begriffs, Essen 1993.

84 Frankfurter Neue Presse, 18. 3. 1989.

85 KNA-Meldung, 17. 3. 1989.

86 B. Rürup, Wirtschaftliche und gesellschaftliche Perspektiven der Bundesrepublik Deutschland, München 1989, S. 150.

87 H. Leuninger, Flucht in die Bundesrepublik, Ms. 29. 6. 1993.

88 Uihlein/Weber, S. 15 f.

89 Bulletin, 24. 1. 1991, S. 42 f.; FAZ, 6. 1. 1992, S. 4; BMI, 16. 1. 1993; FAZ, 6. 1. 1994, S. 3.

90 Nuscheler, Migration – Flucht – Asyl, S. 90–92; Uihlein/Weber, S. 16 f., 55–59; vgl. H. Löhlein, Asylverfahren als Instrument der Abschreckung und der bundesrepublikanische Alltag politisch Verfolgter, in: FR, 7. 12. 1989; F. Blahusch, Chr. Krumeich, Wider das verordnete Nichtstun der Asylbewerber in Lagern, in: FR, 29. 1. 1991, S. 10; S. Geiger, Asylbewerber als Tellerwäscher – von Karriere keine Rede, in: Stuttgarter Zeitung, 25. 7. 1991. Mit der Aufhebung des Arbeitsverbots wurden Asylbewerber nicht zu Konkurrenten einheimischer Arbeitskräfte: Sie können nur Arbeitsplätze erhalten, für die deutsche Arbeitnehmer, solche aus anderen EU-Staaten und in Deutschland lebende ausländische Arbeitnehmer aus Nichtmitgliedsstaaten der EU (z. B. aus der Türkei) kein Interesse zeigen.

91 Uihlein/Weber, S. 17 f.

92 G. Klemt-Kozinowski u. a. (Hg.), Platz zum Leben gesucht. Lese-
   buch Asyl, Baden-Baden 1987, S. 12.
93 FAZ, 8. 8. 1991, S. 2.
94 FAZ, 4. 12. 1993, S. 7; Die Zeit, 10. 12. 1993, S. 2.
95 E. Stoiber, Asylrechtsänderung: Wer verzögert, wird schuldig, in:
   Bayernkurier, 3. 10. 1992; G. Schröder, Wir brauchen Zuwanderer, in: Der Spiegel, 9. 3. 1992, S. 59–68 (zit. S. 68); vgl. Anm. 65.
96 Uihlein/Weber, S. 18; vgl. S. Telöken (UNHCR), Politisch verfolgt, aber nicht ,anerkannt‘, in: Volksblatt-Magazin, 22. 10. 1989;
   amnesty international, Neues Asylrecht: Abschied vom Schutz für
   politisch Verfolgte? Anmerkungen zu den Vorschlägen von CDU/
   CSU, FDP und SPD für ein neues Asylrecht, Bonn 1993, S. 6.
97 V. Pfaff, Um die Menschenrechte der Amseln ist es schlecht be-
   stellt. Zur Flüchtlingskonzeption der Bundesregierung, in: Pro
   Asyl (Hg.), Fluchtursachen bekämpfen – Flüchtlinge schützen.
   Materialien zum Tag des Flüchtlings 1991, Frankfurt a. M. 1991,
   S. 4–7, hier S. 4.
98 Asylstatistik könnte erheblich entlastet werden, NNA-Meldung,
   11. 2. 1992 (Nr. 2027); 60 Prozent der Deutschen für Grundgesetzänderung bei Asylrecht, NNA-Meldung, 14. 2. 1992
   (Nr. 2137).
99 W. Koisser (Vertreter des Hohen Flüchtlingskommissars der Vereinten Nationen, UNHCR, in Bonn), in: FR, 16. 11. 1989; R.
   Marx, Asylrecht und neues Ausländerrecht, in: Informationen zur
   Ausländerarbeit, 3/1990, S. 31–34, hier S. 34; vgl. K. Hailbronner,
   Die Rechtsstellung der De facto-Flüchtlinge in den EG-Staaten.
   Rechtsvergleichung und europäische Harmonisierung, Baden-Baden 1993.
100 CDU plante die Anti-Asyldebatte. Internes Papier gibt Einblick,
    wie alle CDU-Mandatsträger in die Kampagne gegen das Asyl-
    recht eingespannt wurden, in: taz, 8. 10. 1991.
101 FR, 10. 2. 1992.
102 Aus der großen Zahl der Beiträge: K. Kruse, Politisch Verfolgte
    genießen Asylrecht, in: Die Zeit, 7. 9. 1990; K. A. Otto, Plädoyer
    für ein Einwanderungsgesetz: Nicht das Asylrecht – die Aussied-
    lerpolitik muß geändert werden, in: taz, 15. 9. 1990; Positionspa-
    pier sozialdemokratischer Juristen zu Fragen des künftigen Asyl-
    rechts, in: FR, 19. 9. 1990; B. Jünnemann, Plädoyer für eine neue
    Flüchtlingspolitik, in: FR, 5. 12. 1990; M. Moussalli (UNHCR),
    Plädoyer für eine neue Flüchtlingspolitik auf Grundlage der Gen-
    fer Konvention, in: FR, 29. 7. 1991; W. Clement, Statement zur
    neuen Flüchtlingspolitik, in: FR, 1. 8. 1991; H. Schueler, Das
    Grundrecht auf Asyl muß bestehen bleiben, in: Die Zeit, 9. 8.
    1991; K. Handschuch u. a., Asylanten: Ökonomisch stellen die
    Ausländer langfristig kein Problem dar, in: Wirtschaftswoche,

16. 8. 1991; Vehemente Kritik an Asylpolitik des bayerischen Innenministers, in: SZ, 26. 8. 1991; H. Prantl, Ach, SPD, in: SZ, 18. 9. 1991; E. v. Hippel, Asylrecht in der Krise, in: Die Zeit, 19. 9. 1991; Chr. Ullmann, Menschenrechtliche Mindeststandards, in: SZ, 24. 9. 1991; H. Däubler-Gmelin, Wer Artikel 16 ändert, macht einen Kniefall vor Rechtsextremisten, in: SZ, 25. 9. 1991; Pro Asyl u. a., Argumente wider die Änderung des Asylrechts, in: FR, 26. 9. 1991; Parteiengespräch beim Bundeskanzler, in: SZ, 28./29. 9. 1991; Ergebnis des Parteiengesprächs beim Bundeskanzler, in: SZ, 11. 10. 1991; Die ‚Zielvorstellungen‘ der Bonner Parteien, in: FAZ, 11. 10. 1991; R. Reifenrath, Die halbe Wahrheit, in: FR, 11. 10. 1991; Chr. Schneider, Keine Annäherung in der Asyldebatte, in: SZ, 12./13. 10. 1991; H. Riehl-Heyse, Wem nützt die Asylkampagne?, ebenda; Interview mit J. Fischer zur Asylpolitik und der Gewaltwelle gegen AusländerInnen in Deutschland, in: taz, 23. 10. 1991; Seiters: Asyl-Artikel muß geändert werden, in: SZ, 29. 11. 1991; G. Bannas, Die Geschmeidigkeit der SPD im Streit um das Asylrecht, in: FAZ, 7. 3. 1992; CSU und CDU über Asylrecht zerstritten, in: SZ, 10. 4. 1992; M. Klingst, Wenn ein Gesetz das andere jagt, in: Die Zeit, 11. 9. 1992, S. 3.

103 H. Prantl, Hetze, Mißbrauch, Angst und Mitleid, in: SZ, 7./8. 3. 1992; Der Spiegel, 2. 8. 1993 (zit. W. Schäuble); Beauftragte der Bundesregierung für die Belange der Ausländer (Hg.), Jugend ohne deutschen Paß: Bestandsaufnahmen und Perspektiven für ein Land, das Einwanderer braucht, Bonn, Dez. 1993, S. 8; G. Schröder, Brauchen wir Zuwanderung? Ms. für eine wegen Verhinderung des Ministerpräsidenten vom Chef der Niedersächsischen Staatskanzlei, Staatssekretär Dr. W. Weber gehaltene Rede am IMIS, 2. 11. 1993; beide Texte in: IMIS-Mitteilungen, 1/1993, Osnabrück 1993, S. 7–20.

104 H. Leuninger, Auf dem Weg nach rechts, in: Pro Asyl (Hg.), Dem Unrecht widerstehen. Flüchtlinge schützen (Materialien zum Tag des Flüchtlings am 1. 10. 1993), Frankfurt a. M. 1993, S. 4–7; ders., Interview zum Thema: Rechtsextremismus und der Streit um das neue Asylrecht, in: Frankfurter Allgemeine Sonntagszeitung, 8. 8. 1993.

105 E.-M. Brandt, ‚Hier ist nicht Rostock‘, in: Die Zeit, 18. 9. 1992, S. 2; Der Schock nach dem Terror (ZDF-Politbarometer), in: SZ, 19. 10. 1991; R. Köcher, Die Einstellung zur Gewalt ändert sich (Allensbacher Monatsbericht), in: FAZ, 12. 11. 1992; Innenminister: Gewalttäter werden immer brutaler, in: Stuttgarter Nachrichten, 21. 1. 1993 (zit. F. Birzele); N. Kostede, Erleuchtung für die Politik: Die Lichterketten gegen Ausländerhaß und Gewalt verändern die Republik, in: Die Zeit, 29. 1. 1993, S. 3; G. di Lo-

renzo, Die intellektuelle Feuerwehr, in: Der Spiegel, 8. 2. 1993, S. 210–212.

106 Bericht über Umfrage des GEWIS-Instituts i. A. der Neuen Revue, dpa-Meldung 31. 8. 1992 (Nr. 368); vgl. ZDF-Politbarometer für Oktober, in: SZ, 17./18. 10. 1992, S. 10; Der Spiegel, 26. 10. 1992, S. 58–65; zur Rolle der Medien zwischen Darstellung, Kritik und Multiplikation der fremdenfeindlichen Emotionen: M. Struck (Hg.), Zuwanderer in den Medien. Der journalistische Umgang mit einem sensiblen Themenbereich (Arbeitshilfe wir e. V. Forum für ein besseres Verständnis zwischen Deutschen und Ausländern), Köln/Bonn, Mai 1993; B. Winkler (Hg.), Was heißt denn hier fremd? Thema Ausländerfeindlichkeit: Macht und Verantwortung der Medien, München 1994; M. Jäger, BrandSätze und SchlagZeilen. Rassismus in den Medien, in: Entstehung von Fremdenfeindlichkeit. Die Verantwortung von Politik und Medien, Bonn 1993, S. 73–92; I. Bohn u. a., Die Berichterstattung über Roma und Sinti in der Lokalpresse. Ein Beispiel für den neorassistischen Diskurs, ebenda, S. 101–106; S. Gugutschkow, Das Bild des ‚Ausländers‘ in den Printmedien des Leipziger Raumes, ebenda, S. 107–119; R. Angerer, Fremdenfeindlichkeit und Feindbilder in Printmedien, in: Das Ende der Gemütlichkeit (Schriftenreihe der Bundeszentrale für politische Bildung, Bd. 316), Bonn 1993, S. 131–138; Das Fremde und das Eigene: Ausländer, Medien und Gewalt, in: Medium. Ztschr. für Hörfunk, Fernsehen, Film, Presse, 3/1993, S. 29–64; 4/1993, S. 27–56.

107 G. Frankenberg, Drinnen vor der Tür, in: Die Zeit, 13. 11. 1992, S. 95.

108 M. Brumlik, Rühe, der Schreibtischtäter par excellence, in: taz, 30. 11. 1992.

109 Berufsverband Deutscher Psychologen: Die Asyldebatte fördert einen unerwünschten kulturellen Wandel, in: FR, 16. 10. 1992; Psychoanalytiker zu Fremdenhaß, in: FR, 25. 11. 1992.

110 ‚Dieses Land wird unregierbar‘, in: Der Spiegel, 14. 9. 1992, S. 18–28; ‚Staatsnotstand‘ in Flammenschrift an der Wand, in: FAZ, 15. 10. 1992, S. 3; Die Koalition spricht von drohendem Staatsnotstand, in: FAZ, 2. 11. 1992, S. 1 f.; ‚Das ist der Staatsstreich‘, in: Der Spiegel, 2. 11. 1992, S. 18–23; M. Backhaus, Union auf Radikalkurs. Kanzler Kohl beschwört einen ‚Staatsnotstand‘, in: Der Stern, 5. 11. 1992, S. 284–287; Tips zum Verfassungsbruch, in: Der Spiegel, 9. 11. 1993, S. 24–32.

111 Anklang an Weimar, in: Der Spiegel, 5. 10. 1992, S. 18–29; M. Gräfin Dönhoff, Von Weimar kann keine Rede sein, in: Die Zeit, 20. 11. 1992, S. 1; M. Stürmer, Die Schatten von Weimar, in: FAZ, 12. 2. 1992, S. 1; V. Ullrich, Das Weimar-Syndrom, in: Die Zeit, 9. 7. 1993, S. 28.

112 Asyl: Bonn will 300000 ausweisen, in: Der Spiegel, 9. 11. 1992, S. 40–68; ebenda, 15. 3. 1993, S. 63; H. Prantl, Hysterie und Hilflosigkeit. Chronik der Asyldebatte seit der deutschen Einheit, in: Blanke (Hg.), Zuwanderung und Asyl in der Konkurrenzgesellschaft, S. 301–337; Dokumentation zum Asyl-Kompromiß der Bonner Parteien, in: Stuttgarter Nachrichten, 8. 12. 1992; G. P. Hefty, Kein Anspruch auf das Wunschland, in: Die Zeit, 8. 12. 1992, S. 1; Mitt. der Ausländerbeauftragten, 30. 10. 1992.

113 In dem nach dem Ort der ersten Vertragsunterzeichnung auf einem Moselschiff bei Schengen (Luxemburg) benannten, inzwischen aus zwei Vertragswerken (Schengen I, II) bestehenden ‚Schengener Abkommen‘ (Deutschland, Frankreich, Luxemburg, Niederlande, Italien, Spanien, Portugal, Griechenland) einigten sich die ‚Schengen-Staaten‘ in einem zweiten, wesentlich auf Sicherheitsfragen gerichteten Staatsvertrag 1990 (Schengen II) u. a. darauf, daß für ein Asylverfahren jeweils nur der Staat zuständig sein sollte, in den der Asylbewerber zuerst einreist (‚Eintrittsstaat‘), und in den er von einem anderen Mitgliedsstaat des Schengener Abkommens gegebenenfalls zurückgeschickt werden kann.

114 Deutsche Not, in: Die Zeit, 6. 11. 1992, S. 59 f.; J. Habermas, Die zweite Lebenslüge der Bundesrepublik, in: Die Zeit, 11. 12. 1992, S. 48; F. Duve, Fluchtbewegung: Eine Antwort auf J. Habermas, in: Die Zeit, 8. 1. 1993, S. 42; H. Prantl, Sieben Kennzeichen des neuen Asylverfahrens: Straffe Verfahren, knapper Rechtsschutz, drastische Vollstreckung, in: SZ, 21. 2. 1992; Klose: Asyl-Streit kann beigelegt werden. Der Widerstand in der SPD-Fraktion, in: FAZ, 3. 3. 1993, S. 5; Einwände gegen den Asylkompromiß: Die Drittländer und der Fluchtweg. Anhörung in Bonn, in: FAZ, 12. 3. 1993, S. 4; ‚In Angst leben‘ – Gegner des geplanten Asylrechts terrorisieren Abgeordnete, in: Der Spiegel, 24. 5. 1993, S. 43; J. Habermas, Die Festung Europa und das neue Deutschland, in: Die Zeit, 28. 5. 1993, S. 3; Der Bundesrat berät heute über das Asyl, in: FAZ, 28. 5. 1993; ‚Am besten gehen Sie nach Hause‘. Dokumentation (CDU/CSU) zu den Ereignissen in Bonn am 26. 5. 1993, in: FAZ, 24. 6. 1993, S. 6; W. Thierse, Ausländerfeindlichkeit im vereinten Deutschland, in: Fremdenfeindlichkeit und Rassismus. Herausforderung für die Demokratie, Bonn 1993, S. 9–29 (zit. S. 13); J. Busche, Gesinnungs- und Schreibtischtäter, in: SZ, 1. 6. 1993, S. 4; U. Beck, Zurück in die Zukunft, in: Der Spiegel, 22. 11. 1993, S. 56–61 (zit. S. 59); allg.: Flucht und Asyl. Beiträge von Fachleuten zu den rechtlichen, sozialen und politischen Fragen von einem Hearing des Diakonischen Werkes der EKD (epd-Dokumentation 24/25–93), Frankfurt a. M. 1993.

115 Thierse, Ausländerfeindlichkeit, S. 12 f.; J. Busche, Gesinnungs-
und Schreibtischtäter, in: SZ, 1. 6. 1993, S. 4; U. Beck, Zurück in
die Zukunft, in: Der Spiegel, 22. 11. 1993, S. 56–61 (zit. S. 59).

116 F. K. Fromme, Am Flughafen – und wie weiter? Undeutliches aus
Karlsruhe zum neuen Asylrecht, in: FAZ, 22. 7. 1993, S. 8; Klage-
möglichkeiten einschränken, in: FAZ, 26. 7. 1993, S. 4; dpa-Meldung vom 1. 8. 1993, Nr. 111 (zit. E. Stoiber, D. Wiefelspütz); In
Bonn wächst die Furcht, die Verfassungsrichter könnten das neue
Asylrecht kassieren, in: Der Spiegel, 2. 8. 1993, S. 23–25; Bayeri-
scher Innenminister: Weitere Gesetzesverschärfung notwendig,
in: SZ, 6. 8. 1993, S. 2.

117 Presse- und Informationsamt der Bundesregierung, Auslandsabteilung (Hg.), Neue Materialien zur Ausländerfeindlichkeit in
Deutschland: Fakten, Analysen, Argumente, Juli 1993, S. 124.

118 H. Leuninger, Der Mensch als Flüchtling: Vom Rechtssubjekt
zum Objekt des Staates, Ms. August 1993; amnesty international,
Referat für politische Flüchtlinge: Erste Erfahrungen mit dem
neuen Asylrecht. Stellungnahme zum Tag des Flüchtlings 1993,
Bonn, 29. 9. 1993; FAZ, 27. 10. 1993, S. 9 (zit. M. Rommel).

119 H. Leuninger, s. Anm. 118.

120 Siehe Anm. 113.

121 Bonn und Warschau regeln die Rückführung von Asylbewerbern,
in: FAZ, 8. 5. 1993, S. 1 f.; A. Holz-Dahrenstaedt, Asyl in Österreich – Ein sicheres Drittland?, in: ZAR, 13. 1993, H. 4, S. 174–
177 (zit. S. 177); UNHCR Bonn, Pressemitteilung 11. 3. 1993; vgl.
M. Klingst, ‚Mehr über die Not sprechen‘ (W. Koisser), in: Die
Zeit 13. 11. 1992, S. 6; ‚Wir müssen das Problem nach Osten schie-
ben‘: Interview mit dem Prager Innenminister Jan Ruml über die
Asylbewerber aus Deutschland, in: FR, 6. 2. 1993, S. 5.

122 ‚Da hört die Christlichkeit auf‘, in: Der Spiegel, 26. 10. 1992,
S. 50–54; ‚Benzin ins Feuer‘. Der Streit der deutschen Zigeuner-
verbände über Bonns Abschiebepolitik, in: Der Spiegel, 9. 11.
1992, S. 65–68; Die Zahl der Asylbewerber im August weiter gesunken. Das ‚Rücknahmeabkommen‘ mit Rumänien wirkt, in:
FAZ, 7. 9. 1993, S. 1; 1993 weniger Asylbewerber, in: FAZ, 6. 1.
1994, S. 3; Das Land der Träume, in: Der Spiegel, 10. 1. 1994,
S. 46 f.; vgl. Pro Asyl (Hg.), Verfolgt und verdrängt, Frankfurt
a. M., Dez. 1992; vgl. Anm. 121, 208.

123 Neues Asylgesetz in Holland, in: FAZ, 24. 12. 1993, S. 5; Prämie
soll Rückkehr schmackhaft machen. Niederlande kämpfen gegen
Asylantenflut, in: Neue Osnabrücker Zeitung (NOZ), 14. 1. 1994,
S. 3.

124 K.-F. Kessel, Konjunkturprogramm Asyl, in: Die Zeit, 15. 1.
1993, S. 9–12; M. Klingst, Die Heime leeren sich, in: Die Zeit,
22. 10. 1993, S. 7.

125 Der Spiegel, 5. 7. 1993, S. 19 (zit.); 15. 3. 1993, S. 59; An der Grenze zwischen Bayern und Böhmen hat die Nacht viele Augen, in: FAZ, 1. 6. 1993, S. 5; Illegale Zuwanderung nimmt stark zu, in: Stuttgarter Zeitung, 9. 6. 1993; J. Buchsteiner, Der heimliche Treck durch die Wälder, in: Die Zeit, 16. 7. 1993, S. 4; A. Funk, Schleuser mit Funktelephonen und Nachtsichtgeräten, in: FAZ, 24. 7. 1993, S. 3.

126 W. Weber, Zuwanderung gestalten!, in: IMIS-Mitteilungen 1/93, S. 13–19; allg. hierzu, vornehmlich an österreichischen Beispielen, die Beiträge in: A. Pilgram (Hg.), Grenzöffnung, Migration, Kriminalität (Jahrbuch für Rechts- und Kriminalsoziologie 1993), Baden-Baden 1993.

127 Uihlein/Weber, S. 27–30; vgl. Neues Karlsruher Grundsatzurteil zur Folter, in: SZ, 23. 2. 1990; Meier-Braun, Auf dem Weg zur multikulturellen Gesellschaft?, S. 17.

128 Pro Asyl (Hg.), Zuflucht gewähren! Materialien zum Tag des Flüchtlings 1988; Pfaff (s. Anm. 97). Die tendenzielle Gegenläufigkeit von Antrags- und Anerkennungszahlen war zwar unbestreitbar, wurde aber auch durch mehrere andere Momente mitbestimmt und zugleich relativiert – von Änderungen in den Ausreisemöglichkeiten und dem Ende der Flüchtlingsaufnahme im Sudan bis zu der Tatsache, daß 1988 auch noch über Fälle aus den Jahren 1986 und 1987 entschieden wurde.

129 H. Uihlein, Stand der europäischen Flüchtlingspolitik aus der Sicht von Kirche und Caritas, in: Caritas, 94. 1993, H. 2, S. 101; H. Leuninger, Flucht in die Bundesrepublik, Ms. 29. 6. 1993.

130 Der Spiegel, 17. 7. 1989, S. 25f.

131 Hierzu u.a.: Ebenda; 15. 4. 1991, S. 112; INFOPLAN, Kommunikations-Programm zur Gegensteuerung von Fremdenfeindlichkeit in den FNB, Bonn 31. 12. 1990; Asylbewerber halten sich aus Furcht vor Angriffen verborgen, in: FAZ, 27. 10. 1993, S. 1; vgl. Anm. 199.

132 Uihlein/Weber, S. 30f.; V. Karakasoglu, Auch wir sind Landsleute. Was bleibt jenen Ausländern, die rechtlos und bloß geduldet sind?, in: Die Zeit, 4. 6. 1993, S. 10.

133 Vgl. hierzu F. Berger, Das profitable Geschäft mit dem Menschenhandel, in: Die Zeit, 30. 3. 1990; P. Gärtner, Auf dem Erzgebirgskamm verdienen Schlepperbanden leicht ihr Geld, in: Nürnberger Nachrichten, 19. 6. 1990; K. Handschuch u.a., Arbeitnehmerverleih: Brutales Geschäft, in: Wirtschaftswoche, 16. 8. 1991; K. Brill, Die schnelle Mark der Menschenschieber, in: FR, 30.11./1. 12. 1991; vgl. Anm. 125.

134 Erste Ergebnisse: G. Bierbauer, Rechtskulturelle Verständigungsprobleme. Ein rechtspsychologisches Forschungsprojekt zum Thema Asyl, in: Zeitschrift für Rechtssoziologie, 11. 1990,

H. 2, S. 197–210; D. Wong u. a., Asyl als Fremdheitsverhältnis: Eine soziologisch-kulturanthropologische Untersuchung zur Lage der Asylberechtigten in der Bundesrepublik Deutschland (DFG-Projektbericht), Nürnberg, Dez. 1990; B. Brand, J. Weidenhammer, Bedingungen für die Anhörung von Flüchtlingen im Rahmen des Asylverfahrens, die u. a. Folter und andere traumatische Erfahrungen erlitten haben (ZDWF-Schriftenreihe, Nr. 44), Bonn 1991.

135 Aktualitätendienst 1994, S. 110; Bonn zahlt nicht für Flüchtlingsrückführung, in: FAZ, 21. 1. 1994; zum Kirchenasyl: W.-D. Just, Asyl von unten: Kirchenasyl und ziviler Ungehorsam, Reinbek 1993; vgl. H. Prantl, Kirche gegen Staat, in: SZ, 17. 5. 1994, S. 4; Bischof W. Huben, ‚Eine moralische Pflicht‘. Interview in: Die Zeit, 20. 5. 1994, S. 6; K. R. Durth, Kirchenasyl: Rechtsbruch oder Sonderrecht, in: Das Parlament, 27. 5./3. 6. 1994, S. 16; E. Jüngel, Die Gewaltfreiheit des Kirchenraumes darf nicht zur Ausübung von Gegengewalt mißbraucht werden, in: FAZ, 4. 6. 1994, S. 6.

136 Zusammenbruch in der Sowjetunion. Massenflucht in den Westen?, in: Der Spiegel, 10. 12. 1990, S. 158–168; Wer alles aus Europa einwandern will: Millionen sitzen auf gepackten Koffern, in: Impulse, Jan. 1991, S. 10–15; Presse- und Informationsamt der Bundesregierung, Bulletin, 24. 1. 1991, S. 42 f.; K. Kruse, B. Schwarz, Neue Freiheit, neue Grenzen: Völkerwanderung aus dem Osten, in: Die Zeit, 15. 2. 1991, S. 13–15; ‚Auf der Flucht‘: Artikelserie des DAS mit Beiträgen von M. Lorenz und E. Kopp (19. 4. 1991), K.-H. Donath (26. 4. 1991), D. Senghaas (3. 5. 1991), K. Ipsen (10. 5. 1991) und B. P. Löwe (17. 5. 1991); C. Gasteyger, Neuer Treck aus dem Osten: Millionen von Sowjetbürgern strömen nach Westeuropa, in: Die Zeit, 12. 10. 1990; Treck aus dem Osten: Millionen Rußlanddeutsche kommen, in: Der Spiegel, 21. 10. 1991, S. 202–208; FAZ, 6. 1. 1992, S. 4; allg. hierzu: F. Nuscheler, Horrorszenarien neuer Völkerwanderungen. Mögliche und notwendige Gegenstrategien, in: Politikum (Josef Krainer-Haus-Schriften), 13. 1993, H. 57, S. 22–26; vgl. Anm. 55.

137 Uihlein/Weber, S. 15 f.

138 Deutscher Bundestag, 11. Wahlperiode, Drucksache 11/1954 (7. 3. 1988), 11/3455 (23. 11. 1988); Sten. Berichte, Bd. 144, S. 5031–5040 (21. 4. 1988); Bd. 147, S. 9035–9044 (27. 1. 1989).

139 BMI (Hg.), Flüchtlingskonzeption der Bundesrepublik Deutschland: Ansätze für eine ressortübergreifende Politik, Bonn, 25. 9. 1990.

140 Eine Mauer um Deutschland bauen und mit Wachposten besetzen, in: FR, 26. 9. 1991; vgl. H. Prantl, Einmauern oder teilen,

in: SZ, 8. 9. 1990; Reiche Länder halten sich bei der Entwicklungshilfe zurück, in: FR, 17. 9. 1990, S. 2.

141 Innen- und Justizminister der EU in Brüssel: Kein Fortschritt beim Asylrecht, in: SZ, 30. 11. 1993, S. 7.

142 G. P. Hefty, Kein Anspruch auf das Wunschland, in: FAZ, 8. 12. 1992, S. 1.

143 Zit. nach J. Werner, Die Invasion der Armen: Asylanten und illegale Einwanderer, Mainz 1992, S. 253; Interview W. Schäuble, in: Der Spiegel, 1./3. 1. 1994, S. 25.

144 Dazu M. Bangemann (Vizepräs. EG-Kommission), Für eine Europäisierung des Asylrechts und der Einwanderungspolitik, in: FR, 13. 9. 1991; Europarat in Straßburg plant Frühwarnsystem für Flüchtlingswellen, in: SZ, 20. 9. 1991; H. Prantl, Schäubles Flüchtlingstrick, in: SZ, 28. 11. 1991; G. P. Hefty, Entlastung und Lastenausgleich, in: FAZ, 20. 2. 1993, S. 10; ders., Wunschland (s. Anm. 112); vgl. M. Frank, Vor einer neuen Völkerwanderung: Konferenz des Europarats regt Informationsnetz an, in: SZ, 26./27. 1. 1991.

145 Nuscheler, Migration – Flucht – Asyl, S. 84 f.; J. Reich, Was heißt schon ‚politisch'?, in: Die Zeit, 9. 4. 1993, S. 5; Die Saat der Gewehre, in: Der Spiegel, 28. 3. 1994, S. 18–23 (zit. Zülch); vgl. Anm. 276.

146 H. Leuninger, Auf dem Weg nach rechts, in: Pro Asyl (Hg.), Dem Unrecht widerstehen. Flüchtlinge schützen. Materialien zum Tag des Flüchtlings am 1. 10. 1993, Frankfurt a. M. 1993, S. 4–9; vgl. Anm. 118.

147 Schäuble: Kein Unterschied mehr zwischen innerer und äußerer Sicherheit. Neue Aufgaben für die Bundeswehr?, in: FAZ, 22. 12. 1993, S. 4.; W. Schäuble, Wir kommen zu nichts vor lauter Bedenken, in: FAZ, 24. 12. 1993, S. 8; K. J. Bade, Maulkörbe zum Thema Einwanderung. Zu den Überlegungen von W. Schäuble (FAZ, 22. 12. 1993), in: FAZ, 28. 12. 1993; H. Wöckener (Institut für Sicherheitspolitik, Kiel), Bei Vermischung von innerer und äußerer Sicherheit (zu: W. Schäuble), in: FAZ, 3. 1. 1994, S. 6; C.-D. Spranger, Mehr Sicherheit durch Entwicklung, in: Bulletin, 25. 2. 1994, S. 165–168 (zit. S. 166); Eine neue Realität, in: FAZ, 24. 3. 1994, S. 1 (zit.); vgl. Anm. 68.

148 Heftige Kritik an Schäuble, in: FAZ, 23. 12. 1993, S. 4; R. Leicht, Bösartiges Scheingefecht, in: Die Zeit, 31. 12. 1993; Kritik an Schäubles Bundeswehrplänen, in: FAZ, 15. 1. 1994, S. 4; Aktuelle Stunde zu Bundeswehreinsätzen im Inland, in: SZ, 15./16. 1. 1994; Wahlkampf mit der Angst, in: Der Spiegel, 30. 8. 1993, S. 28 f.

149 Allgemein hierzu: R. Pfundtner, Spätaussiedler. Tragödie: Ursachen – Folgen – Perspektiven, Hannover 1979; U. u. W. Lanquillon, Die fremden Deutschen? Eingliederung von Umsiedlern zwi-

schen Notwendigkeit und Chance, 2. Aufl. Hamburg 1980; W.
Arnold (Hg.), Die Aussiedler in der Bundesrepublik Deutschland,
Wien 1980 (2. Aufl. 1985); H. Harmsen (Hg.), Die Aussiedler in
der Bundesrepublik Deutschland, Wien 1983; L. Ferstl, H. Het-
zel, ‚Wir sind immer die Fremden': Aussiedler in Deutschland,
Bonn 1990; B. Malchow, K. Tayebi, U. Brand, Die fremden Deutschen: Aussiedler in der Bundesrepublik, Reinbek 1990; J. Haber-
land, Eingliederung von Aussiedlern. Sammlung von Texten, die
für die Eingliederung von Aussiedlern aus den osteuropäischen
Staaten von Bedeutung sind, Leverkusen 1991; S. Delfs, Heimatvertriebene, Aussiedler, Spätaussiedler. Rechtliche und politische
Aspekte der Aufnahme von Deutschstämmigen aus Osteuropa in
der Bundesrepublik Deutschland, in: PZG, 48/93 (26. 11. 1993),
S. 3–10; dieses Kapitel erschien in überarbeiteter Fassung in: K. J.
Bade (Hg.), Neue Heimat im Westen: Vertriebene – Flüchtlinge –
Aussiedler, Münster 1990, S. 128–149; vgl. ders., Fremde Deut-
sche: ‚Republikflüchtige' – Übersiedler – Aussiedler, in: ders.
(Hg.), Deutsche im Ausland – Fremde in Deutschland, S. 401–410;
ders., S. I. Troen (Hg.), Zuwanderung und Eingliederung von
Deutschen und Juden aus der früheren Sowjetunion in Deutsch-
land und Israel, Bonn 1993.

150 B. Schlegel, Die deutschen Aussiedler 1950–1980 unter besonderer
Berücksichtigung der Jahre 1976–1980 im Spiegel der amtlichen
Statistik, in: Harmsen (Hg.), Die Aussiedler in der Bundesrepublik Deutschland, S. 27–60; G. Reichling, Natürliche Bevölkerungsbewegung und Wanderungen nach vollzogener Aussiedlung,
ebenda, S. 61–90; ders., Die deutschen Vertriebenen in Zahlen,
Bonn 1986, S. 59; Bundesausgleichsamt, Statist. Ber., 1. 3. 1989,
Bad Homburg 1989, S. 14 ff.; Informationen zur politischen Bildung (IPB) 222 (1989), S. 1; K. Leciejewski, Zur wirtschaftlichen
Eingliederung der Aussiedler, in: PZG, 3/90 (12. 1. 1990), S. 52–
62, hier S. 52.

151 Presse- und Informationsamt der Bundesregierung, Bulletin, 11. 1.
1990; BMI, Pressedienst, 3. 1. 1991; Aussiedler: Zahlen – Daten –
Fakten, Stand 1. 7. 1990 (Info-Dienst Deutsche Aussiedler, Bonn,
Sonderausg. August 1990); Presseinformation Dr. H. Waffenschmidt, Bonn 15. 12. 1991 (Die Welt/FR, 16. 12. 1991); desgl.,
Bonn 1. 1. 1992; Zahlen – Daten – Fakten, Stand 31. 12. 1992
(Info-Dienst), Bonn, Sept. 1993; Information BMI: Registrierte
und verteilte Personen aus den Aussiedlungsgebieten 1993, Bonn,
3. 1. 1994.

152 A. Eisfeld, Die Rußland-Deutschen, Mainz 1992; I. Fleischhauer,
Die Deutschen im Zarenreich, Stuttgart 1986; dies., B. Pinkus, Die
Deutschen in der Sowjetunion, Baden-Baden 1987; A. Kappeler,
B. Meissner, G. Simon, Die Deutschen im Russischen Reich und

im Sowjetstaat, Köln 1987; P. Hilkes, Zur Lage der deutschen Minderheiten in der Sowjetgesellschaft – der Stand der Forschung in der Bundesrepublik und in der UdSSR. Eine Bestandsaufnahme, München 1990; L. Dralle, Die Deutschen in Ostmittel- und Osteuropa, Darmstadt 1991; D. Brandes, Die Deutschen in Rußland und in der Sowjetunion, in: Bade (Hg.), Deutsche im Ausland – Ausländer in Deutschland, S. 85–134; ders., Von den Zaren adoptiert. Die deutschen Kolonisten und die Balkansiedler in Neurußland und Bessarabien 1751–1914, München 1993.

153 Vgl. z.B. Der Spiegel, 23. 10. 1989, S. 103–108.

154 J. Rogall, Polen/Oder-Neiße-Gebiete, in: IPB 222 (1989), S. 27–36; ders., Die deutsche Minderheit in Polen heute, in: PZG 48/93 (26. 11. 1993), S. 31–43; vgl. E. u. R. Ruge, Nicht nur die Steine sprechen deutsch ... – Polens deutsche Ostgebiete, 7. Aufl. München 1987; T. Urban, Deutsche in Polen – Geschichte und Gegenwart einer Minderheit, München 1993.

155 Allg. hierzu: E. Wagner, Geschichte der Siebenbürger Sachsen. Ein Überblick, 5. Aufl. Innsbruck 1987; Das Banat und die Banater Schwaben, hg. v.d. Landsmannschaft der Banater Schwaben, München 1983; S. Koch, Die Sathmarer Schwaben. Oberschwaben im Südosten, Leipheim 1984; J. Böhm, Die Deutschen in Rumänien und die Weimarer Republik 1919–1933, Ippesheim 1993; aus der Sicht der Erlebnisgeneration: K. M. Reinerth, F. Clooss, Zur Geschichte der Deutschen in Rumänien 1935–1945, Bad Tölz 1988; F. Koch, Deutsche Aussiedler aus Rumänien. Analyse ihres räumlichen Verhaltens, Köln 1991.

156 E. Wagner, Rumänien, in: IPB 222 (1989), S. 37–44; ders., Warum wollen die Rumäniendeutschen aussiedeln?, in: Das Parlament, 25. 8. 1989 (zit.); H. Sundhaussen, Die Deutschen in Rumänien, in: Bade (Hg.), Deutsche im Ausland – Fremde in Deutschland, S. 36–54; Deutsche in Rumänien sehen wieder eine Zukunft, in: FAZ, 21. 9. 1993, S. 6.

157 P. Hilkes, Zwischen Sprachverlust und Sprachbewahrung: Zur Sprachsituation der Deutschen in der Sowjetunion und der Aussiedler in der Bundesrepublik Deutschland, München 1991; P. Hilkes, Die Schulsituation der Rußlanddeutschen in der ehemaligen Sowjetunion, Osteuropa-Institut München, August 1993; R. Olt, Die Volksgruppen in Rumänien verlangen muttersprachliche Bildung und ein minderheitenfreundliches Schulgesetz, in: FAZ, 12. 6. 1993, S. 10.

158 Beauftragter der Bundesregierung für Aussiedlerfragen: Informationen für Deutsche in der Sowjetunion, Bonn (Juni) 1990; vgl. P. Hilkes, Deutsche in der Sowjetunion: Zwischen Autonomie- und Ausreisebewegung, München 1989; A. K. Meschtschorkin, Die Bevölkerung des Gebietes Saratow: Untersuchung ihrer wirt-

schaftlichen, politischen und sozialen Situation, Osteuropa-Institut München, Juli 1993; R. Olt, Aussiedeln oder bleiben, in: FAZ, 11. 4. 1991; H. Waffenschmidt, Projekte zugunsten der Rußlanddeutschen bewähren sich, in: Bulletin, 14. 7. 1993, S. 670f.; Weniger Anträge zur Aussiedlung nach Deutschland, in: FAZ, 2. 10. 1993; R. Olt, Zehn ‚Inseln‘ für Rußlanddeutsche, in: FAZ, 29. 11. 1993, S. 8; A. Eisfeld, Zwischen Bleiben und Gehen: Die Deutschen in den Nachfolgestaaten der Sowjetunion, in: PZG, 48/93 (26. 11. 1993) S. 44–52.

159 Kernpunkte des deutsch-polnischen Vertrages in: FR, 18. 6. 1991; SZ, 18. 6. 1991.; vgl. R. Olt, Volksgruppenrecht und Minderheitenschutz, in: FAZ, 14. 5. 1991.

160 B. Dietz, Erwartungen an die neue Heimat: Deutsche Aussiedler aus der Sowjetunion vor dem beruflichen und sozialen Neubeginn in der Bundesrepublik Deutschland, Osteuropa-Institut München, München 1991; P. Giese, Aussiedlerpolitik: Historik – Situation – Probleme (Forum wir e. V./Deutsches Rotes Kreuz, Arbeitshilfe März 1993), Bonn 1993, S. 39f.

161 R. Olt, Zwischen Selbstpreisgabe und Hoffnung. Die Lage nationaler Minderheiten in Osteuropa, in: FAZ, 28. 2. 1994 (zit.); Kommen die Russen?, in: SZ/Magazin, 31. 5. 1991, S. 12–23; allg.: V. Ronge, Ost-West-Wanderung nach Deutschland, PZG, 7/93 (12. 2. 1993), S. 16–28; E. Hönekopp, Einwanderung aus Osteuropa, in: Employment in Europe (SYSDEM papers), Nr. 6, Februar 1992, S. 179–189.

162 Hilkes, s. Anm. 157.

163 C.-Chr. Kaiser, Von den Schwierigkeiten bei der Integration der Zuzügler aus der DDR, in: Die Zeit, 15. 9. 1989; vgl. V. Ronge, Die soziale Integration von DDR-Übersiedlern in der Bundesrepublik Deutschland, in: PZG, 1–2/90 (5. 1. 1990), S. 39–47.

164 B. Hallermann, Aussiedlung in einer Einwanderungssituation, in: Caritas, 92. 1991, H. 6, S. 251–260; W. Lanquillon, Soziokulturelle Eingliederung von Aussiedlern: Psychosoziale Problemlagen und gesellschaftliche Rahmenbedingungen, in: Bade/Troen (Hg.), Zuwanderung und Eingliederung, S. 100–106; B. Dietz, P. Hilkes, Integriert oder isoliert? Zur Situation rußlanddeutscher Aussiedler in der Bundesrepublik Deutschland, München 1994.

165 Arbeiterwohlfahrt, Deutscher Caritas-Verband, Deutscher Paritätischer Wohlfahrtsverband, Deutsches Rotes Kreuz, Diakonisches Werk der EKD, Zentralwohlfahrtsstelle der Juden in Deutschland.

166 W. Lanquillon, Die Eingliederung von Aussiedlern und die Spitzenverbände der Freien Wohlfahrtspflege in Deutschland, in: Bade/Troen (Hg.), Zuwanderung und Eingliederung, S. 55–63; A. Baaden, Kulturarbeit mit Aussiedlern. Projekte, Erfahrungen,

Handlungsbedarf, Bonn 1992; K. Boll, Kulturwandel der Deutschen aus der Sowjetunion. Eine empirische Studie zur Lebenswelt rußlanddeutscher Aussiedler in der Bundesrepublik, Marburg 1993; B. Koller, Aussiedler in Deutschland. Aspekte ihrer sozialen und beruflichen Eingliederung, in: PZG, 48/93 (26. 11. 1993), S. 12–22.

167 H.-J. Hoffmann-Nowotny, Auf dem Wege zu einer Gesellschaft von Einzelgängern?, in: Neue Zürcher Zeitung, 7. 7. 1984 (Fernausgabe, Nr. 155, S. 9); A. E. Imhof, Reife des Lebens. Gedanken eines Historikers zum längeren Dasein, München 1988, S. 144–151; M. Miegel, R. Wahl, Das Ende des Individualismus. Die Kultur des Westens zerstört sich selbst, München 1993; vgl. R. Gehrke, Im Gepäck nur die Lebensweisheiten aus dem 19. Jahrhundert. Wie Aussiedler aus den GUS-Ländern ihre neue Heimat erleben, in: SZ, 14. 4. 1993, S. 9.

168 Hierzu bes. die hilfreichen Materialien in den epd-Dokumentationen ‚Deutsche unter Deutschen: Texte zur Situation der Aussiedler in der Bundesrepublik Deutschland‘, epd 6–7/85 und 1 a/ 89 (Auszug, hier bes. S. 23–43).

169 R. Wagner, Begrüßungsgeld. Eine Erzählung, Frankfurt a. M. 1989, S. 44.

170 A. Behr, Spannungen zwischen Über- und Aussiedlern, in: FAZ, 1. 10. 1989.

171 Info-Dienst Deutsche Aussiedler, Nr. 38 (Jan. 1993), S. 16 (Zitat); Das Kriegsfolgenrecht. Bilanz und Ausblick, ebenda, Nr. 42 (Juni 1993), S. 1–57; A. Wolf, Der Status des Spätaussiedlers nach dem Kriegsfolgenbereinigungsgesetz, Wiesbaden 1993.

172 E. Hönekopp, Einwanderung aus Osteuropa, s. Anm. 161; H.-P. Klös, Integration der Einwanderer aus Ost-/Südosteuropa in den deutschen Arbeitsmarkt, in: Sozialer Fortschritt, 41. 1992, S. 261–270; A. Gieseck u. a., Wirtschafts- und sozialpolitische Aspekte der Zuwanderung in die Bundesrepublik, in: PZG, 7/93 (12. 2. 1993), S. 29–41; H. Afheldt, Sozialstaat und Zuwanderung, ebenda, S. 42–52.

173 Der Spiegel, 19. 2. 1990, S. 29f., 34–37.

174 Presseinformation Dr. H. Waffenschmidt, Bonn 25. 6. 1991, in: Info-Dienst Deutsche Aussiedler Nr. 29 (Sept. 1991), S. 22f.

175 Bevölkerung in den neuen Ländern schrumpft, in: FAZ, 1. 12. 1993, S. 7; vgl. S. Grundmann, Migration und Wohnortbildung im Urteil der Bevölkerung von Ost-Berlin (Berliner Institut für Sozialwissenschaftliche Studien/BISS), Berlin 1993; hierzu Kap. 8.

176 Vgl. z. B. R. Kirbach, Übersiedler: Enttäuschte Hoffnung, in: Die Zeit, 2. 2. 1990; Bericht Museumsleiterin Dr. S. Meyer, Tuchmacher-Museum, Bramsche.

177 E. Noelle-Neumann, Das Zusammengehörigkeitsgefühl ist stark
    geblieben, in: FAZ, 23. 10. 1989; vgl. Der Spiegel, 25. 9. 1989,
    S. 44 f.; 30. 10. 1989, S. 45; 27. 11. 1989, S. 67.
178 Städte fürchten Übersiedlerstrom, in: SZ, 17./18. 2. 1990.
179 Der Spiegel, 19. 2. 1990, S. 30.
180 E.-O. Maetzke, Deutsche aus fremden Ländern, in: FAZ, 25. 8.
    1988.
181 Anke Fuchs in: Der Spiegel, 9. 10. 1989, S. 50–58 (zit. S. 55).
182 Vgl. z. B. Der Spiegel, 23. 10. 1989, S. 46–53; 27. 11. 1989, S. 69;
    19. 2. 1990, S. 45–50.
183 Ebenda, S. 45, 48.
184 Ebenda, 16. 10. 1989, S. 32.
185 Ebenda, 19. 2. 1990, S. 40; Meier-Braun, Auf dem Weg zur multi-
    kulturellen Gesellschaft?, S. 12.
186 K. A. Otto (Hg.), Westwärts – Heimwärts? Aussiedlerpolitik zwi-
    schen ‚Deutschtümelei‘ und Verfassungsauftrag, Bielefeld 1990.
187 Vgl. Anm. 102.
188 W. Gehrmann u. a., Vereint im Fremdenhaß: Im neuen Deutsch-
    land schlägt der Streß des Zusammenlebens in Aggression um, in:
    Die Zeit, 11. 10. 1991.
189 Der Spiegel, 18. 11. 1991, S. 109 (zit.); Geißler, Zugluft, bes. S. 177–
    218; ders., Multikulturelles Zusammenleben, in: FR, 10. 7. 1991.
190 U. Knight, W. Kowalsky, Deutschland nur den Deutschen?, Er-
    langen 1991; K. J. Bade, Politik in der Einwanderungssituation:
    Migration – Integration – Minderheiten, in: ders. (Hg.), Deutsche
    im Ausland, Fremde in Deutschland, S. 442–455.
191 S. Meck u. a., Soziodemographische Struktur und Einstellungen
    von DDR-Flüchtlingen/Übersiedlern. Eine empirische Analyse
    der innerdeutschen Migration im Zeitraum Oktober 1989 bis
    März 1990, in: D. Voigt, L. Mertens (Hg.), Minderheiten in und
    Übersiedler aus der DDR, Berlin 1992, S. 9–38; S. Grundmann, I.
    Schmidt, Übersiedlung aus der DDR in die Bundesrepublik
    Deutschland. Eine Bilanz des Jahres 1989, ebenda, S. 39–51; V.
    Ronge, Übersiedler aus der DDR – ein Minderheitenproblem?,
    ebenda, S. 53–65.
192 F. Buttler, Wanderer und Pendler sind die Achillesferse aller Vor-
    aussagen, in: FR, 24. 11. 1990, S. 14; FR, 4. 1. 1991, S. 3.; 23. 3.
    1991, S. 4; R. Kirbach, Der Zustrom von Menschen aus der alten
    DDR hält unvermindert an, in: Die Zeit, 5. 4. 1991; Chr. Wernik-
    ke, Immer noch wandern Ostdeutsche in die alte Bundesrepublik
    ab, in: Die Zeit, 10. 5. 1991; Millionen wandern von Ost nach
    West, in: Berliner Zeitung, 20. 11. 1992; H. Reichow, Zukünftige
    Wanderungsbewegungen und ihre Ursachen, in: B. Winkler (Hg.),
    Zukunftsangst Einwanderung, 3. überarb. Aufl. München 1993,
    S. 51 f.; Aktualitätendienst 1994, S. 57, 69.

193 Das Folgende nach: Bade, Politik in der Einwanderungssituation.
194 Ders. (Hg.), Neue Heimat im Westen; zu Forschungsstand und
Methodenfragen: R. Schulze u. a. (Hg.), Flüchtlinge und Vertriebene in der westdeutschen Nachkriegsgeschichte. Bilanzierung der
Forschung und Perspektiven für die künftige Forschungsarbeit,
Hildesheim 1987; Fallstudien: H. Grebing, Flüchtlinge und Parteien in Niedersachsen. Eine Untersuchung der politischen Mei-
nungs- und Willensbildungsprozesse während der ersten Nachkriegszeit 1945–52/53, Hannover 1990; O. Kimminich, Der völkerrechtliche Hintergrund der Aufnahme und Integration der
Heimatvertriebenen und Flüchtlinge in Bayern, München 1993; R.
Messerschmidt, Aufnahme und Integration der Vertriebenen und
Flüchtlinge in Hessen 1945–50. Zur Geschichte der hessischen
Flüchtlingsverwaltung, Wiesbaden 1994.
195 M. Wille, Die Zusammenarbeit der deutschen Antifaschisten mit
der SMAD in der Umsiedlerfrage, speziell in Sachsen-Anhalt
(1945–1949), in: Jb. für Geschichte der sozialistischen Länder Europas, Bd. 23/1, Berlin 1979, S. 69ff.; ders., Die Lösung der Umsiedlerfrage auf dem Territorium der DDR, in: Wiss. Zeitschr. der
Päd. Hochsch. Magdeburg, Jg. 1982, H. 5/6, S. 68ff.; ders., Die
Lösung der Umsiedlerfrage auf dem Territorium der DDR 1945–
1949: Grundpositionen zum Forschungsgegenstand, ebenda, Jg.
1988, H. 3, S. 231ff.; ders., Not und Elend der Ostflüchtlinge und
der Heimatvertriebenen im ersten Nachkriegsjahr, in: Magdebur-
ger Blätter. Jahresschrift für Heimat- und Kulturgeschichte im
Land Sachsen-Anhalt, Magdeburg 1991; ders., Forschungen zur
Integration der Vertriebenen in der DDR – Entwicklungen und
derzeitiger Stand, in: AWR I; ders., Sie hatten alles verloren:
Flüchtlinge und Vertriebene in der Sowjetischen Besatzungszone
Deutschlands, Wiesbaden 1993; R. Just, Die Lösung der Umsiedlerfrage auf dem Gebiet der Deutschen Demokratischen Republik,
dargestellt am Beispiel des Landes Sachsen (1945–1952), phil. Diss.
Magdeburg 1985 (Ms.); W. Meinicke, Zur Integration der Umsiedler in die Gesellschaft 1945–1952, in: Zeitschrift für Ge-
schichtswissenschaft, 1988, H. 10, S. 867ff.; S. Kaltenborn, Die
Lösung des Umsiedlerproblems auf dem Territorium der Deutschen Demokratischen Republik, dargestellt am Beispiel des Landes Thüringen (1945–1948), phil. Diss. Magdeburg 1989 (Ms.); H.
Heidemeyer, Flucht und Zuwanderung aus der SBZ/DDR 1945/
1949–1961. Die Flüchtlingspolitik der Bundesrepublik Deutschland bis zum Bau der Berliner Mauer, Düsseldorf 1993.
196 Vgl. K. J. Bade, Tabu Migration: Belastungen und Herausforderungen, in: Manifest der 60, S. 16–21, 66–85.
197 E. Fuhr, Zuwachs aus dem Osten: Einwanderer aus der GUS
verändern das jüdische Leben in Deutschland, in: FAZ, 12. 3.

1993, S. 14; I. Runge, Vom Kommen und Bleiben. Osteuropäische jüdische Einwanderer in Berlin, Berlin 1993.

198 R. Vollbrecht, Ost-westdeutsche Widersprüche: Ostdeutsche Jugendliche nach der Wende und Integrationserfahrungen jugendlicher Übersiedler im Westen, Opladen 1993; K. Feldmeyer, Die unvollzogene Einheit, in: FAZ, 2. 9. 1993, S. 1; V. Gaserow, Der Familienknick. Die Ostdeutschen stecken im Einigungsschock, in: Die Zeit, 3. 9. 1993, S. 75; Lieber ein Hund: In Ostdeutschland bleibt der Nachwuchs aus, die Geburtenzahlen sacken dramatisch – Folge von Zukunftsangst und neuer Freiheit, in: Der Spiegel, 20. 9. 1993, S. 54–61; vgl. M. Brie, Anomien einer innerdeutschen Diskussion. Beobachtungen, Reflexionen und Vermutungen, in: Wiss. Mitteilungen aus dem Berliner Institut für Sozialwissenschaftliche Studien (BISS public), 3. 1993, H. 10, S. 71–78; H. Lange, Deutsch-deutsche Mentalitätsdifferenzen und die begrenzten Perspektiven ihrer Überwindung im Einigungsprozeß, ebenda, 3. 1993, H. 11, S. 97–106; R. Reißig, Ostdeutscher Transformations- und deutscher Integrationsprozeß – neue Probleme und Erklärungsversuche, ebenda, H. 12, S. 5–31.

199 H.-J. Maaz, Der Gefühlsstau. Ein Psychogramm der DDR, Berlin 1990, bes. S. 135–183; ders., Das gestürzte Volk. Die verunglückte Einheit, Berlin 1991, bes. S. 28–41; vgl. I. Runge, Ausland DDR: Fremdenhaß, Berlin 1990; dies., Zur Situation der Ausländer in der ehemaligen DDR, in: M. Struck (Hg.), Ausländerrecht und Ausländerpolitik. Entwicklungen, Trends, Neuerungen, Bonn 1990, S. 53–61; T. Hestermann, Ein Tabu bricht auf, in: DAS, 9. 2. 1990; Schon nahe am Pogrom, in: Der Spiegel, 2. 4. 1990; P. Christ, In Freiheit verödet: Die Ostdeutschen werden zu Zaungästen im eigenen Land, in: Die Zeit, 8. 3. 1991; T. Moser, Über die Aufarbeitung seelischer Konflikte in der ehemaligen DDR, in: Die Zeit, 7. 6. 1991; B. Grill, Auferstanden aus Ruinen: Der Rechtsradikalismus in Ostdeutschland ist der extreme Ausdruck einer zerstörten Gesellschaft, in: Die Zeit, 14. 6. 1991; W. Gehrmann u. a., Vereint im Fremdenhaß, in: Die Zeit, 11. 10. 1991; Gewalt gegen Fremde: Der neue Fremdenhaß, in: Der Spiegel, 30. 9. 1991, S. 30–51; I. Müller-Hartmann, Jugend und Gewalt, soziale Befindlichkeiten von Jugendlichen in den neuen Bundesländern, in: BISS public, 3. 1993, H. 11, S. 107–114; vgl. Anm. 57.

200 W. Thierse, Ausländerfeindlichkeit, S. 19; Schmalz-Jacobsen, Einwanderung, S. 79–93, 103–107.

201 A. Stach, S. Hussain, Ausländer in der DDR. Ein Rückblick, Berlin 1991; S. Grundmann u. a., Ausländer in Ostdeutschland, in: BISS public, 1. 1991, H. 3, S. 6–75; I. Schmidt, Erlebnisse und Ansichten ausländischer Bürger in Ostdeutschland, ebenda, S. 76–100; D. Jasper, Ausländerbeschäftigung in der DDR, in: M. Krü-

ger-Potratz (Hg.), Anderssein gab es nicht: Ausländer und Minderheiten in der DDR, Münster 1991, S. 151–189; mit z. T. apologetischen Zügen: E.-M. u. L. Elsner, Zwischen Internationalismus und Nationalismus. Ausländer und Ausländerpolitik in der DDR, Rostock 1993. „Fremdarbeiterpolitik des Imperialismus" lautete der Titel einer von L. Elsner hg. geschichtswissenschaftlichen Fachzeitschrift der Universität Rostock, die 1989 in „Migrationsforschung" umbenannt wurde.

202 Meier-Braun, Auf dem Weg zur multikulturellen Gesellschaft?, S. 19.

203 J. Nichtweiss, Die ausländischen Saisonarbeiter in der Landwirtschaft der östlichen und mittleren Gebiete des Deutschen Reiches. Ein Beitrag zur Geschichte der preußisch-deutschen Politik 1890–1914, Ost-Berlin 1959; K. J. Bade, ‚Preußengänger' und ‚Abwehrpolitik': Ausländerbeschäftigung, Ausländerpolitik und Ausländerkontrolle auf dem Arbeitsmarkt in Preußen vor dem Ersten Weltkrieg, in: Archiv für Sozialgeschichte, 24. 1984, S. 91–283, hier S. 115.

204 W. Schubarth, Fremde als Sündenböcke, in: Das Profil der Deutschen. Was sie vereint, was sie trennt, Spiegel Spezial 1/1991, S. 47 ff.; vgl. dagegen Elsner, Zwischen Internationalismus und Nationalismus.

205 Sozialpsychologen zweier Universitäten: Fremdenhaß nicht typisch ostdeutsch, in: SZ, 21. 11. 1991; Grundmann, Ausländer in Ostdeutschland; I. Schmidt, Erlebnisse und Ansichten ausländischer Bürger in Ostdeutschland, in: BISS public, 1. 1991, H. 3, S. 76–100; K.-H. Heinemann, W. Schubarth (Hg.), Der antifaschistische Staat entläßt seine Kinder. Jugend und Rechtsextremismus in Ostdeutschland, Köln 1992; P. Förster, W. Friedrich, Politische Einstellungen und Grundpositionen Jugendlicher in Ostdeutschland, in: PZG, 38/92 (11. 9. 1992), S. 3–15; H. Müller, W. Schubarth, Rechtsextremismus und aktuelle Befindlichkeiten von Jugendlichen in den neuen Bundesländern, ebenda, S. 16–28; W. Arenz, Skinheads in der DDR, in: Voigt/Mertens (Hg.), Minderheiten, S. 141–171; M. Pabst, K.-D. Schuster, Jugend – Gewalt – Extremismus in Sachsen-Anhalt. Ergebnisse eines Forschungs- und Bildungsprojektes, in: PZG, 46–47/93 (12. 11. 1993), S. 16–24; W. Thierse, Ausländerfeindlichkeit im vereinten Deutschland, in: Fremdenfeindlichkeit und Rassismus, S. 9–29; W. Friedrich, Fremdenfeindlichkeit und rechtsextreme Orientierungen bei ostdeutschen Jugendlichen, in: Fremdenfeindlichkeit und Gewalt. Ursachen und Handlungsperspektiven, Bonn 1993, S. 21–34.

206 Bade (Hg.), Deutsche im Ausland – Fremde in Deutschland, S. 16; R. Tichy, Ausländer rein! Warum es kein ‚Ausländerproblem' gibt, München 1990, S. 37–53, 145–152; L. Hoffmann, Die unvoll-

endete Republik: Zwischen Einwanderungsland und deutschem Nationalstaat, Köln 1990; M. Bommes, A. Scherr, Der Gebrauchswert von Selbst- und Fremdethnisierung in Strukturen sozialer Ungleichheit, in: Prokla, 21. 1991, S. 291–316.

207 U. Liebert, Von der Last des falschen und dem Privileg des richtigen Blutes. Zur neueren Diskussion über die Ausländerpolitik in der Bundesrepublik, in: Das Parlament, 17./24. 5. 1991, S. 21; D. Oberndörfer, Der Wahn des Nationalen. Die Alternative der offenen Republik, Freiburg i.Br. 1993; M. Hauff, Falle Nationalstaat. Die Fiktion des homogenen Nationalstaates und ihre Auswirkungen auf den Umgang mit Minderheiten in Schule und Erziehungswissenschaft, Münster 1993.

208 A. Freudenberg u.a., Verdrängte Erinnerung – der Völkermord an Sinti und Roma, in: H. Loewy (Hg.), Holocaust. Die Grenzen des Verstehens. Eine Debatte über die Beisetzung der Geschichte, Reinbek 1992, S. 52–70; Die Zigeuner: Asyl in Deutschland?, in: Der Spiegel, 3. 9. 1990, S. 34–57; Einwanderung: Bürgerhaß auf Roma und Sinti, ebenda, 7. 8. 1992, S. 30–36; Chr. Marquardt, Zigeunerhaß in Eisenhüttenstadt, in: FAZ, 7. 9. 1992, S. 33; S. Rückert, M. Schwelien, Die Zigeuner sind da!, in: Die Zeit, 18. 9. 1992, S. 17–20; A. M. Rosenthal, Das Land, das Angst macht. Die westlichen Politiker haben gelogen: Deutschland ist doch gefährlich, in: Die Zeit, 2. 10. 1992, S. 14; ‚Am besten nach Sibirien', in: Der Spiegel, 24. 5. 1993, S. 47.

209 Kinkel warnt vor einem ausländerfeindlichen ‚Steppenbrand': Besuch bei der Gedenkstätte Sachsenhausen, in: FAZ, 30. 9. 1992, S. 4; „Der Holo ist beendet": Jugendliche Nazis verwüsten jüdische Friedhöfe, sprengen Denkmäler und brennen KZ-Gedenkstätten nieder, in: Der Spiegel, 16. 11. 1992, S. 65–73; R. Seligmann, Die Juden leben, in: Der Spiegel, 16. 11. 1992, S. 75–78; „Dann bin ich weg über Nacht": Die jüdischen Gemeinden und der wachsende Antisemitismus in Deutschland, in: Der Spiegel, 14. 12. 1992, S. 48–56; „Antisemitismus ist salonfähig", Interview mit I. Bubis, ebenda, S. 57–62; Man erklärt positiv: Interview mit I. Bubis, in: Stadtblatt (Osnabrück), 1/94, S. 28 (zit.); I. Bubis, Aus der Vergangenheit nichts gelernt? Antisemitismus in Deutschland, in: Fremdenfeindlichkeit und Rassismus, S. 31–37; ‚Ein letztes Tabu': M. Friedman vom Zentralrat der Juden über den Anschlag von Lübeck, in: Der Spiegel, 28. 3. 1994, S. 26 f.; M. Siedenhans, Lübeck hält den Atem an, in: Die Zeit, 1. 4. 1994, S. 5.

210 U. Stock, Knüppel gegen Krüppel. Behinderte werden beschimpft, bespuckt, geschlagen, in: Die Zeit, 27. 11. 1992, S. 81; Alltägliche Gewalt: Angriffe auf Behinderte (Leserbriefe), in: Die Zeit, 18. 12. 1992, S. 12; Zunahme der Übergriffe: Auch Obdachlose unter den

Opfern, in: FAZ, 3. 12. 1992; Menschliche Bomben. Terror gegen Behinderte, in: Der Spiegel, 1. 2. 1993, S. 67.

211 Allg. hierzu die Beiträge in: H.-U. Otto, R. Merten (Hg.), Rechtsradikale Gewalt im vereinigten Deutschland. Jugend im gesellschaftlichen Umbruch (Schriftenreihe der Bundeszentrale für politische Bildung), Bonn 1993; L. Hoffmann, Die Konstitution des Volkes durch seine Feinde, in: Jb für Antisemitismusforschung, 1993, S. 13–37; ders., Das deutsche Volk und seine Feinde. Die völkische Droge, Köln 1994; J. Fijalkowski, Aggressive Nationalism, Immigration Pressure, and Asylum Policy Disputes in Contemporary Germany (Deutsches Historisches Institut, Washington), Washington 1993; K. J. Bade, Immigration and Social Peace in United Germany, in: Daedalus. Journal of the American Academy of Arts and Sciences, 123. 1994, S. 85–106; G. Böhme u. a. (Hg.), Migration und Ausländerfeindlichkeit, Darmstadt 1994.

212 H.-D. Schwind u. a., Der non-helping bystander-Effekt. Wie kommt es zu unterlassener Hilfeleistung?, in: Kriminalistik, 4/91, S. 233–242; G. Kramper, Ein gepflegtes Asyl, in: FAZ, 11. 9. 1992, S. 27; U. Beck, Biedermänner und Brandstifter, in: Der Spiegel, 9. 11. 1992, S. 36–38; Fremdenhaß: ‚Direkt platt schlagen‘, in: Der Spiegel, 27. 12. 1993, S. 61–72 (zit. S. 65).

213 G. Nandlinger, Chronik der Gewalt, in: K.-H. Rosen (Hg.), Die zweite Vertreibung. Fremde in Deutschland, Bonn 1992, S. 119–158; Nachbarn und Mörder: Rostock – Mölln – Solingen, taz-Journal, 1/1993; K. Hartung, Angst in der Stadt der Namenlosen: Deutsche Jagdszenen in Magdeburg, in: Die Zeit, 20. 5. 1994, S. 2; Dokumentation der Polizeidirektion Magdeburg, in: FAZ, 19. 5. 1994, S. 9.

214 Todesfälle, Brand- und Sprengstoffanschläge, Körperverletzungen, Sachbeschädigungen mit und ohne Gewaltanwendung, Störungen des öffentlichen Friedens, Verbreitung von Propagandamitteln.

215 Hierzu und zum folgenden: R. Eckert, H. Willems, Fremdenfeindliche Gewalt – Was tun?, Trier 1993 (Forschungsbericht); dies., S. Würtz, Fremdenfeindliche Gewalt – Eine Analyse von Täterstrukturen und Eskalationsprozessen, Trier 1993 (Forschungsbericht); H. Willems (zus. m. R. Eckert, S. Würtz, L. Steinmetz), Fremdenfeindliche Gewalt. Einstellungen – Täter – Konflikteskalation, Opladen 1993, S. 97–104; Bundeskriminalamt: Fremdenfeindliche Übergriffe nahmen drastisch zu, dpa-Meldung 7. 6. 1993 (Nr. 223); Starker Anstieg fremdenfeindlicher Taten, in: FAZ, 30. 7. 1993, S. 3; Fremdenhaß, in: Der Spiegel, 27. 12. 1993, S. 70; Weniger Gewalttaten von Rechtsextremisten, in: NOZ, 14. 1. 1994, S. 5.

216 Eckert/Willems/Würtz (s. Anm. 215); Willems, Fremdenfeindliche Gewalt, S. 211–233; 242–247, 260 f.; S. Lambeck, Die Signalwirkung von Rostock, in: Berliner Zeitung, 6. 11. 1992; J. Brand, „Seit Hoyerswerda hat es für uns keine Entwarnung gegeben": Die Statistik enthüllt erschreckende Gewaltbereitschaft, in: Stuttgarter Zeitung, 4. 6. 1993; Presse- und Informationsamt der Bundesregierung. Auslandsabteilung, Neue Materialien zur Ausländerfeindlichkeit in Deutschland; BMI (Hg.), Verfassungsschutzbericht 1992, Bonn, August 1993, S. 68–91.

217 Justiz: ‚Und volle Pulle druff', in: Der Spiegel, 16. 11. 1992, S. 85–89; ‚Alle wußten, das wird lustig' (zum Polizei-Einsatz in Rostock-Lichtenhagen), in: Der Spiegel, 28. 12. 1992, S. 34–37; Polizei: Empörung über den ungehinderten Aufmarsch von Neonazis. Bleiben Polizisten bei Rechten lieber untätig?, in: Der Spiegel, 13. 8. 1993, S. 37 f.; Willems, Fremdenfeindliche Gewalt, S. 260–262.

218 Rechtsextremisten randalieren, prügeln, in: FAZ, 20. 12. 1993, S. 2; Anschläge auf Ausländer, in: FAZ, 27. 12. 1993, S. 4; vgl. Anm. 205.

219 Eckert/Willems, Fremdenfeindliche Gewalt, S. 9.

220 Ebenda, S. 9 f., 14; Willems, Fremdenfeindliche Gewalt, S. 233–236.

221 Brisante Kiste: Gruppen ausländischer Jugendlicher machen gegen rechtsextremistische Schläger mobil, in: Der Spiegel, 26. 6. 1989, S. 47–51; Waffen, Randale, Haß und Gewalt, in: Die Zeit, 4. 12. 1992, S. 13–17; Gewalt und Zerstörung nach den Morden von Solingen, in: FAZ, 2. 6. 1993, S. 3; D. Schümer, Sturz aus der Normalität: Solingen – danach sieht alles anders aus, in: FAZ, 3. 6. 1993, S. 31; Wieder Anschläge, schwere Krawalle, friedliche Demonstrationen, in: FAZ, 7. 6. 1993, S. 1 f.; vgl. B. Nirumand, Wir müssen uns selbst organisieren!, in: taz, 27. 11. 1992; Z. Senocak, Kommunizierende Ohnmächte: Die Organisation der Türken in Deutschland, in: taz, 22. 1. 1993; R. Giordano, Selbstschutz, auch mit Waffen (Brief an Bundeskanzler Kohl), in: taz, 25. 11. 1992, ders., ‚Noch einmal: Ausländer – wehrt Euch!', in: taz, 1. 6. 1993; E. Seidel-Pielen, Die Angst vor dem Spartakusaufstand: Junge Deutsch-Türken wehren sich schon lange, in: taz, 4. 6. 1993; C. Leggewie, Z. Senocak (Hg.), Deutsche Türken. Das Ende der Geduld, Reinbek 1993; Die Saat der Gewehre, in: Der Spiegel, 28. 3. 1994, S. 18–23.

222 Mehrheit nennt ihr Verhältnis zu Ausländern gut, in: Köln. Stadtanzeiger, 16. 9. 1992.

223 Jeder dritte Jugendliche fremdenfeindlich, in: FR, 30. 9. 1992.

224 M. Siemons, Die Moralisierungsmaschine versagt. Das Schweigen im neuen Deutschland über Wirklichkeit und Gewalt, in: FAZ, 26. 9. 1992, S. 27.

225 ZDF-Politbarometer: Die Stimmung im Oktober, in: SZ, 17./ 18. 10. 1992, S. 10.

226 ZDF-Politbarometer: Die Stimmung im Januar, in: SZ, 23./24. 1. 1993, S. 14.

227 Nur 7% wollen Ausländern bei Übergriffen selbst helfen, AFP-Meldung, 15. 4. 1993.

228 R. Köcher, Die Ausländerfeindlichkeit in Deutschland ist gering. Wirklich unbeliebt sind die Extremisten (Allensbacher Monatsbericht), in: FAZ, 18. 8. 1993, S. 5; E. Noelle-Neumann im Kolloquium zu Ehren des 75. Geburtstags von Helmut Schmidt, in: Die Zeit, 24. 12. 1993, S. 26.

229 Bericht der Beauftragten 1993, S. 77.

230 Schüleraufsatz in: S. Grundmann, Schuljugend und Gewalt. Ostberliner Schüler zwischen Ideal und Wirklichkeit (Stiftung Demokratische Jugend, AFT-Projektbüro), 2. Aufl. Berlin 1993, S. 13 f.; vgl. S. Grundmann, I. Müller-Hartmann, I. Schmidt, Schuljugend und Gewalt. Eine soziologische Untersuchung an Ostberliner Schulen (Berliner Institut für Sozialwissenschaftliche Studien/ BISS), Berlin 1991.

231 Für England am Beispiel fremdenfeindlicher Aggressionen gegenüber eingewanderten Deutschen: P. Panayi, Anti-emigrant Riots in 19th and 20th Century Britain, in: ders. (Hg.), Racial Violence in Britain, 1840–1950, London 1993, S. 1–25; ders., Anti-German Riots in Britain During the First World War, ebenda, S. 65–91; zu den aktuellen Entwicklungslinien: J. Fritz-Vannahme, Eine Schneise ins Establishment. In Europa sind die rechtsextremen Parteien auf dem Vormarsch, in: Die Zeit, 4. 11. 1992, S. 5; G. H. Hodos, Tom Metzger und die US-Arier, in: Die Zeit, 27. 11. 1992, S. 56; Fremdenfeindlichkeit, Antisemitismus, Rechtsextremismus – Gefahren in Europa, FAZ, 3. 12. 1992, S. 6–8; R. Herzinger, Der neue Kulturnationalismus, in: Die Zeit, 20. 8. 1993, S. 40; E. Balibar u. a., Rassismus und Migration in Europa, Hamburg 1992; P. Stouthuysen, Extreem-Rechts in Na-oorlogs Europa, Brüssel 1993; E. Deslé u. a. (Hg.), Denken over Migranten in Europa, Brüssel 1993; T. Bjürgo, Racist Violence in Europe, London 1993; Rechtsradikale Ausschreitungen in Europa, in: Der Spiegel, 30. 11. 1993, S. 33.

232 K. Farin, E. Seidel-Pielen, Skinheads, München 1993; G. Eisenberg, R. Gronemeyer, Jugend und Gewalt. Der neue Generationenkonflikt – oder: Der Zerfall der zivilen Gesellschaft, Reinbek 1993; vgl. D. Schümer, Unfaßbare sittliche Verrohung. Zur Soziologie der jugendlichen Gewalt, in: FAZ, 23. 8. 1993, S. 31; H. Lummer, Verbreiteter britischer Alltagsrassismus, ebenda, 19. 2. 1993, S. 12; Großbritannien: Rassismus und Erfolge der Rechtsradikalen treiben Farbige in die Heimat ihrer Vorfahren zurück, in: Der Spiegel, 13. 12. 1992, S. 160–162.

233 U. Schiller, An Auschwitz war kein Interesse, in: Die Zeit, 1. 10.
1993, S. 101 (zit. Hilberg); vgl. H.-J. Fischer, Viele Italiener sind
froh darüber, daß die Deutschen so dumm sind, in: FAZ, 10. 9.
1992, S. 3; A. Daniels, Wer kauft beim häßlichen Deutschen?
Fremdenhaß und die Folgen: Rechtsextremistische Krawalle
schrecken das Ausland auf. Die Wirtschaft befürchtet Schaden für
den Industriestandort, in: Die Zeit, 16. 10. 1992, S. 25 f.; Chr.
Deysson u. a., Schwarze Seele: Skinheads und Neonazis ramponie-
ren Deutschlands Ruf. Die Gewalt gegen Ausländer schreckt Inve-
storen und Käufer ab, in: Wirtschaftswoche, 16. 10. 1992, S. 14–
20; Nach den Mordanschlägen von Mölln, in: FAZ, 25. 11. 1992,
S. 3; U. Schmitt, Noch kein Ansehensverlust in Japan: maßvolle
Reaktionen auf die Morde von Mölln, in: FAZ, 1. 12. 1992, S. 7;
Berichte ausländischer Journalisten über das Deutschlandbild nach
den Solinger Morden, in: Die Zeit, 11. 6. 1993, S. 10.
234 E. Haubold, Das Befinden der Ausländer, in: FAZ, 10. 9. 1993,
S. 3; vgl. H. Ehren, Die Rezession macht die Deutschen aggressiv.
Über Ängste und Stimmungen in der niederländischen Wirtschaft,
in: FAZ, 6. 7. 1993, S. 15; Über Deutschland reden – Erfahrungs-
berichte, Absichten, Taten, in: FAZ, 23. 7. 1993, S. 6.
235 Vgl. z. B. A. Pfahl-Traughber, Rechtsextremismus. Eine kritische
Bestandsaufnahme nach der Wiedervereinigung, Bonn 1993; vgl.
ders., Unter dem Vergrößerungsglas: Wie man den Neonational-
sozialismus stärker macht als er ist, in: FAZ, 26. 7. 1993, S. 23.
236 I. Eibl-Eibesfeld, Chr. Sütterlin, Im Banne der Angst. Zur Natur-
und Kunstgeschichte menschlicher Abwehrsymbolik, München
1992; I. Eibl-Eibesfeld, Der Brand in unserem Haus. Asyl und
Immigration: Klarstellungen zu einem brisanten Thema, in: SZ,
8./9. 5. 1993; ders., O. König, H. Lummer u. a., Einwanderungsland Europa?, Graz 1993; H. Geißler, Wenn die Fahne fliegt, ist
der Verstand in der Trompete. Überlegungen eines Politikers zur
Fremdenfeindlichkeit: Eine Antwort auf Irenäus Eibl-Eibesfeld,
in: SZ, 10./11. 7. 1993; D. E. Zimmer, Die Angst vor dem Anderen: Über die Anthropologie des Fremdenhasses, in: Die Zeit, 9.,
16., 23. 7. 1993; W. Heitmeyer, Gefährliche Botschaft, ebenda,
13. 8. 1993; B. Verbeek, Fremdenhaß: biologisch verwurzelt?, in:
Universitas, 48. 1993, H. 7, S. 642–654; Willems, Fremdenfeindliche Gewalt, S. 262–267.
237 B. Nirumand, Der Deutsche haßt nicht die Fremden – eher haßt er
sich selber, in: Die Zeit, 25. 9. 1992, S. 59; A. M. Cortes-Kollert,
Selbsthaß, Fremdenhaß. Anmerkungen zur deutschen Seelenlage,
in: FAZ, 4. 2. 1993, S. 25; E. K. Scheuch, Niemand will gern zur
Minderheit gehören. Rechtsradikalismus und Fremdenhaß, zwei
deutsche Chimären, in: FAZ, 10. 2. 1993, S. 29; H. Schmidt, Wir
sind noch kein normales Volk, in: Die Zeit, 2. 4. 1993, S. 3.

238 M. Kanther, Verfassungsschutz zur Erhaltung unseres demokrati-
schen Gemeinwesens unverzichtbar, in: Bulletin, 27. 8. 1993,
S. 701–704 (zit. S. 701); vgl. B. Sigler, Auferstanden aus Ruinen.
Rechtsextremismus in der DDR, Berlin 1991; Pfahl-Traughber,
Rechtsextremismus; C. Leggewie, Druck von rechts. Wohin treibt
die Bundesrepublik?, München 1993; Farin, Seidel-Pielen, Skin-
heads; fortlaufende Berichterstattung, in: U. Backes, E. Jesse
(Hg.), Jahrbuch Extremismus & Demokratie, Bonn 1. 1989ff;
G. Schwan, Die Demokratie wird brüchig: Die Ausschreitungen
gegen Ausländer offenbaren einen neuen völkischen Nationalis-
mus in Deutschland, in: Die Zeit, 2. 10. 1992, S. 6; E. Wiesel, Der
Haß hat wieder Wohnrecht, in: Die Zeit, 9. 10. 1992, S. 14; Die
Nazi-Kids. Was Kinder in den Terror treibt, in: Der Spiegel, 7. 12.
1992, S. 22–54; G. Dachs, ‚Den Haß krieg' ich nicht mehr los‘, in:
Die Zeit, 1. 1. 1993, S. 2; W. Kowalsky, Rechtsextremismus und
Anti-Rechtsextremismus in der modernen Industriegesellschaft,
in: PZG, 2–3/93 (8. 1. 1993), S. 14–25; Die heimlichen Rädelsfüh-
rer: Hinter der Attentatswelle stecken Drahtzieher aus rechtsextremistischen Organisationen, in: Der Spiegel, 5. 7. 1993, S. 78–82;
W. Kreutzberger, Gewalt gegen Fremde – Angelpunkt im Rechtsextremismus, in: Blanke (Hg.), Zuwanderung und Asyl in der
Konkurrenzgesellschaft, S. 163–180; vgl. Willems, Fremdenfeindliche Gewalt, S. 248.

239 H.-J. Maaz, Gewalt in Deutschland – Eine psychologische Analyse, in: PZG, 2–3/93 (8. 1. 1993), S. 26–32; ders., Sozialpsychologische Wurzeln von Rechtsextremismus – Erfahrungen eines Psy-
choanalytikers, in: Heinemann/Schubarth (Hg.), Der antifaschistische Staat entläßt seine Kinder, S. 116–125; H.-E. Richter, Wer
nicht leiden will, muß hassen. Zur Epidemie der Gewalt, Hamburg 1993; M. Hilgers, Die Neuen Rechten. Gewalt aus Ressentiment und brennender Scham, in: Universitas, 48. 1993, H. 8,
S. 755–765; M. Nadig, Die Ritualisierung von Haß und Gewalt im
Rassismus, in: Balke (Hg.), Schwierige Fremdheit, S. 264–284;
übergreifend: E. Balibar, Gibt es einen ‚europäischen Rassismus‘?
Elemente einer Analyse und einer Handlungsorientierung, ebenda, S. 119–134.

240 H.-J. Maaz, Der Gefühlsstau: Ein Psychogramm der DDR, Berlin
1990; ders., Das gestürzte Volk oder die verunglückte Einheit,
München 1991; W. Schubarth, Rechtsextremismus – Subjektive
Verarbeitung des Umbruchs, in: Heinemann/Schubarth (Hg.),
Der antifaschistische Staat entläßt seine Kinder, S. 78–99; W.
Friedrich, Fremdenfeindlichkeit und rechtsextreme Orientierun-
gen bei ostdeutschen Jugendlichen, in: Fremdenfeindlichkeit und
Gewalt, S. 21–34; P. Becker, Persönlichkeitsstrukturen von Ost-
und Westdeutschen: ihre Bedeutung im Zusammenhang mit

Fremdenfeindlichkeit, ebenda, S. 35–56; Die neue Teilung: Deutsche gegen Deutsche, in: Der Spiegel, 17. 8. 1992, S. 30–37; U. Becker u. a., Zwischen Angst und Aufbruch. Das Lebensgefühl der Deutschen in Ost und West nach der Wiedervereinigung, Düsseldorf 1992; W. Thierse, Ausländerfeindlichkeit im vereinten Deutschland, in: Fremdenfeindlichkeit und Rassismus, S. 9–29; E. Libbert, Wie auseinanderwächst, was zusammengehört. Die Wiedervereinigung droht zu mißlingen, in: FAZ, 7. 1. 1993, S. 26; E. Noelle-Neumann, Wird sich jetzt fremd, was zusammengehört? Die Deutschen empfinden sich immer weniger als ein geeintes Volk (Allensbacher Monatsbericht), in: FAZ, 19. 5. 1993, S. 5; H. A. Winkler, Die Vereinigung in der Krise, in: W. von Sternburg (Hg.), Für eine zivile Republik. Ansichten über die bedrohte Demokratie in Deutschland, Frankfurt a. M. 1993, S. 193–196.

241 W. Heitmeyer, Die Gesellschaft löst sich auf, in: Die Zeit, 16. 10. 1992, S. 4; ders. u. a., Die Bielefelder Rechtsextremismus-Studie, München 1992; ders., Gesellschaftliche Desintegrationsprozesse als Ursachen von fremdenfeindlicher Gewalt und politischer Paralysierung, in: PZG, 2–3/93 (8. 1. 1993), S. 3–13; Eisenberg/Gronemeyer, Jugend und Gewalt; H. M. Enzensberger, Ausblicke auf den Bürgerkrieg, in: Der Spiegel, 21. 6. 1993, S. 170–175; K. Möller, Zusammenhänge der Modernisierung des Rechtsextremismus mit der Modernisierung der Gesellschaft, in: PZG, 46–47/93 (12. 11. 1993), S. 3–9; vgl. Miegel/Wahl, Das Ende des Individualismus, S. 41–65; zur Kritik dieser Einschätzungen: Willems, Fremdenfeindliche Gewalt, S. 247 f., 252, 254.

242 G. Hofmann, Kulturkampf gegen die Kulturrevolutionäre. Gehört die 68er-Generation mit ihren Tabubrüchen zu den Urhebern der Welle von Gewalt und Fremdenhaß in Deutschland?, in: Die Zeit, 1. 1. 1993, S. 3; C. Leggewie, Plädoyer eines Antiautoritären für Autorität, in: Die Zeit, 5. 3. 1993, S. 93; vgl. ders., Schrecklich normale Monster, in: Die Woche, 9. 6. 1993; dagegen: B. Morshäuser, Schlaffis, die von Stärke reden, brauchen wir nicht, in: Die Zeit, 12. 3. 1993, S. 76; K. Hurrelmann, Mitdenken, mitfühlen, mitziehen, in: Die Zeit, 26. 3. 1993, S. 89; A. v. Münchhausen, Die Realität ist kein Schulfach, in: Die Zeit, 2. 4. 1993, S. 81; T. Moser, Die Enkel der Nazi-Zeit. Beschädigte Biographien und jugendliche Gewalt, in: Die Woche, 24. 6. 1993.

243 P. Schneider, „Es will dich hier niemand ausgrenzen, Arno!" Plädoyer für eine Erziehung nach Mölln, in: FAZ, 7. 9. 1993, S. 37; vgl. dagegen: G. Schwan, Der Skinhead ist nicht des Menschen Wolf. Andere Vorschläge für eine Erziehung nach Mölln. Antwort auf P. Schneider, in: FAZ, 28. 9. 1993, S. 35.

244 K. Adam, Ausgerastert: Was die Brandanschläge über die Lage der Jugend verraten, in: FAZ, 18. 6. 1993, S. 33.

245 Willems, Fremdenfeindliche Gewalt, S. 248.
246 Manifest der 60, S. 13.
247 Willems, Fremdenfeindliche Gewalt, S. 269 f.
248 Ebenda, S. 11 f.
249 F. Drieschner, Gestiefelte Schwäche, in: Die Zeit, 6. 8. 1993, S. 51; ders., Glatzenpflege auf Staatskosten: Hilft Geld gegen Gewalt?, in: Die Zeit, 13. 8. 1993, S. 50; W. Heitmeyer, Die Maßnahmen gegen Fremdenfeindlichkeit gehen an den Ursachen vorbei, in: Blanke (Hg.), Zuwanderung und Asyl in der Konkurrenzgesellschaft, S. 151–162; H.-D. Schwind, Sind wir ein Volk von Ausländerfeinden? Die Bedrohtheitsgefühle in Deutschland und die Notwendigkeit einer vorbeugenden Eindämmung von Gewalt, in: FAZ, 24. 6. 1993, S. 8; F. J. Krafeld, Sozialpädagogische Arbeit mit ,rechtsextremen' Jugendlichen, in: Fremdenfeindlichkeit und Gewalt, S. 61–68; Skinheads als Klientel, in: Der Spiegel, 20. 12. 1993, S. 75 f.
250 J. Schoeps, In jeder Sekunde drei Menschen mehr, in: Der Spiegel, 8. 3. 1993, S. 144–154 (zit. S. 146); Die globale Revolution. Bericht des Club of Rome 1991 (Spiegel-Spezial 2/1991), S. 43; UNO-Bericht, zit. nach: R. Klüver, Einwanderungsland Deutschland, in: SZ, 12. 7. 1993, S. 4; vgl. A. Wermelskirchen, Die meisten versuchen ihr Glück in der Stadt. Migration als Hauptthema des Weltbevölkerungsberichts, in: FAZ, 5. 7. 1993, S. 7; allg.: Bundesforschungsanstalt für Landeskunde und Raumordnung (Hg.), Perspektiven der künftigen Bevölkerungsentwicklung in Deutschland, I: Fakten und Hypothesen, II: Regionale Bevölkerungsprognose 2000 (Informationen zur Raumentwicklung, 11/12. 1992, H. 9–10); H. Birg, E.-J. Flöthmann, Bevölkerungsprojektionen für das vereinigte Deutschland bis zum Jahr 2100 – unter besonderer Berücksichtigung von Wanderungen. Studienbericht i. A. der Enquete-Kommission des Deutschen Bundestages ,Schutz der Erdatmosphäre', Bielefeld, Aug. 1993; H. Birg, Eigendynamik demographisch expandierender und kontraktiver Bevölkerungen und internationale Wanderungen, in: Blanke (Hg.), Zuwanderung und Asyl in der Konkurrenzgesellschaft, S. 25–78; E. Schulz, Auswirkungen verstärkter Wanderungen auf die regionale Bevölkerungsentwicklung Deutschlands. Prognosen bis zum Jahr 2000 (Lehrstuhl Bevölkerungswissenschaft der HU Berlin, Demographie aktuell, Nr. 1), Berlin 1993; H. Körner, Wanderungsbewegungen und ihre Ursachen: Süd-Nord-Wanderung, in: Zuwanderungspolitik der Zukunft, Bonn 1992, S. 33–40; E. Hönekopp, Ursachen und Perspektiven: Ost-West-Wanderungen, ebenda, S. 23–32; ders., Das Haupteinwanderungsland Europas sollte sich den Realitäten stellen, in: Die Mitbestimmung, 10. 1993, S. 65–69; Reichow, Zukünftige Wanderungsbewegungen (s. Anm. 192),

S. 45–62; U. Berndt, Zuwanderung im neuen Europa: Migrations-
muster und Migrantengruppen, in: Jahrbuch für Christl. Sozialwissenschaft, 35. 1994, S. 24–40; zur Ost-West-Transitmigration: International Organization for Migration (IOM): Migration Information Programme (Hg.), Transit Migration in Bulgaria, Poland,
the Czech Republic, Budapest 1994.

251 M. Erntges, Solingen: Die Morde, ihr geistiges Klima – und die
Medien, in: wir aktuell, 3/93 (Sept. 1993), S. 10ff.; Zur Rolle der
Medien s. Anm. 106.

252 Bulletin, 19. 10. 1993, S. 997–1004 (zit. S. 1000).

253 G. Gillen, M. Möller, Anschluß verpaßt. Armut in Deutschland,
Bonn 1992; P. Krause, Einkommensarmut in der Bundesrepublik
Deutschland, in: PZG, 49/92 (27. 11. 1992), S. 3–17; G. Iben, Armut und Wohnungsnot in der Bundesrepublik Deutschland, ebenda, S. 19–29; T. Specht-Kittler, Obdachlosigkeit in der Bundesrepublik, ebenda, S. 30–41; U. Claus, Wagendörfer – Deutschlands
erste Slums?, in: Die Zeit, 5. 2. 1993, S. 40; R. Drommer, ... und
segne, was du uns bescheret hast. Obdachlos in Deutschland, Berlin
1993; Deutscher Caritasverband (Hg.), Arme unter uns, Freiburg
i.Br. 1993; U. Schneider, Solidarpakt gegen die Schwachen. Der
Rückzug des Staates aus der Sozialpolitik, München 1993; ,Sozial-
abbau' ist Wort des Jahres, in: FAZ, 21. 12. 1993, S. 9; Neue Armut,
in: Der Spiegel, 27. 12. 1993, S. 82–83; Mehr als sieben Millionen
Deutsche leben in Armut, in: FAZ, 21. 1. 1994, S. 4.

254 L. Hoffmann, H. Even, Soziologie der Ausländerfeindlichkeit.
Zwischen nationaler Identität und multikultureller Gesellschaft,
Weinheim 1984; W. Heitmeyer, Rechtsextremistische Orientierungen bei Jugendlichen, München 1987; ders., Politische Sozialisa-
tionsverläufe, Weinheim 1992; Winkler (Hg.), Zukunftsangst Einwanderung; C. Leggewie, ,Stolz, ein Deutscher zu sein ...' – die
neue Angst vor den Fremden, in: Bade (Hg.), Deutsche im Ausland –
Fremde in Deutschland, S. 423–430; M. M. Jansen, U. Prokop
(Hg.), Fremdenangst und Fremdenfeindlichkeit, Basel 1993.

255 A. Hettlage-Vargas, R. Hettlage, Die Entstehung von Fremdenhaß
in unserer Gesellschaft: Psychoanalyse und Soziologie im Dialog,
in: Wege zum Menschen, 42. 1990, S. 469–483; Winkler (Hg.),
Zukunftsangst Einwanderung, S. 91ff.; F. Pflüger, Der falsche
Mann, das falsche Signal. Steffen Heitmann soll nicht Bundespräsident werden, in: Die Zeit, 8. 10. 1993, S. 5f.; Thierse, Ausländerfeindlichkeit, S. 12.

256 Pressemeldung der Ausländerbeauftragten des Senats von Berlin,
5. 1. 1990; allg. hierzu: H. Willems u. a., Zur Entwicklung fremdenfeindlicher Einstellungen und politisch motivierter Gewaltbereit-
schaften. Eine Sekundäranalyse von Meinungsumfragen, Trier 1993
(Forschungsbericht); vgl. Anm. 215.

257 D. Thränhardt, Die Bundesrepublik Deutschland – ein unerklärtes
Einwanderungsland, in: PZG, 10. 6. 1988, S. 3–13, hier S. 11 f; B.
Grill, Am 20. April 1989: Wie konnte diese Angst entstehen?, in:
Die Zeit, 28. 4. 1989; An Hitlers Geburtstag blieben viele Schüler
aus Angst daheim, in: FR, 21. 4. 1981, S. 1; vgl. Willems, Fremdenfeindliche Gewalt, S. 25–67.
258 Vgl. Kap. 8.
259 Balke (Hg.), Schwierige Fremdheit, S. XVII.
260 ,Politikverdrossenheit' ist das Wort des Jahres, in: FAZ, 18. 12.
1992; Das Wort des Jahres: ,Politikverdrossenheit', in: SZ, 18. 12.
1992; H. Rattinger, Abkehr von den Parteien? Dimensionen der
Parteiverdrossenheit, in: PZG, 12. 3. 1993, S. 24–36; H. Hamm-
Brücher, Wege in die und Wege aus der Politik(er)verdrossenheit,
in: PZG, 30. 7. 1993, S. 3–6; W. Thierse, Politik- und Parteienverdrossenheit: Modeworte behindern berechtigte Kritik, ebenda,
S. 19–25.
261 Esser/Friedrichs (Hg.), Generation und Identität (s. Anm. 20); K.
Hilpert, Ausländer zwischen Integration und Marginalisierung.
Zur Bedeutung kommunaler Quartierbildung und der Traditiona-
lisierung von Integrationsdefiziten beim Wechsel der Generationen, Konstanz 1993.
262 Vgl. Bade, Vom Auswanderungsland zum Einwanderungsland?
(1983), S. 96–124; ders. (Hg.), Auswanderer – Wanderarbeiter –
Gastarbeiter (1984), S. 40–54; ders., Homo Migrans, S. 93–102;
Bericht der Beauftragten 1993, S. 87 f.; zuletzt hierzu: D. Oberndörfer, U. Berndt, Einwanderungs- und Eingliederungspolitik als
Gestaltungsaufgaben, Gütersloh (Bertelsmann Stiftung) 1992; H.
Rittstieg, G. C. Rowe, Einwanderung als gesellschaftliche Herausforderung. Inhalt und rechtliche Grundlagen einer neuen Politik,
Baden-Baden 1992; Cohn-Bendit/Schmid, Heimat Babylon,
S. 275–279; U. Mehrländer, G. Schultze, Einwanderungskonzept
für die Bundesrepublik Deutschland. Fakten – Argumente – Vorschläge, Bonn 1992; D. Thränhardt, Ein Zuwanderungskonzept
für Deutschland am Ende des Jahrhunderts, in: Einwanderungsland Deutschland, Bonn 1992, S. 127–153; A. Frischkopf (Hg.),
Für eine umfassende und zukunftsorientierte Einwanderungs- und
Flüchtlingspolitik (wir-Arbeitshilfe), Köln 1992; M. Wollenschläger, Migrationspolitik und Zuwanderungsrecht, Staatsbürgerschaft und Integration, in: Manifest der 60, S. 52–55, 198–212; C.
Leggewie, Das Ende der Lebenslügen: Plädoyer für eine neue Einwanderungspolitik, ebenda, S. 55–60, 213–225.
263 F. Heckmann, Ethnische Minderheiten, Volk und Nation, S. 210–
241; ders., Ethnische Vielfalt und Akkulturation im Eingliederungsprozeß, in: Manifest der 60, S. 38–42, 148–163; M. Bommes,
Migration und Ethnizität im nationalen Sozialstaat, in: R. Kößler,

T. Schiel (Hg.), Ethnizität, Nationalstaat und Modernisierung, Frankfurt a. M. (1994).

264 Bade, Politik in der Einwanderungssituation; vgl. Anm. 113; J. V. Kettelsen, Zur Konzeption einer europäischen Migrationspolitik, in: Multikulturelle Gesellschaft. Der Weg zwischen Ausgrenzung und Vereinnahmung?, S. 53–70; Schutzgesetze gegen ethnische Diskriminierung. Dokumentation der internationalen Konsultation der Evangelischen Akademie Tutzing und der Ausländerbeauftragten des Senats von Berlin, März/April 1992, Berlin 1993; S. Castles, Migration und Rassismus in Europa, in: Migration – Einwanderungspolitik – ziviler Umgang mit ethnischen Minderheiten. Dokumentation des Kongresses am 4./5. 9. 1992 in Hannover, Hannover 1993, S. 38–56; W.-R. Böhning, Ansätze einer integrierten Zuwanderungs- und Flüchtlingspolitik, in: Sozialer Fortschritt, 41. 1992, H. 11, S. 274–277; K. Hailbronner (Hg.), Asyl- und Einwanderungsrecht im europäischen Vergleich (Schriftenreihe der Europäischen Rechtsakademie Trier, Bd. 1), Köln 1992; A. Weber, Einwanderungs- und Asylpolitik nach Maastricht, in: ZAR, 1/1993, S. 11–18; W. Weidenfeld, Zwischen Einwanderungsdruck und Zuwanderungsbedarf. Zusammenleben in der multikulturellen Gesellschaft, in: Merkur, 1993, S. 940–951; ders. (Hg.), Das europäische Einwanderungskonzept, Gütersloh (Bertelsmann Stiftung) 1994.

265 Überblicke: M. Reichert, Die Flüchtlingskonzeption der Bundesregierung, in: ZAR, 1/1991, S. 37–39; Friedrich-Ebert-Stiftung (Hg.), Zuwanderungspolitik der Zukunft, Bonn 1992; M. Brumlik, C. Leggewie, Konturen der Einwanderungsgesellschaft: Nationale Identität, Multikulturalismus und ‚Civil Society‘, in: Bade (Hg.), Deutsche im Ausland – Fremde in Deutschland, S. 430–442; Bade, Politik in der Einwanderungssituation; Heckmann, Ethnische Minderheiten, Volk und Nation, S. 210–241; Manifest der 60; A. Schulte, Ausländer- und Migrationspolitiken in der Bundesrepublik Deutschland und der Europäischen Gemeinschaft, in: Butterwegge/Jäger (Hg.), Europa gegen den Rest der Welt, S. 33–53; J. Trittin, Schengen, Dublin, Maastricht: Marksteine auf dem Weg zur Wohlstandsfestung Europa, ebenda, S. 191–205; Chr. Butterwegge, Europa am Scheideweg: Von der Wirtschaftsgemeinschaft zur ‚Wohlstandsfestung‘ oder zur multikulturellen Gesellschaft?, ebenda, S. 206–227; H. Kauffmann, A. Rössler, Einwanderung/Einwanderungsgesetzgebung, Ms. Osnabrück 1993.

266 B. Rürup, W. Sesselmeier, Die demographische Entwicklung Deutschlands: Risiken, Chancen, politische Optionen, in: PZG, 4/93 (29. 10. 1993), S. 3–15 (zit. S. 9); W. Huber, In Freiheit bestehen: Ohne den Mut zur Wahrheit kann die Politik ihre Gestaltungskraft nicht zurückgewinnen, in: Die Zeit, 24. 12. 1993, S. 1;

K. J. Bade, Maulkörbe zum Thema Einwanderung, in: FAZ, 28. 12. 1993, S. 8.

267 H. Birg, Demographische Wirkungen politischen Handelns. Eine deutsche Perspektive, Ms. 1993, S. 12 (auch in: H.-U. Klose (Hg.), Die erfahrene Gesellschaft. Alternde Bevölkerung – dynamische Wirtschaft, Opladen 1993); M. Miegel, Die Zukunft von Bevölkerung und Wanderung in Deutschland, in: Manifest der 60, S. 30–34, 118–132; R. Gronemeyer, Die Entfernung vom Wolfsrudel. Über den drohenden Krieg der Jungen gegen die Alten, Frankfurt a. M. 1991; G. Buttler, Der gefährdete Wohlstand. Deutschlands Wirtschaft braucht Einwanderer, Frankfurt a. M. 1992; G. Barabas u. a., Gesamtwirtschaftliche Effekte der Zuwanderung 1988 bis 1991, in: RWI-Mitteilungen, 43. 1992, S. 133–154; B. Hof, Arbeitskräftebedarf der Wirtschaft, Arbeitsmarktchancen für Zuwanderer, in: Zuwanderungspolitik der Zukunft, S. 7–22; vgl. ders., u. a., Europa im Zeichen der Migration, Köln 1993; Rürup/Sesselmeier, Die demographische Entwicklung Deutschlands; dies., Einwanderung: Die wirtschaftliche Perspektive, in: Balke (Hg.), Schwierige Fremdheit, S. 285–304; Die graue Revolution. Zeit-Dossier, in: Die Zeit, 26. 3. 1993, S. 13–23; M. Kowalski, C. Reiermann, Rentenkrise: Der Generationenvertrag vor dem Aus, in: Focus, 33/1993, S. 104–109; K. Adam, Kolonial ohne Kolonien. Warum das multikulturelle Deutschland Einwanderer braucht, in: FAZ, 20. 7. 1993, S. 25; Sozialpolitik: Die Republik der Alten, in: Der Spiegel, 30. 8. 1993, S. 38–49; H. Afheldt, Sozialstaat und Zuwanderung, in: PZG, 7/93 (12. 2. 1993), S. 42 ff.; vgl. Anm. 250.

268 Manifest der 60, S. 15 (zit.); vgl. Bade, Homo Migrans, S. 93–102; H. Afheldt, Europa vor dem Ansturm der Armen: Ist der liberale Sozialstaat noch zu retten?, in: SZ, 10./11. 10. 1992; W. Franz, Zur ökonomischen Bedeutung von Wanderungen und den Möglichkeiten und Grenzen einer Einwanderungspolitik, Konstanz 1993; W. Klauder, Zu den demographischen und ökonomischen Auswirkungen der Zuwanderung in die Bundesrepublik in Vergangenheit und Zukunft, in: Mitt. aus der Arbeitsmarkt- und Berufsforschung, 26. 1993, S. 477–494.

269 H. Birg, E. Flöthmann, Entwicklung der Familienstrukturen und ihre Auswirkungen auf die Belastungs- bzw. Transferquotienten zwischen den Generationen (Studienbericht i. A. der Enquete-Kommission des Deutschen Bundestages ‚Demographischer Wandel‘), Bielefeld, Dezember 1993, S. 101; Birg, Demographische Wirkungen, S. 15.

270 Birg/Flöthmann, S. 105; BMI (Hg.), Bericht der Regierung der Bundesrepublik Deutschland für die Internationale Konferenz für Bevölkerung und Entwicklung 1994, im Bundeskabinett beschlos-

sen am 8. 12. 1993, Bonn 1994; Klauder, Zuwanderung in die Bundesrepublik, S. 493; vgl. ders., Deutschland im Jahr 2030: Modellrechnungen und Visionen, in: Bade (Hg.), Deutsche im Ausland – Fremde in Deutschland, S. 455–464; ders., Arbeitsmarktperspektiven unter besonderer Berücksichtigung der Ausländerbeschäftigung, in: Bade (Hg.), Auswanderer – Wanderarbeiter – Gastarbeiter (1. Aufl. 1984), S. 696–730; D. Mertens, Für ein Einwanderungsgesetz, ebenda, S. 691–695; für Positionen in der öffentlichen Diskussion s. u. a.: Damit die Deutschen nicht aussterben (M. Miegel), in: M. Dönhoff u. a., Weil das Land sich ändern muß. Ein Manifest, Reinbek 1992, S. 23–33; Miegel, Wahl, Das Ende des Individualismus, S. 67–145; H.-U. Klose (Hg.), Altern der Gesellschaft. Antworten auf den demographischen Wandel, Köln 1993 (allg. wichtig hier auch die von H.-U. Klose seit Mai 1992 hg. Reihe ‚Forum Demographie und Politik‘).

271 Vgl. hierzu einmal: K. J. Bade, Einwanderungsland Bundesrepublik? Probleme und Perspektiven, in: Universitas, 8/1990, S. 755–763; ders., Von der Ratlosigkeit der Politik und der Sprachlosigkeit zwischen Politik und Wissenschaft, in: Themen. Vierteljahreszeitschrift der Stiftung Christlich-Soziale Politik, 6. 1991, H. 4, S. 18–21.

272 Vgl. z. B. H. Rittstieg, Nationalstaat und internationale Wanderungen. Die Bundesrepublik Deutschland als Einwanderungsland, in: Nord-Süd, 4/1989, S. 517–523; A. Schulte, Multikulturelle Gesellschaft: Chance, Ideologie oder Bedrohung?, in: PZG, 1. 6. 1990, S. 3–15; T. Schmid, Staatsbegräbnis. Von ziviler Gesellschaft, Berlin 1990; Tichy, Ausländer rein!; Hoffmann, Die unvollendete Republik; Geißler, Zugluft, S. 177–284; C. Leggewie, MultiKulti: Spielregeln für die Vielvölkerrepublik, München 1990; S. Alber u. a. (Hg.), Multikulturelle Zukunft Europas, Graz 1990; J. Fijalkowski, Nationale Identität versus multikulturelle Gesellschaft, in: W. Süß (Hg.), Die Bundesrepublik in den achtziger Jahren. Innenpolitik, politische Kultur, Außenpolitik, Opladen 1991, S. 235–250; A. Klein, Die Rede von der multikulturellen Gesellschaft (hg. v. Kunstamt Kreuzberg), Berlin 1992; Cohn-Bendit/Schmid, Heimat Babylon, S. 315–348; Oberndörfer, Wahn des Nationalen; ders., Multikulturalismus in der Einwanderungsgesellschaft, in: Manifest der 60, S. 34–38, 133–147; J. Micksch, Deutschland – Einheit in kultureller Vielfalt, Frankfurt a. M. 1991; Knight/Kowalsky, Deutschland nur den Deutschen?; H. Boehncke, H. Wittich (Hg.), Buntes Deutschland: Ansichten zu einer multikulturellen Gesellschaft, Reinbek 1991; M. Brumlik, C. Leggewie, Konturen der Einwanderungsgesellschaft: Nationale Identität, Multikulturalismus und ‚Civil Society‘, in: Bade (Hg.), Deutsche im Ausland – Fremde in Deutschland, S. 430–442; H.-J.

Hoffmann-Nowotny, Weltmigration und multikulturelle Gesellschaft. Begriffliche, theoretische und praktische Überlegungen, in: C. Y. Robertson-Wensauer (Hg.), Probleme und Perspektiven der multikulturellen Gesellschaft, Baden-Baden 1993, S. 62–78; K. J. Bade, Multikulturalismus und Einwanderungssituation. Deutsche Probleme und atlantische Perspektiven, in: Die Neue Gesellschaft/Frankfurter Hefte, 40. 1993, S. 801–811.

273 R. Münz, Bevölkerung und Wanderung in Europa, in: Manifest der 60, S. 26–30, 102–117; B. Hof, Europa im Zeichen der Migration. Szenarien zur Bevölkerungs- und Arbeitsmarktentwicklung in der Europäischen Gemeinschaft bis 2020, Köln 1993.

274 C. Schmalz-Jacobsen, Das Amt zwischen den Stühlen, S. 26; vgl. Der Spiegel, 15. 3. 1993, S. 68.

275 Vgl. u. v. a. K. Barwig u. a. (Hg.), Asylrecht im Binnenmarkt. Die europäische Dimension des Rechts auf Asyl, Baden-Baden 1989; W. Lutz, C. Prinz, What Difference Do Alternative Immigration and Integration Levels Make to Western Europe?, International Institute for Applied Systems Analysis (IIASA), Working Paper 29/92, Laxenburg, März 1992; H.-J. Hoffmann-Nowotny, Armutswanderung und Flucht nach Europa, in: Nationale schweizerische UNESCO-Kommission (Hg.), ,Welches Menschenbild für die Zukunft?', Bern 1993, S. 14–37; A. Kalpaka, N. Räthzel (Hg.), Rassismus und Migration in Europa (Argument-Sonderband 201), Hamburg 1992; H. Geißler, Europa grenzenlos: Die Einwanderung regeln!, in: Bild der Wissenschaft, 2/1992, S. 54–57; Chr. Butterwegge, S. Jäger (Hg.), Europa gegen den Rest der Welt? Flüchtlingsbewegungen – Einwanderung – Asylpolitik, Köln 1993; E. Balibar, Gibt es einen ,europäischen Rassismus'? Elemente einer Analyse und einer Handlungsorientierung, in: Balke (Hg.), Schwierige Fremdheit, S. 119–134; J. Fijalkowski, Das Migrationsproblem in Europa, in: C. Jakobeit, A. Yenal (Hg.), Gesamteuropa. Analysen, Probleme und Entwicklungsperspektiven (Schriftenreihe der Bundeszentrale für politische Bildung, Bd. 317), Bonn 1993, S. 613–633; D. Chruscz, H. Höpcke, Alterung und Schrumpfung des Erwerbspotentials in der Europäischen Gemeinschaft. Möglichkeiten und Grenzen ihrer Kompensation (Bamberger Materialien zur Bevölkerungswissenschaft), Bamberg 1993; S. Castles, Zeitalter der Migration. Sieben Thesen zur Einwanderungspolitik, in: Betrifft Mehrheiten/Minderheiten, 2/93, S. 4–7; H. Geißler, Die neue Völkerwanderung, eine soziale Frage, in: Politikum (Josef Krainer-Haus-Schriften), 13. 1993, H. 57, S. 10–15; C. Wihtol de Wenden, Migrationen und Menschenrechte in Europa, ebenda, S. 34–36; U. Günther, B. Laubach (Bündnis 90/Die Grünen), Wege zu einer europäischen Flüchtlings- und Einwanderungspolitik, Bonn, Okt. 1993; S. Ogata, Hin

zu einer europäischen Einwanderungspolitik, Brüssel 1993; Caritas Europa, Vorschlag für eine neue europäische Einwanderungspolitik (Caritas Europa, 16/1993), Brüssel, in: Das neue Europa. Dokumentation zum Fachkongreß der Arbeitsgemeinschaft katholischer Flüchtlings- und Aussiedler (KLD), Freiburg (KLD) 1994, S. 131–148 (zit. S. 142); Zuwanderungs- und Asylpolitik: Entwurf einer Mitteilung der Kommission an den Rat und das Europäische Parlament (Bundesrat, Drucks. 207/94, 10. 3. 1994).

276 Der Marsch: Aufbruch der Massen nach Europa. Das Drama des Nord-Süd-Konflikts, Rosenheim 1990; Westen erwartet bis zu 20 Millionen Auswanderer aus der UdSSR, in: FR, 16. 3. 1991; Eine Million auf dem Sprung, in: Der Spiegel, 27. 7. 1992, S. 18–23; S. Quenett, Die Europäer fürchten die Zuwanderung aus Nordafrika, in: FAZ, 27. 4. 1993, S. 8; Hönekopp, Das Haupteinwanderungsland Europas, S. 65; F. Nuscheler, Horrorszenarien neuer Völkerwanderungen – mögliche und notwendige Gegenstrategien, in: Politikum, 13. 1993, H. 57, S. 22–26; R. Neudeck, Der Marsch kommt bestimmt – Menschen aus dem Trikont drücken auf den Norden, ebenda, S. 30–33; Der Spiegel, 15. 3. 1993, S. 59.

277 M. Ritter, Sturm auf Europa: Asylanten und Armutsflüchtlinge. Droht eine neue Völkerwanderung?, München 1990.

278 Werner, Invasion der Armen, S. 260 f.

279 H. Leuninger, Auf dem Weg nach rechts, S. 6; W. Balsen, K. Rössel, Wenn der Wind sich legt, kommen die Schwarzen. Jenseits von Gibraltar beginnt für Afrika das ‚gelobte Land‘, Funkms. WDR, 7. 11. 1993.

280 Umfrage der EG-Kommission: Intoleranz gegenüber Fremden wächst, in: SZ, 6./7. 7. 1991; J. Arfs, Ansturm auf die Wohlstands-Festung. In Europa wächst die Angst vor Überfremdung. Droht eine Völkerwanderung aus der Dritten Welt?, in: Die Zeit, 9. 11. 1991; U. Bielefeld (Hg.), Das Eigene und das Fremde. Neuer Rassismus in der Alten Welt?, Hamburg 1991; A. Mühlum, Armutswanderung, Asyl und Abwehrverhalten. Globale und nationale Dilemmata, in: PZG, 7/93 (12. 2. 1993), S. 3–15; G. Brochmann, Immigration Control, the Welfare State and Xenophobia towards an Integrated Europe, in: Migration, 1993, H. 2, S. 5–23; G. Noiriel, Die Tyrannei des Nationalen. Sozialgeschichte des Asylrechts in Europa, Lüneburg 1994.

281 Wiener Erklärung vom 9. 10. 1993, in: Bulletin, 26. 10. 1993, S. 1021–1025, hier S. 1022; O. Kimminich, Minderheiten, Volksgruppen, Ethnizität und Recht, in: Manifest der 60, S. 48–51, 180–197; M. Boden, Nationalitäten, Minderheiten und ethnische Konflikte in Europa, München 1993; Partizipationschancen ethnischer Minderheiten. Ein Vergleich zwischen Großbritannien, den Niederlanden und der Bundesrepublik Deutschland, Bonn (Friedrich-

Ebert-Stiftung) 1993; K.-D. Frankenberger, Die Regierungen zögern: Es fehlen in Europa wirksame Rechtsinstrumente zum Schutz von Minderheiten, in: FAZ, 2. 10. 1993, S. 10.

282 Änderungen und Empfehlungen der Gemeinsamen Verfassungskommission, in: Das Parlament, 14. 1. 1994, S. 16 f.; B. Tibi, Im Banne des Multikulturalismus. Verfassungsmäßig verbriefte Rechte ethnischer Kollektive im Grundgesetz?, in: FAZ, 11. 1. 1994, S. 10; D. Oberndörfer, Carl Schmitt ins Grundgesetz?, in: FR, 10. 3. 1994, S. 8; H. O. Bräutigam, Völkisches Denken oder modernes Völkerrecht, in: FR, 10. 5. 1994, S. 20; zur amerikanischen Debatte: J. D. Hunter, Culture Wars. The Struggle to Define America, New York 1991; A. M. Schlesinger, jr., The Disuniting of America. Reflections on a Multicultural Society, New York 1992; R. D. Alba, Ethnic Identity: The Transformation of White America, Yale UP 1992; D. P. Moynihan, Pandaemonium. Ethnicity in International Politics, Oxford UP 1993; S. P. Huntington, Im Kampf der Kulturen, in: Die Zeit, 13. 8. 1993, S. 3 (dazu: A. J. Johnston, Nur keine neuen Feindbilder, in: Die Zeit, 27. 8. 1993, S. 6; B. Tibi, Samuel Huntingtons Thesen über Zivilisationskonflikte, in: FAZ, 10. 11. 1993, S. 262); Überblicke: H. Vorländer, Armut, Rassenkonflikte, Kulturkampf: Die USA in der Krise, in: Das Parlament, 2. 10. 1992, S. 22 f.; Bade, Multikulturalismus und Einwanderungssituation.

283 Hönekopp, Das Haupteinwanderungsland Europas, S. 69.

284 World Media: Die neue Völkerwanderung. Die Migrationen der 90er Jahre (taz-Sonderausgabe Nr. 2, 8. 6. 1991); A. Segal (Hg.), An Atlas of International Migration, London 1993; K.-H. Meier-Braun, M. A. Kilgus (Hg.), Die neue Völkerwanderung, Baden-Baden 1993; S. Castles, M. J. Miller, The Age of Migration. International Population Movements in the Modern World, Basingstoke 1993; Bevölkerungsfond der Vereinten Nationen, Weltbevölkerungsbericht 1992: Die Welt im Gleichgewicht, Bonn 1992; Deutsche Gesellschaft für die Vereinten Nationen, Weltbevölkerungsbericht 1993: Das Individuum und die Welt – Bevölkerung, Migration und Entwicklung in den neunziger Jahren, Bonn 1993; P. J. Opitz, Weltbevölkerung und Weltwanderung, in: Manifest der 60, S. 22–26, 86–101; M. Wöhlcke, Umweltflüchtlinge. Ursachen und Folgen, München 1992; Globale Trends. Daten zur Weltentwicklung, hg. v. d. Stiftung Entwicklung und Frieden, Düsseldorf 1991, S. 94 f.; Globale Trends 93/94. Daten zur Weltentwicklung, hg. v. d. Stiftung Entwicklung und Frieden, Frankfurt a. M. 1993, S. 121 (zit.), 125 f.; vgl. W. Koisser (UNHCR, Bonn), Zur weltweiten Migrations- und Flüchtlingsproblematik, in: Flucht und Asyl (epd 24–25/93), S. 54–60; H. ten Feld, Internationale Migration und internationale Politik: Probleme und Per-

spektiven aus der Sicht des UNHCR, in: Massarrat u. a. (Hg.), Die Dritte Welt und Wir, S. 219–229; H. Körner, Internationale Mobilität der Arbeit. Eine empirische und theoretische Analyse der internationalen Wirtschaftsmigration im 19. und 20. Jahrhundert, Darmstadt 1990; P. Kennedy, In Vorbereitung auf das 21. Jahrhundert, Frankfurt a. M. 1993, S. 37–67.

285 R. von Weizsäcker, Außenpolitik muß heute Erdpolitik sein, in: Die Zeit, 10. 12. 1993, S. 6; Nuscheler, Horrorszenarien, S. 26.

286 F. Nuscheler, Menschenrechte und Entwicklung – Recht auf Entwicklung, in: ders., Dieter Nohlen (Hg.), Handbuch der Dritten Welt, 3. Aufl. München 1992, S. 269–286 (zit.); vgl. R. N. Thomas, J. M. Hunter (Hg.), International Migration System in the Developing World, with Special Reference to Latin America, Cambridge, Mass. 1988; R. Appleyard (Hg.), The Impact of International Migration on Developing Countries, Paris (OECD) 1989; E. R. Krane, International Labour Migration in Europe, New York 1989; United Nations, 1989 Report on the World Social Situation, New York 1989; Wiss. Beirat beim Bundesminister für wirtschaftliche Zusammenarbeit, Memorandum zur Weltflüchtlingsproblematik, Juni 1989; P. J. Opitz (Hg.), Weltprobleme, München 1990; S. Klingebiel, Multilaterale Entwicklungspolitik, in: PZG, 19. 3. 1993, S. 22–28; ders., Entwicklungszusammenarbeit und die Flüchtlings- und Migrationsproblematik, in: PZG, 20. 5. 1994, S. 18–25; Mühlum, Armutswanderung; J. Müller, Weltweite Migrationen und Entwicklungszusammenarbeit. Überlegungen zur Notwendigkeit und zu einer Politik langfristiger Migrations- und Fluchtursachenbekämpfung, in: Jahrbuch für Christl. Sozialwissenschaft, 35. 1994, S. 112–132.

287 Die Globale Revolution, S. 42.

288 BMZ-Memorandum zum Weltflüchtlingsproblem; L. Kühnhardt, Die Flüchtlingsfrage als Weltordnungsproblem. Massenzwangswanderungen in Geschichte und Politik, Wien 1984; F. Nuscheler, Nirgendwo zu Hause: Menschen auf der Flucht, München 1988; W. Kälin, R. Moser (Hg.), Migrationen aus der Dritten Welt: Ursachen und Wirkungen, Bern 1989; H.-G. Bohle, Kriegsflüchtlinge, Elendsflüchtlinge, Umweltflüchtlinge: Das Weltflüchtlingsproblem als Fußnote der Weltpolitik, in: FAZ, 25. 3. 1991, S. 13 (zit.); P. J. Opitz, Das Weltflüchtlingsproblem zu Beginn der 90er Jahre. Ursachen und Perspektiven (Arbeitspapiere der Forschungsstelle Dritte Welt, Nr. 1), München 1991; ders., Welten im Aufbruch: Flüchtlings- und Migrationsbewegungen, in: Außenpolitik, III/91, S. 261–270; A. R. Colberg, Die Zukunft der internationalen Migrationsbewegungen, in: Prokla, 21. 1991, S. 189–221; F. Vorholz, Rio – war's das? Sechs Monate nach dem Erdgipfel: Weiter wie gehabt, in: Die Zeit, 1. 1. 1993, S. 18; C. Wernicke,

Reiche Engel und arme Teufel? Nord und Süd streiten über die Menschenrechte: Die einen reden über Folter, die anderen über soziale Not, in: Die Zeit, 14. 5. 1993, S. 8.

289 Mitt. der Ausländerbeauftragten, 15. 7. 1991.

290 Schmalz-Jacobsen, Einwanderung, S. 9, 12.

291 Manifest der 60, S. 13–21, 55–59, 66–85, 213–225; vgl. K. J. Bade, Maulkörbe zum Thema Einwanderung, in: FAZ, 28. 12. 1993, S. 8.

Schlüsselbegriffe

Anwerbeländer: Aufgrund zwischenstaatlicher Anwerbe-Vereinbarungen wurden ausländische Arbeitnehmer 1955–1973 in die Bundesrepublik Deutschland angeworben aus Griechenland, Italien, Jugoslawien, Marokko, Portugal, Spanien, Tunesien und der Türkei (‚Anwerbeländer‘); die in der DDR aufgrund von Regierungsabkommen befristet beschäftigten ausländischen Arbeitnehmer stammten aus Vietnam, Mosambik, Angola, Polen und Kuba.

Anwerbestop: Vor dem Hintergrund der Wirtschaftskrise von 1973 wurden die Anwerbungen ausländischer Arbeitnehmer eingestellt und Ausländern die Einreise zum Zweck der Arbeitnahme nicht mehr gestattet. Der ‚Anwerbestop‘ ist bis heute in Kraft.

Asylberechtigter: Von seiten ihres Heimatstaates wegen ihrer Rasse, Religion oder politischen Überzeugung an Leib, Leben und Freiheit verfolgte, nach einem förmlichen Verfahren anerkannte ‚Asylberechtigte‘ haben Aufenthaltsrecht und uneingeschränkte Arbeitserlaubnis in der Bundesrepublik Deutschland.

Ausländer: Ausländer ist jeder, der nicht Deutscher im Sinne des Art. 116 Abs. 1 GG ist (§ 1 Abs. 2 Ausländergesetz).

Aussiedler: Nach § 1 Abs. 2 Nr. 3 BVFG sind ‚Aussiedler‘ deutsche Staatsangehörige oder Volkszugehörige, die vor dem 8. Mai 1945 ihren Wohnsitz in den ehemaligen deutschen Ostgebieten bzw. in Polen, der ehemaligen Sowjetunion, der ehemaligen Tschechoslowakei, Ungarn, Rumänien, Jugoslawien, Danzig, Estland, Lettland, Litauen, Bulgarien, Albanien oder China hatten und diese Länder nach Abschluß der allgemeinen Vertreibungsmaßnahmen bis zum 31. 12. 1992 verlassen haben (s. a. ‚Spätaussiedler‘).

Bona-fide-Flüchtlinge: Der Begriff umschließt zwei Gruppen, 1. Personen, die der UNHCR gemäß seinem Statut (Genfer Konvention) als Flüchtlinge betrachtet; 2. Personen, die vom Bundesamt für die Anerkennung ausländischer Flüchtlinge (Zirndorf) bzw. von einem Gericht als Asylberechtigte anerkannt wurden, gegen deren Anerkennung jedoch Rechtsmittel eingelegt worden sind (s. a. ‚Asylberechtigte‘).

De-facto-Flüchtlinge: Personen, die trotz rechtskräftiger Ablehnung ihres Asylgesuchs aufgrund völkerrechtlicher Bestimmungen (Genfer Flüchtlingskonvention) wegen akuter Gefahr für Leib und Leben nicht in ihre Herkunftsländer abgeschoben werden dürfen und deshalb oder aus humanitären, politischen oder anderen Gründen auf Zeit in der Bundesrepublik Deutschland geduldet werden (‚Duldung‘).

Deutsche: Im Sinne des Grundgesetzes (Art. 116 Abs. 1) ist Deutscher, wer die deutsche Staatsangehörigkeit besitzt oder als Flüchtling oder Vertriebener deutscher Volkszugehörigkeit oder als dessen Ehegatte oder Abkömmling in dem Gebiet des Deutschen Reiches nach dem Stand vom 31. 12. 1937 Aufnahme gefunden hat.

Deutsche Volkszugehörige: Deutschstämmige, die in Osteuropa leben (s. a. ,Aussiedler', ,Spätaussiedler') und vor dem 8. 5. 1945 nicht die deutsche Staatsangehörigkeit besaßen.

Familiennachzug: Der Nachzug von Ehegatten und Kindern zu in der Bundesrepublik ansässigen Arbeitnehmern (Familiennachzug) ist auch nach dem Anwerbestop von 1973 möglich; Rechtsgrundlagen sind u.a. Art. 6 Abs. 1 GG (Schutz von Ehe und Familie) und Art. 8 der Europäischen Konvention für Menschenrechte.

Flüchtlinge: Nach dem Bundesvertriebenen- und Flüchtlingsgesetz von 1953 (§ 3 BVFG) sind unter Flüchtlingen nur „Sowjetzonenflüchtlinge" zu verstehen, die deutsche Staatsangehörige oder Volkszugehörige sind und sich in der SBZ einer von ihnen „nicht zu vertretenden und durch die politischen Verhältnisse bedingten Zwangslage" durch die Flucht entzogen haben. Neben solchen und anderen sehr engen Definitionen gibt es umfassendere Definitionen, von denen hier nur die wichtigste erwähnt sei: Im Sinne der Genfer Flüchtlingskonvention vom 28. 7. 1951 (Art. 1, Nr. 2) ist ein Flüchtling: „Jede Person, die infolge von Ereignissen, die vor dem 1. Januar 1951 eingetreten sind, und aus der begründeten Furcht vor Verfolgung wegen ihrer Rasse, Religion, Nationalität, Zugehörigkeit zu einer bestimmten sozialen Gruppe oder wegen ihrer politischen Überzeugung sich außerhalb des Landes befindet, dessen Staatsangehörigkeit sie besitzt, und den Schutz dieses Landes nicht in Anspruch nehmen kann oder wegen dieser Befürchtungen nicht in Anspruch nehmen will oder die sich als staatenlos infolge solcher Ereignisse außerhalb des Landes befindet, in welchem sie ihren gewöhnlichen Aufenthalt hatte, und nicht dorthin zurückkehren kann oder wegen der erwähnten Befürchtungen nicht dorthin zurückkehren will" (s. a. ,Kontingentflüchtlinge', ,De-facto-Flüchtlinge', ,Bona-fide-Flüchtlinge').

Kontingentflüchtlinge: Ausländische Flüchtlinge, die im Rahmen humanitärer Hilfsaktionen im Sichtvermerksverfahren oder durch Übernahmeerklärung des Bundesministers des Innern in der Bundesrepublik Deutschland aufgenommen werden. Sie erhalten im Geltungsbereich dieses Gesetzes die Rechtsstellung nach Art. 2–34 der Genfer Flüchtlingskonvention.

Spätaussiedler: Spätaussiedler sind nach § 4 der am 1. 1. 1993 in Kraft getretenen Neuregelung des BVFG im Rahmen des Kriegsfolgenbereinigungsgesetzes in der Regel deutsche Volkszugehörige, die die Aussiedlungsgebiete (s. ,Aussiedler') nach dem 31. 12. 1992 im Wege des Aufnahmeverfahrens verlassen und ihren ständigen Aufenthalt in der Bundesrepublik genommen haben.

Sperrbrecher: Flüchtlinge, die unter Gefahr für Leib und Leben aus der DDR oder der CSSR in das Bundesgebiet gelangt waren.

Übersiedler: Bis zur Vereinigung der beiden deutschen Staaten am 3. Oktober 1990 aus der DDR regulär in die Bundesrepublik Deutschland verzogene Deutsche.

Umsiedler: Nach § 1 Abs. 2 Nr. 2 BVFG sind ,Umsiedler' deutsche Staatsangehörige oder Volkszugehörige, die aufgrund der während des Zweiten Weltkrieges geschlossenen zwischenstaatlichen Verträge aus außerdeutschen Gebieten oder während des gleichen Zeitraums aufgrund von Maßnahmen deutscher Dienststellen aus den von der deutschen Wehrmacht besetzten Gebieten umgesiedelt wurden. In der DDR hingegen wurden, mit Rücksicht auf die östlichen Nachbarn, die nach dem Zweiten Weltkrieg Vertriebenen als ,Umsiedler' bezeichnet.

Vertriebene: Nach § 1 BVFG sind ,Vertriebene' Personen, die als deutsche Staatsangehörige oder Volkszugehörige im Zusammenhang mit den Ereignissen des Zweiten Weltkrieges infolge von Vertreibung und insbesondere Ausweisung oder Flucht, in den ehemaligen deutschen Ostgebieten oder in den Gebieten außerhalb des Deutschen Reiches nach dem Stand vom 31. Dezember 1937 ihren Wohnsitz verloren haben.